Über den Autor

Benno Zanetti, geboren 1940 in Kühlungsborn (früher Bezirk Rostock), studierte Ingenieur- und Politikwissenschaften in Berlin, München und Basel. Anschließend arbeitete er als Korrespondent, als Werbe- und Anzeigenleiter und als Redakteur bei verschiedenen Verlagen und Zeitschriften und ist heute freier Journalist, Herausgeber und Chefredakteur mehrerer Zeitungen und Journale.

BENNO ZANETTI

DER WEG ZUR DEUTSCHEN EINHEIT

9. November 1989 – 3. Oktober 1990

Mit den wichtigsten Reden

GOLDMANN

Der Goldmann Verlag
ist ein Unternehmen der Verlagsgruppe Bertelsmann

Made in Germany · 1/91 · 1. Auflage

Umschlaggestaltung: Design Team München
Satz: IBV Satz- und Datentechnik GmbH, Berlin
Druck: Heinzelmann, München
Verlagsnummer: 12340
Redaktion: Gundel Ruschill
JJ · Herstellung: Peter Papenbrok
ISBN 3-442-12340-2

Inhalt

Chronik der Ereignisse –

9. November 1989 bis 3. Oktober 1990

9. November 1989 — Der Informationssekretär des Zentralkomitees der SED, Günter Schabowski, teilt um 18.57 Uhr mit: Alle Bürger der DDR können mit sofortiger Wirkung, kurzfristig und ohne Auflagen in den Westen reisen.
Der Erlaß kommt einem Befehl zur Grenzöffnung gleich, den es aber nicht gibt. An den Grenzübergängen in Berlin wird dem Druck von Tausenden nachgegeben, die noch in derselben Nacht nach West-Berlin wollen.
In Bonn tagt der Bundestag. Als die Abgeordneten über den Fall der Mauer informiert werden, erheben sie sich in seltener Einmütigkeit von ihren Plätzen und singen das Deutschlandlied.
Die Berliner feiern ein spontanes Wiedersehensfest der Superlative.
Die sensationelle Nachricht verbreitet sich in Windeseile um den Erdball.

13. November 1989 — Hans Modrow (SED) wird von der Volkskammer zum neuen Ministerpräsidenten gewählt. Die SED hat in der neuen Regierung weiter die Mehrheit. Modrow schlägt in ersten Verlautbarungen eine »Vertragsgemeinschaft« der beiden deutschen Staaten vor. Außerdem kündigt er eine umfassende demokratische Erneuerung des politischen Lebens in der DDR an.

28. November 1989 — Bundeskanzler Kohl stellt im Bundestag seinen Zehn-Punkte-Plan vor. Auf dem Wege zur Vereinigung der beiden deutschen Staaten sollen »bundesstaatliche Strukturen« gebildet werden. FDP und SPD sind zunächst für den Vorschlag des Kanzlers, gehen aber nach negativen Beurteilungen aus dem Ausland beziehungsweise einer direkten Ablehnung durch die sowjetische Regierung auf Distanz.

1. Dezember 1989 — Der Führungsanspruch der SED wird ersatzlos aus der Verfassung der DDR gestrichen.

4. Dezember 1989	Erich Honecker wird aus der Partei ausgeschlossen. Der Bannstrahl trifft auch alle anderen alten Spitzenfunktionäre. DDR-Devisenbeschaffer Schalck-Golodkowski flieht nach West-Berlin. Der nationale Verteidigungsrat wird aufgelöst.
6. Dezember 1989	Egon Krenz muß auch das Amt des Staatsratsvorsitzenden abgeben. Sein Nachfolger wird LDPD-Vorsitzender Gerlach.
7. Dezember 1989	In Ost-Berlin wird der »Runde Tisch« installiert. Oppositionelle Bürgerbewegung, SED und alte Blockparteien treffen sich zum ersten gemeinsamen Gespräch. Ergebnis: Die ersten freien Wahlen in der DDR sollen am 6. Mai 1990 stattfinden.
8. Dezember 1989	Gegen Honecker werden staatsanwaltliche Ermittlungen wegen Amtsmißbrauch und Korruption eingeleitet.
10. Dezember 1989	Gregor Gysi wird auf einem Sonderparteitag der SED zum neuen Vorsitzenden gewählt. Sein Stellvertreter ist der Oberbürgermeister von Dresden, Wolfgang Berghofer. In Zukunft will sich die SED SED/PDS (Partei des Demokratischen Sozialismus) nennen.
16. Dezember 1989	Lothar de Maizière, stellvertretender Ministerpräsident, wird zum neuen Vorsitzenden der Ost-CDU gewählt. Er tritt auf dem Parteitag der CDU für soziale Marktwirtschaft und die Vereinigung Deutschlands ein.
19. Dezember 1989	Bundeskanzler Kohl und DDR-Ministerpräsident Modrow kommen in Dresden zusammen. Ergebnis: Beide deutsche Staaten wollen eine Vertragsgemein-

schaft eingehen. Westdeutsche sollen von Weihnachten an ohne Visum und Mindestumtausch in die DDR reisen dürfen.

22. Dezember 1989	Unter großer Anteilnahme der Bevölkerung und in Anwesenheit der beiden deutschen Regierungschefs öffnet die DDR das seit 1961 geschlossene Brandenburger Tor.
31. Dezember 1989/ 1. Januar 1990	Am Brandenburger Tor eine riesige Silvesterfeier. Fast eine Million Menschen sind auf den Beinen. Das Tor und die Quadriga werden bei den Jubelfeiern beschädigt.
3. Januar 1990	Der Staatssicherheitsdienst soll entwaffnet werden. So will es die DDR-Opposition. Weigert sich die Regierung Modrow, wollen verschiedene Gruppierungen den »Runden Tisch« verlassen. Außerdem dürfe vor den ersten freien Wahlen kein neues Sicherheitsamt installiert werden. Modrow lenkt ein.
7. Januar 1990	Schalck-Golodkowski wird nicht an Ost-Berlin ausgeliefert und zieht, wie sich später herausstellt, von West-Berlin an den Tegernsee in Bayern.
15. Januar 1990	Zehntausende Demonstranten stürmen die Stasi-Zentrale in der Normannenstraße. Modrow persönlich versucht, die aufgebrachten Menschen zu beschwichtigen. Später vermutet man, der Sturm auf die Zwingburg sei von Stasi-Leuten provoziert worden.
16. Januar 1990	Die Überbrückungshilfen für DDR-Bürger sollen in Zukunft stark beschnitten werden, um die Zahl der Übersiedler – je Woche kommen anderthalb- bis zweitausend – zu stoppen. Die Bonner Koalition hat sich auf dieses Verfahren geeinigt.

20. Januar 1990	Wolfgang Berghofer, stellvertretender Parteichef der SED/PDS, tritt mit 39 weiteren führenden SED-Mitgliedern aus der Partei aus. Ein Antrag auf Selbstauflösung der Partei wird abgelehnt.
29. Januar 1990	Modrow schlägt der Volkskammer als Wahltermin für die ersten freien Wahlen in der DDR den 18. März 1990 vor.
30. Januar 1990	In Moskau erklärt Michail Gorbatschow, die Vereinigung der Deutschen werde niemals und von niemandem prinzipiell in Zweifel gezogen. Dabei sollten die Deutschen aber den europäischen Prozeß der Annäherung und die vier Siegermächte des Zweiten Weltkrieges nicht zu übergehen versuchen.
1. Februar 1990	Modrow besucht in Moskau Gorbatschow und schlägt dann einen konföderativen Zusammenschluß der beiden deutschen Staaten vor mit dem längerfristigen Ziel der deutschen Einheit. Moskau ist für die Vereinigung unter der Bedingung, daß Deutschland neutral bleibt.
5. Februar 1990	Der »Runde Tisch« erklärt, »Gastredner« aus der Bundesrepublik seien in der DDR »unerwünscht«. Ein verbaler Kraftakt, denn die Redner aus dem Westen treten trotzdem auf. Die Volkskammer stimmt zu. In seiner »Regierung der nationalen Verantwortung« nimmt Modrow aus den acht Oppositionsgruppen neue Regierungsmitglieder auf, als Minister »ohne Geschäftsbereich«.
6. Februar 1990	Gorbatschow erklärt in Moskau gegenüber Kohl und Genscher, die Deutschen hätten das Recht, über Zeitpunkt und Weg zur Einheit selbst zu bestimmen.

13./14. Februar 1990	Mit der Zustimmung der Sowjetunion ist der Weg frei für die »Zwei-plus-vier-Gespräche« über die äußeren Aspekte der deutschen Einheit. Am 5. Mai will man sich zur ersten Runde in Bonn treffen. Eine DDR-Regierungsdelegation unter Leitung von Hans Modrow kommt nach Bonn, vor allem, um Wirtschaftsfragen zu erörtern. Eine von Modrow gewünschte sofortige Finanzspritze von fünfzehn Milliarden Mark wird von Kohl abgelehnt. Modrow lehnt seinerseits eine schnelle Herbeiführung einer Währungsunion ab.
20. Februar 1990	Beginn der Verhandlungen über die deutsch-deutsche Währungsunion.
25. Februar 1990	Präsident Bush versichert Kanzler Kohl in Washington, daß sein Land ohne Vorbehalte die deutsche Einheit unterstütze. Nach Auffassung der Amerikaner solle ein vereintes Deutschland der Nato angehören.
6. März 1990	Die Bonner Koalition einigt sich auf eine Grenzgarantie-Erklärung gegenüber Polen.
13. März 1990	Der »Runde Tisch« tagt zum letzten Mal. Zwiespältigkeit darin, ob die Hauptaufgabe des »Runden Tisches« erreicht wurde: die Zerschlagung und Auflösung des Stasi-Apparates.
18. März 1990	Die ersten freien Wahlen in der DDR. Die »Konservative Allianz« (CDU, DA, DSU) erhält 193 Sitze (47,7 Prozent), SPD 88 Sitze (21,8 Prozent), PDS 66 Sitze (16,3 Prozent) in der Volkskammer. Die Liberalen bringen es auf 5,3 Prozent und das Bündnis 90 auf 2,9 Prozent der Stimmen.

5. April 1990	Die neu gewählte Volkskammer der DDR tritt zu ihrer ersten konstituierenden Sitzung zusammen. Es ist das erste Parlament der DDR, das aus freien Wahlen hervorgegangen ist.
12. April 1990	Lothar de Maizière wird zum Ministerpräsidenten der DDR gewählt. Er steht einer großen Koalition aus CDU, DSU, DA, SPD und den Liberalen vor. Die Koalitionsverhandlungen haben sich seit dem 18. März 1990 hingezogen und sich sehr schwierig gestaltet. Im Koalitionsvertrag ist festgeschrieben, daß sich die DDR nach Artikel 23 (Beitritt) der Bundesrepublik Deutschland anschließen wird.
24. April 1990	Die Bundesbank soll der Regierung empfohlen haben, die DDR-Währung bei der Währungsunion 2:1 in DM umzutauschen. Bonn dementiert. Der Kurs stehe noch nicht fest. Es kommt zu einem heftigen Streit zwischen Regierung und Opposition über die Regelungen der Währungsunion, der sich auch auf die Regierung der DDR ausweitet. SPD-Oppositionsführer Lafontaine wirft Bundeskanzler Kohl Wahlbetrug vor. Der Streit zieht sich bis zum Sommer hin. Die Währungs-, Wirtschafts- und Sozialunion soll am 1. Juli 1990 erfolgen.
5. Mai 1990	Abschluß der ersten Zwei-plus-vier-Konferenz in Bonn. Der Fahrplan für die weiteren Zwei-plus-vier-Gespräche wird von Außenminister Genscher bekanntgegeben. Bei dem Treffen geht es um Grenzfragen, politisch-militärische Fragen, Berlin-Probleme und völkerrechtliche Regelungen. Ferner um die Ablösung der Vier-Mächte-Rechte.
6. Mai 1990	Erste freie Kommunalwahlen in der DDR. Die konservative Allianz (CDU, DSU, DA) erhält 34,4 Prozent, SPD 21 Prozent und die PDS 14,6 Prozent der Stimmen.

16. Mai 1990	Bund und Länder einigen sich auf ein Finanzierungsmodell für die DDR für die Zeit nach der Vereinigung der beiden Teilstaaten. Die DDR soll nach diesem Modell bis 1994 einhundertfünfzehn Milliarden DM erhalten.
18. Mai 1990	In Bonn wird der Staatsvertrag über die Wirtschafts-, Währungs- und Sozialunion unterzeichnet, für die DDR von Finanzminister Walter Romberg (SPD), für die Bundesrepublik Deutschland von Finanzminister Theo Waigel (CSU). Die DDR übernimmt das einschlägige bundesdeutsche Recht. Die SPD (West) fordert für den Vertrag soziale Nachbesserungen. Lafontaine macht seiner Partei den Vorschlag, den Staatsvertrag im Bundestag abzulehnen, im Bundesrat jedoch passieren zu lassen.
31. Mai 1990	Gorbatschow lehnt erneut eine Nato-Mitgliedschaft des vereinigten Deutschlands ab (auf dem sowjetisch-amerikanischen Gipfel in Washington).
7. Juni 1990	Susanne Albrecht wird als erste von neun früheren RAF-Mitgliedern in der DDR festgenommen. Die alte Führung der SED hat den mutmaßlichen Terroristen jahrelang Unterschlupf gewährt.
17. Juni 1990	Gemeinsam begehen Vertreter beider deutscher Regierungen in einer Feierstunde den Tag der Deutschen Einheit. In der Volkskammer beantragen Abgeordnete von DSU und Bündnis 90 den sofortigen Beitritt der DDR nach Artikel 23. Der Antrag wird in die Ausschüsse verwiesen.
21. Juni 1990	In beiden deutschen Parlamenten werden gleichlautende Erklärungen zur polnischen Westgrenze abgegeben. Nur durch die Anerkennung der Oder-Neiße-Grenze sei die Vereinigung Deutschlands möglich.

	Bundestag und Volkskammer verabschieden den Staatsvertrag zur Wirtschafts-, Währungs- und Sozialunion.
22. Juni 1990	In Schloß Niederschönhausen sind die Außenminister der vier Siegermächte und der beiden deutschen Staaten zu weiteren Zwei-plus-vier-Verhandlungen zusammengekommen. Die Außenminister Baker, Dumas, Hurd, Schewardnadse, Meckel und Genscher erscheinen außerdem gemeinsam in der Friedrichstraße zum Abriß des berühmten »Checkpoint Charlie«.
1. Juli 1990	Die Wirtschafts-, Währungs- und Sozialunion tritt in Kraft. Die bundesdeutsche Mark ist nun auch in der DDR alleingültiges Zahlungsmittel. Die erste Stufe zur Vereinigung ist damit genommen. Der erwartete Kaufrausch mit der neuen Währung bleibt aus. Achthundertvierzig Mark – so Expertenberechnungen – hebt jeder DDR-Bürger im Durchschnitt von seinem Konto ab.
15./16. Juli 1990	Die Sowjetunion stimmt der Nato-Mitgliedschaft eines vereinten Deutschland zu. Bundeskanzler Helmut Kohl und Präsident Gorbatschow haben bei ihrer Begegnung im Kaukasus auch in dieser Frage zu einer Übereinkunft gefunden.
22. Juli 1990	Die Volkskammer schafft die Voraussetzungen für die Wiedererstehung der alten Länder (mit geringen Grenzkorrekturen) auf dem Gebiet der DDR. Die Landtage sollen am 14. Oktober gewählt werden.
24. Juli 1990	Nach Auseinandersetzungen über den Modus der gesamtdeutschen Wahlen verlassen die DDR-Liberalen die Koalition.

2. August 1990	Die beiden deutschen Regierungen unterzeichnen den Wahlvertrag für die erste gesamtdeutsche Wahl.
9. August 1990	Am 2. Dezember 1990 soll die gemeinsame Bundestagswahl stattfinden. De Maizière hält einen Anschluß der DDR nach Artikel 23 noch vor den gemeinsamen Wahlen für denkbar. Termin für den Beitritt könnte der 14. Oktober sein. In der Volkskammer scheitert der Wahlvertrag, da zu wenig Abgeordnete an der nächtlichen Abstimmung teilnehmen. Die Wahl wird einige Tage später erfolgreich wiederholt.
15. August 1990	Ministerpräsident de Maizière entläßt zwei SPD-Minister seiner Koalition. Finanzminister Romberg und Peter Pollack müssen gehen. Ferner verlassen Wirtschaftsminister Gerhard Pohl (CDU) und Justizminister Wünsche (parteilos) die Regierung auf eigenen Wunsch.
19. August 1990	Die Ost-SPD kündigt die Koalition auf.
23. August 1990	Nach einer langen Nachtsitzung der Volkskammer beschließen die Abgeordneten den Beitritt der DDR zur Bundesrepublik zum 3. Oktober 1990.
30. August 1990	Bei der Wiener Konferenz über konventionelle Stabilität in Europa sichern DDR-Ministerpräsident de Maizière und Außenminister Genscher zu, daß die Streitkräfte Gesamtdeutschlands in drei bis vier Jahren auf 370 000 Mann verringert werden.
31. August 1990	In Ost-Berlin unterzeichnen Bundesinnenminister Schäuble und DDR-Staatssekretär Krause den deutsch-deutschen Einigungsvertrag. Laut Vertrag

	wird Berlin die Hauptstadt Deutschlands. Über den Regierungssitz soll das gesamtdeutsche Parlament befinden. Der 3. Oktober wird zum Nationalfeiertag erklärt.
12./13. September 1990	In Moskau unterzeichnen die vier Siegermächte USA, UdSSR, Frankreich, England und die beiden deutschen Staaten einen Vertrag, der die außenpolitischen Aspekte der deutschen Vereinigung regelt. Deutschland erlangt faktisch bereits am 3. Oktober, dem Tag der Vereinigung, volle Souveränität und nicht erst bei Ratifizierung des Vertrages. In Vorausgesprächen hatte Bonn Moskau eine Summe von zwölf Milliarden DM zugesichert, gedacht für einen sozial verträglichen Abzug der sowjetischen Truppen aus Deutschland innerhalb von vier Jahren.
20. September 1990	Die beiden deutschen Parlamente billigen den deutschen Einigungsvertrag mit den notwendigen Zweidrittelmehrheiten. Bundestag: 442 Ja-, 47 Nein-Stimmen. Volkskammer: 299 Ja-, 80 Nein-Stimmen.
2. Oktober 1990	Die drei Stadtkommandanten der West-Alliierten holen nach 618 gemeinsamen Sitzungen in West-Berlin die Fahnen der USA, Frankreichs und Großbritanniens ein. Die Kommandantura in Berlin-Dahlem schließt ihre Pforten. DDR-Verteidigungsminister Eppelmann überbringt der NVA den letzten Tagesbefehl. Um Mitternacht hört die Nationale Volksarmee auf zu existieren. Die Soldaten unterstehen nun der Bundeswehr. Die Volkskammer kommt zu ihrer Abschluß-Sitzung zusammen. Das erste frei gewählte DDR-Parlament tagte 37mal; seine Ära endet nach nur 181 Tagen. Abends Festakt im Schauspielhaus. De Maizière verabschiedet sich von der DDR, »ohne Tränen«, wie er sagt. Gewandhaus-Kapellmeister Kurt Masur dirigiert Beethovens »Neunte«.

3. Oktober 1990 — Die DDR ist der Bundesrepublik beigetreten. Zum Läuten der Freiheitsglocke wird um Null Uhr vor dem Berliner Reichstag ein riesiges schwarzrotgoldenes Banner gehißt. Dann erklingt unter dem Jubel von Millionen Menschen das Deutschlandlied. Das Fest endet mit einem großen Feuerwerk. Am Morgen der Festakt in der Philharmonie. Die Ansprache hält Bundespräsident von Weizsäcker.

Aus der »Stuttgarter Zeitung« vom 4. Oktober 1990

»Die deutsche Einheit wurde am Mittwoch für Zeitungen in aller Welt zur Schlagzeile:

›Festliches Willkommen für ein Deutschland des Friedens‹ (Times, London)

›Deutsche feiern als ein Volk‹ (The Independent, London)

›45 Jahre nach dem Ende des Zweiten Weltkrieges – Die Deutschen feiern die Vereinigung‹ (Le Monde, Paris)

›Neues Deutschland entstanden‹ (Svenska Dagbladet, Stockholm)

›Willkommen Deutschland‹ (L'Unità, Rom)

›Europa verändert sein Gesicht‹ (Il Messaggero, Rom)

›Aus, für den „Staat der Arbeiter und Bauern" – der Weg ist frei‹ (Lidove Noviny, Prag)

›Dritte Großmacht‹ (Hürriyet, Istanbul)

›Ab heute – ein Deutschland‹ (Ma'ariv, Jerusalem)

›Deutsche Vereinigung: Anlaß zu Freude und Nachdenklichkeit‹ (Times of India, Neu-Delhi)

›Deutsche Träume werden nach 45 Jahren wahr‹ (Pakistan Times)

›Die Deutschen sind nicht mehr die gleichen‹ (El Espectator, Bogotà)

›Ein europäischer Koloß wird geboren‹ (La Republica. Lima).«

Tagebuch der Ereignisse –

Fakten, Kommentare, Meinungen

11. November 1989: Stunden vor der Öffnung des neugeschaffenen Grenzübergangs in der Bernauer Straße im Berliner Bezirk Wedding warten Tausende von DDR-Bürgern auf das Fallen der letzten Sperren.

Donnerstag, 9.11. 1989 / Freitag, 10.11. 1989

Der Ostberliner Parteichef Schabowski, Mitglied des SED-Politbüros, hat die sofortige Möglichkeit von Reisen der DDR-Bürger in den Westen angekündigt. Kurz nach neunzehn Uhr am 9. 11. 1989 sahen wir ihn im ZDF, mit einem kleinen Nebensatz, dessen Bedeutung kaum jemandem sofort aufging.
Ich hatte den Deutschlandfunk eingestellt und war gegen dreiundzwanzig Uhr eingeschlafen. Um ein Uhr wachte ich von Jubelgeschrei auf. Szenen am Brandenburger Tor: Sich überschlagende Stimmen. Die Mauer ist gefallen. Menschen fallen sich in die Arme, Lachen, Weinen, Freude. Ich kann nicht mehr schlafen. Stelle das Fernsehen ein. Auch hier Berichte. Dann im Radio englische, französische, amerikanische Sender. Überschwengliche Freude.
Seit Wochen war mir klar, daß die Mauer fallen würde. Jetzt wachten wir auf, und die Mauer existierte nicht mehr. Kein Traum. Nur unsere Politiker wollten weiterträumen. Welches Land hätte aber lange Zeit derartige Fluchtbewegungen verkraften können, wie sie sich seit Monaten unter den Augen der geschockten Weltöffentlichkeit vollzog.
Das ist die Wiedervereinigung!

Gedanken an die vielen Fahrten nach Ost-Berlin in den sechziger Jahren. Bahnhof Friedrichstraße. Die langen Warteschlangen. Die ängstlichen Augen der Wartenden, die graugrünen Uniformen der Wächter, die so fatal an Wehrmachtsuniformen erinnerten.
Gedanken an Imke Brüggemann, eine blonde Sechzehnjährige, die in einem Internat wohnte, an ihre Schwester, die mich spätabends mit einem Motorrad zur Grenze fuhr. Die langen Diskussionen über den Spitzbart Ulbricht und die reformunfähige SED. Das alles bewegt mich jetzt wieder. Sie haben es nicht aufhalten können. Das künstliche Gebilde, das sich DDR nennt, bricht zusammen. Geschichte wiederholt sich immer wieder. Nur in anderen Bildern!

Samstag, 11.11. 1989

Immer wieder Meldungen über Selbstmorde hoher DDR-Funktionäre. Die Wende hat die Orthodoxen vollkommen unvorbereitet getroffen.
Der Marx-Engels-Platz heißt wieder Lustgarten.
Hager, der die Schriftsteller und Dichter der DDR dreißig Jahre gängelte, übt heftige Selbstkritik. »Tapeten-Hager«! So genannt, weil er noch vor einem Jahr meinte, wenn man in der Sowjetunion die Stuben tapeziere, sei das in der DDR noch lange nicht nötig.

Das Goethe-Schiller-Denkmal in Weimar im November 1989.

In Bautzen werden überall verscharrte Leichen gefunden. Häftlinge, die vor Jahren irgendwie »verschwanden«. Und das im Namen der Arbeiterklasse, im Namen des Sozialismus! Vor einigen Tagen gab es ein beeindruckendes Bild zu sehen, übertragen vom DDR-Fernsehen. Eine weinende, um Fassung ringende Frau erhebt schwere Anklagen gegen die SED-Bonzen. Der Polizeipräsident von Ost-Berlin, in einer Uniform, die der Montur des NS-Staates gleicht, wirft ihr einen Blick voller Wut und Verachtung zu. Warte nur, dich bekommen wir auch noch. Aber die Leute haben keine Angst mehr.
Ein Volk steht auf, ein Sturm bricht los. Die SED reagiert nur noch. Sie wankt, weicht, findet keinen Ausweg, verspricht gar freie Wahlen, vor denen sie sich vierzig Jahre lang so gefürchtet hat. Sie wird untergehen. Am Lustgarten sieht man weinende SED-Mitglieder. Die Herrschaft dieser furchtbaren Partei ist gebrochen.
Honecker wird in einer Sitzung des Zentralkomitees der SED als Diktator bezeichnet, sein engster Gefolgsmann, Mittag, aus allen Ämtern gefeuert. Großes Aufräumen!

Heym sprach auf dem Alexanderplatz von der ersten geglückten Revolution auf deutschem Boden. Recht hat er! Die vom 9. 11. 1918 ging in die Binsen. Am 9. 11. 1989 öffnete die DDR ihre Grenze zum Westen, und Millionen Menschen, noch fassungslos, aber glücklich, setzten sich in Bewegung.

Im Bundestag singen die Abgeordneten ergriffen das Deutschlandlied. Willy Brandt und Kanzler Kohl eilen nach Berlin. An der Mauer, die nun keine mehr ist, spielen sich unbeschreibliche Szenen ab. Das Ausland ist unvorbereitet und erstaunt.
Franzosen: Bald ein Volk, eine Nation?
Engländer: Wunderbar! Was für eine Kraft!
Amerikaner: Gerührt am TV. Die alten Deutschen, Teufelskerle!
Aus der Sowjetunion: Aber die Grenze bleibt. Ein Volk hat nun selbst sein Schicksal in die Hand genommen!
Ein Relikt aus der Besatzungszeit: Kohl, auf Besuch in Warschau, unterbricht seine Reise. Mußte zunächst nach Hamburg fliegen, um dort in ein Flugzeug nach Berlin umsteigen zu können. In Berlin dürfen Maschinen der Bundeswehr nicht landen...

Herrlich, die Spira, über achtzig Jahre alt, auf dem Alexanderplatz. Eine Mutter Courage. Mit geballter Faust klagte sie die Rechte des Volkes ein. Vierzig Jahre SED-Herrschaft: Nie wieder!

Heute sollte in der ARD der DDR-Film »Ein leeres Haus« laufen. Wegen der aktuellen Berichterstattung wurde die Sendung auf einen unbestimmten Zeitpunkt verschoben!

Montag, 13.11.1989

DDR-Grenzsoldaten weinen an der einstürzenden Mauer. Die einen, weil sie sich mit den hin- und herwogenden Menschenmassen mitfreuen, die anderen, weil ihre Zeit der Macht und Willkür unwiderruflich zu Ende geht.
Die Menschen in der DDR sind außer Rand und Band. Sie laufen aus den Betrieben, lassen ihren Arbeitsplatz im Stich, nur um an die Grenze und »ganz schnell mal« in den Westen rüberzufahren.

»Nun danket alle Gott!« Großer Gottesdienst mit dem Bundespräsidenten in der Berliner Gedächtniskirche.
Die beiden Berliner Bürgermeister treffen sich freudig am Potsdamer Platz zur Öffnung eines weiteren Grenzübergangs.
In der Deutschlandhalle findet ein Rockkonzert mit Nina Hagen und Udo Lindenberg statt. In der Philharmonie bewegende Bilder bei Beethovens Klavierkonzert Nr. 1 und seiner Siebten Symphonie.
Viele, viele glückliche Menschen. Manche sind so fassungslos, daß sie keine Worte mehr finden. Momper hatte recht, als er sagte: »Die Deutschen sind heute das glücklichste Volk der Welt.«

Die sonntägliche Journalistenrunde kommt zum ersten Mal aus einem Studio in Berlin-Adlerhorst. Die DDR-Journalisten tun sich schwer, ihr Partei-Chinesisch abzulegen.
Abends im dritten Programm die unvergleichliche Spira, eine alte Kommunistin. Sie habe seit Jahren gewarnt und gemahnt, aber niemand habe davon Notiz genommen.
Volkstribun Schabowski stellt sich einem Gespräch. Er wird auch auf seine Zeit als Chefredakteur des »Neuen Deutschland« angesprochen, als er einmal zweiundvierzig Honecker-Bilder in einer Ausgabe mit abdrucken ließ. Der Gipfel des Personenkults. Ihm sei schon damals nicht wohl dabei gewesen.

Überall an der Grenze Fackelzüge auf beiden Seiten. Mit flotten Weisen werden die Sachsen, Thüringer und Mecklenburger begrüßt. Eine nationale Woge hat sich in Bewegung gesetzt. Das Ausland reagiert teilweise erschrocken.

Das Neue Forum hat zur Demonstration in Leipzig am
18. November 1989 aufgerufen.

Kohl zurück in Polen. Versöhnungsgottesdienst in Kreisau, dem ehemaligen Gut der Moltkes. Hier traf sich der sogenannte Kreisauer Widerstandskreis gegen Hitler. Umarmung Kohls mit dem polnischen Premier. Freia Moltke war von Kohl gebeten worden, ihren Sohn nach Kreisau zu der Feier zu schicken. Die Familie lebt in Amerika. Sie lehnte ab. Für sie sei diese Geschichte abgeschlossen. Ein sehr würdiges Statement der alten Dame im Fernsehen. Deutliche Worte. Eines der Übel der Geschichte sei, daß die Amerikaner zu wenig Europa kennen und die Europäer zu wenig Amerika.
Kreisau, verfallene Gebäude, Trostlosigkeit. Moltke. Geschichte, und nicht nur Geschichte des Widerstandes. Hier wohnte der große Stratege, der Königgrätz ermöglichte und damit Österreich aus dem Deutschen Bund trieb. Der Sieger über Frankreich arbeitete hier als Landwirt und Feingeist.
Geschichte wird nicht nur aus der Ratio gemacht, sondern auch mit Emotionen. Europa verändert sich.

Der große Cellist Rostropowitsch weinte, als er von dem Zusammenbruch der Mauer hörte. Er kam sofort per Flugzeug von Paris nach Berlin, holte sich aus dem Springer-Haus an der Kochstraße einen Stuhl, ging zur buntbemalten Mauer und spielte Bach-Sonaten zum Gedenken an die vielen Toten dieser furchtbaren Grenze.

Freitag, 24. 11. 1989

Honecker und Mittag sind aus der SED ausgeschlossen worden. Vor zwei Monaten noch hieß man sie die großen Männer der DDR. Sic transit gloria mundi.
Das Landhaus von Harry Tisch, Ex-Gewerkschaftsboß, ist zur Volksbesichtigung freigegeben worden. Nach dem Motto: »Seht, wie die Bonzen gepraßt haben.«

In der »Zeit« eine Karikatur: Krenz als Wendehals mit zweimal verdrehtem Hals durch die löchrige Mauer blickend. Ein levantinischer Typus. Gestern ein spektakuläres Interview mit Fritz Pleitgen. Ausweichen, ausweichen, beredt verklausulieren. Was er zu Biermann sagte, hahnebüchen, zum Stasi unwahr. Seine Rolle am 9. Oktober, als die Volksarmee die Leipziger Demonstranten zusammenschießen sollte, undurchsichtig.
Herrlich eine Szene, die der »Spiegel« beschreibt: Beim Gorbi-Besuch kamen Demonstranten zu den hohen Gästen, die davon ausgingen, es seien Jubler. Der verkommene, aber schlaue Mielke, der jetzt geschaßte Stasi-Chef, erkannte früh die brenzlige Situation, schlich zu den Demonstranten, reihte sich ein, nur um die Stimmung zu erkunden.

Wunderbar, was nun alles an die Öffentlichkeit kommt. Man erlebe eine Umkehrung der Dinge, wie Ernst Jünger einmal sagte, man müsse nur lange genug leben.

Mittwoch, 13. 12. 1989

Die DDR in Auflösung! Am Montag haben zweihunderttausend Menschen in Leipzig die Wiedervereinigung gefordert. Sprechchöre, schwarzrotgoldene Fahnen, nicht »Wir sind das Volk!«, sondern »Wir sind ein Volk!«
SED/PDS-Anhänger ließen falsche Hunderter mit der Aufschrift »Schon gekauft« auf die Massen regnen.
Andere wollen eine unabhängige DDR.
Nach der ersten Euphorie des Westens über den Fall der Mauer am 9. November beginnt der Katzenjammer der westlichen Verbündeten. Von Wiedervereinigung ist im Moment nicht mehr die Rede.

Donnerstag, 14. 12. 1989

Der Staatssicherheitsdienst der DDR soll aufgelöst werden; einzelne Behördenteile will man in andere Ministerien verlagern.
Vorsicht, daß nicht im anderen Gewand die furchtbaren Unterdrücker und Peiniger ihr Werk fortsetzen!

Gysi, der neue SED/PDS-Vorsitzende, will die Volksabstimmung über eine neue Verfassung gleich als Abstimmung für oder gegen die Wiedervereinigung verstanden wissen. Er weiß genau, daß eine Volksabstimmung über die Wiedervereinigung eindeutig für die Wiedervereinigung ausgehen würde.

Der Sportbund der DDR hat sich für die Olympischen Spiele im Jahre 2004 in Berlin ausgesprochen. (Honecker hatte das immer strikt abgelehnt.)

Willy Brandt hat bestätigt, daß das sowjetische Militär es abgelehnt hat, am 9. Oktober auf die Demonstranten in Leipzig zu schießen, und auch die NVA vor einem solchen Übergriff gewarnt hat.

Bemerkenswert, wie schnell die Justiz sich umstellt. Eine Kehrtwendung um hundertachtzig Grad. Dieselben Leute, die Republikflüchtige zu drei Jahren Zuchthaus verurteilten, sollen nun bald über Honecker und Konsorten zu Gericht sitzen. Schreibtischtäter haben sich schon immer von einem Regime ins nächste gerettet... Ein SED-Parteitagsdelegierter soll am vergangenen Sams-

Am Freitag, dem 22. Dezember 1989, wird unter dem Jubel von zehntausenden Berlinern aus Ost und West das Brandenburger Tor wieder geöffnet. Bundeskanzler Helmut Kohl und DDR-Ministerpräsident Hans Modrow sprechen zu den Menschen.

tag gemeint haben, Parallelen SED/Nationalsozialismus seien augenscheinlich.
Der Botschafter der Sowjetunion in der DDR, Kotschemasow, soll zu Honecker gesagt haben: »Selbst wenn sie euch hängen, unsere Soldaten bleiben in den Kasernen.«

Samstag, 16. 12. 1989

Mitterand fährt in der Welt herum, offenbar um Bündnispartner gegen die Vereinigung Deutschlands zu finden. Aber was ist schon Kanzleipolitik gegen den Willen des Volkes.
Helmut Schmidt mahnt in einem »Zeit«-Artikel, nur ja Hand in Hand mit Frankreich zu gehen.

Mittwoch, 3. 1. 1990

Honecker muß sein Domizil in Wandlitz verlassen. Die Geschichte, die bewegen zu können er geglaubt hatte, spielt dem alten Marxisten und Atheisten einen bösen, vielleicht letzten Streich: Ein evangelischer Pastor, also ein Angehöriger jener Kirche in der DDR, die beträchtlichen Anteil an der »sanften Revolution« hatte, bietet ihm in einem Haus seiner Pfarrei Asyl an. Der »Mann aus dem Volk« und Volksführer ist vor Racheakten seiner aufgebrachten Bevölkerung nicht mehr sicher! Der »rote Erich« als »Klosterbruder«?

Die SED/PDS hintertreibt offenkundig in vielerlei Hinsicht den Neuanfang. Akten, die der Stasi angelegt hat und die jetzt ausgewertet werden sollten, sind inzwischen zum großen Teil nicht mehr auffindbar. Die »sanften Revolutionäre« der Bürgerbewegungen und der von ihnen eingesetzten Untersuchungs- und Kontrollkomitees gehen offenkundig wirklich viel zu »sanft« vor. Einen totalitären Machtapparat, der vierzig Jahre lang das Volk brutal unterdrückt hat, kann man nicht mit Glacéhandschuhen anfassen. In Rumänien ist man radikaler vorgegangen – wie immer man auch dazu stehen mag. Ist ein gesellschaftlicher Umbruch von solchen Ausmaßen doch nicht ohne Gewalt zu bewerkstelligen? In der DDR sitzen weiter viele Leute an den Schalthebeln der Macht, die den Sozialismus auf deutschem Boden retten wollen.

Havel, der neue Präsident der Tschechoslowakei, besucht Ost-Berlin, anschließend München. In Berlin wundert er sich, daß noch so viel von der furchtbaren Mauer stehe. Der Staatsratsvorsitzende der Noch-DDR, Manfred Gerlach, verkündet daraufhin, daß das Bauwerk bald gänzlich abgerissen sein würde.

Auf der fünften Sitzung des »Runden Tischs« im Januar 1990:
(v. l.) Reinhard Schult, Ingrid Köppe und Rolf Henrich.

© *dpa/Kumm*

Den beiden Bürgermeistern von Berlin ist es wichtig, Olympia 2000 oder 2004 in die Metropole zu holen.

Heute tagt man in Ost-Berlin am sogenannten »Runden Tisch«. Christa Luft, DDR-Ministerin für Wirtschaft, berichtet, daß die DDR im Westen fast zwanzig Milliarden US-Dollar Schulden hätte. Zugleich ist die Rede von DDR-Guthaben in Höhe von acht bis neun Milliarden Dollar bei westlichen Banken. Das ist, wie ich finde, ein Zeichen für die Inkompetenz (oder »Unregelmäßigkeiten«?) auch der Regierung Modrow: Frau Luft kennt offenbar ihre eigene Buchhaltung nicht; sie ist auf die Angaben westlicher Geldinstitute angewiesen. Auch das Finanz- und Verwaltungssystem der DDR, das wird immer deutlicher, präsentiert sich in durch und durch desolatem Zustand.

Der »Spiegel« berichtet über haarsträubende Zustände in den DDR-Industriebetrieben. Ein Großteil der Betriebe sei nur noch abbruchreif.

In verschiedenen Städten tauchen rechtsradikale Parolen auf – ein Novum in der Geschichte dieses Landes. Sofort wird in den SED/PDS-Medien der Ruf nach mehr Sicherheit laut. Nach mehr »Staatssicherheit«? Handelt es sich hier möglicherweise nicht doch um Schmierereien der Stasi? Die DDR braucht Transparenz und kritische Reflexion des Geschehens im Lande. Noch ist davon viel zu wenig zu erkennen.

Dienstag, 9. 1. 1990

Die alten Strukturen scheinen sich wieder zu verfestigen. Vierzig Jahre SED-Herrschaft haben sich wie ein Krebsgeschwür in den Gesellschaftskörper der DDR eingefressen. Ministerpräsident Hans Modrow wünscht einen Verfassungsschutz aufzubauen. Neue Nischen, neue Gebäude für die alte »Firma« und ihre vieltausendköpfige Belegschaft? Am »Runden Tisch« wird den Vertretern der Regierung, die zur Auflösung des Stasi bestellt worden waren, das Mißtrauen ausgesprochen. Für sechzehn Uhr wird Hans Modrow an den Tisch zitiert, der zwischenzeitlich an einem Wirtschaftstreffen der RGW-Länder in Sofia teilgenommen hat.

Die SED/PDS sieht immer noch und überall Rechtsradikalismus am Werk. Schönhuber wird die Einreise nach Ost-Berlin verweigert.

Am Vorabend hat zum ersten Mal seit Wochen wieder eine große Demonstration in Leipzig stattgefunden. Hunderttausend riefen »Deutschland einig Vaterland«. Um die Emotionen nicht anzuheizen, hat man auf Reden verzichtet.

Es scheint, daß sich die SED/PDS nicht geschlagen geben will und die neuen oppositionellen Parteien und Gruppierungen kein wirklich wirksames Konzept gegen die starre alte Macht entwickeln können. Die neuen Strategen, die großen Taktiker, die Rhetoriker, die jeden Montag vor Hunderttausenden die Verbrechen der SED anklagten, haben den Zeitpunkt verpaßt (Oktober/November), den Kollaps der SED politisch auszunutzen. So können Gysi, Modrow, Berghofer, diese wendigen Schlaumeier, die alte Erbärmlichkeit im neuen Gewand weiter verkaufen. Glaubt ihnen denn wirklich noch jemand ihren Glauben an eine Zukunft des Sozialismus? Als hätte nicht gerade der gesamte Ostblock den Offenbarungseid geleistet. Wessen Pfründe sollen da eigentlich gerettet werden? Die von solchen Leuten wie Schabowski, Krenz, Sindermann, der lachend vor dem Untersuchungsausschuß erscheint? Vom selbstgefälligen Hager oder von Karl-Eduard von Schnitzler, dem es immer noch erlaubt ist – diesmal nicht im »Schwarzen Kanal«, sondern hier bei uns in 3 Sat –, in bester Laune andere für dumm zu verkaufen? Die Wogen gehen hoch. Im »Neuen Deutschland« heißt es ironisch, »Sudel-Ede« wäre wohl vom Westen gekauft worden, denn jeder seiner Auftritte schade der SED/PDS.

Fünfundachtzigtausend Stasi-Mitarbeiter soll es gegeben haben. Davon seien fünfundzwanzigtausend entlassen worden. Was machen die verbliebenen sechzigtausend Gangster? Oder hatte Mielke nicht doch noch ein paar mehr hochspezialisierte Vasallen?

Der Generalstaatsanwalt beklagt naiv, daß er und seine Mitarbeiter überall behindert würden. Warum wundert dieser Mann sich so?
Die erste gewonnene Revolution auf deutschem Boden? Mitnichten! Die Revolution, wenn es denn eine war, ist noch nicht gewonnen. Die SED herrscht weiter. In vielen Bereichen sogar uneingeschränkt! Wer sollte sie auch kontrollieren?
An jeder Stelle zeigen sich jetzt die fatalen Folgen der vierzigjährigen Zerstörung per Dekret einer gewachsenen sozialen Struktur. Flucht und Vertreibung des Adels; Ausmerzung lebendiger Verwaltungsstrukturen und ihrer Repräsentantin der Beamtenschaft; fast vollständige Liquidierung des Mittelstandes, Flucht der Wissenschaftler, Landwirte, Handwerker und so weiter... Stalin über alles und überall. Und neben ihm Ulbricht, der »Architekt« der Berliner Mauer, an der Wand jeder Amtsstube, jedes Lokals, jedes Kindergartens, jeder Kantine.
Ich stand, allen Sicherheitsvorkehrungen zum Trotz, im Jahre 1967 am 1. Mai ganz dicht vor der Ehrentribüne und sah ihm ins Gesicht, sah einen alten, lächelnden Mann mit Spitzbart; und mir will scheinen, dieser spitzbärtige Greis

geistert weiter in der DDR herum: in Gysi und Modrow, in den Unverbesserlichen von gestern und den Irritierten von heute. Die DDR besteht auf ihre Revolution, doch wo ist das Revolutionstribunal? War es Lenin, der sagte, die Deutschen würden sich immer erst eine Bahnsteigkarte kaufen, um dann mit der Revolution auf dem Bahnhof zu beginnen?

Mittwoch, 10. 1. 1990

Modrow hat gedroht, eine Volksabstimmung über seine Regierung herbeizuführen. Wieder einer jener alten Tricks, diesmal im demokratischen Gewand? Alle oppositionellen Gruppen und Parteien sollten dieses Verfahren geschlossen ablehnen. Die alten »Blockflöten« haben die Lieder der SED noch keineswegs verlernt. Sofort die Koalition aufkündigen! Wenn alle Stricke reißen, Generalstreik. Modrow spricht morgen vor der Volkskammer. Die Folgen einer gewonnenen Volksabstimmung wären unabsehbar, das Erwachen mit Sicherheit böse. Immer wieder die Frage: Warum leisten sich die neuen Parteien und Bürgerbewegungen mit solcher Beharrlichkeit eine derartige politische Naivität und Gutgläubigkeit?

Der Oberbürgermeister von Gera, inzwischen auf einem Schlachthof tätig, zu den vielen wütenden Demonstranten vor dem Rathaus: »Wer mit mir sprechen will, muß sich vorher anmelden.« Also, bitte die Revolution vorher anmelden...

Egon Krenz hat sein Volkskammermandat niedergelegt. Zeichen einer persönlichen Wandlung? Für Modrow inakzeptabel. Er habe, wie er sagt, als Dresdner Parteichef nie etwas Unrechtes getan, wäscht seine Hände in Unschuld.

Gerade meldet der »Deutschlandfunk« (16.30 Uhr), daß in Leipzig eine neue Wochenzeitung gegründet worden sei. Sie wird bei Hannover gedruckt; Redaktionssitz ist Leipzig; Auflage hundertfünfzigtausend Stück. Demnächst soll das Blatt als Tageszeitung erscheinen. Bravo! Ein Anfang, wenn auch ein bescheidener, ist gemacht!

Montag, 15. 1. 1990

Modrow hat am Freitag in der Volkskammer bezüglich seines Rufes nach einem Verfassungsschutz einen Rückzieher gemacht. Also, vor dem 6. Mai, dem nunmehr festgelegten Wahltag zur Volkskammer, keine Neuauflage des Stasi. Aber manche wissen und die meisten ahnen es: Der alte Sicherheitsdienst ist illegal mit Tausenden von Mitarbeitern weiter aktiv. Wer sollte es auch schaffen, diesem monströsen »Staat im Staat« in aller Eile den Garaus zu machen? Allein in Berlin gab es pro Stadtbezirk an die zweieinhalbtausend feste und etwa zehntausend »freie« Mitarbeiter. Es kam vor, daß ein einzelner Mensch von fünfzig Stasi-Leuten observiert wurde. Unvorstellbar! Die SDP hat sich in SPD umbenannt. Großer Jubel in Ost-Berlin auf ihrem Parteitag. Tränen bei den alten Sozialdemokraten, die mehr als vierzig Jahre in die SED gepreßt, in ihr gehalten oder ins gesellschaftliche Abseits gedrängt worden waren. Die SED/PDS wurde aufgefordert, der SPD die beschlagnahmten Vermögenswerte zurückzuerstatten.

Die SED/PDS will sich von einem großen Teil ihrer Printmedien und Druckereien trennen.

In Leipzig tagte die CSU-Landesgruppe. Eine CSU demnächst in der DDR?

Wirtschaftsministerin Christa Luft spricht sich für die Einführung der Marktwirtschaft aus. Finanzministerin Nickel kündigt Preiserhöhungen beziehungsweise Aufhebung der staatlichen Subventionen bei allen Gütern des täglichen Bedarfs an, bis auf die Grundnahrungsmittel.
Geht der maroden DDR-Wirtschaft endgültig die Luft aus? Sind die bankrotten Finanzen überhaupt noch einen Nickel wert?

Dienstag, 16. 1. 1990

Modrow, der neulich vor der Volkskammer sagte, er habe ein übles Erbe angetreten, erscheint – unter Druck – am »Runden Tisch«. Er bittet um Verständnis für seine Politik, bittet alle Parteien und Gruppierungen um Mitarbeit und Unterstützung. Keiner traut diesem alten Funktionär zu, die demokratische Wende herbeiführen zu können (oder zu wollen?).
Dann äußert sich Regierungsbeauftragter Sauer zu den Machenschaften des Stasi. Jedem, der live via TV dabei ist, müssen die Haare zu Berge stehen! Der Stasi, ein Staat im Staate. 1985 sollen die Angestellten des Herrn Mielke im Auftrag von Honecker damit begonnen haben, die gesamte DDR »flächendekkend« unter Kontrolle des Staatssicherheitsdienstes zu bringen. Am »Runden Tisch« wird es totenstill, als der gigantische Machtapparat des Stasi enthüllt wird. 109000 Spitzel sollen »ehrenamtlich« für den Stasi gearbeitet, 85000 Mann fest zum Apparat gehört haben. 1052 Mitarbeiter ließen sich dazu herab, Telefongespräche abzuhören, 2100 waren sich nicht zu schade, die Briefe ihrer Mitbürger zu öffnen. Allein 1989 soll der Staatssicherheitsdienst die DDR-Bür-

ger 3,8 Milliarden Mark gekostet haben. Das Stasi-Waffenarsenal: 342 Flakgeschütze, 3537 Panzerabwehr-Raketen, 4499 Maschinengewehre, 76592 Maschinenpistolen, 124593 Pistolen. Die Stasi-Angestellten fuhren mit 12903 Personenwagen, 2179 Kleinbussen, 325 Großbussen, 2350 Lastwagen. Außerdem nannte das Ministerium des Herrn Mielke zusätzlich 230 Schnellboote und vier Flugzeuge sein eigen. Weiter hatte sich die »Firma Horch und Guck« »flächendeckend« in 2037 Häusern eingenistet, in Berlin allein in 652.

In der »Bild«-Zeitung erscheint »Frau Stoph exklusiv«. Ihr Mann, der Ex-Ministerpräsident, sitzt im Gefängnis, der Ärmste. Er sei immer gegen die Mauer gewesen, hätte aber nichts machen können, sonst wäre er nach Bautzen gekommen. Schuld sei Honecker, dieser Diktator. Willy dagegen habe gern im Garten gearbeitet.

Am Vortag, gegen siebzehn Uhr, hat das aufgebrachte Berliner Volk die Stasi-Zentrale in der Normannenstraße gestürmt. Der »Runde Tisch« unterbrach seine Sitzung. Das DDR-Fernsehen sendete Aufrufe, um die hochschießenden Emotionen einzudämmen. Modrow sprach zu den Wütenden, konnte sich aber kaum Gehör verschaffen. Akten flogen aus den Fenstern und durch die Korridore; Kellerräume, bis zur Decke vollgestapelt mit den feinsten Lebensmitteln und anderen Vorräten, wurden geplündert.
Ironie der Geschichte: die Bundesfahne mit Adler in der Zentrale der SED-Staatssicherheit. Eine Frau zornig: »Die Bonzen haben wie Maden im Speck gelebt.« Dennoch ist die ganze Sache seltsam: Die ersten Fensterscheiben sollen bereits zu Bruch gegangen sein, als überhaupt noch kein Demonstrant das Haus betreten hatte. Wer war zuerst da? Wer hat wen aus welchen Gründen wohin geführt? Wer hatte die Hand im Spiel? Wem ging es worum?

Alles deutet darauf hin, daß die SED/PDS die erste freie Wahl am 6. Mai nicht überleben wird – vorausgesetzt sie verhindert diese nicht durch irgendwelche ihrer altbekannten Machenschaften.

In Leipzig und Dresden demonstrieren riesige Menschenmengen unter schwarzrotgoldenen Fahnen. Das Volk will die Einheit, im Gegensatz zu seiner Führung. Viele fürchten einen Staatsstreich durch Armee- und Stasi-Generäle. In der Bevölkerung wird immer stärker der Ruf laut, die SED/PDS als eine verbrecherische Organisation zu brandmarken.

Donnerstag, 18. 1. 1990

Lange vor seinem Sturz im November '89 soll Honecker gesagt haben: »Solltet ihr mich absetzen, wird alles wegrutschen.« Die Krankheit erleichterte und verschleierte sein ruhmloses Ende. Die gesamte alte SED-Garde stand zunächst noch, um dann sehr schnell zu wanken und zu weichen.

Egon Krenz und Günther Schabowski, kurzzeitig Erben eines in mehrfacher Hinsicht überschuldeten Sozialgebildes, weigern sich, ihr Wissen über die Verbindung von Stasi und SED vor einem Untersuchungsausschuß preiszugeben und berufen sich dabei auf einen von ihnen geleisteten Eid. Diese beiden »Saubermänner« spielen offensichtlich auf Zeit.

Rudi Arndt, früher Oberbürgermeister von Frankfurt a. M., baut in Erfurt den Thüringer Landesverband der SPD auf. Biedenkopf geht als Professor nach Leipzig.

Der Generalsekretär der Ost-CDU teilt mit, daß seine Partei der Übergangsregierung Modrow die Zusammenarbeit aufkündigen will. Später heißt es dann, die Sache sei noch nicht entschieden.

Der »Runde Tisch«, unter Vorsitz von Kirchenvertretern, demonstriert normalen, DDR-unüblichen Sprachgebrauch. Partei Kauderwelsch bleibt außen vor. Kirche und Sozialismus, eine Geschichte, die es in sich hat. Hegel und der Pietismus im Südwesten Deutschlands bis hin zu Marx; die verdruckten Mitglieder der Brüdergemeinden, mit denen man gut die unterdrückten Bürger der DDR assoziieren könnte. Die Verbindungen, Berührungen, Überschneidungen von Kirche und sozialistischer Bewegung bedürfen einer umfänglichen Untersuchung. Erinnert sei hier an einen Ausspruch nach der großen Revolution in Frankreich: Die Revolution ist die Rache der Hugenotten für die Blutnacht im 16. Jahrhundert.

Sonntag, 21. 1. 1990

Krenz ist aus der SED/PDS ausgeschlossen worden. Ebenso der ehemalige Parteichef von Ost-Berlin, Schabowski. Sindermann, Ex-Volkskammerpräsident, wurde verhaftet; gegen Finanzministerin Nickel läuft ein Ermittlungsverfahren wegen Veruntreuung von Geldern in ihrer vorherigen Stellung.
Berghofer, Oberbürgermeister von Dresden, kündigt an, in nächster Zeit die

SED/PDS verlassen zu wollen. Auch seitdem die Sozialdemokraten wieder den alten Namen (SPD) in der DDR führen, schwemmt eine wahre Austrittsflut über die SED/PDS hinweg – in Richtung SPD.

Wehner, der alte Sachse und unermüdliche Kämpfer für sozialdemokratische Ideale, ist vor drei Tagen in Bonn gestorben. Hans-Joachim Vogel meinte in seiner Würdigung, daß es bedauerlich sei, daß Wehner, der an der Alzheimerschen Krankheit gelitten hatte, nicht mehr bewußt das Wiedererstehen der SPD in Sachsen habe erleben können.

Inzwischen haben über eine Million Menschen der SED/PDS den Rücken gekehrt. Das Zentralkomitee tagt in Berlin. Ein Antrag, die SED/PDS aufzulösen, wird wiederum abgelehnt. Gysi, der neue Vorsitzende, ist der Aufgabe, die Partei zu konsolidieren, nicht gewachsen. Er kann sie nur noch tiefer in den Konkurs führen.

In Dresden besetzen aufgebrachte Bürger die Bezirkszentrale der SED/PDS. Die entnervten Genossen dazu: »Wir haben euch schon im Oktober erwartet.« Resignation allenthalben.
Im Oktober/November lag die Macht tatsächlich auf der Straße. Die Gunst der Stunde wurde nicht genutzt. Man verbrachte zuviel Zeit damit, sich über den maroden Zustand von Partei und Staat zu wundern, und vergaß das Handeln.

Kohl, Genscher und EG-Präsident Delors haben sich einen ganz schlauen Plan ausgedacht. Die DDR soll noch vor allen anderen Ländern, die eine Aufnahme beantragt haben, in die EG aufgenommen werden. Und der Ärger, der vorhersehbare, geht los: Die Dänen wollen nicht, die Holländer auch nicht, und auch die Franzosen sagen »non«. Kohl und Genscher müssen so listig, schlau und balkanisch wie Fiegel, Kreisky, Raab und Schärf 1955 in Österreich sein, um das Ziel der Vereinigung über alle Klippen zu bringen.

Die SED/PDS hat ihr Parteizeichen, die beiden verschlungenen Hände, abgeschafft. Damit ist eine Forderung der SPD erfüllt, die »ihre Hände« zurückhaben wollte.

In Gesprächen hört man immer wieder: »Wir leben in einer geschichtlich wichtigen Epoche.« Neulich hörte ich in der S-Bahn eine Formulierung, auf die ich bereits gewartet hatte: »Wir leben in einer großen Zeit.« Nun war es gesagt... Auch vor 1914 gab es diese »große Zeit«, vor 39 ebenfalls. Müssen wir Menschen immer dieselben Fehler machen?

In der Sowjetunion ist genau das eingetreten, was schon lange zu erwarten war – die Teilmobilmachung. Die beiden Nachbarstaaten Armenien und Aserbaidschan bekämpfen einander.

Wie sich die Zeiten ändern! In einer Unterhaltungssendung des ZDF singt der Chor der sowjetischen Schwarzmeerflotte das Deutschlandlied.

Montag, 22. 1. 1990

Berghofer, Dresdens Oberbürgermeister, ist aus der SED/PDS ausgetreten. Mit ihm der Dresdner SED/PDS-Bezirkschef Hahn und etwa vierzig weitere, teilweise hohe Funktionäre. Die Signalwirkung für alle anderen Parteimitglieder sollte nicht unterschätzt werden. Die Auflösung des mächtigen Parteiapparates und seiner Basis geht weiter.

Die Grenz-Hunde, die das Schandwerk bewachten, werden an Westinteressenten verkauft. Die ersten Schäferhunde sind in Bremen eingetroffen. Es sollen mehrere Tausend sein, die zum Verkauf kommen, zum Preis von einhundertfünfzig (West) Mark. Es heißt sie seien »menschenfreundlich«. Auch koreanische Interessenten an diesem Hunde-Deal sollen an die Tür geklopft haben... Das wiederum soll nicht die Zustimmung der Tierfreunde der DDR gefunden haben.

Die »Bild«-Zeitung spekuliert über einen geplanten Staatsstreich von Einheiten der Volksarmee und Angehörigen des Staatssicherheitsdienstes. Modrow widerspricht dem heftig auf Befragen des »Runden Tischs«.
Von Journalisten auf seine Parteizugehörigkeit als Ministerpräsident angesprochen, meint er kühl: »Ich bin keiner Partei verantwortlich, sondern dem Staat.«
Da man davon ausgehen kann, daß politische Gruppierungen, die »nichts mehr zu erwarten haben«, mit großer Sicherheit bereit sind, mit allen Mitteln für die fast verlorene Sache zu kämpfen, zeigt sich der »Runde Tisch« äußerst besorgt wegen der Staatsstreich-Gerüchte. Welche Rolle spielt die Sowjetunion oder gewisse ewige Gestrige in diesem Zusammenhang? Vorsicht!

Dienstag, 23. 1. 1990

Herr Krenz hat sich am Montag am »Runden Tisch« zu einer mehr als dürftigen Analyse der Zusammenarbeit von SED und Stasi herabgelassen. In der Partei habe, ebenso wie bei der Staatssicherheit, die alte Devise der Konspiration gegolten: Jeder darf nur so viel wissen wie unbedingt nötig. Die Verzahnung sei total gewesen. Die Staatssicherheit, »Schild und Schwert der Partei«, sei zum unkontrollierbaren »Staat im Staate« geworden. In jedem Bezirk habe es fünf bis zehn Sicherheitsbeauftragte gegeben, in jedem Kreis einen Mitarbeiter, in Grenzkreisen zwei.

Ein Spinnennetz der Angst und Repression. Krenz will am 13. Oktober zu Honecker gesagt haben: »Es darf keine chinesische Lösung geben.« Honecker soll einverstanden gewesen sein.

In der »FAZ« von gestern wurden Passagen aus den Verlautbarungen und Anweisungen des ZK-Sekretärs für Agitation und Propaganda, Joachim Hermann, an die DDR-Presse abgedruckt. In der Diktion gleichen diese »Anweisungen« jener des furchtbaren Goebbels im sogenannten Dritten Reich.

Hermann seinerseits mußte in Pressefragen den Anweisungen Honeckers Folge leisten, der sich nach seiner Wahl zum Generalsekretär besonders auf die Medienarbeit und die Sicherheit spezialisiert hatte. Schabowski meinte, Honecker habe sogar auf den Umbruch des »Neuen Deutschland« Einfluß genommen und die Leipziger Messe-Ausgaben des »ND« mit möglichst vielen Bildern von sich versehen lassen.

Jeder schiebt die Schuld auf Honecker. Ginge es nach den ihm zur Last gelegten Taten, müßten die Tage dieses Menschen mindestens hundert Stunden gezählt haben.

Im »Spiegel« vom Montag ein Gespräch mit dem französischen Schriftsteller Tournier, einem Deutschlandkenner: »Deutschland ist das Land meiner Träume.« Und auch hier: »Es ist eine große Zeit.«

Vor einigen Jahren hatte Tournier Mitterrand die Übersetzung von Haffners »Preußischen Profilen« zugesandt, der mit Hilfe dieses Werks offenbar sein Deutschlandbild vervollständigen wollte. Als Honecker 1988 Frankreich besuchte, sagte Mitterrand zu dem neben ihm stehenden Schriftsteller: »Tournier, durch Sie habe ich Preußen entdeckt.« Weiter im »Spiegel«-Report: »So sagte er (Mitterrand), daß Honecker es hören konnte: Ach, Tournier, heute ist Preußen ja hier. Ich darauf: Nicht so laut, Herr Präsident, er könnte das übelnehmen, denn er ist kein Preuße, sondern Saarländer.«

Im selben Interview macht man Tournier den Vorwurf einer Ästhetisierung des Faschismus, worauf Tournier Leon Blum zitiert: »Sozialismus ist eine Moral, Kommunismus eine Technik, Faschismus eine Ästhetik.« Und über die Resistance und die Zusammenarbeit der Franzosen mit den Deutschen im Zweiten Weltkrieg: »Als de Gaulle in Frankreich landete, sagte er, mit wenigen Ausnahmen seien alle Franzosen Widerstandskämpfer gewesen. Die Franzosen waren darüber zugleich verblüfft und beglückt – nie hätten sie das zu denken gewagt.«

Mittwoch, 24. 1. 1990

Ich sah heute morgen im Stuttgarter Wilhelmspalais Hegels Samtbarett, das er bei seinen Vorlesungen trug. Dunkellila Samt und gut erhalten. Gedanken über einen der geistigen Väter kommunistisch-sozialistischen Denkens und über den rasanten Zusammenbruch der DDR.

Gestern haben Arbeiter am ehemaligen Gebäude des Zentralkomitees das SED-Parteisymbol abmontiert. Der erzwungene Handschlag von KPD und SPD hat sein Ende gefunden! Die SPD ist wieder eine freie Partei, und die stalinistische SED wird es bald nicht mehr geben. Wird sie geschichtlich einmal ähnlich beurteilt werden wie die NSDAP? Gysi, der Vorsitzende der SED/PDS, schaute den Arbeitern bei der Demontage des Hand-in-Hand-Symbols melancholisch zu. Dieser Ulbricht-Honecker-Krenz-Nachfolger ist nur zu bedauern. Inzwischen kursieren Gerüchte, daß auch Modrow seine Partei verlassen will.

Donnerstag, 25. 1. 1990

Auf Distanz zur »Liberaldemokratischen Partei« der DDR ist die »Liberale Internationale« gegangen. Die Blockpartei sei die Selbstgerechtigkeit selber (keine Mitschuld und so weiter). Man habe immer nur versucht, das Beste aus den schwierigen Zeiten zu machen, meinen dagegen die Liberaldemokraten der DDR. Die »LI« dazu: Derartige Selbstgerechtigkeit habe man in keinem anderen Ostblockland angetroffen. Der Generalsekretär, der Schweizer Urs Schöttli: »Das politische Klima in der DDR ist das widerlichste.«

Am zurückliegenden Wochenende haben fünfzigtausend Menschen aus der DDR, symbolisch mit Koffern beladen, die Grenze bei Duderstadt überschritten, um zu demonstrieren. »Wir gehen wieder zurück in die DDR, kommen aber endgültig wieder, wenn sich an den SED-Strukturen, am Stalinismus nichts ändert.«

Modrow dementiert das Gerücht, er wolle seine SED/PDS-Mitgliedschaft bis zu den Wahlen ruhen lassen. Abends wird bekannt, daß die Ost-CDU ihre Zusammenarbeit mit Modrow aufgekündigt hat, um auch für die anderen Oppositionsgruppen Platz zu machen.

Der Verfall der DDR geht weiter. So schnell kann niemand handeln, wie das ganze Land in Not gerät. Auch die nun durchgesetzte Gewerbefreiheit kann nur ein Tropfen auf den heißen Stein sein. Der Oberbürgermeister von Leipzig ist aus der SED/PDS ausgetreten. Geras Oberbürgermeister hat diese Partei praktisch verboten, läßt ihr keinen Handlungsspielraum mehr. Bergdorfer, Oberbürgermeister von Dresden, hat sich dem Votum des Stadtrats gestellt und einstimmig das Vertrauen ausgesprochen bekommen.

Bei einem Übergang in Stuttgart, in der Nähe vom Wilhelmspalais, ist aufgesprüht »Sachsen raus« zu lesen. Die Angst vor »Überfremdung« wächst. Ich finde, die Sachsen passen ethnisch durchaus zu den Schwaben. Auch die Dialekte weisen Ähnlichkeiten auf.

Wieder geht mir Hegel durch den Kopf. Sein Geburtshaus wird ja gerade in Stuttgart restauriert. Hegel: »Alles Wirkliche ist vernünftig, alles Vernünftige ist wirklich.« Ein Kernsatz seines philosophischen Idealismus. Der Geist triumphiert über das Nicht-Geistige. Aber das »Vernünftige«, die ideale Gesellschaft, wird es nie geben, da ihre Protagonisten, die Menschen, stets Irrtümern unterworfen sind. Womit auch das Gebäude des Marxismus zusammenbricht, zu dessen Fundamenten der vernunftbegabte, gerechte, entwickelte Mensch zählt.
Diese philosophischen »Irrtümer« haben Millionen Menschen das Leben gekostet. Und nur wenige hegen noch den Wunsch, den Sozialismus zu retten beziehungsweise die Idee des »wahren« Sozialismus von ihren stalinistischen Verformungen abzugrenzen und zu befreien.

Samstag, 27. 1. 1990

Am Mittwoch ist Herbert Wehner in Bonn beerdigt worden. Der Staatsakt für den Toten fand am Donnerstag statt. Viele der neuen SPD-Männer aus der DDR hatten sich dazu eingefunden.
In einer Sendung von Günther Gaus, 1964, hatte Wehner einmal prophetisch verkündet: »Das SED-Experiment wird fürchterlich enden, mit einem moralischen Katzenjammer und einer sittlichen Vernichtung derer, die einmal aus ehrlichen Absichten kommunistische oder sozialistische Vorstellungen dieser Art zu realisieren versucht haben.«

Montag, 29. 1. 1990

Heute morgen ist Honecker verhaftet worden, und zwar bei seiner Entlassung aus der Charité. Wahrscheinlich haben ihn dieselben Häscher, die noch vor drei Monaten seine Gegner verhaftet hatten, abgeführt. Der unermüdliche Anwalt

Vogel will für Honecker aus Krankheitsgründen Haftverschonung beantragen. Vierzehn von ehemals vierundzwanzig Mitgliedern des früheren Politbüros der SED sitzen jetzt in Haft.

Ministerpräsident Modrow bildet sein Kabinett um. Gestern gab es in Ost-Berlin stundenlange Beratungen am »Runden Tisch«. Die Ergebnisse sind dürftig: Alle alten Minister bleiben; hinzu kommen – sozusagen als »Aufpasser« – einige Minister aus den Reihen des »Runden Tisches«. Die Volkskammerwahlen werden nicht am 6. Mai 1990 stattfinden, sondern bereits am 18. März.
Modrow und seine Minister tun sich schwer. Erst wollte man am gescheiterten Sozialismus festhalten, dann einen Weg zwischen Sozialismus und Kapitalismus finden. Inzwischen ist auch diese Idee wieder begraben worden. Jetzt soll es doch die Marktwirtschaft sein. Ministerin Luft brauchte sechs Wochen, bevor ihr das Wort »Marktwirtschaft« überhaupt über die Lippen kam. In der DDR zerrinnt alles. Jeden Tag finden anderthalbtausend Menschen den Weg nach Westdeutschland. Die Regierung Modrow hat ihren Vertrauensvorschuß verspielt. Zum großen Teil durch ihr unübersehbares Taktieren in der Stasi-Frage (durch die nicht durchgeführte Auflösung dieses Unterdrückungsapparates) und die merkwürdig zuversichtlichen Töne von SED/PDS-Chef Gysi, der seine Partei ungebrochen als Machtfaktor erhalten wissen möchte.

Dienstag, 30. 1. 1990

Willy Brandt war am Wochenende wieder in der DDR. Die Fahrt wurde zu einem Triumphzug. Zehntausende jubelten ihm zu. In Gotha, im alten »Tivoli«, hob er den neuen Landesverband Thüringen der SPD aus der Taufe – auf historischem Boden, denn hier, im »Tivoli«, hatten sich die sozialdemokratischen Gruppen 1875 zu einer Partei vereinigt.
Immer wieder tritt Brandt klar für die Einheit der beiden deutschen Staaten ein und für den Zusammenschluß der beiden sozialdemokratischen Parteien. Vor einigen Wochen war jedoch noch von »Behutsamkeit« die Rede. Jetzt scheint es ihm nicht schnell genug zu gehen. Sichtlich zufrieden nahm er überall die schwarzrotgold untermalten Ovationen entgegen. Er sagt: »Einigkeit und Recht und Freiheit – Deutschland einig Vaterland.« Hoffmann von Fallersleben und Johannes R. Becher reichen sich die Hand. Brandt hat seine alten Visionen nie begraben: ein sozialdemokratisches Deutschland in einem sozialdemokratischen Europa.

Dienstag, 30. 1. 1990

Honeckers Verhaftung wird auf den Titelseiten der meisten Zeitungen mit Bildern und Schlagzeilen groß herausgestellt: »Honecker. So holten sie ihn ab.« (»Bild«) »Erich Honecker in Untersuchungshaft.« (»Süddeutsche«) »Honecker aus dem Krankenhaus direkt in Untersuchungshaft.« (»Welt«) Dazu der Kommentar: »Reise eines Schuldigen.« Tenor aller Berichte: Er ist schuldig, aber man solle human entscheiden und dem kranken alten Mann Haftverschonung angedeihen lassen.
Mittags in Rundfunk und Fernsehen die Meldung, der zuständige Haftrichter lehne eine Inhaftierung Honeckers ab. Der Oberstaatsanwalt legt Einspruch ein und läßt Honecker weitere vierundzwanzig Stunden festhalten.
Honecker ist ein zäher, auch leiderfahrener Mann. Unter den Nazis saß er zehn Jahre im Zuchthaus Brandenburg. Ein Mensch mit einem Janusgesicht. Einerseits der Biedermann, jovial, freundlich, etwas linkisch; andererseits starr, unnachgiebig, besserwisserisch. So richtig hatte man ihm den allmächtigen Diktator nicht zugetraut. Aber nach den vielen Aussagen von Mitarbeitern und Untergebenen hat genau dieser Mann über alle wichtigen Fragen des Staates DDR mit unnachsichtiger Strenge und Härte gewacht. Gegen die Schrecken seines (und Mielkes) Staatssicherheitsdienstes machen sich Orwells Visionen wie Gute-Nacht-Geschichten aus.

16.30 Uhr, Deutschlandfunk: »Gorbatschow sagte bei dem Besuch von Modrow, die deutsche Einheit stehe auf der europäischen Tagesordnung. Welch ein Wandel! Nur mit sowjetischer Unterstützung, Wohlwollen und Placet (und Druck) haben sich die DDR-Verhältnisse zu dem entwickeln können, was sie heute sind.

17 Uhr. ZDF meldet, Honecker sei aus der Haft entlassen worden.

Mittwoch, 31. 1. 1990

Honecker ist im Pfarrhaus von Lobetal untergekommen. Anwalt Vogel hatte schon vor Wochen im Auftrage Honeckers und der Regierung Modrow bei der evangelischen Kirche diesbezüglich anfragen lassen. Bischof Forck sagte heute im Deutschlandfunk, daß die Kirche zur Barmherzigkeit verpflichtet sei, trotz aller Schuld, die Honecker trage.
Irgendein Ost-CDU-Vorsitzender in Sachsen sagte auf einer Wahlveranstaltung, man sei mit der SED zusammengegangen, um die Auswirkungen des Sta-

linismus zu mildern. Höhnisches Gelächter. Die Ost-CDU war eine zuverlässige Blockpartei. Götting, bis zur Wende ihr Vorsitzender, sitzt heute im Gefängnis. Die evangelische Kirche hatte sich schon in den fünfziger Jahren von dieser CDU distanziert. Der neue Vorsitzende, de Maizière, scheint ein integerer Mann zu sein. Er stammt aus einer alten Hugenottenfamilie. Feingeistig, musisch – er spielt die Bratsche –, gebildet (Anwalt), verwandt mit dem früheren Generalinspektor der Bundeswehr, steht er für den neuen Kurs der Partei. Kohl will ihn – nach langem Zögern – noch diese Woche empfangen. Endlich! Die Ost-CDU will sich läutern. Das geht um so besser, je mehr Unterstützung von der West-Schwester kommt, auch in Form von Geld.

Aus den Schulen Ost-Berlins kam die Bezeichnung »Rote Socke« für die früheren hundertfünfzigprozentigen SED-Anhänger. Schon im Kindergarten gab es den »guten Onkel Lenin«, das stolze »mein Bruder ist ein Panzersoldat« und die »ewige, unverbrüchliche Freundschaft zur Sowjetunion«. Das russische Pathos bot sich für die gekünstelten Parolen der SED-Anhängerschar geradezu an.

Die Ereignisse überschlagen sich. Jeden Tag neue Meldungen. Das Einlenken der Sowjetunion in der Deutschlandfrage scheint auch taktische Gründe zu haben, um den Ausreisestrom der DDR-Deutschen zu bremsen. Jeden Tag verlassen im Schnitt anderthalbtausend Menschen Mitteldeutschland. Ein Exodus, wie wir ihn seit 1945 nicht mehr erlebt haben. Gorbatschow: »Die deutsche Frage darf nicht auf der Straße entschieden werden.« Aber genau das ist der Fall. Der Ruf der Hunderttausende »Deutschland einig Vaterland« und »SED – das tut weh« und die Massenfluchten über Ungarn, Polen und die ČSSR führten zu einer neuen Bewertung der Deutschlandfrage, nicht nur in der Sowjetunion, sondern auch bei uns.

Gestern Abend mitteleuropäischer Zeit wurden an der Wall Street starke Kursschwankungen verzeichnet, verursacht durch das Gerücht, Gorbatschow sei zurückgetreten.

In der »FAZ« ein Artikel, betitelt: »Die Deutschen gehen!« (Von Anatoli Strelyanyi, einem bekannten Schriftsteller aus Moskau, Kommunist und Vizepräsident des sowjetischen Pen-Clubs). Er bedauert die Halbherzigkeiten bei den russischen Reformen. Man komme kaum voran. Das KGB müsse aufgelöst, die Völker der Sowjetunion aus ihrer Bevormundung entlassen werden, das Primat der kommunistischen Partei fallen. Er sieht für die Sowjetunion die Gefahr einer blutigen Revolution heraufziehen, ganz im Gegensatz zu der friedlichen

Bewegung in Deutschland. Und weiter: »Mein Nachbar, ein Arbeiter, der vor kurzem aus der Partei ausgetreten ist, sagte mir: Erinnern Sie sich, wie unser Jegor Ligatschow damals in der DDR den deutschen Sozialismus gelobt hat? Der Sozialismus dort hat ihm sehr gefallen. Jetzt, wo die Deutschen ihre Parteiführer einsperren, sagt er nichts mehr. Wahrscheinlich gefällt ihm jetzt unser Sozialismus besser. Er soll humaner sein. Jegor Kusmitsch kann einem richtig leid tun. Gorbatschow hat ihn im letzten Jahr ruhig in die DDR fahren lassen. Der alte Mann hatte sich sorgfältig auf die Reise vorbereitet. Seine Leute schrieben ihm marxistisch-leninistische Reden zur Unterstützung der Klassenbrüder. Er kam erschöpft, aber zufrieden zurück und berichtete dem Politbüro, er habe den Sozialismus und das gegenseitige Vertrauen gestärkt. Seine Reise wurde gelobt. Gorbatschow beglückwünschte ihn: ›Sie sind ein großartiger Diplomat, Kusmitsch, was wären wir ohne Sie!‹ Und dann fährt er selber, und beim deutschen Sozialismus fliegen die Federn. Und Ligatschow muß im Politbüro dafür stimmen, daß der Besuch des Genossen Gorbatschow ein voller Erfolg war.«
Russische Erzählkunst!

Donnerstag, 1. 2. 1990

Rückblick auf einen Sommertag in Ost-Berlin des Jahres 1967

Man stieg am Bahnhof Friedrichstraße aus der S-Bahn und stellte sich den langen, widerlichen Kontrollen. »Nehmen Sie die Brille ab. Schauen Sie nach links, schauen Sie nach rechts.«
Überall riecht es nach Desinfektionsmitteln. Hat die DDR Angst vor Seuchen?
Unter den Linden über dem Portal der Humboldt-Universität ein großes Ulbricht-Bild und »Es lebe der Parteitag der SED«.
Auf dem Gelände neben dem Dom ein freier Platz. Bis 1950 stand hier das Berliner Stadtschloß. Ulbricht ließ es sprengen, um jede Erinnerung an das »reaktionäre Preußen« auszulöschen. 1967 nun auf diesem Platz neben dem Lustgarten eine riesige Tribüne, auf der die Parteibonzen die »Huldigungen« des Volkes entgegennehmen. Ein großes Transparent: »Stärkt und festigt die souveräne Deutsche Demokratische Republik.«
Vor der Staatsbibliothek: »Die deutsche Staatsbibliothek leistet einen wichtigen Beitrag zur wissenschaftlich-technischen Revolution.«
In der Nähe Begegnung mit zwei alten Damen, die schon bessere Zeiten gesehen hatten. Wir kommen ins Gespräch. »Wir sind alt und haben nichts mehr zu erwarten. Wir wünschten, wir wären drüben bei unseren Kindern.«
Am Märkischen Ufer baufällige Häuser und die Losung: »Bauschaffende durch Information zum Weltniveau.«

An einer Schule in der Inselstraße: »Wir lernen für unsere sozialistische DDR.« Etwas weiter: »Sozialismus – das ist Friede, wahre Menschlichkeit, Wohlstand für das Volk und Völkerfreundschaft – Brüderliche Grüße den Delegierten.« Am Metropol-Theater: »Presse, Funk und Fernsehen – Die ideologischen Waffen der Partei.«
Walter Ulbricht stand auf dem Höhepunkt seiner Macht. Man bereitete den VII. Parteitag vor. Damals gab es viele Leute, die fanatisch für die SED eintraten und alle Not und Sorgen als bald beendet ansahen. Das Ziel stand klar vor Augen: wirtschaftliches Überholen (»ohne einzuholen«) der Bundesrepublik Deutschland.
Es ist ein Mittwoch, die Sonne scheint, der Gendarmenmarkt ist noch nicht wieder aufgebaut; im Französischen Dom gibt es eine kleine Hugenottenausstellung. Unter den Linden baute man am Kronprinzenpalais und an der Commode.
Ein Nachmittag. Klingendes Spiel. Die Ehrenwache zieht auf, eine Abteilung des Wachregiments Felix Dzierzynski der Nationalen Volksarmee. Am Mahnmal für die Opfer des Faschismus preußischer Stechschritt. Amerikanische und französische Soldaten schauen zu, fotografieren. Die Volksarmee preußisch stramm unter den Linden. Wenige Schritte zur Humboldt-Universität. Am Eingang zur Universität werde ich angehalten: »Zeigen Sie bitte Ihren Ausweis.« Ich ziehe den grünen Paß aus der Tasche. »Damit kommen Sie hier nicht rein, wir haben hier besondere Ausweise.« Barsches Abweisen. Man ist der »Klassenfeind«. Einige junge Mädchen im Blauhemd der FDJ eilen vorüber. Die beiden Humboldts sitzen steinern am Eingang.

Samstag, 3.2. 1990

Im Rundfunk ein Gespräch mit einer Lehrerin aus Ost-Berlin. Sie erzählt von einer Kollegin, die in Karlshorst bei der Gesellschaft für deutsch-sowjetische Freundschaft tätig ist. Einmal, bei einem Besuch von Gorbatschow in Ost-Berlin, mußte sie mit Hunderten anderer Frauen mit Einkaufsnetz an den Jubelstraßen Spalier stehen. In den Netzen befanden sich, gut sichtbar, Bananen. Die Frau habe sich furchtbar deswegen geschämt.
Wie sich die Veränderungen in der DDR auswirken, zeigen Schlagzeilen in der »Süddeutschen Zeitung«:

> Unbefristeter Ausstand im Kaliwerk
> Ermittlungsverfahren gegen Jenaer
> Oberbürgermeister
> Erster Schützenverein in Gera

Mehr als 12,2 Millionen Visa für DDR-Bürger
Kongreß für DDR-Zahnärzte in Hannover
Ostberliner Polizei klagt über Brutalität
Mit Interflug von Dresden nach Köln

Sonntag, 4. 2. 1990

Aus SED/PDS ist PDS geworden. Ein neues Kleid für die gebrechliche, angemoderte Dame von vierzig Jahren? »Partei des demokratischen Sozialismus«. Sinnlos! Die Bevölkerung wird von der PDS nicht eine Krume Brot mehr nehmen. Die Wahlen am 18. 3. werden es an den Tag bringen.
Sogar Modrows »Deutschland einig Vaterland« hat die SED/PDS geschluckt. War es wirklich erst gestern, daß man DDR-Bürger an der Grenze erschoß, weil sie ins andere, ins freie Deutschland wollten?

Montag, 5. 2. 1990

Auf dem »Spiegel«-Titel die dreifarbige Bundesfahne mit Adler im Ährenkranz. Bildunterschrift: »Chaos in der DDR – Flucht in die Einheit!« Seit dem 14. 8. 1989 ist das die dreizehnte Titelgeschichte mit jenem Thema, das die Deutschen (und nicht nur sie) so bewegt.
Die »Bild«-Zeitung hat vor Wochen eine Rubrik geschaffen, »Die Seite für Deutschland«, mit einem Brandenburger Tor in der Titelzeile. Artikel: »Krenz im Hamburger Jazzkeller ›Birdland‹.« Großes Bild: die Redakteure bei der Redaktionskonferenz. Bildunterschrift: »Egon Krenz war gestern in Hamburg Gast der ›Bild‹-Redaktionskonferenz. Neben ihm Chefredakteur Tiedje.« Krenz läßt sich vorzeigen. Gleichgültig, welche Rolle er vor und bei der Wende gespielt hat, durch den Mauerfall am 9. November 1989 ist er auch im Westen populärer geworden. Und wie so häufig kennt man in den Medien keinerlei Hemmungen, diesen Umstand weidlich auszunutzen (wie auch im Fall K.-E. von Schnitzlers).

Wirtschaftsministerin Luft referiert am »Runden Tisch« über die zu gründende Wirtschaftsgemeinschaft DDR/BRD. Aber Wege dahin zeigt sie nicht auf. Modrow referiert monoton vor der Volkskammer über sein Leid und mahnt die Bürger, nur ja im Lande zu bleiben. Alles könne nur besser werden, zwar nicht sofort, aber demnächst.

Wird ein vereintes Deutschland den Exodus wirklich bremsen können? Die Leute wollen einfach nicht mehr in ihrem zerstörten Land leben. Sie haben das Schicksal ganz Deutschlands in die Hand genommen und eine Entscheidung getroffen. Die Regierenden standen da und staunten. Damit hatte niemand gerechnet!

In den »Stuttgarter Nachrichten« ein Bild aus dem Stadtteil Sonneberg in Karl-Marx-Stadt, das demnächst wieder Chemnitz heißen wird. Ein altes Haus. Die Fenster eingeschlagen. Früher sicher ein Geschäftshaus. Die Rollos an Türen und Fenstern des Untergeschosses sind runtergelassen. Mit weißer Farbe ist »Ruinen schaffen ohne Waffen« aufgemalt.

Dienstag, 6. 2. 1990

Die marode DDR-Wirtschaft setzt ihre Talfahrt fort. Weiter verlassen jeden Tag Tausende Bürger das Land. Bonn und Ost-Berlin rotieren. Bundesbankpräsident Pöhl trifft sich mit einem hochgestellten DDR-Kollegen. Magere Ergebnisse. Eine Währungsunion sei nur auf lange Sicht zu verwirklichen. Heute will nun Kohl im Kabinett durchsetzen, die Währungsunion rasch und ohne Zögern zustande zu bringen. Das wird viel Geld kosten. Im Nachtragshaushalt sind für DDR-Hilfen sechs Milliarden eingeplant. Ein Tropfen auf den heißen Stein. Auch dieses Geld muß durch Kredite aufgebracht werden. Ein Julius-Turm steht nicht zur Verfügung.
Einige Leute in der DDR mögen sich immer noch nicht von den »Errungenschaften« des Sozialismus trennen. Und viele Westler mögen es ebenfalls nicht. Was könnte am sogenannten real existierenden Sozialismus erhaltenswert sein? Keines seiner verschiedenen sozialen Systeme hat sich als tragfähig erwiesen: weder Gesundheits- noch Bildungssystem und auch nicht die Altenversorgung.
Da es über kurz oder lang diese DDR nicht mehr geben wird, wird sie auch ihre Gesetze außen vorlassen müssen. Sobald die fünf Länder in der DDR gebildet sind – formaljuristisch bestehen sie seit 1952 weiter –, könnten sie durch eine Beitrittserklärung ihre Zugehörigkeit zur Bundesrepublik erklären. Im Artikel 23 des Grundgesetzes ist dieser Fall eindeutig geregelt. Volksabstimmungen erübrigen sich auf diese Weise. Nach dem Grundgesetz haben auch die Westdeutschen keine Möglichkeit, durch ein Plebiszit diesen Beitritt der fünf Länder oder sogar eines einzelnen Landes zu verhindern.

Es war einmal ein Orchester-Chef in Halle. Man schimpfte ihn den »rötesten Kapellmeister«, und er mußte gehen. Spielte das Orchester einmal leiser, als er

wollte, so war es für ihn gleich »Konterrevolution«. Dieser Mann nun brachte eines Tages aus einem fernen westlichen Land Apfelsinen und Bananen mit und verspeiste sie vor aller Augen in der Theaterkantine. Aber Olaf Koch war nicht nur ein Freund von Südfrüchten, sondern auch ein ehrlicher Mensch: »Wer die Macht hat, hat auch das Recht, und ich habe die Macht«, pflegte er die Orchestermitglieder zu belehren.
Und wer nach dem 9. November sah, wie Millionen Menschen die begehrten Früchte zufrieden heimschleppten, der weiß, Olaf Kochs Tun fand seinen fruchtbaren Boden.
Ein anderer Meister der Musik, Peter Schreier, Tenor, ließ es sich nicht nehmen, noch während des Wendeprozesses aufmüpfige Bürger schriftlich zurück auf die SED-Parteilinie pfeifen zu wollen. Die Früchte, die dieser Mann erntete, waren zwei demolierte Autos und auf offener Straße angespuckt zu werden.

Sonntag, 11. 2. 1990

Gestern sind Kohl und Genscher nach Moskau gereist. Gorbatschow wird den beiden Herren nichts anderes sagen als vor vierzehn Tagen Hans Modrow. Ihren Widerstand gegen die deutsche Einheit hat die KPdSU längst aufgegeben. Das riesige sowjetische Imperium befindet sich in einer schier ausweglosen Lage. Es ist wirtschaftlich am Ende; seine Völker klagen ihr Selbstbestimmungsrecht ein; die Ungarn verlangen den Abzug der russischen Truppen, ebenso die Tschechen und – etwas zögernd – die Polen.
Spätabends gibt Kohl in Moskau eine Pressekonferenz. Tenor: Es sei ein historischer Tag. Gorbatschow habe nichts gegen die Vereinigung der deutschen Staaten, nur müsse sie sich unter dem Dach des europäischen Hauses vollziehen. Bewegt verfällt Kohl in seinen Pfälzer Dialekt.
Die Politiker in Ost und West haben für diese Einheit keinen Finger gerührt, auch wenn sie noch so viele Verrenkungen machen, wie die Krallen-Lady in London. Die Bevölkerung der DDR ist es, die die Einheit will, sie erzwingt, erkämpft. Wie eine Lawine, die keiner mehr aufhält. Und der Sowjetunion kann wahrscheinlich nur ein starkes, wirtschaftlich gesundes Deutschland helfen, das eigene marode System zu sanieren.

Graf Andreas Razumovsky berichtet in der »FAZ« über seine Zeit in Prag. Wie ein Politbüromitglied ihm 1966 bei einem Umtrunk in einer Kneipe erzählt habe, daß man den hausgroßen Kopf des geliebten Josef Stalin mit beweglichen, von mächtigen Scheinwerfern gebildeten Augen habe ausstatten wollen. Mit diesen Augen habe der »Vater aller Werktätigen« dann vom Letna-Berg auf die verschüchterten Prager herunterblicken sollen. Es sei aber schwierig gewesen, den Koloß – auch ohne die strahlenden Augen – aufzustellen; als noch schwieriger allerdings habe es sich erwiesen, ihn – auf Anweisung von Chruschtschow – wieder abzubauen.

Der unermüdliche Genscher findet sich um zwölf Uhr mittags zum Fernsehpressegespräch ein, bei dem er von den Verhandlungen in Moskau berichtet. Die Menschenmassen, die täglich aus der DDR nach Westdeutschland strömten, würden zur politischen Eile drängen. Es bleibe keine Zeit für ausführliche, geduldige Verhandlungen.
Via Flimmerkiste Bilder vom Rückflug der Kanzler-Delegation. Kohl, in blauer Strickjacke und bester Laune, läßt Krimsekt ausschenken.
Der Home-spon-Kanzler hat noch einen dornigen Weg vor sich. Zur Sekt-Euphorie besteht noch kein Anlaß. Mit der Auflösung der DDR wird sich auch die Bundesrepublik auflösen. Ein neues Deutschland wird entstehen. Die Geburt wird schwer sein, vielleicht eine Sturzgeburt. Hoffentlich kommt das geliebte Baby dabei nicht zu Schaden.

Dienstag, 13. 2. 1990

Modrow ist heute morgen in Begleitung von siebzehn Ministern seines Kabinetts in Bonn eingetroffen. Der kleine, grauhaarige Mann kann dem massigen Kanzler nur die Kapitulation der DDR anbieten. Gestern hatte ihm der »Runde Tisch« mit auf den Weg gegeben, nur ja nicht zu schnell einer Währungsunion zuzustimmen. Die Minister vom »Runden Tisch« sind gleich mit nach Bonn gekommen, um Modrow scharf auf die Finger zu sehen.

In den nächsten Wochen werden die Verhandlungen bezüglich der Währungsunion aufgenommen. Was ist die DDR noch wert?
Was für ein Abstieg! Am 7. Oktober paradierte noch die Volksarmee vor ihren mächtigen Führern. Es sollte ihre letzte Parade bleiben. Danach brachen alle Dämme. Der Deutsche im Gefängnis, der Rumäne erschossen, der Bulgare im Gefängnis, der Tscheche aus allen Ämtern gejagt. Wir haben seit 1945 nichts Vergleichbares erlebt.

In Leipzig haben gestern Abend, Montag, wieder hunderttausend Menschen demonstriert. Schwarzrotgoldene Fahnen. Zum Auftakt das Deutschlandlied.

Im Ostberliner »Eulenspiegel« eine Karikatur: Eine zerstörte Stadt, alles geht drunter und drüber. Alltag in der DDR. Verrußte Häuserfronten, ein verfallener Gemüseladen. Zwei Alte unterhalten sich. Der eine liest eine Zeitung, der andere hält eine Flasche in der Hand. »Ich fürchte um den totalen Ausverkauf unserer materiellen und moralischen Werte! Und wo bleibt dann das unverwechselbare, liebenswerte Gesicht unseres Landes?«

Monika Maron, Enkelin eines ehemaligen Innenministers der DDR, im »Spiegel«: »Über die DDR herrschte eine unkontrollierte Geheimpolizei... Die DDR betrieb die Militarisierung bis in die Schulen und Kindergärten... In der DDR wurden Bücher, wenn nicht verbrannt, so doch verboten... Nicht die Bundesrepublik ist eine Diktatur, sondern die DDR; und nicht die Bundeswehr marschierte in ein anderes Land ein, sondern die Nationale Volksarmee der DDR schickte ihre Truppen 1968 nach Prag.«
Welche Werte sollen erhalten werden?

Modrow erzählt heute, er habe mit Schriftstellern in Berlin gesprochen, mit Christa Wolf, Stefan Heym. Diese Literatur wolle er erhalten wissen. Keine Frage, ein Land wie die DDR, mit ihrem Unterdrückungspotential, mußte eine Literatur der Nischengesellschaft hervorbringen. Man flüchtete nach innen, weil das Außen unerträglich war. Es sieht aber ganz so aus, als hätte die Mehrheit der Schriftsteller den Mächtigen gehuldigt oder sie zumindest schreibend geduldet – was einzugestehen den meisten Leuten offenbar schwerfällt. Auch mit solchen Köpfen werden Diktaturen gemacht.

Mittwoch, 14. 2. 1990

In der DDR zeigt man sich über die Ergebnisse der Bonner Verhandlungen enttäuscht. Man hatte auf fünfzehn Milliarden »Solidaritätsbeitrag« gehofft. Daß das nicht klappt, wurde schnell deutlich. Ohne konsequente soziale Marktwirtschaft (und die entsprechenden Gesetze) keine Gelder!

Der alte Mief ist nur mühselig aus den Kleidern zu lüften. Ein Kernsatz sozialistischer Wirtschaftsdoktrin: »Es gibt bei uns keine Krisen, sondern nur Disproportionen zwischen verschiedenen Sektoren der Volkswirtschaft.«
Die Düsseldorfer »Wirtschaftswoche« hatte sechshundert hochrangige Industrielle eingeladen, darunter Spethmann, Rohwedder, Zapp. Wirtschaftsministerin Christa Luft durfte ihr Konzept vortragen. Ein bißchen mehr Markt, ein bißchen Planung und Volkseigentum und irgendwie möglichst viel Zusammenarbeit mit westlichen Unternehmen. Es war vorauszusehen, daß sie damit Gelächter, Unmutsrufe, Häme und Hohn ernten würde. Sie kämpfte mit den Tränen.
Problematisch scheint mir zu sein, daß nun jeder weiß: demnächst wird die DM in der DDR Zahlungsmittel. Die Leute dort lösen jetzt schon ihre Konten auf,

kaufen Waren, horten, wo sie nur können. Vielleicht wäre es besser gewesen, in aller Stille diesen Schritt vorzubereiten und durchzuführen.

Gestern Gespräche mit Helga M. bei Horten. Sie war in Thüringen. Dort würden die Verwaltungen zusammenbrechen. Niemand würde Verantwortung tragen wollen, gewohnt nur nach Anweisungen »von oben« zu handeln. Westdeutsche seien dabei, die Läden leerzukaufen.

Der Ostberliner Oberbürgermeister ist zurückgetreten. Ihm werden Fälschungen bei den letzten Kommunalwahlen zur Last gelegt. Es soll Verhandlungen zwischen den beiden Berliner Verwaltungen geben, ob und in welcher Weise der Westberliner Senat bereits jetzt Funktionen im Ostberliner Magistrat übernehmen könne.

Donnerstag, 15. 2. 1990

Der »verkommene Greis« Erich Mielke (»Ich liebe, ich liebe doch alle«), einst Generaloberst und Stasi-Minister, durchlebt in der Haftanstalt Berlin-Rummelsburg eine Haftpsychose. Er telefoniert stundenlang, spricht ständig ins Telefon. Nur ist das Gerät nicht angeschlossen.
Der Hobby-Gärtner Stoph scheint sich in sein Schicksal gefügt zu haben. Der Ex-Ministerpräsident schreibt in seiner Zelle ein Buch über Gartenarbeit.
Der wendige Schalck-Golodkowski, einst für die Devisenbeschaffung zuständig, stellte sich in West-Berlin der Polizei, saß einen Monat in Moabit ein, wurde entlassen und plauderte dann beim BND. Er ist nun ein freier Mann, obwohl früher Oberst des Stasi. Dieser Schalk soll 1984 alle Maschinenpistolen des Wachregiments »Felix Dzierzynski« einem afrikanischen Waffenhändler verscherbelt haben, weil die versprochenen Waffen aus der Sowjetunion nicht geliefert werden konnten. Das Wachregiment soll wochenlang keine Kalaschnikows gehabt haben...
Der ehemalige Chef des Jenaer Kombinats »Roter Oktober« Wolfgang Biermann, ein Freund Honeckers, ist verschwunden. Er soll »privat« für den Absatz optischer Geräte gesorgt haben. 1988 sahen wir ihn dem Staatsratsvorsitzenden den ersten volkseigenen 1-Megabit-Schaltkreis feierlich überreichen. Wie sich herausstellte, hatte man sich diesen Schaltkreis im Westen besorgt. Die große Erfindergabe der Wissenschaftler im real existierenden Sozialismus – in Gestalt dieses Schaltkreises – mußte dann auch noch von Gorbatschow bewundert und gelobt werden.

Donnerstag, 15. 2. 1990

Jeden Tag hört man etwas Neues aus den Staaten jenseits der Elbe. Die Meldungen vom frühen Morgen sind am Abend schon überholt und Geschichte. Vor zwei Monaten hatten sich die Nachfolger Honeckers noch selbstbewußt eine sozialistische Zukunft der DDR vorgestellt. Und Gorbatschow meinte damals, die deutsche Frage stehe nicht auf der Tagesordnung, die Geschichte werde entscheiden. Am 30. 1. 1990 sagte er dann: »Ich bin für die Vereinigung der beiden deutschen Staaten.«

In Ottawa treffen sich die Außenminister der NATO und des zerfallenen Warschauer Pakts zu einer Abrüstungskonferenz. In wenigen Stunden ist man sich über wesentliche Abrüstungsschritte einig. Früher hätte das Jahrzehnte gebraucht. Außerdem kann Genscher die vier ehemaligen Siegermächte dazu überreden, eine Konferenz mit den beiden deutschen Staaten abzuhalten. Die 4 bilden den schönen Rahmen, die 2 vervollständigen die Formel zu »2+4«. Der russische Außenminister scheint regelrecht unter den Anstrengungen der Konferenz zu schwanken. Außenminister Fischer aus der DDR sagt wenig. Einer von der alten Garde Honeckers, der weiter im Amt sein darf!
Genscher, der Wendehals von 1982, der fuchsige Hallenser, jubelt in Ottawa den Ministern des Äußeren auch seine mysteriöse Variante von einem Deutschland unter, das zwar in der NATO vereinigt ist, aber nur bis zur Elbe (um Moskau ein Bonbon zu überlassen). Die vier Großen sind geschmeichelt. Die Krallen-Lady scheint geradezu zu schnurren. Sie hat ihren anfänglichen Widerstand gegen die deutsche Vereinigung aufgegeben. Die Franzosen sind ganz dafür. Die Amerikaner auch. Die Sowjetunion hatte über Modrow den Neutralitätsgedanken ins Spiel gebracht. Auch das ist vom Tisch. Die Polen, Tschechen und Ungarn können sich auch kein neutrales Deutschland vorstellen. Polen will mit am Tisch der »2+4« Platz nehmen, was wiederum Genscher zwar versteht, aber nicht will.

Vor einigen Tagen in Moskau habe Genscher, so wird berichtet, Gorbatschow – einem gefühlvollen Menschen, man sieht es ihm an seinem bewegten Mienenspiel an – erzählt, daß er aus Halle stamme, und daß die Vereinigung der deutschen Staaten für ihn von daher eine besondere Bedeutung habe. Gorbatschow habe ihm lange die Hand gedrückt und tief in die Augen gesehen. Und Genschers Ohren sollen vor Glück gewackelt haben…

Die großen Blätter in der Bundesrepublik, die der Regierung Kohl mehrheitlich immer kritisch gegenübergestanden haben, fallen nun interessanterweise reihenweise um. Zar Augstein hat seinen »Spiegel« zum Vereinigungs-Spiegel gemacht, was beinahe eine Palastrevolution am »Affenfelsen« ausgelöst haben soll. Helmut Schmidt, Mitherausgeber der »Zeit«, dem Kohl immer ein Unglück für Deutschland zu sein schien, schmeichelt dem Kanzler nun, und sein Kollege Sommer, der immer so böse über den Oggersheimer hergezogen ist, zeigt sich neuerdings entzückt von Kohls staatsmännischen Fähigkeiten. So ändern sich die Zeiten! Noch vor einem Jahr schien Kohl, was seine Popularität anging, ganz unten angekommen zu sein. Jetzt, da man sich offenkundig daranmacht, neue Metternichs und Bismarcks zu schmieden, scheint es auch vom Lächerlichen bis zum Erhabenen manchmal nur ein kleiner Schritt zu sein...

Samstag, 17. 2. 1990

Schlagzeilen in der »FAZ«:

Bonn und Paris »fast nahtlos« einig in der Deutschlandpolitik
Washington gegen Teilnahme Polens an der Sechser-Konferenz
Streibel will Beitritt der DDR-Länder
Die ÖTV will in der DDR aktiv werden
Ost-CDU will Rückkehr zur ersten Verfassung
Zusammenarbeit der Kultusminister
Stoltenberg will ein Deutschland in der Nato
Honecker fühlt sich »frei von jeder strafrechtlichen Schuld«
Der Stadt-Gottesacker in Halle ist eine Ruine
Die DDR war doch nicht der Höhepunkt
Die Kosten der deutsch-deutschen Währungsunion
Die Sparer in der DDR reagieren nervös
Ost-Berlin wartet auf westliche Hilfen
Am Geld hängt nicht alles
Ruine oder Kirche? Dresdner Denkmalsprobleme

Montag, 19. 2. 1990

Mrs. Thatcher aus London, die neulich mit Genscher so freundlich plauderte und dann auch für die deutsche Einheit war, scheint ihre ursprünglichen Aversionen gegenüber Deutschland doch nicht ganz aufgeben zu wollen. In der »Sunday Times« hieß es, die Lady plane die größten Manöver englisch/französischer Truppenkontingente auf deutschem Boden seit dem Kriegsende. Sie

habe weiter vor, Andreotti, den italienischen Premier, als Verbündeten gegen die deutsche Einheit zu gewinnen, dem Kohl und Genscher ihrerseits bereits aber gut zugeredet hätten. Frau Thatcher: »Es wäre vernünftig, wenn auch nach der Vereinigung die Rote Armee vorläufig in der heutigen DDR bliebe.« Robert Harris vom »Observer« darauf: »Wenn ein Regierungschef zu lange an der Macht ist, wird er realitätsfern und verwundbar.«
Dies scheint auch Mrs. Thatchers Schicksal zu sein. Sitzt sie einsam in der Downing Street und sehnt sich nach dem Kalten Krieg zurück?

Englands, wie sie meint, marginale Rolle im neuen Europa gefällt Mrs. Thatcher gar nicht. Wirtschaftlich geht es dem Land nicht besonders gut, und jeder Großmachttraum wäre in einem sich auf diese Weise entwickelnden Europa ausgeträumt. Nur schwer kann sie sich offenbar auch damit abfinden, daß ein Deutschland, das zwei große Kriege begonnen und verloren hat, sich nun anschickt, politisch selbständig zu werden und sich zur führenden Wirtschaftsmacht Europas zu entwickeln.

Insgesamt scheint die deutsche Einheit aber unter einem glücklichen Stern zu stehen; der Großteil der Presse plädiert für die Vereinigung.

Um 15.04 Nachrichten des SDR. Eine Meldung aus England. Der englische Außenminister habe sich vorbehaltlos für die Vereinigung der beiden deutschen Staaten ausgesprochen. Die Emotionen wogen auf und nieder, und das wird auch bis zum Tag der Vereinigung nicht anders werden.

In Berlin werden seit heute nachmittag ganze Kilometer der unseligen Mauer abgerissen (oder dessen, was die »Mauer-Spechte« noch übriggelassen haben).

Wirtschaftsministerin Luft meint, die Wirtschafts- und Währungsunion käme vielleicht noch in diesem Jahr. Die Union muß sofort kommen, nächste Woche am besten, oder gleich nach den Wahlen vom 18.3. 1990.

Modrow spricht vor dem »Runden Tisch« nun doch vom »großen Erfolg in Bonn«. Bei der SPD heißt es dagegen, man hätte ihn nicht mit so mageren Zugeständnissen ziehen lassen dürfen.

Am 19. Februar 1990 beginnt der Abriß der Berliner Mauer am Brandenburger Tor.

© *dpa/Wattenberg*

Montag, 19.2.1990

In der S-Bahn von Stuttgart nach Korntal sitzen zwei alte Leipzigerinnen, unverkennbar durch ihren Dialekt ausgewiesen. Kontrolle! Der dicke Kölner: »Dat jeht nisch, in der ersten Klasse sitzen und 'n Fahrschein für die zweite.« Die Frauen entschuldigen sich. Der Kölner bleibt hart. »Nix da, so jeht dat nisch. Se müssen mit zur Polizei.« Ein peinlicher Auftritt. Die eine Frau schlägt vor, in die zweite Klasse überzuwechseln oder jeweils zwei Mark zehn nachzuzahlen. »Nix da, jeder zahlt vierzig Mark. So muß dat sein.« Eine der Frauen ist den Tränen nahe. »Wir haben doch so wenig Westgeld, und dann noch jeder vierzig Mark Strafe. Das ist furchtbar.« Ich mische mich ein: »Hier ist humanitärer Handlungsbedarf.« Der Kölner: »Wie komm' ich dazu?« Ich: »Sie können doch die beiden Damen von drüben nicht wie Schwarzfahrer behandeln. Sie bekommen ja einen tollen Eindruck vom goldenen Westen. Denken Sie menschlich.«
Der Vorgesetzte des Kölners taucht auf. Der Fall wird ihm geschildert. Er sagt: »Jede zahlt nur den Zuschlag.« Ich zu den Frauen: »Eine gute Lösung, nicht wahr? Jetzt sind Sie von ihrer angeblich klassenlosen Gesellschaft in der Mehrklassengesellschaft gelandet.« Alle lachen. Der Kölner mit der dicken Knollennase brummelt: »Dat sind ja Verhältnisse...«
In Korntal steige ich aus, wünsche den beiden alten Damen eine gute Fahrt und schicke Grüße nach Leipzig mit.

Dienstag, 20.2.1990

In Freienbrink bei Berlin hatte der Stasi auf großen Arealen beschlagnahmte und gestohlene Westware gehortet. Die Politprominenz konnte sich hier ungeniert bedienen, unter anderem unter Tausenden Flüchtlingsautos. Helfer des Stasi sollen bereits auf dem Gebiet der Bundesrepublik im Paketdienst tätig gewesen sein und bestimmte Paketsendungen per schlichtem Filzstiftvermerk in die DDR umgeleitet haben.
Stasi-Generalmajor Strobel, der nun im Gefängnis sitzt, zu seinen Untergebenen: »Ein echter MFS-Offizier arbeitet nicht für Gelder, sondern ausschließlich für sein Bewußtsein.« (Die Stasi-Helfer vor Ort bekamen nicht mal eine Tafel Schokolade für ihre Dienste.)
Bei der Bundespost hat man festgestellt, daß alljährlich von zwanzig Millionen Ost-Paketen zweihunderttausend abhanden gekommen seien. (Die normale Verlustquote liegt bei 0,2 Prozent.) Die Zahl wird noch zu niedrig sein, da die bewußt vom Westen aus fehlgeleiteten Pakete nicht erfaßt werden konnten.

Mittwoch, 21. 2. 1990

Die Krallen-Lady in London, die man früher die »Eiserne« nannte, ist mit der Welt, insbesondere mit den beiden sich annähernden Deutschländern, weiter äußerst unzufrieden. Der polnische Premier, zu Besuch in London, hat ihr sein Anliegen »mit solcher Wärme vorgetragen«, daß Frau Thatcher noch am nächsten Morgen ganz aufgewühlt ist. Vor einer Versammlung jüdischer Briten spricht sie dann zur deutschen Frage. Der aus Königsberg stammende Oberrabbiner Lord Jakobovits: »Nie darf sich wiederholen, was dieses Volk angerichtet hat.«
Ihr letztes Gespräch mit Genscher soll teilweise sehr heftig verlaufen sein. Sie habe einen herrischen Ton angeschlagen; Genscher, um sich Gehör zu verschaffen, soll laut mit dem Fuß aufgetreten haben. Gesprächsstoff im Westminster. Das Statement geben Genscher und Hurt dann allein ab, in bester Laune.

Der russische Außenminister meint inzwischen, die Wiedervereinigung würde Jahre brauchen. Besonders erfreut zeigt er sich jedoch von der bevorstehenden Währungsunion. Weil dann die gesamten DDR-Geschäfte in D-Mark abgewikkelt werden?

Donnerstag, 22. 2. 1990

DDR-Handelsminister Flegel hat die Hamsterkäufe der letzten Wochen für die angespannte Versorgungslage verantwortlich gemacht. Die Menschen würden die preiswerten Lebensmittel horten. Weiter verschlimmert würde die Lage durch Schwarzmarktgeschäfte im großen Stil.

Hoffmann, der Verteidigungsminister, tritt für ein vereintes Heer aus Bundeswehr und Volksarmee ein, mit zweihunderttausend Mann.

Auch ein Egon Krenz verbündet sich für angeblich anderthalb Millionen mit dem ehemals schlimmsten Repräsentanten des Klassenfeinds, der »Bild«-Zeitung: »Jetzt sage ich alles!«
Rührend, wie lieb Herr Krenz über seine Mutter Anna schreibt. Oder wie der böse Erich, der gerade bei Oskar an der Saar weilte, ihm eine furchtbare Erklärung zukommen ließ, die er, der arme Egon, vor dem DDR-Fernsehen verlesen mußte. Tenor: Die Chinesen hatten recht, die Konterrevolution im Sommer 1989 niederzuschlagen. Selbstverständlich sei er, Egon, eigentlich dagegen gewesen. Aber es sei halt ein Befehl von Erich gewesen.

Erst heute wurden die Wahlgesetze durch die Volkskammer verabschiedet. Abends die Meldung, Modrow will nicht als Spitzenkandidat der PDS antreten.

Havel, Schriftsteller und Präsident seines Landes, der Tschechoslowakei, will nicht an der Zwei-plus-vier-Konferenz teilnehmen.
Polen bringt neben diesem Wunsch nun auch einen separaten Friedensvertrag zwischen Deutschland und Polen ins Spiel.
Jugoslawien will einen Friedensvertrag mit Deutschland und denkt über umfängliche Reparationen nach.
Manchmal scheint es, als würde überall in der Welt von Deutschland gesprochen, als sei es ein unmündiges Kind, das behutsam ins Erwachsenen-Dasein geführt werden müsse.

Samstag, 24. 2. 1990

Das Dauerthema »Deutsche Einheit« macht das Ausland zunehmend nervös. In Polen scheint man schlichtweg Angst zu haben. Immer wieder ist die Rede von den Neonazis in beiden Teilen Deutschlands, der NPD, den Republikanern...
Deshalb sei es auch wünschenswert, so der polnische Premier, wenn noch für eine gewisse Zeit sowjetisches Militär in Polen bliebe.

M. vom Auswärtigen Amt gestern zu mir: Gorbatschow habe die Honecker-Administration bekniet, auf die Wünsche der DDR-Bevölkerung einzugehen, ohne Erfolg. Schließlich seien die Sowjets äußerst verärgert gewesen, da sie auf engere Beziehungen zur westdeutschen Wirtschaft angewiesen seien, die durch die Konfrontation der beiden deutschen Staaten nicht realisiert werden konnte. Auch der aktuelle Zusammenbruch der Administration der DDR mache der Sowjetunion große Sorge. Modrow sei keineswegs nach Moskau gereist, um die Verbündeten für die deutsche Einheit zu gewinnen, sondern es sei Gorbatschow gewesen, der Modrow gesagt habe, die DDR sei allein nicht lebensfähig, sein eigenes Land wirtschaftlich ebenfalls am Ende und auf die Hilfe des Westens, insbesondere der Deutschen, angewiesen.
Ein vereintes, die bestehenden Ordnungen integrierendes Europa würde für alle Länder Europas ein Gewinn sein. Die Einheit stünde einfach auf der Tagesordnung.
Modrow sei konsterniert gewesen und äußerst bedrückt, habe sich aber überzeugen lassen. Gorbatschow habe ihn dann gedrängt, möglichst rasch mit Westdeutschland ins Gespräch zu kommen, um die Einheit schnell herbeizuführen. Die Sache sei für ihn, den Präsidenten und Generalsekretär, auch problema-

tisch wegen des psychologischen Moments. Außerdem sei sein Außenminister dagegen und so weiter...

Jeder Politiker, der auf sich hält, gibt zur Vereinigung der deutschen Staaten eine Erklärung ab. Das dient oft keineswegs der Vereinfachung des Problems, sondern trägt eher zur allgemeinen Verwirrung bei. Lothar Späth, der sich immer durch flotte Reden auszeichnet und weniger durch Tatkraft, schoß nun den Vogel ab mit seiner brutalen Forderung, die DDR müsse bedingungslos kapitulieren.
Graf Nayhauß von der »Bild«-Zeitung zitiert Professor Ferraris, einen feinsinnigen Mann, der sich in Europa auskennt, insbesondere in Deutschland (er war Botschafter Italiens in Bonn): »Warum sprechen Kohl und Genscher plötzlich von den Siegermächten! Ich fürchte, da kommt nichts Gutes auf die Deutschen zu.«

Montag, 26. 2. 1990

Modrow hat sich von seiner Partei breitschlagen lassen, bei den Volkskammerwahlen als ihr Spitzenkandidat anzutreten. Zunächst hatte er sich entschieden gegen ein solches Ansinnen gewehrt. Außerdem ist er zum Ehrenvorsitzenden der Partei gewählt worden.
In Leipzig haben die Ost-Sozialdemokraten an ihrem Parteitag Brandt zum Ehrenvorsitzenden ihrer Partei ernannt. Er absolvierte den Parteitag beschwingt-nachdenklich. Dann sprach er vor einhundertfünfzigtausend Menschen auf dem Augustenplatz. Überall Schwarzrotgold und »Deutschland einig Vaterland«. Ibrahim Böhme ist zum SPD-Vorsitzenden gewählt worden (er wirkte wie in Trance) und Ludwig Meckel zu seinem Stellvertreter. Ganz oben auf dem Programm der Ost-SPD: die deutsche Einheit.

Lafontaine hielt eine Rede, die in ihrer Tendenz gegen eine schnelle Wiedervereinigung gerichtet ist.
Vor zehn Tagen war der Ost-SPD-Vorstand zu einer gemeinsamen Sitzung mit den West-Spitzen der SPD in Bonn erschienen. Die Ost-SPD teilte den Westlern mit, sie wolle sofort nach der Wahl den Anschluß nach Artikel 23 fordern. Man hat den Ost-Genossen diesen Plan dann ausgeredet, wohl aus wahltaktischen Gründen, Lafontaine zuliebe. Der Saarländer scheint mehr und mehr ein gerütteltes Maß an Opportunismus an den Tag zu legen, ähnlich Franz-Josef Strauß. Er verläßt sich dabei auf das Kurzzeitgedächtnis der Wähler. Gibt es für ihn nur ein Ziel: Lafontaine?

Während der Wachablösung vor dem Mahnmal für die Opfer des Faschismus demonstrieren NVA-Soldaten.

© *dpa/Kneffel*

Die Anklage, Honecker habe über ein Privatkonto mit fünfundsiebzig Millionen D-Mark verfügt, ist von der Ostberliner Staatsanwaltschaft fallengelassen worden.

Böhm, ehemals Chef des Stasi in Dresden, hat den Gashahn aufgedreht.
General Lange, Ex-Stasi-Chef von Suhl, hat sich im Garten seines Hauses mit einem Jagdgewehr erschossen.
Admiral Kutzschebauch wollte sich am Fensterkreuz erhängen, wurde aber von seiner Frau gerettet und liegt jetzt mit einem Gehirnschaden im Krankenhaus.
Furchtbar gestaltet sich der Zusammenbruch des SED-Staates. Wehner hat mit seiner Prophezeiung recht behalten.

Dienstag, 27. 2. 1990

Wahltermin in der DDR gefährdet
Bush will Sowjetunion Sonderstatus für DDR anbieten
Momper: Berlin schrittweise vereinigen
Dresden will Verschwendung stoppen
Genscher gibt den Briten Kontra
Arbeitswelt in der DDR macht krank
In Sorge, daß die »Junker« kommen
Warschau beharrt auf Mitsprache bei »2 plus 4«
Andreotti: Ein wiedervereinigtes Deutschland wird Europa als Ganzes stärken
Die KZs des Sozialismus
Unser Mann in der DDR
DDR-Trainer für Preußen?
Pläne für den Fall der deutschen Wiedervereinigung liegen bereit
Moskau lehnt Nato-Status für Deutschland ab
DDR wird bald ihr Wunder der Wirtschaft erleben
Alle Erben können Reprivatisierung fordern
Banken bauen mit Büros erste DDR-Brückenköpfe
Deutsche Währungsunion – Wohltat oder Plage?
Wirtschaftsunion durch einen Beitritt zur Bundesrepublik
Weimar: Wohin mit dem Geld aus Hessen?

Die »Welt« vom 27. 2. 1990. Schlagzeilen einer einzigen Ausgabe.

Mittwoch, 28. 2. 1990

Die DDR-Justiz bemüht sich krampfhaft, das Beweismaterial gegen Honecker und Genossen zu komplettieren. Das geschundene Volk hat sein Urteil bereits gesprochen. Die Justiz hat nur dem Druck der Straße nachgegeben. Peinlicherweise sind die Verfolgungsbehörden dieselben, die noch vor einem halben Jahr Tausende Male das Recht im Auftrag Honeckers und seiner Vasallen brachen. Recht ist auch immer Recht der Herrschenden. Bleibt die mit verbundenen Augen dastehende Justitia, die Waage in der Hand, ein schönes Ideal?
Gestern im Fernsehen der Bungalow des Alexander Schalck-Golodkowski. Alles vom Feinsten. Das Affenorchester aus Meißener Porzellan für siebzigtausend Mark; echte Dalis, Barlachs. Ein Privatmuseum an der Manetstraße. Eine Wand mit Gemälden von Holstein-Niemeyer. Jedes Bild eine Viertelmillion wert. Schrankwände aus Palisander. Ein Zimmer mit einer Sammlung von Elfenbeinfiguren.
Zum ersten Mal hatten Journalisten Zutritt zum Traumland dieses Mannes, der sich der DDR-Staatsanwaltschaft durch Flucht in den Westen entzogen hat. Womit er diese Schätze erworben hat? Als Geldvermittler und Beschaffer kommt man zu ganz gewaltigen Provisionen, auch im Westen keineswegs anrüchig.

Die Volksarmee löst sich auf. Dreihundert Soldaten sollen sich bereits bei der Bundeswehr beworben, zehntausend Anfragen an das Bonner Verteidigungsministerium gerichtet haben. Wie leicht fällt ein Wechsel von Straußberg zur Hardthöhe?

Modrow kandidiert auf Platz eins der PDS-Liste des Bezirks Neubrandenburg. Er wird diese Partei auch nicht mehr retten können. Auch nicht mit den fünfeinhalb Millionen Ost-Mark, die seine Partei in den Wahlkampf stecken will.

Der Spiegel hat vor vierzehn Tagen über eine militärische Einheit berichtet, die im Untergrund der Bundesrepublik operiert habe und in der DDR ausgebildet worden sei. Die DDR dementierte zunächst, mußte dann aber doch eingestehen, daß die Angaben stimmten. Mitglieder der DKP hätten in einem Lager in Frankfurt an der Oder eine entsprechende Grundausbildung erhalten.
Es wird nicht die letzte Enthüllung sein, die uns erreicht.

Donnerstag, 1.3. 1990

Ibrahim Böhme, SPD-Vorsitzender in der Noch-DDR, war in Moskau und hat unter anderem mit Falin gesprochen. Die sowjetische Führung ist sehr daran interessiert, mit dem zukünftigen DDR-Ministerpräsidenten ins Gespräch zu kommen.
M. vom Auswärtigen Amt ist der Ansicht, daß Valentin Falin wesentlich die Haltung Gorbatschows zur Vereinigung der beiden deutschen Staaten beeinflußt habe.

König, DDR-Botschafter in Moskau, in einem »Spiegel«-Gespräch: »Im Täuschen war die DDR Weltspitze«. (Ich stimme ihm zu.) »Es war vielleicht eine unserer größten ›Leistungen‹, daß wir es verstanden haben, überall den Eindruck zu erwecken, wir seien ein politisch und wirtschaftlich stabiles Staatswesen. Natürlich war für die Sowjetbürger der Blick auf die DDR ungefähr so wie der Blick des DDR-Bürgers auf die BRD. So wurde niemandem klar, daß die DDR in Wahrheit das schwächste Glied in der Kette der Staaten Osteuropas war.«

Freitag, 2.3. 1990

In CDU und CSU ist die Freude über den Zusammenbruch des Sozialismus in der DDR kaum zu bremsen. Die Wahlkampfveranstaltungen von Kohl, Waigel und Streibel in der DDR gleichen Triumphzügen in einem Meer von Schwarzrotgold. Hunderttausend in Erfurt, zweihunderttausend in Leipzig, zweihundertfünfzigtausend in Chemnitz. Das Bad in der Menge berauscht. »Deutschland einig Vaterland.« Die Menschen würden die Vereinigung wollen. Ihnen ginge es nicht um diplomatische Spitzfindigkeiten, polnische Grenzfrage, sowjetische Soldaten auf deutschem Boden. Ihnen ginge es nach vierzig Jahren SED-Mißwirtschaft um einen schnellen Anschluß.
Die Vorsitzenden der DDR-C-Parteien, Minister im Kabinett Modrow, waren gestern bei Kohl. Der Kanzler, dick und breit, am oberen Ende des Tisches. Schnur und de Maizière wie Bittsteller. Es ist nicht zu übersehen, wie die Machtverhältnisse verteilt sind.
Beschluß: Sofort nach der Wahl am 18.3. 1990 soll die DDR ihren Anschluß nach Artikel 23 erklären. Eine neue Verfassung soll es nicht geben.
Welche Chance hier vertan wird! Dort, wo Staatskunst gefragt ist, wird mit dem Holzhammer gewerkelt.
Kohl und Stoltenberg, Streibel und Wallmann würden am liebsten auf weißen

Rössern unter Fanfarenklängen durchs Brandenburger Tor einreiten, mit großer Geste: Seht, welch ein Sieg! Seht die Sieger! (Einige Knallfrösche, und der Siegeszug würde zur Volksbelustigung!)

Bericht von Graf Nayhauß in »Bild«. Das Innenministerium sei damit beschäftigt, Pläne auszuarbeiten, wonach dreieinhalbtausend Grenzschutzbeamte an die deutsch-polnische Grenze verlegt werden sollen. (Das Fell wird dem Bären schon abgezogen, obwohl er noch nicht einmal erlegt ist.) Nayhauß überschreibt seine Kolumne von heute mit: »Les Allemands? Pas de probléme, Monsieur«.
Der Graf hat sich mit vielen Franzosen in Südfrankreich über das zu vereinigende Deutschland unterhalten und ist zu der Auffassung gekommen, sie hätten vor dem größeren Deutschland keine Angst.
Am Gardasee hätten neun Gemeinden einen Diskussionsabend veranstaltet: »Zwei Deutschland oder nur eins?« Alle hätten *ein* Deutschland befürwortet, niemand hätte Angst vor »La Grande Germania«.
Sicher sind die meisten Europäer inzwischen dieser Meinung und doch wird immer wieder versucht, Zwietracht zu säen. Polen scheint mit seinen aufgeregten, ständig variierenden Plänen von seinen großen innenpolitischen Problemen ablenken zu wollen.
Nächste Woche reist die gesamte polnische Führung zu Mitterrand, um in der deutschen Frage Verbündete zu finden.
Auch die eiserne Lady in London wird immer noch von ihren deutschen Sorgen und Nöten geplagt. Sie meint, die EG könne die DDR nicht verkraften.
Derweil reist Genscher zur Seelenmassage von einem Land ins andere. Die Wirkung hält in der Regel zwei Tage vor, dann tragen die beruhigten Regierungen wieder ihre Bedenken vor.

Sonntag, 4.3. 1990

Das beherrschende Thema in den Medien ist die Haltung Kohls zur Frage der deutsch-polnischen Grenze. Von verschiedener Seite wird ein endgültiges klärendes Wort erwartet.
In der »Los Angeles Times« vom Freitag eine Karikatur, die Kohl als fetten Hitler zeigt, die Hand zum Nazi-Gruß erhoben, mit der Unterzeile: »Heute Ost-Deutschland, morgen Deutschlands Grenzen von 1943.« Die Emotionen wogen.
Die Grenzfrage hat auch die sowjetische Führung offenbar derart alarmiert, daß Modrow mit seinen acht Ministern vom »Runden Tisch« morgen nach Moskau aufbricht.

Wann wird die Vereinigung Europas so weit fortgeschritten sein, daß jegliche »Nationalismen« der Vergangenheit angehören?

Montag, 5. 3. 1990

Am Wochenende hat in Ost-Berlin der Schriftstellerverband der DDR getagt. Der Antrag, diesen Verband wieder in Deutschen Schriftstellerverband umzubenennen, ist gescheitert. Stefan Heym schwieg zu diesem Thema. Ex-Verbandspräsident Kant war erst gar nicht erschienen.
Die spezifische DDR-Literatur, wie wir sie kennen, wird es nicht mehr geben, denn sie war Reflexion und Flucht aus dem Unterdrückerstaat. Und die angepaßten Parteiliteraten werden sich neue Berufe suchen müssen. Heute weniger denn je will man sie lesen.

Wahlparolen des Demokratischen Aufbruchs:

STOP

PDSPDSPDSPDSPDSPDSPDSPDSPDSPDS

Prags Taxifahrer sollen den sowjetischen Soldaten angeboten haben, sie kostenlos bis zur Grenze zu fahren, da es vorher geheißen hatte, die Militärs hätten nicht genügend Fahrzeuge, um das Land zu verlassen.

Dienstag, 6. 3. 1990

Ein Blick zurück in das Berlin von 1968.
Die Macht Ulbrichts war allgegenwärtig, schon durch die vielen großen und kleinen Bilder dieses Mannes. Die Mauer war sieben Jahre alt. Die S-Bahn wurde damals immer noch von den Westberlinern boykottiert. Ich hielt mich nicht daran. Das S-Bahnfahren kostete nur zwanzig Pfennig pro Fahrt und war für einen Westdeutschen wegen der alten S-Bahnzüge geradezu romantisch.
In Ostberlin, am Prenzlauer Berg, wohnte Siegrid S., Studentin an der Humboldt-Universität. In ihrer kleinen Wohnung trafen sich Maler, Arbeiter, Musiker, um leidenschaftlich über Gott und und Welt, Marx und Coca-Cola zu diskutieren. Es war die Zeit der APO und des »Sozialismus mit menschlichem Antlitz« in der ČSSR. Eine Nischen-Gesellschaft; eine Gruppe, die sich ab und zu traf und aus kleinen Tassen China-Tee trank. Es gab viele, die auf diese Weise überlebten.
Das Ulbricht-Regime nahm damals diese privaten Freiräume hin, um den landesinneren Druck nach dem Mauerbau abzubauen Der totale Überwachungsstaat, wie ihn Honecker später »flächendeckend« perfektionierte, steckte noch

in den Kinderschuhen. Damals gab es auch in der SED Tendenzen, am »Deutschland einig Vaterland« festzuhalten, und zwar im Sinne eines sozialistischen Deutschlands.
Da die DDR ja nicht ein Land irgendwo in Japan war, rauschten jeden Tag Radiosendungen und Fernsehbilder aus Westdeutschland in die Wohnstuben ihrer Bewohner. Die Ablehnung des real existierenden Sozialismus wurde von Jahr zu Jahr stärker.
Wir diskutierten damals bei Siegrid am Prenzlauer Berg die Frage, ob der Warschauer Pakt das Experiment in der ČSSR dulden würde oder nicht. Von Anfang an meinte ich, es käme zum Einmarsch der »befreundeten« Truppen. Jemand: »Wir können doch nicht unsere Verbündeten überfallen.« Fast alle waren der Ansicht, man würde die ČSSR gewähren lassen.
Ich bin damals öfter mit der Eisenbahn ins Rheinland, aber auch nach München gefahren. Anfang August 1968 sah ich in Thüringen auf Nebengleisen mit Planen abgedeckte Panzertransporte, und zwar in solcher Menge, daß ich eine Woche später, zurück in Berlin bei Siegrid, der Gruppe von diesen Panzern erzählte. »Das sind Manöver« hieß es. Für mich war es der Aufmarsch.
Am 21. August 1968 hörte ich um fünf Uhr in der Früh die Nachricht: Der Warschauer Pakt ist in die ČSSR einmarschiert, um, wie es hieß, »brüderliche Hilfe« zu leisten, gerufen von der Kommunistischen Partei des Landes.
Einige Stunden später war ich in Ost-Berlin. Ein schöner Sommertag. Eine seltsame Unruhe lag über der Friedrichstraße, Unter den Linden. Bei Siegrid bedrückte Gesichter. Einige Mädchen weinten. »Wie konnten die das machen? Und auch wieder deutsche Soldaten.«
In den Jahren nach dem 21. August nahm dann der Druck auf die DDR-Bevölkerung stetig zu.

Mittwoch, 7.3. 1990

Modrow war zwei Tage in Moskau. Gespräche mit Gorbatschow über die deutsche Einheit. Die »Bild«-Zeitung, die ja immer das Gras wachsen hört und das Ohr am Leser hat, macht mit der Schlagzeile auf: »Modrow: Verrat in Moskau?«
Der ostdeutsche Premier soll in Moskau folgende Bedingungen für die Vereinigung ausgehandelt haben: Bodenreform und frühere Enteignung von Haus und Grundbesitz sind unanfechtbar; Kombinate müssen Volkseigentum bleiben; kein Beitritt nach Artikel 23. Außerdem hätten sich Modrow und Gorbatschow gegen eine Mitgliedschaft des vereinigten Deutschlands in der Nato ausgesprochen.
Das neue Europa wird auch in dieser Hinsicht eine Umorientierung verlangen,

weg vom alten Block-Denken. Manchem, auch im Westen, fällt es schwer, hier Phantasie zu zeigen.

Ebeling, Vorsitzender der DSU, kann sich nicht vorstellen, daß Berghofer, der OB von Dresden, in einem Land Sachsen die Chance hätte, Ministerpräsident zu werden. Seine SED-Vergangenheit stehe dagegen.

Donnerstag, 8. 3. 1990

Europa gleicht einem aufgeregten Bienenstock. Überall Gesumme und Gebrumme und ab und zu auch böse Stiche. Wie geht es weiter? Was soll werden? Jeder hat einen Plan. Wer auf sich hält, gibt vor Kameras und Mikrophonen Erklärungen ab oder füllt mit ihnen die Zeitungsspalten.
Deutschland: Ein Thema zum Fürchten und Lieben, zum Weinen und Lachen. Eine Lawine donnert zu Tal, losgetreten von den Leipzigern. »Wir sind das Volk«, trotzig und ängstlich gerufen, und die SED-Herrschaft schwankte, brach zusammen wie ein Kartenhaus. Erstaunlich, unfaßbar! Ein Ruf – und Regime stürzen!
Einige Wochen später, wieder in Leipzig, überall die schwarzrotgoldene Fahne ohne Zirkel und Ährenkranz. Hunderttausend Bürger und der Ruf »Deutschland einig Vaterland«. Und aus Moskau die Antwort: So soll es sein! Erstaunlich. Unfaßbar! Die Vereinigung kommt!
Aus London der Dämpfer: Vereinigung? Vielleicht in zehn Jahren. Aus Paris der nächste Dämpfer: Die EG geht vor. Und Rom möchte auch mitreden. Natürlich auch Holland, Belgien, Luxemburg und auch Polen.
In Israel reagiert man verständlicherweise mit Zurückhaltung und mahnenden Worten auf den Vereinigungstaumel, denn es war Deutschland, das unsägliches Leid über die Juden gebracht hat.
Am wenigsten beeindruckt, voreingenommen oder ängstlich scheinen noch die Amerikaner mit ihrem Präsidenten an der Spitze zu sein.

Samstag, 10. 3. 1990

Herr Erich Mielke, Ex-Generaloberst und als Minister der DDR früher zuständig für die Staatssicherheit, ist wegen Haftunfähigkeit aus dem Gefängnis entlassen worden. Es heißt, daß sein früherer Stellvertreter, Markus Wolf, in Moskau über eine Übernahme von Stasi-Agenten durch den KGB verhandelt. Im Westen sollen inzwischen fünftausend ehemalige Offiziere des Stasi eingetroffen sein und ausgiebig über ihre frühere Tätigkeit plaudern.

Die Nationale Volksarmee löst sich auf. Zur Zeit sind es vielleicht noch siebzigtausend Mann. Befehle werden verweigert. Gammeldienst. DDR-Verteidigungsminister Hoffmann legt jede Woche neue Pläne vor, wie die beiden deutschen Armeen zusammenarbeiten könnten.

In Paris ist die polnische Führung von Mitterrand empfangen worden. Es geht natürlich um Deutschland und die Oder-Neiße-Grenze. Was kann Frankreich Polen geben? Ein Versprechen, sich für die Endgültigkeit dieser Grenze stark zu machen. Aber was ist heute schon endgültig?
Einen Platz am Zwei-plus-vier-Tisch gibt es aus der Sicht der Franzosen für Polen nicht. Polen hat Angst, zwischen zwei Feuer zu geraten. Die Westgrenze erscheint ihnen unsicher, trotz aller deutschen Beteuerungen; aber auch die Ostgrenze wird in Frage gestellt, nicht nur von den Polen selbst, auch die Ukrainer möchten sie verschieben – nach Westen natürlich.
Der Bundestag hat neuerlich eine Erklärung zur Oder-Neiße-Grenze abgegeben. General Jaruzelski, Präsident der Republik Polen, hält die Erklärung nicht für ausreichend.

In Wismar ist der Oberbürgermeister vom »Runden Tisch« überprüft worden. Ihm soll eine tüchtige Bürgerin zur Seite gestanden haben, die sich durch freiheitliche Sprüche und ihr Demokratieverständnis besonders hervorgetan und jede Amtshandlung des OB beeinflußt haben soll. Dann habe sich herausgestellt, daß sie Mitarbeiterin des Stasi und gut vorbereitet in diese Position eingeschleust worden sei. Die Frau habe ihre Funktion sofort zugegeben. Seit 1981 habe sie für den Stasi gearbeitet.
Auch Schnur, Rechtsanwalt aus Rostock und Vorsitzender des Demokratischen Aufbruchs, der der CDU nahesteht, steht unter Beschuß. Auch er soll Agent des Stasi gewesen sein.

Seit Wochenanfang werden rund einhundert Zeitschriften und Zeitungen aus Westdeutschland in der DDR verkauft, teilweise zum dreifachen Preis. Trotzdem werden sie den Händlern aus den Händen gerissen.
Die vielen großen PDS oder PDS-nahen Zeitungen haben sich nach außen gewandelt. Die Redakteure sind aus der PDS ausgetreten, die Chefredakteure wurden von einer Zeitung zur nächsten getauscht.
Im Wettbewerb mit den Westzeitungen werden die meisten dieser ehemaligen linientreuen Blätter untergehen, ähnlich den Westparteiblättern, die keiner mehr lesen wollte und die zum Teil schon vor Jahrzehnten ihren Geist aufgaben.
In der Anzeigenabteilung des »Neuen Deutschland« sollen ganze drei Leute sit-

zen. Die Anzeigen werden kontingentiert zugeteilt, und das bei einem Blatt mit einer Auflagenhöhe von einer Million Exemplaren.

Sonntag, 11.3. 1990

In einer Woche wird die erste freie Wahl zur Volkskammer stattfinden. Der Wahlkampf hat seinen Höhepunkt erreicht. Die Politiker der Westparteien fallen in Scharen in das Land ein. Vierundzwanzig Parteien und Gruppierungen wollen sich dem Votum des Wählers stellen. In der amtlich bekanntgegebenen Reihenfolge rangiert der Bund der Freien Demokraten an vierter Stelle, die CDU an sechster Stelle; die PDS begnügt sich mit Platz neunzehn, gefolgt von der SPD. An der Spitze der gesamten Liste blühen die »Nelken«, eine Gruppierung, von der nach der Wahl niemand mehr sprechen wird. In die Volkskammer werden sieben bis neun Parteien oder weniger einziehen. Eine Prozentklausel gibt es bei dieser Wahl noch nicht. Vierhundert Abgeordnete werden gewählt. Man muß also ein Viertelprozent der Stimmen auf sich vereinen, um als Abgeordneter in die Volkskammer einziehen zu können. Zwölf Millionen Bürger sind zum Urnengang aufgerufen. Dreißigtausend Stimmen sind nötig, ein Mandat zu erringen.

Gysi, PDS-Vorsitzender, springt mit einem Fallschirm aus einem Flugzeug, um zu demonstrieren, daß man auch im freien Fall wohlbehalten ankommt. Kohl, Kanzler der BRD, wirbt für einen Beitritt der DDR nach Artikel 23. Lambsdorff besucht in Brandenburg seine alte Schule, die frühere Ritter-Akademie. Späth, der Schwabe, bricht heute zu einer Fünf-Tage-Tour durch Sachsen und Thüringen auf. Brandt, die immer noch munter und herrlich rethorisch zupackende Legende, ist als Erzvater der SPD und als »Seelenfänger« im Einsatz.

Ja, es wächst zusammen, was zusammengehört. Die Einheit, ein Selbstläufer. Hier braucht auch nichts zusammengenagelt zu werden, wie es Modrow befürchtet hat.

Böhme, SPD-Vorsitzender der DDR, kommt immer so daher, als könne er es noch nicht fassen, mit den »Großen« dieser Welt zu verkehren.

Schnurr, Vorsitzender des »Demokratischen Aufbruchs« befindet sich noch im Krankenhaus in Ost-Berlin. Man spricht von halbseitiger Lähmung nach einem Schlaganfall. Und das eine Woche vor dieser bedeutenden Wahl!

Montag, 12.3. 1990

Markus Wolf dementiert in Moskau Berichte, nach denen er Teile des ehemaligen Staatssicherheitsdienstes dem KGB unterstellen wolle. Er wolle lediglich in Ruhe sein zweites Buch beenden.

Inzwischen wird bekannt, daß der Nachrichtendienst der DDR seine Aufklärungsarbeit in der BRD beendet hat und aufgelöst werden soll. Wenn man bedenkt, wie oft der Stasi schon vollkommen aufgelöst werden sollte, um dann festzustellen, daß munter weitergemacht wurde, kann man bei dieser Meldung nur mißtrauisch werden.

Der »Runde Tisch« hat seine Arbeit eingestellt. Als Krönung seiner Tätigkeit wurde ein Entwurf zu einer neuen DDR-Verfassung vorgelegt, an dem der westdeutsche Ex-Verfassungsrichter Simon maßgeblich mitgearbeitet haben soll. Vereinigung und vorher noch eine neue DDR-Verfassung? Warum das? Der »Runde Tisch« möchte in die Verhandlungen mit Westdeutschland möglichst viel »gute« Substanz einbringen. Man will auch vermeiden, daß die BRD-Verfassung, also das Grundgesetz, als Ganzes der DDR einfach übergestülpt wird. Am liebsten sähen die Matadore des »Runden Tisches« ihre in der Verfassung nicht vorgesehene Institution ohne Wahllegitimation verfassungsrechtlich verankert. Basisdemokratie am Parlament vorbei?

Außenminister Hurd ist aus London nach Bonn gekommen, um die Zwei-plus-vier-Konferenz vorzubereiten. Genscher versucht von neuem ihm Artikel 23 schmackhaft zu machen. Auch Frau Thatcher soll mittlerweile vom Artikel 23 angetan sein. Außerdem gefällt den Briten die Erklärung des Bundestages zur Oder-Neiße-Grenze.

Das Brandenburger Tor wird eingerüstet. Bei den wilden Feiern im November/Dezember '89 hatte es Schaden genommen. Die Quadriga muß vom Tor geholt werden; auch sie bedarf einer Überholung.

In Leipzig und Dresden zum letzenmal die berühmten Montagsdemonstrationen. Sie haben Geschichte gemacht und die DDR verändert. Nur wenige hundert Teilnehmer. Das Ziel ist erreicht: Die Einheit kommt!

Aus Ungarn werden die ersten sowjetischen Truppenverbände abgezogen. Sie standen seit 1956 fest im Land der Magyaren. Das alte, feindliche Blocksystem kommt rasch in Bewegung.

Litauen hat sich am Sonntag formell von der Sowjetunion getrennt und seine Selbständigkeit verkündet. Noch vor kurzem wären umgehend die sowjetischen Panzer aufgezogen.
Europa ist vollauf damit beschäftigt, Hitlers und Stalins Erbe zu beseitigen!

Dienstag, 13.3. 1990

Sie sind unterwegs nach Osten, die Armins, Bülows, Zitzewitzs, die Anhalts und die Ribbecks. Sie besichtigen Land und Gut, das ihnen bis 1945 gehört hat. Ein Schock für die jetzigen Bewohner. Werden sie nun vertrieben, müssen sie das Land verlassen, das einst dem Adel gehörte? Unrecht kann nicht durch neues Unrecht wiedergutgemacht werden.
Da stehen sie, die Blaublütigen, bedrückt vor den Ruinen ihrer Schlösser. Wer soll das aufbauen, wer bezahlen? Der feudale Glanz ist längst verblichen. Die Arroganz der Macht zerbrach im Feuersturm der Geschütze.
Viele der alten Familien waren ursprünglich aus Westfalen gekommen, um das Land jenseits der Elbe zu kolonisieren.
Diese »Elite«, die schon lange keine mehr war und die sich nach dem Zusammenbruch des Kaiserreichs mit Hitler zusammentat, um Revanche zu üben, und damit alles verspielte, schaut nach den alten Besitztümern.
Heute leben auf den Höfen und Gütern die früheren Kleinbauern und Knechte beziehungsweise ihre Kinder, zusammengeschlossen in Landwirtschaftlichen Produktionsgenossenschaften (LPG). Begegnungen zwischen Welten. Da wird es manchem klamm. Wenn dann einer von den früheren Herren freundlich sagt: »Ich komme, um mir alles einmal anzusehen, nicht, um mir das Land zurückzuholen«, löst sich die Spannung, und man heißt den Heimgekehrten willkommen.
Vor hundert Jahren schrieb der gute Fontane seine »Wanderungen durch die Mark Brandenburg«. Kommen nun die Kattes nach Wust, dort, wo in einer kleinen Gruft die Gebeine des unglücklichen Kattes ruhen, der seine Freundschaft zum jungen Friedrich mit dem Leben bezahlen mußte?
Sind nun die Herren von Bischofwerder im Anmarsch auf Marquardt? Pardon, die von Bischofswerder sind im vorigen Jahrundert ausgestorben, flüstert mir Fontane zu, als ich diese Zeilen schreibe. Also, die Herren von Damnitz, die den Hof so herrlich ausbauten. Kommen die Schlabrendorfs nach Gröben und Siethen?
Man sieht im Geiste den alten Fontane durch die karge Landschaft stapfen, die schon vor Jahrhunderten die »Streusandbüchse des Reiches« genannt wurde. Kiefern, Sand und Seen und wieder Kiefern, Sand und Seen.

Mittwoch, 14.3. 1990

Die Sensation ist perfekt, das Entsetzen groß. Schnur, der Vorsitzende des Demokratischen Aufbruchs, hat ein umfassendes Geständnis abgelegt und zugege-

ben, für den Stasi gearbeitet zu haben. Im Interesse seiner Mandanten, wie er sagt. Da es in der DDR keine Gewaltenteilung gab und letztlich Anklage wie Verteidigung in der Hand des Staates lagen, mußten sich die geduldeten und eingesetzten Verteidiger vor den Prozessen mit den Behörden einigen. Schnur ist diesen Weg gegangen und hat dabei Schaden genommen.
Um mit dem Gewissenskonflikt fertig zu werden, einerseits über »Staatsfeindliches« dem Stasi Auskünfte geben zu müssen, andererseits etwas für die Anklagen herausholen zu wollen, kam Schnur außerdem auf die Idee, Informationen an Bonn zu liefern – und setzte sich damit zwischen alle Stühle.
Vier Tage vor der großen Wahl scheinen die C-Parteien am Boden zerstört. Die Nachricht über Schnur verbreitete die ARD um ein Uhr mittags.

Am 20. 3. 1890, vor hundert Jahren, nahm Bismarck seinen Abschied. Der eiserne Kanzler, der Schmied des Reiches, der mit dem Satz »Wir Deutsche fürchten nur Gott und sonst nichts in der Welt« sein Programm umschrieb. Wegen einer Bagatelle sein Sturz. Das war keine Inszenierung eines guten Abgangs, nein, Bismarck war alt und verbraucht. Der junge, forsche Kaiser ging ihm auf die Nerven, sicherlich. Wie oft war Bismarck abwesend und auf seinen Landsitzen, bei guten Weinen, Bier und gewaltigen Schlackwürsten. Ein verbrauchter Kanzler, der schon des öfteren seine Entlassung als Druckmittel bei seinen »Herren« einzusetzen versucht hatte. Wenn es sein mußte, untermalt von Weinkrämpfen, um ein Ziel zu erreichen, um das Gesuch wieder zurückziehen zu können.
Nun wagte der neue Kaiser anders zu reagieren als seine Vorgänger, verpaßte dem Kanzler einen Fußtritt und beförderte den Helden in Pension. Er hatte ein Faible für die moderne Technik. Hier kamen sich Bürgertum und feudales Herrscherhaus sehr nahe. Aber ein Bismarck-Nachfolger würde dieses ausbalancierte, feine Gefüge der Bündnisse und Verbindungen nicht mehr handhaben können, auch weil der vorlaute Kaiser sich überall einmischte und sein eigener Kanzler sein wollte.

England war 1890 unbestritten die erste Wirtschaftsmacht der damaligen Welt. Zu Beginn des Ersten Weltkrieges hatte Deutschland es in Teilbereichen eingeholt.
Die große Auseinandersetzung, der Krieg, dann war nicht weltanschaulich begründet, denn bis auf Frankreich waren die wichtigsten Mächte Monarchien, die auch noch verwandtschaftlich eng miteinander verflochten waren. Es ging ganz einfach um den »Platz an der Sonne«, um die wirtschaftliche Vormachtstellung in Europa.

Gar zu gern dichtet man Bismarck den genialen Plan zur deutschen Einheit an. Er selbst hat einige Male in privaten Gesprächen lachend zugegeben, oft nicht gewußt zu haben, wie es weitergeht.
Auch die Kriege mit Österreich und später mit Frankreich standen in bestimmten Phasen durchaus auf der Kippe. Nachdem aber die »Ernte« eingebracht war, wurde der Kanzler zum Heros hochstilisiert. Wichtig erscheint im nachhinein, daß Deutschland unter Bismarck einen verläßlichen und berechenbaren Part im Konzert der Völker spielte.
Mit der Reichsgründung '70/'71 nahm wohl Preußen die zentrale Stelle in den Reichsländern ein. Aber damals warnten Kritiker auch, Preußen würde im Reich aufgehen. Preußen, ein Gebilde aus verschiedenen Landschaften. Preußen, ein Land von Kolonisten, ethnisch niemals so geschlossen wie beispielsweise Bayern, hat vielleicht nur durch seine Idee vom Staat Bewunderer und Hasser gehabt. Seltsam genug, die Polen konnten sich als gute Preußen fühlen, aber niemals als Deutsche. Preußen ein verlorener Staat zwischen Deutschen und Polen?

Donnerstag, 15. 3. 1990

Kohl hat gestern in Leipzig vor dreihunderttausend Menschen gesprochen. Ein begeisterter Empfang. Sprechchöre. Ein Fahnenwald. Er sprach etwas bedrückt. Die Schnur-Angelegenheit steckte ihm sichtlich in den Knochen.

In Bonn ist die Zwei-plus-vier-Konferenz zur ersten Runde auf Beamtenebene zusammengekommen. Ergebnisse wurden nicht bekanntgegeben.

Modrow ist gestern nachmittag zu Schnur ins Krankenhaus gefahren. Schnur: »Ich bin in den vergangenen zwei Jahrzehnten verfolgt, überwacht, erpreßt und bedroht worden.« Hatte Schnur vielleicht sogar den Auftrag, bei den C-Parteien an vorderster Stelle mitzumachen?
Wie unsicher er doch immer im Kreis der anderen wirkte. M. vom Auswärtigen Amt meint, in Bonn sei man schon seit einiger Zeit über Schnur bestens informiert gewesen.
Es habe ein Hin und Her gegeben, zu welchem Zeitpunkt man sich am besten von dem Gestrauchelten trennen sollte, so kurz vor der großen Schicksalswahl. Zuerst wollte man mit der Wahrheit erst nach der Wahl heraus. Das wäre aber Roßtäuscherei gewesen. Kohl, der schon durch die Oder/Neiße-Geschichte angeschlagen gewesen sei, hätte damit weiter an Gesicht verloren.
Nicht gut zu sprechen sei man auf Henning, der sich vor einigen Tagen so rasch vor Schnur gestellt hatte, aber auch Rühe und Diepgen hätten besser aufpassen

müssen. Kohl sei dann der Ansicht gewesen, alles sofort auf den Tisch, mit der Maßgabe, Schnur als armes Opfer des brutalen SED-Stalinismus hinzustellen. Kohl halte auch weiter an Artikel 23 fest; er suche nach einem Weg, die Geschichte schnellstens über die Bühne zu bringen. Je länger die Verhandlungen wegen der Vereinigung liefen, desto schwieriger würde sie. England und Frankreich seien ihm in den Rücken gefallen. Von Mitterrand sei er menschlich enttäuscht, von der Engländerin habe er nichts anderes erwartet. Überhaupt befürchte man in Bonn immer stärker, daß der Vereinigungsprozeß in einer Art Völkerbündnis münden solle, bei dem es vielen Ländern doch nur um das Geld der Deutschen gehen würde.

Am Montag hatte der »Runde Tisch« noch einmal das leidige Thema Stasi aufgegriffen. Fischer, der die Auflösung überwacht, erklärte, die vielen hunderttausend Mitarbeiter hätten so viel Material angehäuft, daß den Stasi-Auswertern jede Übersicht verlorengegangen sei. An der Spitze habe man deshalb offensichtlich oft die falschen Schlüsse gezogen (bei Mielke). Auch Mielke selbst sei überwacht worden.
Ein perfektes System blockierte sich selbst!

In Prag hat von Weizsäcker Präsident Havel seine Aufwartung gemacht. Man versteht sich. Der Bundespräsident wird als Antipode zum unseligen Hitler gesehen, der heute vor einundfünfzig Jahre in Prag als Eroberer einzog, im Gefolge Himmler und Heydrich.

Donnerstag, 15.3.1990

»Wir sind das Volk« – heute ein Selbstverständnis. Und doch, noch vor einem Jahr hätten alle nur mitleidig gelächelt. Zu pathetisch. Besonders in Deutschland. Nach zwei verlorenen Kriegen. Die heute so viel beschworene Einheit war schon verloren geglaubt, abgeschrieben. Wer für sie eintrat, schüchtern, vorsichtig, galt als verschroben.
Grass trauert schon jetzt der DDR nach, da sie noch, zerfließend zwar, existiert.
Die Sowjets, von Falin bis Portugalow, haben in den letzten fünf Jahren immer so hintersinnig gelächelt, wenn die Sprache auf die beiden Deutschlands kam. »Wartet ab.«
Nun, da Europa eine neue Friedensordnung mit einem vereinigten Deutschland herbeiführen will, kann vielleicht endlich ein Schlußstrich unter die unsägliche Vergangenheit von uns Deutschen gezogen werden. Wenn das überhaupt möglich ist.

Die meisten Staaten sind für die deutsche Einheit.
Ein Gefühl von Neuanfang. Jemand sagte das in der S-Bahn von Stuttgart nach Vaihingen. Ein Gefühl! Politik, atemberaubende Politik wird mit Gefühl gemacht? Sind wir nicht vierzig Jahre in unserer guten alten Bundesrepublik nur verwaltet worden? Und unsere Kanzler, waren sie nicht die Buchhalter in diesem so nüchternen, unpathetischen Land? Vorbei! Valet! Auch die Bundesrepublik löst sich auf.
Wir sind das Volk! Das grenzt aus und ab. Das wollten die Sachsen auch, die nun stolz ihre grün-weißen Fahnen flattern lassen. Sind unsere Parteifunktionäre das Volk? Die Geschäftsführer von CDU und SPD? Sind wir nicht schon zu saturiert im »goldenen Westen«, um überhaupt zu merken: im Osten ist die Revolution ausgebrochen?
Bei Filetsteaks und Moselwein, behaglich im Sessel vor der Flimmerkiste, so genießen *wir* die Revolution. Laßt die doch nur machen. Sind wir das Volk? Oder sind wir hier im Westen nicht lediglich eine steuer- und versicherungstechnisch erfaßte Verwaltungseinheit?
Die Geschichte, unsere Geschichte, die vor vielen, vielen Jahren begann, erfüllt sich jetzt und nähert sich einem Ende.

Sonntag, 18. 3. 1990

Der Tag ist da! Wahl jenseits der Elbe! Die letzte freie Wahl hat hier im Jahre 1933 stattgefunden. Wer damals einundzwanzig Jahre war, konnte noch die Weimarer Parteien wählen. Jahrgang 1912. Die Übriggebliebenen von 1912 sind jetzt achtundsiebzig Jahre alt.
Hohe Wahlbeteiligung. Die Meinungsforscher setzen auf die SPD. Abends die ersten Hochrechnungen. Die C-Parteien liegen weit vorn. Später stellt sich heraus, die CDU, früher eine der eifrigsten Blockflöten der SED, liegt bei vierzig Prozent, die SPD bei über zwanzig Prozent, die PDS bei sechzehn Prozent, die Liberalen bei rund sechs Prozent.
Die Bürgerbewegung, deren Mitglieder so leidenschaftlich für die Ablösung des alten Regimes eingetreten waren, werden wahrscheinlich nur mit ganz wenigen Abgeordneten in der Volkskammer vertreten sein. Ein Beispiel mehr dafür, wie rasch den Revolutionären der ersten Stunde von den Verwaltern und Technokraten das Zepter aus der Hand genommen wird.
Wie eine Dampfwalze ist Kohl mit seiner Mannschaft in die DDR eingefallen. Der Mantel der Geschichte rauschte gewaltig. In der Tat wäre es von Kohl politisch töricht gewesen, jetzt nicht zuzugreifen. Je länger das Gerede von der Einheit, von Ängsten, Vorsichten, Rücksichten, Entschuldigungen, Verrenkungen, Verhandlungen, desto schneller geht die Stunde vorüber, ohne etwas erreicht

Der Wahlsieger der ersten freien Volkskammerwahl vom 18. März 1990:
Lothar de Maizière (CDU).

© *dpa/Weise*

zu haben. Eine wirtschaftlich saturierte DDR kann an der Vereinigung nicht besonders interessiert sein, also sollen die Sehnsüchte und Ängste ruhig wachgehalten werden. Das goldene, dicke Ei gibt es erst, wenn die Einheit in die Scheuer eingefahren ist. Kohl ist durch den Wahlsieg der Ost-CDU legitimiert. Er, der schon so oft Totgesagte, ist nun mit der Autorität ausgestattet, den Auftrag des Volkes, die Einheit jetzt herbeizuführen, rasch und klar zu erfüllen. Gegenüber seinen mäkelnden europäischen Kollegen steht er glänzend da. Er hat seine Chance erkannt und genutzt.
Ganz anders die SPD. Zu zögerlich. Nicht Willy Brandt, aber Vogel. Wo war Vogel? Wann hat man den blassen Böhme gesehen, der in den USA schon als zukünftiger Ministerpräsident gehandelt wurde? Und der Mann aus dem Saargebiet, Lafontaine? Warum hat er nie eindeutig Stellung bezogen?

Mittwoch, 21. 3. 1990

Ein junger Mann im Osten von Berlin. Er erlebt 1961 den Mauerbau und beschließt, in den Westen zu türmen. Klettert über Kiesgebirge, hangelt sich über eine hohe Kranbrücke, wird verfolgt, springt in die Spree, erreicht das westliche Ufer. Schließt sich einem Fluchthilfeunternehmen an. Wird gefaßt, als er einen Tunnel gräbt, um seine Mutter in den Westen nachzuholen. Er kommt vor ein DDR-Gericht. Wird von Richter Toeplitz zu lebenslanger Haft verurteilt. Derselbe Richter, Mitglied der Ost-CDU, leitet nun einen Untersuchungsausschuß zur Aufklärung von Justizverbrechen. Wieder mal hat man den Bock zum Gärtner gemacht.
Der frühere Häftling konfrontiert nun den obersten Richter der DDR vor laufenden Fernsehkameras mit ihrer »gemeinsamen« Vergangenheit. Erschrekkend, wie kühl und unbeteiligt Toeplitz reagiert. Es sei ein Urteil in der Zeit des Kalten Krieges gewesen. Der frühere Häftling erinnert Toeplitz daran, daß er, Toeplitz, im Dritten Reich Juden vor der Verfolgung geschützt habe und deshalb doch eigentlich die Beweggründe des jungen Fluchthelfers hätte verstehen müssen. Der Richter sagt, gerade die Lehren und Erfahrungen aus dem Dritten Reich hätten die DDR zu der Erkenntnis gebracht, sich schützen zu müssen. Ein langjähriger Schreibtischtäter 1990 in Amt und Würden.

Ein brutaler Knastaufseher wird von einem Ex-Häftling gestellt, der ihm seine furchtbaren, perversen Schikanen vorwirft.

In Konstanz trifft sich Kohl mit dem spanischen Premier, der dann die deutsche Einheit begrüßt. Bei einer Fahrt über den Bodensee ist auch Ernst Jünger mit von der Partie, der am 29. 3. fünfundneunzig Jahre alt wird.

Kohl hat einen schmeichelhaften Brief aus Paris erhalten. Auch von dort das endgültige Placet?

Die Polen werden mit großem Spektakel im Weißen Haus empfangen. In der Sache haben sie sich nicht durchsetzen können. Es bleibt beim »2 + 4«. Polen denkt immer noch in den Kategorien der Allianzen aus dem vorigen Jahrhundert.

Havel, Dichter, Humanist und Präsident entschuldigt sich bei den Deutschen für die gnadenlose Vertreibung der Sudetendeutschen. Sein Blick geht nicht rückwärts; er steht positiv zum vereinigten Deutschland im einigen Europa.

Freitag, 23.3. 1990

Ein nicht geringer Teil der Abgeordneten der neuen Volkskammer soll Stasi-Mitarbeiter gewesen sein. Schnur also kein Einzelfall? Auch der Vorsitzende der Ost-CDU, der zukünftige Regierungschef Lothar de Maizière, steht im Verdacht, mit dem Stasi Kontakt gehabt zu haben.

Koalitionsverhandlungen in der Volkskammer. Die SPD ziert sich noch, will nicht mit Ebelings DSU. Die Liberalen wollten sich endgültig zusammenschließen. Die drei kleinen Gruppen können sich wieder nicht einig werden. Spiegelbild Westdeutschlands?

Der polnische Außenminister hat den Vorschlag unterbreitet, nach der Vereinigung auf dem Gebiet der dann ehemaligen DDR gemischte deutsch/polnische Brigaden zu stationieren oder französisch/deutsch/polnische und so weiter, da die Bundeswehr nur bis zur Elbe operieren würde. Ein neutrales Deutschland könne sich Polen nicht vorstellen. (Bei uns eigentlich auch niemand, obwohl die Mehrheit der Deutschen für diese Neutralität ist.)
Ein vollkommen neues Sicherheitssystem für Europa steht an. Da der Warschauer Pakt quasi in Auflösung begriffen zu sein scheint, muß das westliche Paktsystem reagieren. Natürlich sind fünfhunderttausend Bundeswehrsoldaten im Zeichen veränderter europäischer Beziehungen ein Unding. Eine Berufsarmee von hunderttausend Mann würde vollkommen ausreichen.

Der Druck auf Litauen durch die sowjetische Regierung wird stärker. Die Unabhängigkeitserklärung der Litauer kann für ganz Europa böse Folgen haben und auch Einfluß auf den deutschen Vereinigungsprozeß nehmen. Möglicherweise war es doch zu früh für das litauische Ansinnen. Aber die Litauer rekru-

tieren bereits freiwillige Kämpfer zur Verteidigung ihres Landes. Gorbatschow hat die Regierung in Vilnius aufgefordert, alle Waffen zu beschlagnahmen. Ein Krieg um die Unabhängigkeit der baltischen Staaten würde zur europäischen Katastrophe führen.
In Siebenbürgen schwerste Auseinandersetzungen zwischen Rumänen und Ungarn.
Die Auseinandersetzungen in Bosnien treiben einem neuerlichen Höhepunkt zu.
Jetzt werden die Nationalitäten-Probleme deutlich, die lange Zeit – durch stalinistische Willkür und kalten Krieg – verdeckt geblieben waren.

Samstag, 24.3. 1990

In der »FAZ«-Beilage Fotos und Auszüge aus den unveröffentlichten Tagebüchern von Ernst Jünger. Sehr doppelbödig die Zeichnung, die Horst Janssen von dem Schriftsteller anfertigte (9.3.90).
Jünger: »Gorbatschow hat das Schneebrett abgetreten und Massen bewegt, deren Wirkungen und Zusammenspiel noch unberechenbar sind. Allerdings war es überfällig, wie wir nicht nur in Berlin und Leipzig, sondern überall vor und hinter dem Eisernen Vorhang sehen, von dem unsere Mauer nur einen Teil bildet. Als sie fiel, rief mich Alexander aus Berlin an und ließ mich durch die Muschel den freudigen Tumult mithören. Die Enkel haben auf ihr getanzt. Wir waren überrascht und gerührt.«
(Aufzeichnung vom 2.1. 90)

Sonntag, 25.3. 1990

Gestern wollte Honecker sein Domizil in Lobetal verlassen, um sich in einer etwas wohnlicheren Umgebung bei Lindow, in der Mark, niederzulassen. Modrow war zur Begrüßung erschienen. Die neue Bleibe: ein staatliches Anwesen, an einem See gelegen. Aber der neue Anwohner hatte die Rechnung ohne seine Mitmenschen gemacht. Die Kunde vom Einzug Honeckers verbreitete sich in Windeseile.
Aufgebrachte Bürger versperrten die Auffahrt zum Gutshof und riefen: »Du Mörder«, »Ab nach Bautzen« und »Er muß weg, wir wollen keinen Dreck«. Mit der schönen Aussicht auf den Gundelacksee war es gleich wieder vorbei. Die Honeckers reisten ab.

Der Volkszorn ist verständlich, denn bis zum heutigen Tag ist die alte SED-Struktur kaum angekratzt. Langwierige Untersuchungen, keine Prozesse. Alles zieht sich hin. Viele Bürgermeister und andere »Verwalter« sind noch in ihren Ämtern. Die Opposition scheint Angst vor der eigenen Courage zu haben. Vor einer Woche für die PDS nur sechzehn Prozent in den ersten freien Wahlen, und doch amtiert Modrow weiter. Die schweren Vorwürfe gegen Kirchner, de Maizière und Böhme, sie seien Stasi-Mitarbeiter gewesen, blockieren Regierungsbildung und -arbeit. Sitzt die alte SED immer noch am längeren Hebel?

Montag, 26. 3. 1990

Die Vorwürfe gegen Böhme im »Spiegel« sind erdrückend. Über mehrere Seiten werden Fakten aneinandergereiht. Kann sich Augstein das aus den Fingern gesogen haben?

M. vom Auswärtigen Amt ist der Ansicht, daß der Stasi auf den Sturz des SED-Regimes vorbereitet gewesen sei. Ursprünglich sei sogar erwogen worden, den sowjetischen Geheimdienst für den Schutz der SED-Herrschaft zu gewinnen, was aber Gorbatschow nicht ins Konzept gepaßt habe. Zwei weitere Möglichkeiten seien dann erwogen worden.
1. Mobilisierung der Streitkräfte; Stützung der Regierung und des Politbüros. Da sich aber überall Auflösungserscheinungen gezeigt hätten, sei diese Möglichkeit verworfen worden.
2. Einschleusen eigener Mitarbeiter, getarnt als Regimegegner mit »weißer Weste«, in die Parteivorstände der sich gründenden neuen Parteien.
Die Stasi-Leute seien für diese Aufgabe bestens gerüstet gewesen. Der alte Sicherheitsdienst habe, obwohl offiziell aufgelöst, die Parteien weiter im Würgegriff und füge der jungen Demokratie ungeheuren Schaden zu.

In Meißen, Eisenach, Wismar und Greifswald stürzen alte Gemäuer, Jahrhunderte auf dem Buckel, in sich zusammen. Achselzucken bei den Menschen. »Geener mocht wos«, sagt eine Frau aus Leipzig.

Der Staat, der für alles Verantwortung tragen wollte, trägt nichts mehr, weil er es nie konnte, und wir im Westen stehen staunend vor diesem Debakel.
Von Stuttgart aus betrachtet ist das alles so weit, als wäre es irgendwo im Orient. Die Schwaben: »Des isch omeglich.« Die meisten Anklagepunkte gegen Honecker und Konsorten sind fallengelassen worden. Wie will man ihn auch belangen? Mit den immer noch gültigen DDR-Gesetzen und der SED-Verfassung kann kaum einer von ihnen erfolgreich vor den Kadi gebracht werden.

Die »Bild«-Zeitung in einer Story über Honeckers Wohnungswechsel: »Für die Honeckers waren hundert Quadratmeter vorgesehen. Das Gut hat Kamin, Bibliothek, Luxusbäder, Holztäfelung. Als erstes portestierte das Personal des Gutes. Honecker kriegt hier nicht mal 'ne Tasse Suppe, schwor die Köchin.«

Dienstag, 27.3. 1990

Ein weiterer Grund für Markus Wolfs Aufenthalt in Moskau soll eine Nervenkrise wegen einer Frauengeschichte sein.
Privates schließt »Dienstliches« nicht aus!

Die Lage in Litauen spitzt sich zu. Heute wurde ein Krankenhaus gestürmt, in dem sich litauische Wehrdienstverweigerer versteckt hielten. Außerdem soll am Nachmittag eine Demonstration der russischen Minderheit in Litauen stattfinden. Wird es auch hier so weit kommen, daß die Kommunistische Partei per Telegramm in Moskau um »brüderliche Hilfe« nachsucht?

Der Dramatiker Heiner Müller sagte neulich bei einer Fernsehdiskussion: »Für dreißig Jahre wird es nur den Kapitalismus als Lebensform geben – ob mit CDU oder SPD. Es ist schwer, damit zu leben, daß man dann tot ist.«

Innenminister Schäuble spricht schon von einer Amnestie für ehemalige Stasi-Mitarbeiter.
Verbrecherische Taten eines Systems sind auch mit noch so bedeutenden sozialen Errungenschaften nicht aufzurechnen oder gar »zu amnestieren«.

Freitag, 30.3.1990

Im Deutschlandfunk sprach Wolfgang Hase, der für die Sicherung der ehemaligen Stasi-Zentrale in Erfurt zuständig ist. Er werde bedroht. Hohe Summen habe man ihm für »Material« geboten. Neulich sei er auf einer Dienstfahrt mit seinem Wagen von einem anderen Fahrzeug abgedrängt worden. Sein Auto habe sich dabei zweimal überschlagen.
In der »FAZ« vom 29.3. 1990 ein Artikel, der sich mit der SED/PDS beschäftigt und damit, wie der politische Gegner mit Stasi-Informationen zur Strecke gebracht werden kann.
Immer spricht man nur vom Stasi. Doch der war lediglich »Schild und Schwert« der SED. Der Gipfel der Scheinheiligkeit ist für mich die Behauptung der PDS-Fraktion, sie sei auch für eine Überprüfung der Volkskammerabgeordneten hinsichtlich einer Tätigkeit für den Stasi.

Gysi ist PDS-Fraktionschef geworden. Modrow steht für das Amt des Volkskammerpräsidenten zur Diskussion. Bei einem Wahlergebnis von sechzehn Prozent!
Die Koalitionsverhandlungen ziehen sich in die Länge. Die Wahl ist schon vierzehn Tage vorüber, und die SED verhandelt jetzt erst mit der CDU, ob überhaupt offizielle Koalitionsverhandlungen aufgenommen werden sollen. Die Bevölkerung wird ungeduldig. Überall Unsicherheit in Sachen praktischer Demokratie. De Maizière tritt so vorsichtig und schüchtern auf, als habe er die Wahlen verloren und nicht gewonnen. Die Leute wollen optimistische Strahlemänner sehen. Da ist natürlich Kohl eher der Richtige.
»Report« München zeigte eine Devotionalie: Glücklich weinende DDR-Bürger, die an den Kanzler glauben wie an einen gütigen Vater. Kohl, der Heilsbringer im Fahnenwald, umrauscht von tosendem Beifall. Der Wahlkämpfer, der eisern seinen Weg für das vereinigte Deutschland geht, so, als habe er immer gewußt: So und nicht anders erfolgt Schritt für Schritt der Weg zur Einheit, wenn es sein muß, auch im Sturmschritt.
Dabei meinte derselbe Mann noch im Oktober, die Einheit stehe nicht auf der Tagesordnung. Aber die DDR-Bürger wollten es anders. Vor allen Dingen schnell die D-Mark, dann Marktwirtschaft.
Kohl, der Generalist, hat die Einheit durchgedrückt. Die große Sache ist beschlossen. Jetzt sind seine Stäbe fieberhaft damit beschäftigt, den Feldzugsplan zur Schlachtreife zu bringen. Das stöhnende Ausland ist nur eine Marginale bei der ganzen Geschichte.
Europa wird schöner und größer, sagte mir neulich am Telefon ein Geschäftsmann aus Paris. Er schwärmte direkt. Die Fantasie sei angesprochen. Und er fühle sich in Paris so weit fort von dem großen Geschehen.
Kohl ist seit gestern bei der Lady in London, was ihrer Hoffnung sofort neue Nahrung gab, die Briten würden in Deutschland bleiben, natürlich auch die Amerikaner. Deutschland dürfe die Nato nicht verlassen. Aber der Zug bewegt sich auch ohne Frau Thatcher.
Während Kohl noch mit der Eisernen verhandelte, zündeten aufgebrachte Bürger eine Puppe der Lady im lila Kleid an. Man protestierte gegen die neue Personensteuer.
Kohl setzt sich für ein vereintes Europa ein. Die Lady will auf die Autonomie Britanniens nicht verzichten. Auch über die Mittelstreckenraketen, die auf Rostock und Leipzig gerichtet sind, wollte sie noch nicht sprechen.

Samstag, 31. 3. 1990

Ein Protestschrei geht durch die marode DDR, als bekannt wird, daß bei der Währungsunion die DDR-Mark 1:2 umgetauscht werden soll. Guthaben könnten lediglich bis zu einem Limit von zweitausend Mark 1:1 umgetauscht werden. Warum werden solche Gerüchte aus Frankfurt in Umlauf gesetzt? Wahlbetrug schreien die Leute in Sachsen und anderswo. Andererseits: Wer hat den Menschen drüben einen kompletten Umtausch von 1:1 versprochen? Niemand! Selbst mit einer starken Währung wie der deutschen Mark wäre das nicht zu machen. Auch die Schulden der DDR in Milliardenhöhe müßten dann zum Kurs 1:1 übernommen werden.
Natürlich kocht auch die PDS ihr Süppchen in dieser Gerüchteküche. Ausverkauf! Betrug! Von den Kapitalisten sei nichts anderes zu erwarten! Desinformation und Unsicherheit. Und bei uns in Bonn einfach zu viel Gerede. Die Informationspolitik sollte dahingehend ausgebaut werden, den Menschen in der DDR immer wieder klarzumachen, daß alle Wege zur Einheit letztlich nur über eine Angleichung sämtlicher Wirtschafts-, Finanz- und Verwaltungsstrukturen an westliche Verhältnisse führen können. Ein Deutschland und zwei Renten- oder zwei Rechtssysteme, das geht nicht. Die Menschen sind durch die Fülle widersprüchlicher Informationen jetzt so verunsichert, daß sich Resignation breitmacht. Und die Parteien haben nichts als die Kommunalwahl am 6. Mai im Auge.

Lothar Reuter, führender Staatsrechtler der DDR, steht vor dem Scherbenhaufen des DDR-»Rechts«. Recht war SED-Herrschaft, was die Partei sagte und wollte. Jeder weiß das inzwischen. Es ist ein Unding, daß ein Mann wie Reuter, der jahrzehntelang Staatsanwälte zu willigen Bütteln des SED-Regimes ausbildete, nun als stellvertretender Generalstaatsanwalt tätig ist. Ist es da ein Wunder, daß die geplanten Prozesse gegen Honecker und Genossen einfach nicht zustande kommen?
Reuter selbst wunderte sich nach dem Zusammenbruch, wie selbstherrlich die Obergenossen doch reagiert hätten. Über Günther Mittag erzählte er, dieser habe wie ein Fürst über das Geld des Staates verfügt. Ein Sägewerk in der Nähe von Mittags Urlaubsdomizil habe diesen so sehr bei seiner Siesta gestört, daß der hohe Herr befohlen habe, den Betrieb um zehn Kilometer zu versetzen. Die ganze Aktion soll fünfunddreißig Millionen Mark gekostet haben.

Sonntag, 1.4. 1990

Überall – in Sachsen, Thüringen, Brandenburg und Mecklenburg – sind Suchtrupps unterwegs, um nach der furchtbaren Wahrheit zu graben, die seit langem unter der Erde im Verborgenen ruht. Massengräber in Wäldchen und Wiesen, nahe jenen ehemaligen Lagern, die von sowjetischen Besatzern 1945 eingerichtet oder einfach von den SS-Schergen übernommen worden waren. Folter, Hungertod, Erschießen, das war die Abrechnung. Tausende starben in diesen Lagern. Nie durfte in der DDR über diese Verbrechen gesprochen werden, denn man war ja mit den Verbrechern verbündet.
Der mecklenburgische Volkssänger Horst Köppert war als junger Mensch in das Lager Fünfeichen gekommen. Im Deutschlandfunk berichtete er jetzt schreckliche Einzelheiten vom Sterben Tausender unschuldiger Menschen. Ulbricht habe 1947 gemeint, in den Lagern seien noch viel zu wenige inhaftiert.
Als das Lager Fünfeichen 1948 geschlossen wurde, hieß es gegenüber der Bevölkerung: Jetzt kommen die Nazis raus, empfangt die Verbrecher gebührend! Die Rechnung ging nicht auf. Als sich der erbarmungswürdige Zug in Bewegung setzte, gab die Bevölkerung den Ausgemergelten Brot und zu trinken und begrüßte sie mit Blumen. Horst Köppert wog bei seiner Entlassung nur noch fünfundsiebzig Pfund.

Alle Verbrechen der Vergangenheit – die der Nazis, der Stalinisten und auch der Stasi – dürfen nicht einfach verdrängt, übergangen oder vergessen werden. Sie gehören vor eine internationale Kommission kompetenter Fachleute. Und wir alle müssen da hindurch und das ertragen.

Montag, 2.4. 1990

Böhme, der Ost-SPD-Vorsitzende, hat seine Ämter niedergelegt. Das wird nachmittags bekannt. Am Abend heißt es, er habe am Freitag einen Selbstmordversuch unternommen und sei ins Krankenhaus eingeliefert worden.
Ludwig Meckel, der jetzt die SPD Geschäfte führt, dementiert. Böhme sei gesundheitlich stark mitgenommen und halte sich zur Erholung bei Freunden auf. Am vergangenen Freitag hatte Böhme Einsicht in die ihn angeblich belastenden Stasi-Akten genommen und noch einmal beteuert, daß die Anschuldigungen gegenstandslos seien und er seine Amtsgeschäfte wiederaufnehmen wolle. Der »Spiegel«, der in der vergangenen Woche auf mehreren Seiten über Böhme und seine Mitarbeit beim Stasi berichtet hatt, schweigt heute zu dem Fall, dementiert nicht und fügt nichts hinzu.

Inzwischen ist bekannt geworden, daß es Stasi-Pläne gab, nach denen überall in der DDR Internierungslager eingerichtet werden sollten. Kirchenleute, mißliebige Personen, Grüne, Pazifisten und so weiter sollten dort inhaftiert werden. (»Wer nicht für uns ist, ist gegen uns!«)
Der Stasi – immer noch allgegenwärtig. Die Menschen haben Angst vor dieser Organisation, die sich offiziell in Auflösung befindet, aber im Geheimen weiterarbeitet. In Verbindung mit dem KGB? Überall finden Anti-Stasi-Demonstrationen statt.
Auf Druck aus Bonn hat die DDR-Regierung die mit der Türkei vereinbarte Visumfreiheit wieder aufgehoben, um einer unkontrollierbaren Flut von Einwanderern nicht Tür und Tor zu öffnen.
Seit Anfang des Jahres haben rund einhundertfünfzigtausend DDR-Bürger ihre Heimat verlassen. Die Flut geht nicht zurück.

Dienstag, 3.4. 1990

Kohl, der Kanzler, feiert heute seinen sechzigsten Geburtstag. Vor einem Jahr bereits totgesagt, hat er nun einen glänzenden Wiederaufstieg erfahren. Hätte der zauderliche Späth im Frühjahr '89 nach der Kanzlerkrone gegriffen, wäre sie ihm sicher gewesen. Aber der Spätzleredner wollte nicht.
Seltsam, die Beliebtheit Späths steht im umgekehrten Verhältnis zu seiner politischen Wirkung und Bedeutung. Bei Kohl ist es eher umgekehrt. Kohl ist der machtbewußteste Kanzler, den die Republik je hatte. Dabei ist er umgeben von einer Seilschaft, die bis zurück in seine Studienzeit reicht. Überall Kontaktpunkte, Verbindungen, Knoten und Abhängigkeiten bis hinein in die kleinsten Verästelungen der CDU.
Strauß hat sich bei Kohl total verrechnet, ebenso Geisler und Biedenkopf, von Späth ganz zu schweigen. Kohl ist bei weitem nicht der Zauderer und Zögerer, wie ihn seine Gegner oft darstellen. Hat sich Kohl einmal für eine Sache entschieden, setzt er sie auch durch, trotz Niederlagen, von denen es jede Menge gegeben hat. Ein Überempfindsamer wie Helmut Schmidt ist er nicht. Auch das hilft.
Unser Generalist hält sich nur ungern mit Kleinigkeiten auf. Er gibt die Linie vor. Andere führen uns. Dabei vergißt er einen ihm einmal angetanen Tort nicht. Jene aber, die Kohl helfen, werden großzügig belohnt und in Schutz genommen. Freund Schreckenberger, wegen seiner Schußligkeit gefürchtet und belächelt, saß jahrelang am Kabinettstisch und wurde erst verabschiedet, als es gar nicht mehr ging.
Die Frage der Wiedervereinigung kam für Kohl überraschend. Noch im November wurde er wegen seines Zehn-Punkte-Plans für beide deutschen Staaten

gescholten. Inzwischen ist alles überholt. Kohl setzte jetzt auf möglichst rasche Vereinigung. Ein Gebirge von Problemen. Er meint, das wichtigste sei, die Vereinigung zu bewerkstelligen, alles andere käme dann nach und nach.
Kohls Ansehen scheint im Ausland größer zu sein als bei uns. Unsere Kabarettisten stellen ihn weiter als dümmliche Birne dar, die nicht bis drei zählen kann. Auch wenn Kohl eines Tages als »Vereinigungskanzler« in die Geschichte eingehen wird, so ist er doch dazu gekommen wie die Jungfrau zum Kind – mit Hilfe der Sozialdemokraten, die sich seit Jahren für die Anerkennung einer eigenen DDR-Staatsbürgerschaft eingesetzt hatten. Hätte Kohl in dieser Frage nachgegeben, wäre es nicht zu diesem Zeitpunkt und nicht auf diese Weise zur Vereinigung gekommen.
Ein machtbewußter Kanzler, der sich mit Genuß die Marmelade aus Ernst Jüngers Obstgarten aufs Brot streicht.

Mittwoch, 4.4. 1990

Seit gestern ist auch die Ost-SPD in die Koalitionsverhandlungen in Ost-Berlin eingestiegen. Noch vor Ostern soll die neue Regierung stehen. Es dauert alles zu lange. Die Probleme häufen sich. Die Bevölkerung ist beunruhigt und hat Angst vor einer Wiederkehr des Stasi.

Herr Schalck-Golodkowski meldet sich per Gespräch in der »Welt« aus dem Untergrund. Angeblich vom Tegernsee, aus Rottach-Egern. Ein wahres Unschuldslamm edelster Gesinnung im hellen Licht westlicher Freiheit. Schalck meint, der Zusammenbruch des SED-Regimes sei der totalen Fehleinschätzung der Lage durch Honecker und Mielke zu verdanken. Honecker habe es vorgezogen, die mehrfach im Jahr verordneten Jubelumzüge der Bevölkerung für das wahre Stimmungsbarometer zu halten. Außerdem habe er geglaubt, mit Krisen jeder Art allein fertig werden zu können. An ein Niederwalzen und Schießen bei Demonstrationen sei nicht gedacht gewesen. Mielke habe sich vollkommen darauf verlassen, daß die Sowjets im Falle von Unruhen eingreifen würden. Außerdem habe er bis zum Schluß aus Moskau ständig Informationen bekommen, die ihn in seinem Glauben bestärkt hätten, aber offensichtlich falsch gewesen seien.

Honecker, der »verdorbene Greis«, hat sein Exil beim Pastor in Lobetal verlassen und ist in ein sowjetisches Militärhospital in Beelitz, fünfzehn Kilometer südlich von Potsdam, gebracht worden. Die »Bild«-Zeitung macht ihre heutige Ausgabe mit der Schlagzeile auf: »Gorbatschow erbarmt sich. Russen holen Honecker.«

Ost-CDU-Generalsekretär Kirchner gab heute morgen bekannt, voreilig, wie sich später herausstellte, daß noch heute die Koalition mit der SPD zustande käme und morgen in der Volkskammer der CDU-Vorsitzende zum Ministerpräsidenten gewählt würde. Nachmittags dann das Dementi.

Heute treten in der DDR für landeseigene Produkte neue Preisregelungen in Kraft: Kleincomputer, Fernsehgeräte, Putz- und Waschmittel, Minibatterien, Uhren, Kaffee und Schokolade werden – zum Teil wesentlich – billiger. Die DDR verramscht ihre Waren – noch vor kurzem von »Weltniveau«, heute Ladenhüter.

Donnerstag, 5. 4. 1990

Der Alterspräsident der DDR-Volkskammer, Lothar Piche, Sachse, Mitglied der DSU, Invalide und Elektriker, eröffnet die erste Sitzung des ersten frei gewählten Parlaments im anderen Teil Deutschlands. Dieser einfache alte Mann macht seine Sache sicher, ruhig und souverän. »Vierzig Jahre eines schweren Weges gehen nun zu Ende.« Am Schluß seiner kurzen Ansprache ruft er laut ins Parlament: »Gott schütze unser deutsches Vaterland!« Die Abgeordneten von CDU und CSU erheben sich und klatschen Beifall; die SPD bleibt auf den Sitzen; die PDS scheint wie vom Donner gerührt.
De Maizière hat seine CDU-Leute noch nicht im Griff. Außerdem hat er keine Absprachen mit der SPD getroffen wegen des neuen Parlamentspräsidenten. So fiel dann Frau Bergmann-Pohl auch prompt im ersten Wahlgang durch. Im zweiten erreichte sie 214 Stimmen von 390 anwesenden Abgeordneten. Sie ist Ärztin, Mitte Vierzig. Sie übernimmt vertretungsweise gleich das Amt des Staatspräsidenten mit, das erst später besetzt werden soll. Vielleicht kommt es auch gar nicht mehr dazu.
Der Sozialismus-Passus in der Verfassung wird gestrichen.
Modrow und Maleuda, die Bonzen von gestern, die ebenfalls kandidiert hatten, landeten weit abgeschlagen. Als der wieselflinke Gysi seinen Modrow als Mann der Zukunft anpries, gab es schallendes Gelächter.
Vor der Sitzung der Kammer hatten sich die Abgeordneten zum gemeinsamen Gottesdienst versammelt. Eppelmann erinnerte in einer Ansprache daran, daß in der Gethsemane-Kirche alles begonnen habe. Er soll während des Gottesdienstes geweint haben. Die Wendehälse Gysi und Modrow fuhren mit der gesamten Fraktion in zwei Bussen an der Kirche vor.
Am Nachmittag dann überall im Land vom FdGB organisierte Demonstrationen gegen einen Umtauschkurs von 1:2. Polemik allenthalben.
In Berlin, einem starken Hort der PDS, zog man vor die Volkskammer. »De

Maizière muß her!« riefen sie und »Kohl, rück die Kohle raus!« Die ewig Gestrigen schüren weiter Angst und Unsicherheit in der Bevölkerung. Es ist noch nichts entschieden.

Überall und zu allem Gerüchte, Gespräche, Verhandlungen. Die FDP will das. Lambsdorff will etwas anderes. Genscher möchte mehr. Die CDU will alles anders. Die SPD macht nicht mit. Die Ost-SPD will über Artikel 114 zur Einheit kommen. Die Ost-CDU über Artikel 23. Frau Bergmann-Pohl wiederum über Artikel 146. Norbert Blüm arbeitet an einer Sozialcharta. Die SPD will viel mehr. Die CSU sträubt sich. Aber was will Gorbatschow? Der französische Präsident hat noch keine abschließende Meinung. Wie ist es mit der Lady in London? Die Amerikaner sind so still. Was haben sie vor?
Warum hat von Weizsäcker vor zehn Tagen Modrow im Bellevue empfangen? So geht das nicht, sagen CDUler.
Bleibt Deutschland in der Nato? Genscher ist da schon ganz sicher. Die Sowjetunion sagt »njet«, aber neutral brauche Deutschland auch nicht zu sein...
Der wendige Saarländer zeigt sich mit Polen einverstanden, auf dem Gebiet der – dann ehemaligen – DDR polnische Soldaten zu stationieren. Die Engländer wollen auch nicht weg...
Genscher reist in die USA, dann nach Kanada. Die Kanadier sagen, wir wollen über Deutschland nicht nur unterrichtet werden, sondern in Zukunft mitreden. Das wollen offenbar alle hundertsechzig Staaten...

Samstag, 7.4. 1990

Die DDR hat den Plänen der Bundesregierung zur Währungsunion nichts entgegenzusetzen. Ein Staat, der pleite ist, beugt sich den Wünschen des neuen Geldgebers.
»Diktat«, schreien die PDS-Leute. »So geht es nicht«, sagt die SPD. Lambsdorff moniert die Vorschläge der Bundesregierung. Haffner, der bedeutende Publizist, läßt Kritisches aus Berlin hören. Der Empfang Modrows in Bonn habe ihn an Schussnig bei Hitler, 1938, erinnert.
Mag alles sein. Aber eine derartige Konstellation wie die jetzige hat es noch nie in der Geschichte der Völker gegeben: Ein Volk, zwei Staaten. Der eine reich bis zum Platzen, der andere arm wie eine Kirchenmaus, zudem von einem Sicherheitsdienst bis aufs Blut gepeinigt. Zwei Wirtschaftssysteme, die gegensätzlicher nicht sein können; zwei Gesellschaftssysteme, die nichts gemein haben. Zwei Rechtssysteme, die sich wie Feuer und Wasser unterscheiden. Und doch will die Bevölkerung der DDR die Vereinigung. Am besten so, daß die Länder der DDR bald genauso aussehen wie die im Westen. Die Welt schaut

fasziniert auf das, was bei uns geschieht. Alle erwarten Wunder. Erstaunlicherweise scheint man in Moskau am optimistischsten zu sein. Hier traut man den Deutschen eigentlich alles zu.
Eine Hausaufgabe, die es in sich hat.
Natürlich wird unser Europa bald ein anderes sein. Und das Achtzig-Millionen-Deutschland sollte darin keinen Sonderstatus erhalten. Die Deutschen wollen so normal leben wie die Dänen und die Holländer. Überall Ängste wegen des »übermächtigen Deutschlands«. Wann werden sie vergessen sein?

In der Nato soll es nicht sein, heißt es in Moskau. Nicht im Warschauer Pakt, sagen die Amerikaner. Man trifft sich in der Mitte, so Genscher. Westdeutschland bleibt in der Nato, Ostdeutschland nicht im Warschauer Pakt, aber mit sowjetischen Truppen auf seinem Gebiet. Wie soll diese Konstellation tragen? Es werden neue Bündnisse nötig. Nicht gegeneinander, sondern miteinander.
Die Zeit der Kriege und Konfrontationen ist für unsere Welt noch lange nicht vorbei. Und auch Europa ist am Ende des zwanzigsten Jahrhunderts immer noch nicht ganz befriedigt.
Die »Sicherheit« des Eisernen Vorhangs durch Europa ist dahin. Alles ist im Fluß. Die Friedenszeit, die ständig herbeigesehnte, ist ebenfalls beendet, sagen manche, obwohl sie erst jetzt für alle anbrechen soll.
Träume in Europa.

Sonntag, 8. 4. 1990

Die Verhandlungen zwischen den Parteien in Ost-Berlin sollen kurz vor dem Abschluß stehen. Kirchner, der schon so oft seine Äußerungen dementieren mußte, meinte gestern zuversichtlich, »wir schaffen es bis zum Sonntag. Wenn nicht, gibt es eine kleine Koalition ohne die SPD.«
Die SPD wirft der CDU vor, sie habe kein eigenes Programm, sei lediglich Befehlsempfänger Kohls. Außerdem will die SPD den Vertragsentwurf der Bundesregierung bezüglich der Währungsunion noch diskutieren.
Die Menschen werden ungeduldig.
PDS: Kanzler Kohl betrüge die Bürger, breche sein gegebenes Wort. Als auf der FdGB-Kundgebung in Berlin ein SPD-Mann die Bürger darauf hinweist, es sei ja die SED gewesen, die diesen Bankrott verursacht habe, wird er niedergeschrien.
Gerüchte kursieren, nach denen die SED/PDS eine Bürgerkriegsarmee aus Stasi-Mitarbeitern aufstellen will.

Die vier Siegermächte sind sich in der deutschen Frage sehr nahe gekommen. Die Sowjetunion verzichtet auf die deutsche Neutralität und will von den Amerikanern wissen, was sie als Ersatz für die Nato anzubieten hätten. US-Botschafter Walters soll von seiner Regierung zurückgepfiffen worden sein, weil er es den Deutschen überlassen will, ob sie Mitglied der Nato sein wollen oder nicht.
Die Bündnisse in Europa sind ein Ergebnis des Zweiten Weltkriegs; konsequenterweise müßten sie also nach einer Vereinigung der beiden deutschen Staaten aufgelöst werden. Davor haben alle Angst. Die Mächte weisen auf die Stärke Deutschlands hin und erwecken den Eindruck, als ob ein Deutschland ohne Bündnisverpflichtungen und militärische Fesseln über alle Nachbarn wie ein wilder Eber herfallen würde. Kohl und Genscher müssen diese Bedenken ernst nehmen und entsprechend vorsichtig vorgehen.
Ein erster Schritt könnte sein: Westdeutschland bleibt in der Nato, Ostdeutschland im Warschauer Pakt. Der gesamtdeutsche Verteidigungsminister hat zwei Super-Staatssekretäre, den einen für die Bundeswehr, den anderen für die Volksarmee. Parallel laufen umfängliche Abrüstungsverhandlungen auf allen Gebieten. So wird man sich näher kommen.
Auch die sowjetischen Soldaten in der DDR sollten kein Problem darstellen. Die Kosten in Höhe von jährlich siebenhundert Millionen Ost-Mark für die Versorgung und Verpflegung der dreihundertachtzigtausend Soldaten könnten übernommen werden mit der Maßgabe, die Truppenstärke im Einklang mit den Abrüstungsverhandlungen zu reduzieren.

Natürlich steht im innerdeutschen Gespräch die Schaffung der Wirtschafts-, Währungs- und Sozialunion im Mittelpunkt. Ein Vertragsentwurf, fünfzig Seiten stark, liegt der Bonner Regierung vor.
Am Donnerstag machte die »Süddeutsche Zeitung« mit der Schlagzeile auf: »Die DDR soll in der Wirtschaftspolitik ihre staatliche Souveränität aufgeben.« Das hört sich so an, als läge die noch nicht einmal installierte DDR-Regierung schon winselnd im Staub und warte auf den gewaltigen Tritt des Siegers Kohl in den Nacken.
Daß es so laufen würde, war doch von Anfang an klar, sogar Herrn Modrow. Blind, wer etwas anderes gedacht hat. Daraus nun eine Sensation zu machen, verunsichert die Menschen in allen Teilen der Noch-DDR zusätzlich.

Montag, 9. 4. 1990

Die Koalition in Ost-Berlin steht. Es war eine lange, schwere Geburt. Ebeling wird also nicht Innenminister. Er ist über die Tatsache gestolpert, vor der Wende die Thomaskirche für flüchtende Demonstranten nicht oder zu spät geöffnet zu haben. Einige seien vom Stasi verprügelt und verhaftet worden. Außerdem wirft man Ebeling vor, von der CSU-Parteizentrale in München ferngesteuert zu sein.
Eppelmann, auch ein Pastor, wird neuer Verteidigungsminister. Eine merkwürdige Konstellation.
Meckel, der »SPD-Pastor«, wird Außenminister. Ein Mann, der Englisch spricht. Das ist in der DDR durchaus etwas Besonderes, denn hier hat man bisher dem Russischen den Vorzug gegeben.
In der Volkskammer sitzen nun einundzwanzig Theologen, viele Ärzte und Rechtsanwälte. Menschen also, die in gewissen geistigen Freiräumen in diesem totalitären Staat hatten arbeiten und leben können.
Gerlach hat sein Amt als Staatsratsvorsitzender verloren. Das Amt des Präsidenten übt nun Frau Bergmann-Pohl übergangsweise aus.

Krenz ist in Karlsruhe geohrfeigt worden. Er geht überall mit seinem Buch »Als die Mauern fielen« hausieren, liest vor vollen Häusern, macht Geld.

Dienstag, 10. 4. 1990

Eben, um dreiviertel acht in der Früh, erklärt Modrow im Deutschlandfunk, daß die DDR-Kühlhäuser voll seien und es ausreichend Eier gäbe. (Ausschnitt aus einer Rede gestern in Frankfurt.) Modrow hat nur ein Manko: Er versteht kein Jota von wirtschaftlichen Dingen.

Staatspräsident Havel stellt vor einem Publikum aus Tschechen, Polen, Ungarn, Österreichern und Italienern seine Visionen eines zukünftigen Europas vor.
Bundesbankpräsident Pöhl meint, daß die DDR-Wirtschaft ihre Schulden beim Umstellungskurs 1:1 nicht verkraften würde. Sicherlich, aber bei diesen Schulden geht es doch um staatliche Gelder. Da gibt es doch die Möglichkeit des Erlasses...

Die Zeitungen sind immer noch voller Berichte und Analysen bezüglich des Fünfzig-Seiten-Papiers zur Währungs- und Sozialunion. Das Papier wird be-

reits wie ein Vertrag gehandelt, und doch ist es nur eine Diskussionsgrundlage, auch für die neue DDR-Regierung, die nun wahrscheinlich am 12. 4. 1990 von der Volkskammer bestätigt werden wird.
Daß der ganze Prozeß der Vereinigung nicht ohne Schmerzen für beide Seiten vonstatten gehen wird, ist nicht nur den Pessimisten klar. Die Währungs- und Sozialunion bringt den großen Eingriff in die staatliche Souveränität der DDR, das ist offenbar nicht zu vermeiden. Mittels strenger Kontrollen und Beaufsichtigungen sollte Sorge dafür getragen werden, daß die D-Mark in der DDR stabil bleibt und selbstverständlich auch im Westen. Außerdem wird die DDR das westdeutsche Steuerrecht übernehmen müssen.
In der DDR werden Stimmen laut, über eine gewisse Zeit die dortigen Firmen vor dem Wettbewerb zu schützen, da sie dem westdeutschen Konkurrenzdruck nicht gewachsen sein würden. Sicher stimmt das, aber gesunden kann die Wirtschaft im Osten nur durch eine klar wettbewerbsorientierte Marktwirtschaft.

Mittwoch, 11.4. 1990

Der sowjetische Außenminister hat in einer Nato-Zeitschrift seine Vorstellungen von einem vereinten Deutschland erläutert. Er könne sich gut vorstellen, daß dieses Deutschland der Nato *und* dem Warschauer Pakt angehöre. Das sind Überlegungen, die in Richtung des Genscher-Planes zielen (das Nato-Territorium solle in einem vereinigten Deutschland nur bis zur Elbe reichen). Aber selbst wenn sie realisiert würden, könnten sie immer nur Zwischenschritte darstellen.
Die Amerikaner haben dieses Konzept gestern strikt abgelehnt, da es auf eine Neutralität Deutschlands hinausliefe. Washington zeigt sich hier ziemlich unbeweglich. Man beharrt stur auf einer Mitgliedschaft Deutschlands in der Nato und beruft sich dabei auch auf Polen, Ungarn und die Tschechoslowakei, die ebenfalls für eine Mitgliedschaft des vereinigten Deutschlands in der Nato seien. Es sollte darüber nachgedacht werden, was *nach* der Nato und dem Warschauer Pakt kommt. Moskau hat ja vor einigen Tagen Amerika aufgefordert, in dieser Richtung Vorschläge zu machen.

Lech Walesa ist der wahrhaft einsichtsvollen und friedfertigen Ansicht, wenn Deutschland seine Hand gegen Polen erhebe, würden die Nachbarn Deutschlands die Deutschen »ausradieren«.

Am Stuttgarter Hauptbahnhof war heute nicht eine ostdeutsche Zeitung zu erhalten. Es habe bisher lediglich zwei Tageszeitungen aus Ost-Berlin gegeben.

Eine davon sei wegen mangelnder Nachfrage nicht mehr zum Verkauf angeboten worden. Der anderen, der »Jungen Welt«, Blatt der früheren FDJ (Freie Deutsche Jugend), würde es demnächst auch so ergehen. Niemand interessiere sich für diese Schriften, meinte der Verkäufer.

Auch die Franzosen scheinen noch immer Bedenken gegen die deutsche Einheit zu hegen. Die Zeitschrift »Le Point« zeigt auf ihrer Titelseite zwei Adler; der eine, klein und mickrig, steht für die DDR, der andere, riesige, für die Bundesrepublik. Überschrift: »La Grosse Allemagne« (»gros« = fett, aber auch bedeutend, reich). Im Artikel wird Mitterrand die Liste seiner Fehleinschätzungen bezüglich Deutschlands und seines Kanzlers vorgehalten.
Jacques Julliard, Chefredakteur des »Nouvel Observateur«: »Warum bin ich jedesmal, wenn ich ein Fußballmatch mit der deutschen Mannschaft sehe, automatisch auf der Seite ihres Gegners?«
Philippe Alexandre, RTL-Chronist, erzählt die seltsame Geschichte von seiner Tochter, die, zwanzigjährig, von Deutschland als dem Erbfeind spricht. Alexandre dazu: »Die deutsch-französische Aussöhnung ist ein Mythos!«
Mitterrand, der Stimmungen in seinem Land sehr gut erspürt, scheint aus alldem gefolgert zu haben, daß es am besten sei, auf die Gegner Kohls in Deutschland zu setzen. Will er etwa so die Vereinigung aufhalten? Oder hinauszögern?
Chirac: »Die französische Regierung hat eine schwere, besorgniserregende Krise mit der Bundesrepublik Deutschland ausbrechen lassen, dann offen einen Sieg der Thesen von Bundeskanzler Kohl bezüglich der DDR-Wahlen angezweifelt und schließlich zwischen Schmollen und Verstimmung verharrt. Ich fürchte, daß wir in dem Augenblick, in dem wir den kalten Krieg gewonnen haben, im Begriff sind, den Frieden zu verlieren oder, besser gesagt, daß Ende von Jalta zu versäumen.« Die Zentristen bedauern, daß Mitterrand beim Fall der Mauer nicht an der Seite Kohls war.

Donnerstag, 12.4. 1990

Am Stuttgarter Hauptbahnhof erstehe ich heute schließlich doch zwei Zeitungen aus der DDR. Die »Junge Welt« mit folgendem Titelbild: Ein Mensch, der seine leeren Hosentaschen ausstülpt. Überschrift: »Leere Taschen.« Der Tenor ist klar!
Sechs Leserbriefe sind abgedruckt, die sich fast alle mit dem Eintritt der SPD in die von der CDU geführte Koalition beschäftigen.
Familie Fleck: »Wir glauben, die SPD hätte in der Opposition gemeinsam mit der PDS mehr für unsere Interessen tun können.«

Andreas Berndt: »...die SPD hat jetzt größeren Entscheidungsraum. Die Hauptsache ist doch, daß es uns bald bessergeht.«
Die andere Zeitung ist ein Wochenblatt und nennt sich »Sachsen-Spiegel«. Sieht aus wie der »Bayern-Kurier«. Titel: »Ein Ludwig Erhard wird gesucht.« Ein ausführlicher Artikel auf Seite drei über von Weizsäcker, der am 15.4. 1990 seinen siebzigsten Geburtstag feiert. Eine Anzeige von Philip Morris für Marlboro und Chesterfield. »Ab jetzt im Handel erhältlich.« Dann eine Anzeige für Späths Buch »1992« von der Deutschen Verlags-Anstalt. Auch die Landeskreditbank von Baden-Württemberg ist mit einem Inserat vertreten. Ein westdeutsches Blatt für Sachsen!

Der Großteil der ostdeutschen Blätter wird eingehen, weil ihnen die Inserenten fehlen. Außerdem ist jetzt alles »in«, was aus dem Westen kommt.

Eine bekannte Schokoladenfabrik in Dresden mußte die Tore schließen und fünfhundert Leute entlassen. Kein Mensch in der DDR will mehr die Schokolade dieser Firma kaufen. Alle fahren auf westdeutsche Marken ab. Sarotti und Tobler sind eben tausendmal besser, und zwar weil sie aus dem Westen kommen. Wenn das so weitergeht, werden die meisten Betriebe der DDR in nächster Zeit dichtmachen können.

Freitag, 13.4. 1990

Als ein ZDF-Reporter die zum Gruppenfoto angetretenen Mitglieder der neuen DDR-Regierung fragt, was sie von dem Symbol der alten Macht an der Wand hinter sich hielten – Hammer und Zirkel –, geht lauter Protest los. Das würde auch bald verschwinden. Eine Regierung, die offenbar kein anderes Ziel kennt, als nach den gesamtdeutschen Vereinigungswahlen möglichst schnell wieder in der Versenkung zu verschwinden.
Der schmächtige Ministerpräsident Lothar de Maizière wird sicherlich in seiner Zähigkeit unterschätzt. Kein Kämpfer der großen Gesten und lauten Töne, somit das genaue Gegenteil von Kohl. Die beiden werden wohl zueinander finden müssen. Ein Befehlsempfänger, der zum Rapport in Bonn antritt, wird der neue Mann in Ost-Berlin nicht sein.

Montag, 16.4. 1990

Auf der »Seite für Deutschland« der »Bild«-Zeitung wird der alte und neue Justizminister Wünsche scharf angegriffen. Der Vorsitzende der Vereinigung der Opfer des Stalinismus, Richard Knöchel, hat an de Maizière geschrieben: »Kurt

Wünsche war einer der Hauptverantwortlichen für Tausende von Terror-Urteilen.« In der Tat ist es unverständlich, daß dieser Mann in der neuen Regierung wieder diesen hohen Posten einnehmen konnte. »Bild« vermutet, daß dahinter eine Stasi-SED-Seilschaft stecke.

In der Karl-Marx-Stadt hat heute die Abstimmung begonnen, ob die Stadt wieder ihren alten Namen, Chemnitz, tragen soll. Die Stimmenauszählung soll am kommenden Montag abgeschlossen sein.
Die Umstellung von Chemnitz auf Karl-Marx-Stadt 1951 soll fünfzehn Millionen gekostet haben!

Lambsdorff hat vorgeschlagen, die Bundestagswahlen zu verschieben, um dann gemeinsam im nächsten Jahr mit den DDR-Bürgern den neuen Bundestag zu wählen. Schäuble ist aus verfassungsrechtlichen Gründen dagegen. Vogel von der SPD möchte in beiden Teilen Deutschlands zur Vereinigung eine Volksabstimmung. Ost-SPD-Fraktionsvorsitzender Schröder meinte im »Mittagsmagazin«, er fände es seltsam, wie über die verschiedensten Beschlüsse, die die DDR beträfen, überall in Bonn gesprochen würde. Er hielte es für besser, wenn sich die beiden Regierungen endlich an einen Tisch setzten.

Präsident Bush hat sich mit der eisernen Lady auf den Bahamas getroffen. Natürlich ging es auch um Deutschland. In einer gemeinsamen Erklärung hieß es, daß ein wiedervereinigtes Deutschland »die volle Kontrolle über sein gesamtes Staatsgebiet ohne jedwede diskriminierende Einschränkung der deutschen Souveränität« haben müsse. Die sowjetischen Truppen sollen nach einer Übergangszeit die heute noch besetzten Gebiete verlassen haben.
Der Knackpunkt scheint das vereinigte Deutschland in der Nato zu sein. Wie wird die Sowjetunion damit umgehen? Polen und Ungarn sind für die Nato-Mitgliedschaft, auch die ČSFR. Aus unterschiedlichen Gründen. Polen geht es sicherlich um eine Kontrolle Deutschlands durch die übrigen Nato-Staaten. Die Tschechen und Ungarn wollen selbst in die Nato.
Die neue Regierung in Ost-Berlin hat sich für eine Nato-Mitgliedschaft Gesamtdeutschlands ausgesprochen.
Die inneren Probleme der Sowjetunion werden möglicherweise zu einem Einlenken der sowjetischen Regierung in dieser Frage führen.
M. vom Auswärtigen Amt meint, Genscher sei mit der Gesamtentwicklung nicht sehr zufrieden, insofern, da die vier Besatzungsmächte in jedes Detail der Vereinigungsverhandlungen eingeschaltet werden wollen. Am einfachsten ginge es noch mit den USA.
Genscher sähe auch mit der neuen Regierung in Ost-Berlin Probleme, die noch

bevor überhaupt Verträge unterschrieben seien, Versprechungen mache, die die Westdeutschen nicht einhalten könnten. Alle verließen sich auf die westdeutsche Wirtschaftskraft. Aber mit der deutschen Mark ließen sich nicht alle Probleme bewältigen. Auch die Sowjetunion würde dauernd nachfühlen wegen aller möglichen Wirtschaftsprojekte, seien dabei aber noch meilenweit von einer Demokratie westlichen Zuschnitts entfernt. Auch sei der brutale Druck, der auf die baltischen Staaten ausgeübt würde, ein Hindernis, Vertrauen zum Mann im Kreml zu entwickeln. Genscher kenne Gorbatschow persönlich und hielte ihn wegen seiner Gefühligkeit, ja Sentimentalität, für gefährdet.

Der polnische Präsident Jaruzelski hat bei seinem Besuch der Offiziersgräber von Katyn ins Kondolenzbuch geschrieben, die polnischen Offiziere seien hier unschuldig gefallen. Er hätte schreiben müssen, vom NKDW heimtückisch ermordet!
Gorbatschow hat den Polen Unterlagen über die Verbrechen des NKWD an den fünfzehntausend polnischen Offizieren ausgehändigt. Ein Eingeständnis stalinistischer Schuld. Nach fast fünfzig Jahren. Bisher hieß es immer, Deutsche seien die Mörder gewesen. In Wahrheit wollte Stalin die polnischen Offiziere beseitigen, weil er über die Niederlage der russischen Armee durch die Polen 1920 nicht hinwegkam. Späte Rache. Außerdem waren diese Männer fanatische Antikommunisten. Der polnische Historiker Bartoszewski behauptet, Deutsche und Sowjets hätten '39/'40 gemeinsam geplant, die polnische Intelligenz auszurotten.
Das Reichssicherheitshauptamt in Berlin und das NKWD haben nach der Besetzung und Teilung Polens sehr eng zusammengearbeitet. Die Erschießung der fünfzehntausend Polen fand zum gleichen Zeitpunkt statt, als Auschwitz in Betrieb genommen wurde.
Polen interessiert sich jetzt auch wieder für die zweihunderttausend Quadratkilometer Land, die von der Sowjetunion annektiert worden waren. Hier wird es Auseinandersetzungen geben und damit auch die Oder-Neiße-Grenzfrage wieder aufgerollt werden.

Dienstag, 17.4. 1990

Zehn Tonnen Lupinen-Samen wurden am vergangenen Wochenende von zahlreichen Helfern auf dem früheren Todesstreifen an der Mauer in Berlin ausgesät. Die Aktion soll fast fünfzigtausend Ost-Mark kosten. Das fünfzig Kilometer lange Stück Brachland wird nun bald blau-gelb-rot-weiß erblühen und die Steinwüste verschönern.

Der frühere Präsident der USA, Reagan, bekam feierlich ein tonnenschweres Stück der Berliner Mauer überreicht. Vorher hatte ein Künstler einen Schmetterling auf Beton gepinselt.

Jelena Bonner, Witwe des verstorbenen Bürgerrechtlers Sacharow, meint, daß die sowjetische Führung sich kaum gewandelt habe. Zwar fürchte die Führung das Volk, aber sie sei nicht gewillt, die Probleme des Landes demokratisch zu lösen.
Frau Bonner in einem Artikel in der gestrigen »Welt«: »Die Spitzenpolitiker der europäischen Länder (Osteuropa rechne ich dazu) und Amerikas beschränken sich auf nichtssagende Erklärungen, in denen sie die Hoffnung ausdrücken, daß es zu keinem Blutvergießen kommen möge, während gleichzeitig in Litauen das militärische Kontingent verstärkt wird, das Partei- und Regierungsgebäude besetzt und ausländische Journalisten vertreibt. Später, wenn die Presse entfernt ist, braucht es nicht viel, um Gewaltakte zu provozieren, eine Marionettenregierung aufzustellen und zu verkünden, nur vereinzelte Extremisten hätten die Unabhängigkeit angestrebt, gegen den Willen des litauischen Volkes, das ewig und unverbrüchlich im Verband der UdSSR leben wolle. Und alles wird ruhig und friedlich sein. Mitnichten!«

Die baltischen Völker haben eben ein großes Manko. Sie sind zu klein. Heute morgen hat die UdSSR den Hahn der Ölleitung nach Litauen zugedreht. Landsbergis, der Präsident, will die Unabhängigkeitserklärung nicht zurücknehmen und hofft auf Hilfe aus dem Westen. Er wird enttäuscht werden. Wer wird hier schon für das kleine Volk der Litauer die Finger krumm machen.

Gestern abend sind Genscher und Meckel in Bonn zusammengekommen, zum Kennenlernen, wie Genscher sagte. Eppelmann übernimmt heute mittag von seinem Vorgänger Admiral Hoffmann in Straußberg bei Berlin das Verteidigungsministerium. Gefragt, ob er vorhabe, dort auch »in die Kirche« zu gehen, antwortet er, nein, denn seines Wissens gäbe es dort keine Kirche. Gelächter der Reporter.

Die »Bild«-Zeitung moniert, daß die neue Regierung schon ein Woche im Amt sei, die Mauer aber immer noch stehe und die Fahne mit Hammer und Zirkel nicht aus dem Verkehr gezogen worden sei. De Maizière und Diestel hätten versprochen, diese Ärgernisse unverzüglich zu beseitigen.

Ein weiterer Artikel beschäftigt sich mit dem früheren Bauminister Junker: »Er brachte es vom Maurer zum Bauminister, galt in der SED (heute PDS) als Honeckers Liebling. Wolfgang Junker, einundsechzig Jahre, ließ sechsundzwanzig Jahre lang prächtige Altbauten verfallen und häßliche Trabantenstädte hochziehen. Nach der Wende ermittelte der Generalstaatsanwalt gegen ihn wegen Amtsmißbrauch und Korruption. Jetzt zog Wolfgang Junker die Konsequenzen. Er erhängte sich im Keller seines Bungalows.«

Donnerstag, 19.4. 1990

In dem siebenseitigen Brief, den der sowjetische Botschafter im Auftrag seiner Regierung der neuen Führung in Berlin übergab, werden Einwände gegen die Vereinigung nach Artikel 23 vorgebracht. Vor allen Dingen aber sei man besorgt wegen der drohenden Nichteinhaltung laufender Wirtschaftsverträge mit der UdSSR.

Frank Mielke, der Sohn des früheren Stasi-Chefs, plaudert aus dem Nähkästchen. Das, was nach dem Zusammenbruch des Dritten Reiches offenbar geworden sei, hätte sich beim DDR/SED-Sturz von neuem bestätigt. Kleine Spießer an der Spitze hätten die Menschen drangsaliert.
Nun wissen wir auch, daß Mielke Pfingstrosen liebte und besonderen Wert auf Mundpflege und Schuheputzen legte. Natürlich pflegte der Oberpolizist und -sozialist zu Weihnachten auch ein besonders treudeutsches Ambiente: Er legte »Stille Nacht« auf den Plattenteller, später dann Freddy Quinn mit »Weihnachten auf St. Pauli«. Und ein weiterer Höhepunkt: Am Silvesternachmittag zog sich der Generaloberst, der gern auch noch Feldmarschall geworden wäre, zurück und hörte ergriffen Beethovens Neunte.
Sohn Frank, vom Vater liebevoll »Frankuschka« genannt, berichtet uns, wie sein Papa mit seiner schönen Stimme gesungen habe. Ja, er liebe den Rebroff und große Chöre. Bei der Jagd, einer weiteren Leidenschaft des Greises, habe er »Horrido« singen lassen. Wenn Sohnemännchen Frankuschka im Februar leckere Erdbeeren bekam, habe der liebe Papa darauf geachtet, daß er die Früchte nicht mit in die Schule nahm. Jemand hätte doch neidisch werden können. Und im menschenfreundlichen Sozialismus dürfe es nun einmal keine Ungleichheit geben.
Nun attestierte Frank, ein Arzt, seinem Väterchen Altersschwachsinn. (Ein letzter Liebesdienst, denn so entgeht der furchtbare Minister der Anklagebank.) Mit Freude denkt Frank noch immer an die feinen Liebesgaben seines Väterchens wie Kaviar vom russischen Brüderchen, so viel er sich nur gewünscht habe. Der junge Mielke ist zudem davon überzeugt, daß es eine »treue Stasi-Garde gibt, die eisern zusammenhält«.

Freitag, 20. 4. 1990

Der thüringische Kirchenpräsident Falk erzählte von einer Schulklasse junger Mädchen in der DDR, die gefragt wurde, was in letzter Zeit ihr schönstes Erlebnis gewesen sei. Eines der Mädchen antwortete: »Als man mich für eine Westdeutsche hielt.«
Falk war darüber recht erschüttert und rief nach der DDR-Identität. Aber hat es die jemals gegeben? Und wenn ja, worin soll sie bestanden haben? Otto Reinhold, SED-Ideologe, hörte die Glocken schon läuten, als er vor einem Jahr sagte, eine DDR ohne Sozialismus habe ihre Existenzberechtigung verloren.

Samstag, 21. 4. 1990

Die drei westlichen Siegermächte wollen einem vereinten Deutschland ohne Einschränkungen die volle Souveränität über sein gesamtes Staatsgebiet geben. So heißt es in einer dpa-Meldung über das Treffen von Bush und Mitterrand in Key Largo, Florida.
Eine ähnliche Erklärung gab es vor einer Woche, als Bush bei Frau Thatcher zu Besuch weilte. Alles schön und gut. Was aber sagt die vierte Siegermacht? Ist man in Moskau bereit, das vereinte Deutschland in der Nato zu akzeptieren? Die Westmächte (die eben noch den Deutschen die uneingeschränkte Souveränität einräumen wollten!) bestehen auf der vollen Mitgliedschaft Gesamtdeutschlands in der Nato. Wie vermutet, hat sich diese Frage zum Knackpunkt des ganzen Prozesses entwickelt. Und deshalb will die Bundesregierung auch so schnell wie möglich die wirtschaftlich-politische Union mit der sich auflösenden DDR. Der Staatsvertrag sei fast fertig, heißt es aus Bonn. Am Tag der Währungsunion, am 1. Juli, soll es unterschiedliche Tauschmodi geben.

Inzwischen haben Kohl und Mitterrand europaweit die Initiative ergriffen, um die EG-Staaten rascher politisch zusammenzuführen. Die EG-Außenminister trafen sich, um diese Initiative zu beraten und gleichzeitig Genscher zur deutschen Einigung zu hören.
Wer treibt nun wen ins vereinigte Europa? Kohl die Franzosen oder Mitterrand die Deutschen?
Aus England kommen erneut verstimmte Anmerkungen. Die Deutschen wüßten genau, daß die meisten europäischen Staaten ihre Souveränität nicht so rasch einem vereinigten Europa opfern würden. Deshalb könne man sich auch in Bonn so weit aus dem Europa-Fenster hängen und laut die Europa-Hymne singen.

Den Franzosen dagegen geht es um etwas anderes. Sie wollen verhindern, daß Deutschland zu unabhängig wird und nach Osten abdriftet! Frankreich braucht dringend den engen politischen und wirtschaftlichen Zusammenschluß mit Deutschland.
Den vielen Staaten, die sich Sorgen wegen eines zu großen Deutschland machen, sollte immer wieder deutlich gemacht werden, daß Deutschland keine Glorie sucht, sondern in Frieden mit allen Nachbarn leben und politisch wie wirtschaftlich kooperieren will.

Dienstag, 1. 5. 1990

Die Sonderrollen, die Frankreich und England offenbar immer noch in Europa spielen wollen, stehen einer umfassenden europäischen Integration im Wege. Beide Staaten würden sicherlich gern auf das Konzept eingehen, das der sowjetische Außenminister vorgeschlagen hat: Trennung der Wiedervereinigungs- von der Sicherheitsfrage und somit beschränkte Souveränität für das vereinte Deutschland.
Besser wäre es, die Bündnisse vollkommen aufzulösen. Die Unterzeichner der Schlußakte der KSZE sollten eine gemeinsame Verteidigungsgemeinschaft unter Einschluß der USA und Kanada bilden, möglicherweise mit der Nato als Vorbild. Oder die Nato erhält einen neuen Namen und eine neue Aufgabe, und der Warschauer Pakt tritt geschlossen bei. Hier müßten ganz unorthodoxe Denkweisen praktiziert werden, was den Militär-Beton-Köpfen in Ost wie in West mit Sicherheit schwerfällt. Aber da wir schließlich viel Geld für Verteidigungsausgaben abzweigen müssen, sollen sich die Herren ruhig einmal anstrengen und ihre grauen Zellen in Bewegung setzen.

Sonntag, 6. 5. 1990

Man will sich bei der Vereinigung der beiden deutschen Staaten möglichst wenig hineinreden lassen. Die Bonner Zwei-plus-vier-Konferenz von gestern hat das wieder deutlich gemacht.
Fünf der sechs Verhandlungspartner wünschen die Zugehörigkeit des neuen deutschen Staates zur Nato. Moskau lehnt diese Mitgliedschaft zwar strikt ab, man sei aber kompromißbereit. Zu welchem Kompromiß? Man sehe im Offenbleiben dieser Frage keinen Hinderungsgrund für die Vereinigung...
Auf jeden Fall muß die Nato sich wandeln. Der Warschauer Pakt scheint sowieso nur noch auf dem Papier zu existieren. Ohne eine vorherige Regelung der Bündniszugehörigkeit wird sich mit logischer Zwangsläufigkeit folgende Situation herausbilden: Ein Teil Deutschlands gehört der Nato an, der andere dem

Warschauer Pakt. Eine Situation, die Moskau von Anfang anstrebt, der Westen aber strikt abgelehnt hat. In einem solchen Fall hätte Deutschland einen Sonderstatus und befände sich in einer äußerst komplizierten Lage. Vorsichtig! Die Deutschen haben in ihrer Außenpolitik bisher noch keinen entscheidenden Fehler gemacht und in den unterschiedlichsten Konsultationen und Absprachen stets überzeugt. Man kann also sowohl von Genscher als auch von Kohl erwarten, daß es ihnen gelingt, auch diese Frage zur allseitigen Zufriedenheit zu lösen.

Im Ausland ist mancher erstaunt, daß in der Frage der neuen europäischen Friedensordnung allein Deutschland der Dreh- und Angelpunkt zu sein scheint. Das hat mit den beiden großen Weltkriegen und der nachfolgenden Spaltung Deutschlands und Europas zu tun. Erst jetzt geht der Zweite Weltkrieg, der nur die furchtbare Fortsetzung des Ersten Weltkriegs war, durch die Vereinigung der beiden Teile Deutschlands zu Ende. Und in ganz Europa gehen die Lichter wieder an. Europa gerät wieder in Bewegung. Bewegung erzeugt Reibung, Reibung Widerstand. Neue Probleme tauchen auf. Alte ungelöste (wie die Nationalitätenkonflikte und Abspaltungstendenzen in einigen Ländern Osteuropas) entwickeln sich zur neuerlichen politischen Herausforderung. Sie haben nichts an Bedeutung eingebüßt.

Dienstag, 8. 5. 1990

Die Zwischenergebnisse der Gespräche sorgen für Konfusion. Die Meinungen sind geteilt. Besonders der Vorschlag Moskaus, auf eine Koppelung der inneren und äußeren Aspekte der Vereinigung zu verzichten, hat zu Irritation geführt. Die »Frankfurter Allgemeine Zeitung« macht mit der Schlagzeile auf: »Genscher begrüßt Moskaus Bereitschaft zur Trennung der inneren und äußeren Aspekte der Vereinigung«. Davon konnte bei dem Statement, das Kohl abends abgab, keine Rede sein.

Es wird also weitergepokert.

Gorbatschow bringt wieder den Friedensvertrag ins Spiel. Deutschland scheut diesen Vertrag wie der Teufel das Weihwasser, denn ginge es darauf ein, müßte es mit einhundert ehemaligen Kriegsgegnern verhandeln. Dann kämen die Reparationsfragen. Deutschland der Zahlmeister der Welt? Die Wirtschaftskraft Deutschlands wird gerade im Ausland bei weitem überschätzt.

Es ist nur allzu verständlich, daß die Sowjetunion ihren – im Ergebnis des Zweiten Weltkrieges – gewonnenen politischen Einfluß nicht so ohne weiteres aufgeben will.

Mittwoch, 9.5. 1990

Der Streit um die Vorschläge des sowjetischen Außenministers Schewardnadse geht weiter. Drei Tage lang hat man in Bonn geschwiegen oder zeigte sich von den Vorschlägen so angetan wie der unermüdlich lächelnde Genscher, der auf einem dpa-Foto wie der englische Schauspieler Morley genüßlich im Kreise der anderen fünf grinst. Alles sieht wieder einmal ganz anders aus. Genscher hat seine sämtlichen Wahltermine gestrichen, um sich – wie er sagt – ganz den Zwei-plus-vier-Verhandlungen zu widmen.

Gespräch mit M. vom Auswärtigen Amt, der über die wachsende Destabilität der Sowjetunion besorgt ist. Reformerische Bewegungen à la Polen oder Ungarn seien dort kaum auszumachen. Die Macht liege immer noch bei der KPdSU und dem Militär. Dabei sei ein permanenter Verfall der Wirtschaft festzustellen. Seit Wochen sei die UdSSR ihren Zahlungsverpflichtungen nicht mehr nachgekommen. Sie sei praktisch bankrott. Außerdem meine die alte Garde in Partei und Militär verärgert, daß Gorbatschow sie in dieses Chaos gestürzt habe. Der wiederum wehre sich äußerst geschickt mit dem Argument, nicht bei ihm, sondern bei Lenin, Stalin und Breschnew läge die Schuld. Um den konservativen Kräften ein süßes Bonbon zu geben, finde heute die große Siegesparade auf dem Roten Platz statt, mit neuen Raketen und Panzern. Es soll die letzte Parade dieser Art sein.
Genscher sei ziemlich angeschlagen. Ihn treibe die Angst um, das große Lebensziel doch noch zu verpassen (die Vereinigung Deutschlands), und zwar durch ebendiese Instabilität der Sowjetunion. Ein Zusammenbruch dieses großen Reiches würde für ganz Europa ungeahnte Folgen haben. Deshalb drückte er bei den Verhandlungen auch so auf das Tempo.
Kohl sei in dieser Frage nicht aus der Ruhe zu bringen und wolle gleich alles sicher und fest haben. Die Vorschläge der Sowjetunion seien eher taktischer Natur als auf lange Sicht angelegt und ein weiterer Beweis ihrer schwachen Verhandlungsposition.

Die »FAZ«: »Kohl widerspricht Schewardnadses Entkoppelungs-Vorschlag«; »Stuttgarter Nachrichten: »Kohl: Abkoppelung Deutschlands fatal.« »Welt«: »Kohl geht auf Distanz zu Genscher.« »Süddeutsche Zeitung«: »Tiefgreifender Dissens zwischen Kanzler und Außenminister. Genscher kann sich bei Kohl nicht durchsetzen. Kanzler hält an Zeitplan zur Vereinigung fest.«

Beim sogenannten Freien deutschen Gewerkschaftsbund (FdGB), der vierzig Jahre das Verbrecherregime gestützt hat, spielt man mit dem Gedanken, zu Streiks gegen die neue Regierung aufzurufen. Lohnforderungen von fünfzig Prozent sind im Gespräch. Ein Wahnwitz bei der desolaten Lage der DDR. Der westdeutsche Gewerkschaftsbund geht auf Distanz.

Wjatscheslaw Katschemassow, sowjetischer Botschafter in der DDR, hat in der Zeitschrift »Tribüne« bestätigt: »Wir hatten die Anweisung gegeben, daß alle Streitkräfte in ihren Kasernen verbleiben und sich unter keinen Umständen in die Geschehnisse, komme was wolle, einmischen.« (Gemeint sind die Ereignisse vom Oktober/November '89, als sich der furchtbare Mielke so täuschte, als er annahm, die »Bruderarmee« würde das SED-Regime wieder einmal retten [wie 1953].)

Stasi-Generalmajor Peter Koch, von Modrow beauftragt, das Amt für nationale Sicherheit aufzulösen, wegen Unfähigkeit gefeuert, wegen dunkler Geschäfte inhaftiert worden, hat sich erschossen. Er ist der achte hohe Stasi-Offizier, der diesen Weg ging.

15 Uhr, Deutschlandfunk. Nachricht: Die Ost-SPD will mit durchsetzen helfen, daß für den Staatsvertrag mit Bonn noch einmal die Rentenfrage verhandelt wird.

Donnerstag, 10. 5. 1990

Eppelmann, neuer Verteidigungsminister der DDR, der Lenin ähnelt und Seelsorger von Beruf ist, stand etwas verloren unter den vielen Generalen bei den Siegesfeiern (Ende des Zweiten Weltkrieges; Kapitulation der Deutschen) auf dem Roten Platz. Die Parade zeigte die Rote Armee Stalins, von Gorbatschow wegen seines Versagens in der Anfangsphase des Krieges angegriffen.
Kriegsveteranen, ordenübersät, defilierten stolz strahlend an Gorbatschow vorbei. Heute gab es kein Auspfeifen für den Kreml-Führer wie am 1. Mai. Die Parade sollte auch vorführen: Die Armee ist noch da und kampfbereit gegen äußere wie innere Feinde. Sicherlich auch mit Blickrichtung auf die Baltischen Staaten, die nun inzwischen alle ihre Unabhängigkeit erklärt haben, obwohl die neue Verfassung der Sowjetunion einen Austritt aus dem Nationalitätenbündnis so gut wie unmöglich macht.

Die Pariser Zeitung »Figaro« erinnert an den fünfundvierzigsten Jahrestag der deutschen Kapitulation: »Vor unseren Augen ist ein neues Deutschland aus den

Tiefen des Rheins hervorgegangen. Es genügte, daß eine Mauer fiel, um das Unmögliche Wirklichkeit werden zu lassen. 1945 war das Jahr des Endes der Naziherrschaft, 1990 das des kraftvollen Erstarkens einer europäischen Demokratie. Was hätte sonst schon das Gesicht der Welt so verändern können? Das gilt um so mehr, als die Wiedervereinigung unbestreitbar ein Sieg des Westens ist. Fünfundvierzig Jahre lang hat sich ein erbitterter Kampf zwischen den westlichen Staaten und der Sowjetunion abgespielt. Unter Gorbatschow mußte die UdSSR jetzt das Handtuch werfen. Gott sei Dank ohne Kampf. Diesmal ist das neue Deutschland die Folge eines *Sieges*. Warum sollte man sich darüber nicht freuen?«

Freitag, 11.5. 1990

In der Volkskammer wurde heftig über den Entwurf zum Staatsvertrag diskutiert. Dabei nannte der Unterhändler der DDR, Krause, Zahlen, die den SPD-Finanzminister in Rage brachten, der von diesen Zahlen noch nie etwas gehört haben wollte. Etwas peinlich für die Regierung de Maizière. Hohngelächter bei der PDS. Der Regierungschef mußte eingreifen und die Gemüter beruhigen. Die Herren scheinen von Wirtschaft und Finanzen wenig Ahnung zu haben. Aber wie sollen sie auch.

Die Ost-Gewerkschaften: Man soll sich in der DDR nicht täuschen. Und Westdeutschland sei nicht der Weihnachtsmann, der sein Säckel öffne und ohne Unterlaß Wohltaten ausschütte. Der starken D-Mark könne nicht alles aufgebürdet werden.
Die DDR hat vierzig Jahre an der Realität vorbeigelebt, vollauf damit beschäftigt, Westdeutschland zum bösen Klassenfeind hochzustilisieren. Nun soll dieses einst so gehaßte Land in der DDR schlagartig für dieselben Lebensbedingungen Sorge tragen, für die die Westdeutschen vierzig Jahre hart gearbeitet haben. Und die Gewerkschaften sehen ihre Aufgabe darin, den »Kapitalistenschweinen« mit Streiks auf die Sprünge zu helfen.
Im Hintergrund natürlich immer die PDS, die ihren unrühmlichen Niedergang nicht verkraften kann.

Protestierende Bauern haben in Mecklenburg Grenzübergänge nach Westdeutschland blockiert.

Kohl und Genscher haben gestern im Bundestag erklärt, sie seien gegen ein Abkoppeln des Vereinigungsprozesses von der Bündnisfrage. Beides müsse bis zum Herbst unter Dach und Fach kommen.

SPD-Chef Vogel lag auf der gleichen Linie, warnte aber vor einem übereilten Vorgehen. Bei allen großen Parteien überwiegt jedoch die Auffassung, die Vereinigung zügig voranzutreiben.
Heute hat sich der Vereinigungsausschuß des Bundestages konstituiert. Frau Süßmuth soll den Vorsitz übernehmen.

Präsident Vaclav Havel hat sich vor dem Europaparlament in Straßburg für eine völlig neuartige europäische Sicherheitsgemeinschaft ausgesprochen. Er bot an, den Führungsausschuß einer solchen Gemeinschaft in eines der alten Palais neben der Kaiserburg einziehen zu lassen.
DDR-Außenminister Meckel hat bei seiner Rede in Straßburg die doppelte Bündniszugehörigkeit Deutschlands als »unvorstellbar« abgelehnt.

Um die Ostzeitungen, die sich zum Teil immer noch in PDS-Händen befinden, vor lästiger Konkurrenz zu schützen, war noch von der Regierung Modrow ein Pressegesetz ausgearbeitet worden. Seltsamerweise hat nun der neue Minister für Medienpolitik, Gottfried Müller, gerade dieses Gesetz verteidigt; es schränke die Presse- und Meinungsfreiheit nicht ein.
Eine solche Verordnung ist einer Demokratie unwürdig und wäre in jedem Land mit demokratischer Tradition undenkbar. Wie schwer und mühsam tut sich doch die neue DDR-Administration mit dem Regieren.

17 Uhr, Deutschlandfunk. Nachrichten: Genscher spricht sich für gesamtdeutsche Wahlen im Januar 1991 aus.

Samstag, 12.5. 1990

In Dresden sollen zwischen 1950 und 1960 zweiundsechzig politische Häftlinge hingerichtet worden sein. Sie starben unter dem Fallbeil. Auf die gleiche Weise sind die Nazis mit ihren politischen Gegnern verfahren; in den Totenscheinen war dann »Herzversagen« angegeben worden.

Bei den Verhandlungen um den Staatsvertrag der beiden deutschen Staaten wird heute die letzte Runde eingeläutet. Es geht um die künftige Eigentumsordnung in der DDR, die Höhe der Mindestrenten, die Angleichung der Agrarmärkte, die Finanzierung der Währungs- und Sozialunion.
Ein wichtiger Punkt ist sicherlich die Höhe des Defizits des DDR-Staatshaushaltes. Dieses Defizit soll von Bonn ausgeglichen werden. Aber wie will man es so schnell feststellen? Es kann einen schaudern angesichts der Mißwirtschaft im anderen Teil Deutschlands.

Mit ein Grund, warum die Banker zunächst *gegen* eine rasche Währungsunion waren. Das politische Kalkül siegte, die Vernunft mußte schweigen, auch die des Bundesbankpräsidenten Pöhl, der sich innerhalb von zwei Tagen umdrehen ließ. Die Finanzierung der DDR wird so schwierig, daß man die eine oder andere Verhandlungsposition wird ausklammern müssen, nur um zum Abschluß zu kommen.

In der »Welt« vom 10. 5. 1990 ein großer Artikel: »Die Sowjetunion steht vor dem Bankrott.« Firmen waren nach der Solvenz der UdSSR gefragt worden. Die Deutsche Bank spricht von Zahlungsverzögerungen. Die Hoechst AG meint, die Sowjetunion käme ihren Zahlungsverpflichtungen nicht mehr so nach wie gewohnt. Die Westdeutsche Landesbank stellt eine nicht mehr termingerechte Einhaltung der Zahlungsfristen fest. Ähnlich sehen es auch die Firmen Knorr-Bremse, Deutsche Babcock, Webasto AG, Siemens AG, Ferrostahl AG. Bei der Salamander AG in Kornwestheim dagegen seien die Zahlungen aus der Sowjetunion pünktlich eingegangen.
Man drückt sich sehr diplomatisch aus. Wahrscheinlich wird in Wirklichkeit alles noch viel schlimmer sein.

Montag, 14. 5. 1990

Bonns Finanzminister Waigel hat mit einer großen Delegation, darunter die Finanzchefs von Bayern und Nordrhein-Westfalen, DDR-Finanzminister Romberg aufgesucht, um ihm endlich abschließende Zahlen über den DDR-Haushalt zu entlocken. Nach fünf Stunden kam Waigel aus der Sitzung – ohne Zahlen. Am Donnerstag soll es weitergehen.
Wahrscheinlich wird niemand in der DDR diese Zahlen liefern können, denn dort scheint es bisher keine Buchhalter gegeben zu haben, sondern Ideologen.

Kohl taf sich am Abend mit de Maizière in West-Berlin. Man sprach über das Zusammenwachsen der beiden Schwesterparteien und sicherlich auch über den Staatsvertrag und den Vereinigungsprozeß.

Am Sonntag ist Niedersachsen für die CDU verlorengegangen. Der wendige Albrecht von der CDU mußte seine Niederlage bei den Landtagswahlen eingestehen.
In Nordrhein-Westfalen hat mit fünfzig Prozent Stimmenanteil wieder die SPD unter Bruder Johannes Rau gesiegt. Der »Menschenfischer« weiß sich eben glänzend zu verkaufen.

Im Bundesrat hat die CDU somit die Mehrheit verloren: Sieben Länder sind SPD-regiert, vier der CDU geblieben.

Die unklare Kostenfrage der Vereinigung verunsichert die Menschen.

Dienstag, 15. 5. 1990

Lambsdorff scheint sich mit seiner Forderung nach gesamtdeutschen Wahlen am 2. 12. 1990 oder Anfang Januar 1991 durchzusetzen. Nach den Wahldebakeln in Niedersachsen und Nordrhein-Westfalen braucht die Bonner Koalition ein Erfolgserlebnis. Der verlorene Boden in der Länderkammer kann rasch wieder wettgemacht werden, wenn die fünf Länder der jetzigen DDR hinzukommen. Man kann wohl davon ausgehen, daß in den meisten von ihnen die CDU die Oberhand behalten wird.
Außerdem ist die Sowjetunion ein unsicherer Kantonist. Solch ein Angebot zur Vereinigung wie das von Gorbatschow kommt so schnell nicht wieder. Also darf man die Gunst der Stunde nicht ungenutzt verstreichen lassen.
Kohl und Genscher haben den Mantel der Geschichte heranrauschen sehen. Sie haben fest zugepackt und wollen die Einheit rasch. Derweil destabilisiert sich die DDR immer mehr.

Gorbatschow ist in der Sowjetunion mit Präsidentschaftsvollmachten ausgestattet worden wie seit Stalin kein Mächtiger mehr. Zudem ist ein Gesetz erlassen worden, das Beleidigungen des Präsidenten unter schwere Strafe stellt. Die Meinungsfreiheit soll offenbar »hintenrum« neuerlich beschnitten werden.
Am 1. Mai war Gorbatschow vor dem Kreml ausgepfiffen und beschimpft worden. Wütend hatte er die Tribüne über dem Leninmausoleum verlassen. Nun heißt es, am 1. Mai hätten Demonstranten dem Kreml und die KGB-Zentrale stürmen wollen.

In der letzten »Spiegel«-Ausgabe moniert Augstein die Äußerung von Kohl, die sowjetische Führung würde pokern. Ist es nicht so? Was will man in Moskau eigentlich? Das einzige, was in der SU wirklich deutlich wird, sind unterschiedliche Positionen. Gorbatschow hat sich dabei am weitesten vorgewagt mit seiner Deutschlandpolitik und der Aufgabe der DDR. Meinungsumfragen in der Sowjetunion haben erbracht – und stützen ihn somit –, daß etwa fünfundsechzig Prozent der Bevölkerung für die Vereinigung der beiden deutschen Staaten sind.
Derweil erwägt man in Moskau einen Friedensvertrag, der höchstens zwölf bis sechzehn ehemaligen Kriegsgegnern Deutschlands zur Diskussion angeboten

werden soll und der unter anderem einen Verzicht Moskaus auf Reparationszahlungen garantieren würde. Gleichzeitig scheut man sich davor, irgendwelche Zahlen über die laufenden Stationierungskosten der sowjetischen Besatzungstruppen und die Verpflichtungen der DDR gegenüber Moskau zu präzisieren. Offenbar wäre es der sowjetischen Führung am liebsten, wenn auch hier von den Deutschen ein »Vorschlag« käme.

Mittwoch, 16. 5. 1990

DDR-Innenminister Diestel hat offensichtlich ein schlechtes Händchen. Der ehemalige Polizeipräsident von Karl-Marx-Stadt, Peter Müller, früher SED, wurde von Diestel zum Staatssekretär ernannt. Und nicht nur das: Auch Mischa Wolf, eine der schillerndsten Figuren des alten SED-Regimes, soll, ginge es nach Diestel, dem Innenminister zuarbeiten. Diestel steht auf dem Standpunkt, nur ein Mann mit dem Wissen Wolfs sei in der Lage, die alten Strukturen des Stasi offenzulegen und zu zerschlagen. Wieder mal soll der Bock zum Gärtner gemacht werden! Im Westen gibt es bereits heftige Proteste, insbesondere seitens der CSU.

Berghofer hat seinen Posten als Oberbürgermeister verloren. Dresden bekommt nun einen Oberbürgermeister aus den Reihen der CDU. Berghofer wird Generalbevollmächtigter der Firma Häussler, Stuttgart. Früher Fackelzüge für Honecker, nun Bürohäuser für die DDR. Beispiel einer Wende.

Die Volksarmee, im Schrumpfprozeß begriffen, wird auch nach der Wiedervereinigung bestehen bleiben. Das meint jedenfalls der Staatssekretär im Verteidigungsministerium der DDR, Frank Marczinek.
Freilich, für große Aufzüge und Paraden eignen sich diese Soldaten besser als die Bundeswehr. Wenn sie Unter den Linden aufmarschierten, erinnerte das – trotz Sozialismus, Marx und Lenin – ganz und gar an Preußens Gloria. Vielleicht sah sich der wirre alte Mann Honecker als Nachfolger von Friedrich II., dessen Denkmal er, trotz Widerstands in der SED, Unter den Linden wieder aufstellen ließ.
Ihm selbst wird die Geschichte mit großer Sicherheit keine Kränze flechten und Denkmäler errichten.
Die DDR ist ein furchtbares Beispiel dafür, wie lange und wie tief sich Menschen von Menschen demütigen lassen können. Eine schmale Schicht von Spießern hatte die Macht an sich gerissen und gängelte alles und jeden. Das alles sollte nach 1945 ein für allemal vorbei sein, so hatten wir geglaubt. Doch die Menschen lernen scheinbar nichts dazu, sie wiederholen sich nur.

Donnerstag, 17.5. 1990

Da jetten sie dahin, Kohl, der Bundeskanzler, Genscher, der Außenminister, und Stoltenberg, der Verteidigungsminister. Nach Amerika. Zwei Betten hat das Flugzeug. Natürlich eins für den Kanzler, damit der seinen von der Vereinigung gestreßten Leib ausruhen kann. Genscher, der nimmermüde Hallenser, muß mit dem Verteidigungsminister ausknobeln, wer zuerst an der Matratze des zweiten Bettes horchen darf.
Kohl, der, seitdem der Mantel der Geschichte an ihm vorübergeweht war und er ihn beherzt ergriffen hatte, besonders optimistisch ist, teilt dem amerikanischen Präsidenten mit, daß die beiden deutschen Staaten noch in diesem Jahr Hochzeit halten würden. Dem Amerikaner scheint das egal zu sein. Sollen es die Deutschen doch halten, wie sie wollen, nur darf es Amerika keinen Cent kosten.
Voller Abscheu berichtet Kohl über den sozialdemokratischen Finanzminister der DDR, der nicht mal genau die Schulden seines Landes kenne.
Derweil bastelt Genscher im Geiste schon an einer Presseerklärung, die das besonders innige Verhältnis von Amerikanern und Deutschen zum Thema haben soll.

Freitag, 18.5. 1990

Kohl ist bewegt, seine Stimme rauh. Er hat darauf bestanden, der Schreibtisch des »Alten« müsse her, und das Ganze könne natürlich nur im Palais Schaumburg seinen würdigen Platz haben, dort, wo der erste Kanzler mit seinem Kabinett getagt hat.
Unterschrift unter den Staatsvertrag zwischen den beiden deutschen Staaten! Romberg und Waigel als Unterzeichner. Mit dem Füller »Montblanc-Meisterstück Nr. 149«. Auf Waigels Mappe prangt der Bundesadler. Bei Rombergs Mappe hat man auf Hammer und Zirkel verzichtet. Waigel: »Gebe Gott, daß dieser Vertrag den Menschen in Deutschland eine gute Zukunft beschert.« Romberg schlicht und stark: »Gott gebe es.«
Sechzig führende Politiker haben sich zu diesem feierlichen Akt eingefunden. Darunter Sabine Bergmann-Pohl, Präsidentin der Volkskammer und amtierendes Staatsoberhaupt des zweiten Deutschland. Sie möchte zu gern von Weizsäcker noch vor der Vereinigung auch zum Staatschef der Noch-DDR machen.

Am 18. Mai 1990 wird der Staatsvertrag zwischen der Bundesrepublik und der DDR zur Wirtschafts-, Währungs- und Sozialunion beider deutscher Staaten unterzeichnet: die Finanzminister Theo Waigel (rechts) und Walter Romberg (links), Bundeskanzler Helmut Kohl (Mitte) und Ministerpräsident Lothar de Maizière (hinten links).

Samstag, 19.5. 1990

Die Medien überschlagen sich mit Berichten von der Unterzeichnung des Staatsvertrags. Überall wird das Historische dieser Stunde hervorgehoben. Kritisch bemerkt wird – auch in Zeitungen, die den Sozialdemokraten freundlich gesonnen sind – das Fernbleiben der SPD-Spitze.

M. vom Auswärtigen Amt hat neue Informationen. T. war in Moskau. Was die inneren Angelegenheiten der SU beträfe, so sei man dort alles andere als optimistisch. Die Nationalitätenkonflikte und die desolate Wirtschaft machten es Gorbatschow zusehends schwer, sich durchzusetzen.
M. meint, daß Kohl zu Bush einen hervorragenden Draht habe und dieser dem Kanzler die Vereinigungsstrategie ins eigene Ermessen stelle. Keine Eifersucht und kein Neid wie in London und Paris. Die Amerikaner seien viel unbefangener als die Europäer. Bush sei der Ansicht, die Deutschen hätten in vierzig Jahren einen solch großen Beitrag für die freie Welt geleistet, daß sie sich die Vereinigung zu ihren Bedingungen mehr als verdient hätten. Kohl sei von den Amerikanern regelrecht begeistert.
Die dummen Sprüche, die neulich Wörner in Kanada losgelassen habe, hätten das Konto dieses Herrn vollgemacht. Auch die Kießling-Geschichte, die den Kanzler so viel Reputation gekostet habe, sei nicht vergessen.
M. meint, mit der sowjetischen Führung käme man trotz großer sowjetischer Meinungsverschiedenheiten zurecht. Man werde für die Soldaten, die noch in der DDR ständen, enorme Leistungen erbringen müssen: Rückführung, Wohnungen, Arbeitsplätze und so weiter.
Schon im Herbst werde sich Mitteleuropa vollkommen verändert haben.
Die in gewissen Kreisen als abwegig bezeichneten Wahlen zum gesamtdeutschen Parlament könnten wohl doch im Dezember oder im Januar stattfinden.
Diestel, der Innenminister der DDR, sei offenbar in Machenschaften der alten SED-Garde verstrickt worden, was aber auf diesem Posten kein Wunder sei.
Der Kanzler bedaure, daß man in den Bezirken nicht frühzeitig Administratoren eingesetzt habe mit umfänglichen Vollmachten, um die alten Strukturen wirksam zu knacken. Das ganze demokratische »Gehabe« fördere nur die Absicherung der alten SED-Strukturen. Viele neue Minister hätten einfach Angst, gegen die alte Mitarbeiterschaft rigoros vorzugehen. Da man nun aber in den sauren Apfel gebissen habe, müsse man weitermachen wie begonnen. Die vielen Hunderttausend, die zur PDS-Anhängerschar zu zählen seien und die nun am 1. Juli bei der Währungsunion einen guten Schnitt machen wollten, unterlägen einem gewaltigen Irrtum, denn sobald die Einheit vollzogen sei, würde

rücksichtslos aufgeräumt werden. Überhaupt sei das ganze Gerede und Gezetere über den Ausverkauf der DDR von der PDS angezettelt worden, um die Bevölkerung zu verunsichern. Für die Zeit nach der Vereinigung seien der Einzug des Vermögens der PDS und möglicherweise sogar ihr Verbot vorgesehen.

Montag, 21.5. 1990

Die Führung der SPD (West) hat sich offenbar zum Rundumschlag gegen den Staatsvertrag mit der DDR entschlossen, mit Sicherheit auch aus wahltaktischen Gründen. Doch innerhalb der Partei ist dieser Kurs durchaus umstritten. Lafontaine, der immer noch an seiner Attentatsverletzung laboriert, hat seine weitere Kandidatur von einem Konsens in dieser Frage abhängig gemacht.
Nun ist die Länderkammer gefragt, in der die CDU die Mehrheit verloren hat. Da der Staatsvertrag aber ein Zustimmungsgesetz ist, muß sich für das Gesetz unbedingt eine Zustimmungsmehrheit finden. Stimmenthaltungen Hamburgs oder auch Niedersachsens würden nicht genügen. Ein SPD-regiertes Bundesland muß dem Gesetz zustimmen.
Die SPD hat eine ganze Liste mit Nachbesserungen für den Vertrag vorgelegt. Momper, wahrhaftig kein Freund des Kanzlers, ist für den Vertrag.

Kurt Masur, der berühmte Dirigent aus Leipzig, bekanntgeworden durch den Aufruf zur Gewaltlosigkeit im Oktober 1989, liegt nach einer Herzattacke auf der Intensivstation einer Herzklinik in Frankfurt.

In der »Welt« ein Gespräch mit einem ehemaligen Stasi-Mitarbeiter. Er behauptet, Krenz und Mielke hätten für Leipzig eine chinesische Lösung vorgesehen gehabt. Honecker habe aber, als er merkte, daß etwas gegen ihn im Politbüro im Schwange sei, seinen ursprünglichen Befehl zum Einsatz von Truppen zurückgenommen.
Jeder erzählt etwas anderes. Keiner will die Verantwortung übernehmen.

Markus Wolf in der »Bild«-Zeitung: »Innenminister Diestel wollte mich nicht als Berater in eine Regierungsfunktion berufen. Ihm schwebte vielmehr ein Gremium aus Vertretern der Kirche und des Geisteslebens vor, das Vorschläge erarbeiten soll, wie das Problem des Stasi gelöst werden kann. Dabei sollte ich mitwirken. Nach den Angriffen gegen mich lehne ich aber jetzt eine Mitarbeit ab. Grundsätzlich meine ich: Es darf keine Kluft zwischen den Menschen in unserer jungen Demokratie aufbrechen. Mein Ziel ist es, mich für die Menschen einzusetzen, für die ich Verantwortung hatte und weiterhin empfinde. Sie dür-

fen nicht aus der Gesellschaft ausgestoßen werden. Ganz persönlich sage ich Ihnen: Ich kann ganz gut ohne Staatsämter leben.«
Hier spricht ein Menschenfreund, getragen von wahrer Liebe zum Volke!

Dienstag, 22. 5. 1990

Krenz hat die Vorwürfe jenes Ex-Stasi-Offiziers zurückgewiesen mit der Begründung, es habe keine derartigen Befehle des Nationalen Verteidigungsrates gegeben. So geht das nun weiter. Keiner will Verantwortung tragen, keiner Schuld gehabt haben. Wo bleiben die Prozesse gegen die SED-Übeltäter?
Vor einem Jahr noch sprach man mit Abscheu von der »chinesischen Lösung«, also der brutalen Niederschlagung eines Volksaufstandes, wie sie auf dem »Platz des himmlischen Friedens« in Peking praktiziert worden war. Doch die Geschäfte müssen weitergehen. Unsere Herren Politiker geben sich wieder bei Deng in Peking die Klinke in die Hand. Schmidt, der frühere Bundeskanzler, kommt nicht offiziell, nein, diesen Unterschied macht er schon, er kommt als Privatmann. Er teilt sich sozusagen schamvoll. Heuchler!

»Die Zwei-plus-vier-Gespräche der beiden deutschen Staaten mit den vier Siegermächten des Zweiten Weltkriegs über die äußeren Aspekte der deutschen Vereinigung werden am heutigen Dienstag in Bonn auf hoher Beamtenebene fortgesetzt. Hauptthema dürfte dabei die strittige Frage der Bündniszugehörigkeit eines geeinten Deutschlands sein.
Bundesaußenminister Genscher hat der sowjetischen Ansicht widersprochen, daß die Verhandlungen mit einem Friedensvertrag abgeschlossen würden.«

»Das Datum der Vereinigung beider deutschen Staaten muß nach Auffassung der FDP vor dem Inkrafttreten der Währungsunion festgelegt werden.
Der Termin für den Beitritt der DDR zur Bundesrepublik nach Artikel 23 des Grundgesetzes könne in einem Briefwechsel zwischen den Regierungen fixiert werden, sagte FDP-Generalsekretärin Cornelia Schmalz-Jacobsen in Bonn. Der am Freitag unterzeichnete Staatsvertrag zur Wirtschafts-, Währungs- und Sozialunion sei nur ein erster Schritt in Richtung deutsche Einheit. Wirkliches Vertrauen könne erst entstehen, wenn der Termin für die Vereinigung klar sei.
Das Vertragswerk zur Währungsunion erfordere aus Sicht der FDP noch einige Klarstellungen. So müsse beim Umtausch Mißbrauch ausgeschlossen werden, etwa in bezug auf die Konten ehemaliger Stasi-Mitarbeiter, sagte Frau Schmalz-Jacobsen weiter. Zudem verlange die FDP, daß die ehemaligen DDR-Blockparteien ihre Vermögensverhältnisse aufdecken und ›anderer Leute Eigentum‹ zurückgeben.«

Lambsdorff, das Schlitzohr, hatte die Idee, den Wahltermin in den Vertrag mit aufzunehmen. Dahinter stecke die Sorge, »die Braut wird hingehalten, und der Hochzeitstermin zieht sich in die Länge«.
Die DDR-Regierung hat offensichtlich trotz Sorgen und Nöten Spaß am Regieren. Vielleicht wird dieser Spaß noch größer, und sie ist nach Einführung der D-Mark gar nicht mehr so daran interessiert, eine rasche Vereinigung herbeizuführen. Je länger der Wahltermin hinausgezögert wird, desto größer das Risiko unvorhersehbarer Ereignisse.
Das Nachbessern des Vertrages scheint jetzt zur täglichen Speise geworden zu sein, SPD-Wirtschaftsexperte Roth will der DDR auf die Hand gleich zwanzig Milliarden als Erstausstattung geben.
Die PDS fordert, auch das Vermögen der früheren Blockparteien zu konfiszieren, wobei man sicherlich besonders die regierende CDU im Auge hat.

18 Uhr, Deutschlandfunk: Die DSU-Fraktion hat Innenminister Diestel das Vertrauen entzogen und ihn zum Rücktritt aufgefordert. Seine dubiosen Eskapaden bezüglich seiner Mitarbeiter aus den Reihen der früheren SED beziehungsweise der PDS scheinen ihm zum Verhängnis zu werden.

Donnerstag, 24.5. 1990

Maetzig, DDR-Regisseur, sieht seinen Film »Das Kaninchen und ich« nach einem Roman von Bieler; er weint, er zieht die Jacke über den Kopf. Der Film war vor fünfundzwanzig Jahren gedreht und verboten worden. Maetzig meint, es hätte alles anders werden können, wenn man nur gewollt hätte.
Viele unverbesserliche Stalinisten waren davor, daß es anders wurde, Ideologen vom Schlage eines Kurt Hagers.

Samstag, 26.5. 1990

Günter Herburger hat sich in Ost-Berlin mit einem »Verfolger mit menschlichem Antlitz« unterhalten. Gemeint ist Herr Kurt Hager. Der Artikel erschien in der »Süddeutschen Zeitung«.
Bisher hatte man angenommen, daß Honecker sich für die Aufstellung des Standbilds Friedrich II. Unter den Linden stark gemacht hatte. Nun stellt sich heraus, es war er, Kurt Hager. Die Statue sei eigentlich zum Einschmelzen »freigegeben« gewesen. Wegen des kostbaren Buntmetalls. Entgegen der Anordnung des Politbüros habe Hager das beschädigte Denkmal nicht nur wieder restaurieren, sondern auch heimlich im Hof der »Verwaltung für Seen und Botanische Gärten« unter Laub und Geäst verbergen lassen.

Schmückt sich der frühere Kultur-Papst etwa mit falschen Meriten? Auf jeden Fall entspricht es nicht der Wahrheit, daß Kurt Hager 1935 mit einem Beil in Stuttgart das Kabel durchtrennte, über das aus der Stuttgarter Stadthalle eine Rede Hitlers zur Rundfunkstation übertragen werden sollte. Zwei kommunistische Badenser haben das bewerkstelligt.
Der alte Hager residiert jetzt in einer Drei-Zimmer-Wohnung in der Nähe der Mauer. Ironie der Geschichte.
In Wandlitz, in der SED-Bonzen-Siedlung, habe sich Hager wie in »Lagerhaft« gefühlt. Ob er an seine Verkündungen noch glaube, fragte Herburger ihn. Antwort: Er bleibe Optimist. Weshalb? Vor Jahren, erwiderte Hager, seien von der »Zeit« eine Gräfin und der Chefredakteur dieser Wochenzeitung hofierend zu ihm gekommen, um ein Interview zustande zu bringen. Die Adlige, etwa seines Alters, habe er gemocht, aber der jüngere Mann sei ein ehemaliger Schüler der Napola, der Nationalsozialistischen Erziehungsanstalt gewesen; der habe immer wieder betont, daß das Darwinsche »Wolfsgesetz« unser Schicksal bestimme. Im Kapitalismus könne man Wandel auch Kosmetik nennen...

Auch Hager war ein Idealist, der für seine Überzeugungen durchs Feuer ging, ähnlich dem kürzlich verstorbenen Sindermann, der jahrelang unter den Nazis im Zuchthaus saß, oder auch Honecker selber. Warum setzen diese Leute dieselben Methoden der Unterdrückung ein, mit denen sie einst gepeinigt worden sind?

Warum die Bevölkerung der DDR von der humanistischen Idee der Gerechtigkeit und eines Lebens in Frieden nicht habe überzeugt werden können, fragte Herburger. Wir waren klein, arm, nicht mutig genug.
Aber ihr habt doch die Mauer errichtet, das einzige Bauwerk außer der chinesischen Mauer, das mit bloßen Augen aus dem Orbit gesehen werden kann. Hätten wir es nicht getan, wären viele schon früher weggelaufen.
Wäre eine Mauer durch Paris oder Rom für Sie vorstellbar? Niemals. Warum? Weil die Franzosen zentralistisch dächten, und die Italiener, die ihren Faschismus selbst abgeschafft hätten, der Idee des Staates immer mißtraut hätten. Sie würden das Chaos bevorzugen, das dort allerdings auf eine geheime Weise für Ausgleich sorgen würde.
Hager beschwerte sich, daß seine Enkelkinder in der Schule angepöbelt würden. Herburger antwortete trocken, daß sei früher in der DDR mit den Kindern Andersdenkender auch geschehen.
Auf die Frage, ob er, Hager, gewußt habe, daß die Stasi Millionen Menschen überwacht hätte, meinte Hager: »Wir waren zu weit weg... Und abends haben wir uns im Westfernsehen den Glanz angeschaut.«

Vielleicht erklärt gerade dieser Satz so manches am gescheiterten System des Sozialismus.

Montag, 28. 5. 1990

Mitterrand war bei Gorbatschow. Man sprach auch über das zu vereinigende Deutschland. Gorbatschow hatte eine neue Variante parat, Deutschland nach der Vereinigung nicht in der Nato zu belassen. Es solle eine ähnliche Position wie Frankreich zur Nato erhalten. Das würde bedeuten, daß Westdeutschland nicht mehr Nato-Territorium wäre, obwohl Deutschland politisch in der Nato verbliebe. Eine Umschreibung für Neutralität. Die Sowjetunion würde nur ungern einem souveränen Deutschland zustimmen, das sich dem westlichen Bündnis verpflichtet fühlt.
Lafontaine, der verzogene Kanzlerkandidat der SPD, hat in einem »Spiegel«-Gespräch vorgeschlagen, die SPD solle den Staatsvertrag im Bundestag ablehnen und ihm im Bundesrat zustimmen. Dieser Vorschlag sorgte für einen Sturm, nicht nur bei der CDU, sondern auch in den Reihen der SPD.
Lafontaine wertet die Einführung der D-Mark zum 1. Juli in der DDR als »eminente Fehlentscheidung«. Vogel fühlt sich von Lafontaine gedemütigt und würde offenbar am liebsten alles hinschmeißen. Der Kanzlerkandidat aus Saarbrücken liegt zwar, wie eine »Spiegel«-Umfrage ergab, in der Wählergunst weit vor Kohl, zieht aber aus den Wahlergebnissen in Niedersachsen und Nordrhein-Westfalen den falschen Schluß, damit einen Blankoscheck für seine Politik überreicht bekommen zu haben.
Lafontaine spricht von einem falschen Vertrag, aber er meint Kanzler Kohl.

Dienstag, 29. 5. 1990

Kohl sprach gestern in Berlin mit de Maizière über die Abwicklung des Staatsvertrages. Über einen Anschluß nach Artikel 23 ließ man nichts verlauten. Irgend etwas ist aber im Busche. SPD(Ost)-Fraktionsvorsitzender Schröder meinte, es könnte eine Situation eintreten, in der man den Anschluß nach Artikel 23 rasch werde vollziehen müssen. Träte der Fall ein, würden die Abgeordneten für den Bundestag nachgewählt, um dann in ein oder zwei Jahren gesamtdeutsche Wahlen zu veranstalten.
DDR-Außenminister Meckel bezeichnete es als unverantwortlich, wenn der Staatsvertrag am Widerstand der West-SPD scheitern sollte.
Verbale Kraftakte, Imponiergehabe!
Diestel ist noch immer nicht zurückgetreten. Er konnte sich des ungebrochenen Vertrauens seines Chefs de Maizière versichern. Auch die Ost-SPD fordert sei-

nen Rücktritt, doch Diestel will auch bei einem Ausschluß aus der DSU Innenminister bleiben. Nach eigenen Angaben komme er ohne ehemalige SED-Spezialisten und ohne ehemalige Stasi-Leute in seinem Amt nicht aus.

In Moskau hat sich einer der entschiedensten Gegner von Gorbatschow im russischen Parlament nach drei Anläufen durchgesetzt. Boris Jelzin ist der neue Präsident der russischen Teilrepublik.
Gorbi selbst ist auf dem Wege in die USA, zum Gipfel mit Georg Bush. Vor drei Tagen bat er seine Landsleute in einem dramatischen Appell, ihn bei seinem Vorhaben, die Marktwirtschaft einzuführen, zu unterstützen. Nach seiner Rede waren die Moskauer Geschäfte innerhalb von Stunden leergekauft.
Wie ist es diesem zerstörten Land gelungen, sich uns über so viele Jahre hinweg als »Weltmacht« zu verkaufen?

Im »Spiegel« ein Artikel zum Überfall Hitlers auf die Sowjetunion. Danach war Stalin über die Pläne Hitlers bestens unterrichtet. Die sowjetische Generalität habe einen Präventivschlag erarbeitet, den Stalin dann abgelehnt habe.

Schlagzeilen in der »Süddeutschen Zeitung« vom 29. 5. 1990:

DDR soll Umweltrecht übernehmen
Armeen nehmen Kontakt auf. Offizielle Beziehungen
zwischen Bundeswehr und NVA
DDR: Keine Rücknahme von Enteignungen
SPD gründet Verband Brandenburg
Bürgermeister Momper: »Über Hauptstadt bald entscheiden«
Ost-Berlin macht Kassensturz
Weitere Warnstreiks in Automobilwerken
Zeitungen haben die Hälfte ihrer Leser verloren

18.20 Uhr, Deutschlandfunk: Die DSU-Fraktion tagte in Ost-Berlin und hielt an ihrem Beschluß fest: Diestel muß gehen.

Mittwoch, 30. 5. 1990

In Ost-Berlin wollte der designierte Oberbürgermeister Tino Schwerzina einen übergreifenden Magistrat bilden. Drei Senatoren des Momper-Senats waren für den Ostteil der Stadt vorgesehen, so, als gäbe es keine Grenze mehr zwischen den beiden Teilen Berlins. Großes Geschrei bei CDU und AL. Der neue OB nahm daraufhin sein Konzept zurück.

Der schon für das Kabinett de Maizière vorgesehene Wirtschaftsminister, Pieroth, soll einen Sitz im Ostberliner Magistrat erhalten.

Im ARD-Magazin »Kontraste« wurde DDR-Justizminister Wünsche aufs Korn genommen, ein Wendehals reinsten Wassers. In einem alten Dokumentarfilm sah man ihn einträchtig mit der Stalinistin Hilde Benjamin, frühere DDR-Justizministerin, das DDR-Strafrecht verteidigen.
Die Liberalen müssen von allen guten Geistern verlassen gewesen sein, diesen Mann wieder auf diesen Posten zu hieven! Was sagt Lambsdorff dazu? Hirsch, nun auch schon sechzig Jahre alt, zeigte sich entsetzt.
Wie man unliebsame Gegner beseitigt, zeigt ein anderer Bericht. Ein SED-Funktionär starb unter dubiosen Umständen; ein Mord konnte nicht zweifelsfrei nachgewiesen werden. Trotzdem unterschob die Justiz zwei der SED unliebsamen Bürgern diesen Vorgang als Mordtat. Beide starben unter dem Fallbeil.

Bei den Verhandlungen zwischen Vogel und Kohl spielte das Einziehen des Vermögens der PDS eine wichtige Rolle. Kohl ist mit diesem Prozedere einverstanden.
Nun protestiert lauthals deren Vorsitzender Gysi. Ethische Gründe würden die PDS daran hindern, sich vom SED-Vermögen zu trennen: Vierunddreißigtausend der einst vierundvierzigtausend hauptamtlichen Mitarbeiter der SED habe die PDS inzwischen kündigen und mit Überbrückungs- und Vorruhestandsgeldern ausstatten müssen. Außerdem führt Gysi an, daß mehr als zwei Millionen SED-Mitglieder jährlich siebenhundert Millionen Mark Mitgliedsbeiträge in die Parteikasse eingezahlt hätten.
Was bedeutet »rechtmäßiger Erwerb« von Parteieigentum? Wissen wir es jetzt?

Meldung der »Stuttgarter Nachrichten«:
»Der SPD-Fraktionschef im Stuttgarter Landtag, Dieter Spöri, hat seine Partei davor gewarnt, ihren Kanzlerkandidaten im Streit um den Staatsvertrag zu beschädigen. Oskar Lafontaine sei die Symbolfigur für die Modernisierung der SPD und damit der Schlüssel zu neuen Wählerschichten. Eine Beschädigung werde langfristig zu einer strukturellen Belastung für die SPD führen.«

Donnerstag, 31.5. 1990

Moskau hat in Kanada seine Forderung nach einem neutralen Deutschland erneuert.
Der kanadische Premier wiederum hat versucht, Gorbi in einem langen Gespräch die Forderung des Westens nach einer Mitgliedschaft Gesamtdeutschlands in der Nato schmackhaft zu machen. Aber Gorbatschow meinte sinngemäß, die Platte habe er schon zu oft gehört, jetzt müsse etwas Neues kommen.
In der Tat kann man davon ausgehen, daß die Sowjetunion alle Regelungen bezüglich Deutschlands zu boykottieren versuchen wird, wenn man ihr nichts Substantielles anbietet.
Wenn das »Njet« (nein) Moskaus bezüglich einer Nato-Mitgliedschaft Gesamtdeutschlands nicht zu einem »Da« (ja) wird, wird Deutschland zwar vereint sein, aber auf Jahre hinaus außen- und sicherheitspolitisch in einem diffusen Schwebezustand manövrieren. Vielleicht ist es genau das, was der SU gar nicht so unangenehm wäre?

Zwischen Deutschland Ost und Deutschland West ist ein Streit ausgebrochen bezüglich des nach '45 enteigneten Vermögens. Die DDR will die Betroffenen abfinden; die Westdeutschen meinen, die enteigneten Vermögenswerte, Grund, Boden, Häuser und so weiter, müßten grundsätzlich zurückgegeben werden.
Diese Frage tangiert auch den Wunsch vieler Westdeutscher nach Erwerb von Grundstücken und Häusern, als grundsätzliche Voraussetzung für umfangreiche Investitionen.

Die Mauer soll nun zügig beseitigt werden. Überschrift in der »Bild«-Zeitung: »Baggert für Deutschland.« Westliche Firmen sind angesprochen, bei der Beseitigung der Mauer kostenlos zu helfen. Als Lohn für die gute Tat gibt es Mauersegmente. Aber was soll der neue Metallzaun, der überall dort entsteht, wo die Mauer fällt?

Der immer noch amtierende Innenminister Diestel hat seine Kommission zur Auflösung des Stasi vorgestellt. Die Gruppe, der auch Stefan Heym und Walter Janka angehören, soll bis Mitte Juli eine Dokumentation vorlegen, die die Einflüsse der SED auf das ehemalige Ministerium für Staatssicherheit offenlegt.

Freitag, 1. 6. 1990

Die Volkskammer hat gestern einem Antrag der Regierungsfraktionen zugestimmt, nach dem der gesamte Parteienbesitz unter die Treuhänderschaft einer Regierungskommission zu stellen sei. Bis zum 30. Juni sollen die Vermögen überprüft, offengelegt und ein Verfahren vorgestellt werden, wie das Geld für gemeinnützige Zwecke eingezogen werden könne.
Natürlich ging bei der PDS das große Wehklagen los; man verurteile dieses »undemokratische« Verhalten »aufs schärfste«.
Die Jugendorganisation FDJ, die sich vor einigen Monaten aufgelöst und neugegründet hatte, weigerte sich, ihr Vermögen einer »Stiftung Demokratischer Jugend« zu übertragen.
Daraufhin drohte die Familienministerin der FDJ Zwangsmaßnahmen an.
Auf Antrag der DSU wurden Hammer, Zirkel und Ährenkranz als Staatssymbole ersatzlos gestrichen. Innerhalb von einer Woche sollen sie von allen öffentlichen Gebäuden verschwunden sein. In der Fahne der DDR bleiben sie vorerst noch erhalten.

Gorbatschow hat in Washington »neue Ideen« angekündigt. Er ist für ein einheitliches Sicherheitssystem aller fünfunddreißig europäischen Staaten, unter Einschluß Amerikas. Diese Staaten sollten miteinander auch über Deutschland und die anstehenden Sicherheitsfragen reden.
Man kann davon ausgehen, daß die Amerikaner so lange nicht von dieser »Idee« begeistert sein werden, wie die Kommunistische Partei in Moskau das Sagen hat.
Deutschland in der Nato? Für Gorbi zur Zeit noch undenkbar. Ansonsten ist man sich in den Rüstungsfragen weitgehend einig.
Wegen der Litauen-Frage gibt es mit der amerikanischen Meistbegünstigungsklausel Probleme. Gorbatschow monierte das bei den Senatoren mit dem Hinweis, daß sogar China von dieser Klausel profitiere.

Genscher hat seinen Kollegen Meckel in Ost-Berlin besucht. Als Bonbon brachte er eine Einladung für de Maizière und Meckel zum EG-Gipfel nach Dublin mit. Es ging in Berlin auch um die Zwei-plus-vier-Gespräche.
Genscher würde zudem am liebsten sofort möglichst alle DDR-Vertretungen im Ausland schließen und nahezu alle übernommenen Mitarbeiter vom alten Regime an die Luft setzen. In manchen Hauptstädten treten die beiden deutschen Botschafter gemeinsam auf. Das führte bei einigen Kennern der Szene zum leichten Schmunzeln…

M. vom Auswärtigen Amt meint, Genscher würde auf jeden Fall der erste gesamtdeutsche Außenminister werden wollen, trotz Herzschrittmacher und periodischen Schwächeanfällen; das sei er, der Mann aus Halle, seinen Landsleuten drüben schuldig. M. meint auch, Genscher sei sich seiner Sache in puncto Zugehörigkeit Deutschlands zur Nato ziemlich sicher. Flexibel in den Verhandlungen und hart in der Sache, habe Genscher beispielsweise die Ungarn so »weichgeklopft«, daß sie alles für ihn in Moskau tun würden. Und Havel in Prag sei zur rechten Zeit gekommen. Die Polen wiederum verhielten sich so, als hätten sie schon immer dem westlichen Bündnis angehört.

Samstag, 2.6. 1990

Gorbatschow-Berater Abatow sagte in Washington in heiterer Stimmung: Wenn die Nato auf die Deutschen aufpassen solle, dann könne ja auch die Sowjetunion der Nato beitreten. Das Ziel sei dasselbe.
Da steckt ein Körnchen Wahrheit drin. Die Bündnisse sind als Folge des Zweiten Weltkrieges, als Folge der Niederlage Deutschlands entstanden. Die Nato, die Westdeutschland einbindet, diente nicht ausschließlich dem Schutz vor dem Ostblock, sondern auch und nicht zuletzt der festen Einbindung des bundesdeutschen Teilstaates. Dasselbe traf für den Warschauer Pakt und die DDR zu. Nun, da die europäische Nachkriegsordnung zusammenbricht, sind neue Strukturen gefragt.
Im inneren Europas beginnt ein Experiment, wie es die Geschichte vielleicht noch nie zuvor erlebt hat. Feuer und Wasser, nach Honecker unverträglich, sollen sich verbinden. Ich meine, trotz aller anfänglichen Sorgen und Nöte wird es gut ausgehen. Auch Kleinmut und noch so halsbrecherische Propaganda werden die Menschen nicht mehr von ihrem Weg abbringen.

Sonntag, 3.6. 1990

Erneut warb Gorbatschow – in Washington – für ein Deutschland in zwei Bündnissen und traf damit beim amerikanischen Präsidenten wiederum auf Ablehnung. Baker und Schewardnadse wollen nun in Kopenhagen eine Annäherung der beiden Standpunkte zuwege bringen. Bush hat dazu ein ausgefeiltes, mit den Bündnispartnern abgestimmtes Neun-Punkte-Konzept vorgelegt.

1. Rascher Abschluß der Wiener Verhandlungen über den Abbau der Streitkräfte. Danach Beginn einer »zweiten Runde« mit dem Ziel, nationale Obergrenzen für Truppen in zentralen Regionen Europas festzulegen, darunter auch in Deutschland.

2. Nach Wien 1 soll unverzüglich mit Verhandlungen über die Reduzierung der nuklearen Kurzstreckenwaffen begonnen werden.
3. Keine Stationierung von Nato-Truppen und -Waffen auf dem Gebiet der heutigen DDR.
4. Zur Unverletzlichkeit der europäischen Grenzen, darunter auch der Oder-Neiße-Grenze, soll eine Garantieerklärung abgegeben werden.
5. Erneuerung der deutschen Verzichtserklärung auf atomare, chemische und biologische Waffen.
6. Die Rolle der KSZE in der europäischen Sicherheitspolitik soll gestärkt, ein »ständiges Sekretariat« für Vermittlung und Krisenmanagement eingerichtet werden. Regelmäßige Gipfeltreffen sind anzustreben.
7. Die Militärstrategie der Nato und ihre Streitkräftestruktur werden überprüft. Die Allianz soll »politische Funktionen« wahrnehmen.
8. Konzipierung einer Übergangslösung für den Aufenthalt sowjetischer Truppen auf dem Gebiet der heutigen DDR (eventuell für mehrere Jahre).
9. Wirtschaftliche Vereinbarungen zwischen Deutschland und der Sowjetunion. Übernahme der Kosten der sowjetischen Truppen und Hilfe bei der Rückführung und sozialen Integration im Heimatland seitens der Bundesrepublik.

Montag, 4.6. 1990

Auch Berufs-Optimisten können nun das Ergebnis des Gipfels bezüglich der Deutschland-Frage nicht mal mehr auch nur als »kleinsten Erfolg« hinstellen. Knüppelhart hat Gorbatschow eine Mitgliedschaft Gesamtdeutschlands in der Nato abgelehnt.
DDR-Außenminister Meckel meinte heute morgen im Deutschlandfunk, in naher Zukunft würde das kein Thema mehr sein. Die Formel Wörners, alle sollen Sieger sein, ist halt noch nicht banal genug, um wahr sein zu können.

In Amerika badete Gorbi in jubelnden Menschenmassen. Hans-Ulrich Kempski in der »Süddeutschen Zeitung«: Überall seien US-Sprecher ausgeschwärmt, die bei dem, was sie verkündeten, namentlich ungenannt bleiben wollten: Gorbatschow sei nicht mehr in Hochform, er sei weitschweifig, unpräzise, schlecht vorbereitet. Zugleich zeige sich Gorbatschow merkwürdig aufgekratzt, demonstriere keine Stärke mehr, sondern Schwäche.
Bush habe das nicht ausnutzen wollen, doch aus dem Freundeskreis Reagans sei harsche Kritik gekommen. Bei einem Treffen von Gorbatschow und Reagan habe letzterer sehr einsilbig und verschlossen gewirkt.

In Ost-Berlin wird Unmut über den neuen Wirtschaftschef laut. Pieroth hat gleich nach der Wahl einen Erholungsurlaub angetreten. Auch der Oberbürgermeister zeigt sich darüber befremdet, denn die Probleme brennen ihm unter den Nägeln. »Ich habe Hinweise erhalten, daß in den Kaufhallen nicht mal mehr die einfachsten Lebensmittel zur Verfügung stehen«, so Tino Schwierzina.

Mittwoch, 6.6. 1990

Vor einer Vereinigung der Freien Demokraten West und Ost müsse Wünsche, der Justizminister, sein Amt niederlegen. Ein Mann, der schon unter Grotewohl und Ulbricht dieses Amt ausgeübt habe, sei untragbar. Die Forderung nach seinem Rücktritt kam von der Ost-FDP.
Innenminister Diestel behält vorerst sein Amt weiter inne. Ausgerechnet die Schwesterpartei der DSU, die CSU, konnte in Leipzig die Gemüter beruhigen und Diestel somit retten.
Im Innenministerium sitzen jede Menge alte SED-Leute furchtbarster Art. Beispiel: General Arend, der schon im Januar als Innenminister unter Modrow den »Runden Tisch« schlichtweg belogen hatte.
Wer unter dem SED-Regime auf gehobenem Posten gesessen hat, hat jeden Anspruch auf neuerliche Macht und Einfluß verwirkt.
Diestel soll auch für einen Geheimerlaß von Mitte Mai verantwortlich zeichnen, durch den ehemaligen Staatsangestellten hohe Renten zugeschanzt werden.
Nach Angaben von »Monitor« sollen vierundachtzigtausend hauptamtliche Mitarbeiter des Stasi eine Rente erhalten, Mielke beispielsweise fast fünftausend Mark (ab 1. Juli in harter Mark vom Klassenfeind!).

Die Oderbruch-Gemeinde Letschin hatte Friedrich II. im Jahre 1905 mit einem Denkmal geehrt. 1945 verschwand der große König dann in der Versenkung. Am Pfingstwochenende des Jahres 1990 gab es in Letschin ein Volksfest: Die Statue des Königs nahm wieder ihren angestammten Platz ein.

John F. von Stranz, der Generalbevollmächtigte des Hauses Hohenzollern, teilte mit, daß »Soldaten-König« Friedrich Wilhelm und sein Sohn, der »Alte Fritz«, die in ihren Zinksärgen auf der Burg Hohenzollern ruhen, demnächst nach Brandenburg zurückkehren könnten; der Vater des großen Königs in die Gruft des Berliner Doms und Friedrich II. in sein geliebtes Schloß »Sanssouci«.

In Potsdam gibt es Überlegungen, die 1967 gesprengte Garnisonskirche wiederaufzubauen.
In dem Augenblick, als die Sprengung erfolgte, fuhr ich gerade mit einem Zug am Ort des Geschehens vorbei. Man sah den berühmten Turm im Gezweig, dann plötzlich eine Rauchwolke. »Üb immer Treu und Redlichkeit«, hatte sein Ende gefunden. (Kann man mit gutem Gewissen behaupten, daß die preußischen Könige diese Maxime immer berücksichtigt hätten?)

Donnerstag, 7.6. 1990

Im Volkspolizeikrankenhaus in Ost-Berlin werden die angeblich so kranken früheren SED-Spitzengenossen auf ihren derzeitigen Gesundheitszustand untersucht. Es handelt sich dabei um Honecker, Mielke, Stoph, Axen, Tisch, Krolikowski, Götting und Frau Honecker. Sogar die ehemalige Hofpostille der SED, das »Neue Deutschland«, monierte die plötzliche Epidemie unter den Alt-Genossen: vor der Wende von ungebrochener Frische und Tatkraft, nun plötzlich alle todkrank.
Wünsche ist wieder in die Schußlinie geraten. Man vermutet, daß er eine zügige Verfolgung ihrer Straftaten bewußt hinauszögert. Wie effizient Wünsches Klassenjustiz in seiner ersten Amtszeit nach der sozialistischen Strafrechtsanpassung von 1968 arbeitete, zeigen die nachstehenden Zahlen: 1973 gab es 1.893 politische Urteile; 1968 waren es dagegen »nur« 600 gewesen.

Schlagzeilen aus der »Süddeutschen Zeitung«:

Moskau jetzt offenbar bereit zu Kompromiß über Nato-Zugehörigkeit eines vereinten Deutschlands
Alliierte wollen auf Berlin-Rechte verzichten
Warschauer-Pakt-Gipfel beginnt in Moskau
Lambsdorff strebt Gesamt-Vorsitz an
Baggern für Deutschland
Prag für Mitgliedschaft Deutschlands in der NATO
Zeiss-Jena dementiert Verlagerung in die UdSSR
DDR will Voraussetzungen für deutsche Wahl 1990 schaffen
Checkpoint Charlie wird abgebaut
DDR schafft politisches Strafrecht ab
Ost-Berlin fördert Mittelstand
Renten für Mitarbeiter des Stasi werden gekürzt

Die DDR-Ministerin für Jugend und Sport, Schubert, bestellte kürzlich einen Herrn Patrick Schneider zum Geschäftsführer für die »Stiftung Demokratischer Jugend«. Diese Stiftung sollte der Rechtsnachfolger der alten FDJ sein. Schneider trat nun zurück, weil ihm Stasi-Mitarbeit nachgewiesen werden konnte.
Die FAZ von heute:
»Patrick Schneider war am Mittwochabend vergangener Woche bei der FDJ-Vorsitzenden Schröder erschienen und hatte von ihr für Donnerstag früh die Herausgabe aller Dokumente der FDJ verlangt. Dieser Auftritt war im DDR-Fernsehen gezeigt worden. Daraufhin meldeten sich einige Zuschauer, die Schneiders Vergangenheit kannten. Nach ihren Aussagen war Schneider Gehaltsempfänger der Abteilung II/20 des Ministeriums für Staatssicherheit im Range eines Feldwebels. Zuletzt soll er für einen Spezialeinsatz abgestellt gewesen sein: zum Schutz der Villa des Devisenbeschaffers Schalck-Golodkowski.«

Freitag, 8. 6. 1990

Die letzte Gedenkmünze der DDR zeigt das Brandenburger Tor und den Hinweis auf den Tag seiner offiziellen Wiedereröffnung, den 22. 12. 1990

In den Bezirkshauptstädten der DDR sind die ersten Geldtransporter bei den Banken angekommen. Der große Tag rückt näher.
Die SPD sagt immer noch »nein« zum Staatsvertrag. Die Nachbesserungen genügen ihr nicht. Die Regierung sollte intensiv weiterverhandeln. Eine Ablehnung durch die Mehrheit der SPD-regierten Länder im Bundesrat käme einem Debakel gleich. Die Folgen wären nicht abzusehen.

Ungarn hat seinen stockkonservativen Botschafter in Ost-Berlin abberufen und den Bonner Botschafter zum gesamtdeutschen Botschafter bestellt. Die wenigen Ungarn geben die Richtung vor. Hätten sie im Herbst die Grenze nicht geöffnet, würden wir heute nicht an diesem Punkt de Entwicklung stehen. Istvan Horvath, Budapests Mann für Gesamtdeutschland, muß nun zwischen Bonn und Ost-Berlin pendeln.

Nachdem der DDR-Innenminister wochenlang in der Schußlinie seiner eigenen Partei lag, konnte er nun einen großen Fang vorstellen, der sicherlich sein Image aufbessern wird. Die seit dreizehn Jahren gesuchte mutmaßliche Terroristin Albrecht, die an dem Mord an dem Bankier Ponto beteiligt gewesen sein soll, konnte in Ost-Berlin verhaftet werden. Sie war dort vor zehn Jahren eingebürgert worden. Die Informationen sollen von ehemaligen Stasi-Leuten stammen. Wird Diestel also von Stasi-Gangstern rausgehauen? Warum gerade jetzt die Aufklärung? Starb nicht Herrhausen just zu der Zeit, als es mit der DDR und dem Stasi bergab ging, im Oktober 1989? Sollte vielleicht der Stasi auf eigene Faust in Westdeutschland unter dem Decknamen »Rote Armee Fraktion« operiert haben? Die Krise, in die Helmut Schmidt vor Zeiten durch den Schleyer-Mord geriet, wird den Betonköpfen in Ost-Berlin sicherlich gut ins Konzept gepaßt haben.

Markus Wolf bestreitet, daß DDR-Spione vom KGB übernommen worden seien. »Als Chef des sowjetischen Dienstes würde ich mich hüten, etwas anzufassen, was mit diesem angeschlagenen Stasi-Apparat zu tun hat«, sagte Wolf gegenüber der »Süddeutschen Zeitung«.

In Moskau beim Warschauer Gipfel hat Gorbi den beiden Deutschlands gute Noten erteilt. Sie seien in den letzten Jahrzehnten Vorbilder gewesen. Auch Ulbricht und Honecker?
Gorbi scheint seine Schulaufgaben nicht ganz richtig zu machen, denn im eigenen Land stimmt nichts mehr – schon seit Lenin nicht mehr.
Falin, der mit stets zerknirschtem Gesicht wie ein aus einem Dostojewski-Roman Entsprungener Verlautbarungen ausstreut, meint, Deutschland solle wohl souverän sein, aber doch nicht ganz. Sind die alten Ideologen der kommunistischen Partei nicht doch noch am Werk?

Die Wiener Zeitung »Standard« zur Frage der Souveränität des vereinigten Deutschlands:
»Bei allem historisch begründbaren Verständnis für das Mißtrauen gegenüber ›den Deutschen‹: Wer dem künftigen Gesamtdeutschland nur eine Souveränität zweiter Klasse zugestehen will, pflanzt neue Ressentiments ein, die einmal böse Früchte tragen können. Gerade das sowjetische Nationalitätenproblem zeigt ja, wohin Bevormundung und Gängelei von Völkern führen können. Es wäre ein Zynismus, wenn man allein den Deutschen unter Hinweis auf das gemeinsame europäische Haus die volle Selbstbestimmung vorenthalten wollte, während alle anderen Nationen ihre ›legitimen‹ Interessen verfolgen; es wäre schlimmer: ein Fehler.«

Samstag, 9.6. 1990

Honecker hatte das üble Problem vieler Mächtiger: Er mochte die Wahrheit nicht mehr hören. Mielke, der Oberspäher von »Horch, Guck und Greif«, wurde von Honecker erpreßt. Sobald der uralte Mielke kritisch-realistische In-

formationen zur Lage in der DDR vorlegte, erkundigte sich der Saarländer nach der Rentenregelung für Generale. (Mielke hatte den Rang eines Armeegenerals.) Oder er meinte, daß es doch wohl an der Zeit sei, wegen seines, Mielkes, hohen Alters allmählich einen Nachfolger einzuarbeiten.
Schlitzohr Mielke machte trotz seines hohen Alters nach außen immer den Eindruck, als könne er Bäume ausreißen. Stundenlang konnte er Reden schwingen, ohne zu ermüden. Er soll morgens eine Pille zur Aufmunterung genommen haben und mittags eine zur Beruhigung, um im Büro ein Mittagsschläfchen halten zu können. Sobald er einmal wirklich krank wurde, mußte das verborgen bleiben. Er blieb seinem Ministerium fern und ließ verkünden, er müsse sich um wichtige Parteiangelegenheiten kümmern. Der SED-Spitze wiederum teilte er mit, bedeutsame Amtsgeschäfte im Ministerium ließen ihn derzeit keine Zeit für andere Dinge. Mit dieser Doppelstrategie war der alte Mielke dann ein »freier Mann« und konnte in Ruhe seine Krankheit auskurieren und sich um seine privaten Angelegenheiten kümmern.
Von der Überlegenheit des Westsystems gegenüber dem des Ostens muß er wohl insgeheim überzeugt gewesen sein. Nur täuschte er sich in den sowjetischen Verbündeten, von denen er annahm, daß sie ihren Siegespreis – einen Teil Deutschlands – nie aufgeben würden. Wie fassungslos er über den Zusammenbruch des Systems war, zeigt seine letzte Rede vor der Volkskammer, die sowohl seine SED-Genossen als auch die Blockflöten-Abgeordneten mit Gelächter bedachten.
Und die Verbündeten hatten Mielke, dem typisch Deutschen, Fleißigen, Ordentlichen und auch noch Eitlen die hilfreiche und schützende Hand entzogen!

Montag, 11.6. 1990

Honeckers Wunschtraum ist nicht in Erfüllung gegangen (ein Empfang beim amerikanischen Präsidenten im Weißen Haus). Der letzte Premier der sich auflösenden DDR durfte nun bei Bush vorsprechen.
De Maizière wünschte bei seinem Besuch, die Botschafter der DDR in Washington und bei der UNO nicht zu sehen.
Die beiden Herren Herder und Zachmann gehören noch zur alten SED-Beton-Riege. Ansprechpartner für de Maizière war der westdeutsche UNO-Botschafter Bräutigam. Eine äußerst seltsame Konstellation. DDR-Außenminister Meckel hat die meisten Botschafter, die sich durch besondere Linientreue auszeichnen mußten, noch nicht abberufen können. Es gibt noch keine Nachfolger. Laut Genscher sollen fünfundneunzig Prozent dieser Diplomaten aus dem Dienst entlassen werden.

Dienstag, 12. 6. 1990

Die Franzosen scheinen der rasanten Vereinigung der beiden deutschen Staaten ziemlich ratlos gegenüberzustehen. Zwar ist die überwältigende Mehrheit von ihnen für eine Vereinigung, aber die Frage lautet für viele: »Was wird mit dem vereinigten Deutschland?«

Frankreich hat immer wieder versucht, die BRD vor den Wagen eines Exklusiv-Bündnisses zu spannen, das sich dann eigentlich hauptsächlich in pompösen Feiern und symbolischen Handreichungen manifestierte. Nun gerät Frankreich gewissermaßen an den Rand Europas. Deutschland wird sich verstärkt und notwendig dem Osten zuwenden. Auch vor den Großmachtträumen und atomaren Bestückungen Frankreichs und Englands wird die Einigung vorerst haltmachen müssen.

Das nationalstaatliche Denken ist in Europa noch keineswegs tot, sondern erfährt seit 1989 eine Art Wiedergeburt. Die Dolmetscherin Mitterrands, Brigitte Sauzay, schrieb in ihrem Buch »Le vertige allemand«: »Wir stehen im Begriff, Deutschland wiederzuentdecken, werden wir es erneut verlieren?«

Sie haben es noch nie besessen. Kann es Freundschaften zwischen Völkern und Staaten eigentlich wirklich geben? Zumal, wenn man einander so ungeheures Leid zugefügt hat?

Mittwoch, 13. 6. 1990

Alle Gremien der SPD sind in Bonn zusammengerufen worden, um bezüglich des Staatsvertrages eine gemeinsame Haltung zu finden. Dabei ist die Sache klar. Eine Ablehnung des Vertrages durch die SPD wird es nicht geben. Vogel hat sich gegenüber dem Kanzlerkandidaten von der Saar durchgesetzt. Milde lächelnd kam dann Oskar Lafontaine in Bonn an. Seine Forderung nach strikter Ablehnung war gar nicht so gemeint gewesen. Er sei zwar dagegen, aber... Spiegelfechterei. Ein großes Windei. Ein aufgeblasener Ballon, bunt, mächtig, wirkungsvoll, und plötzlich ist die Luft draußen. Was bleibt? Die SPD wird weiter geschwächt, in der BRD wie in der DDR.

Der neue Vorsitzende der SPD der DDR nahm an den Beratungen teil. Nun geht es der SPD um eine schnelle Vereinigung der beiden Parteien. Neunhunderttausend Mitgliedern im Westen stehen gerade zehn- bis fünfzehntausend Mitglieder der SPD im Osten gegenüber. Wer hier über den Tisch gezogen werden soll, ist klar. Sicherlich wird Oskar Lafontaine der erste gesamtdeutsche Vorsitzende der SPD werden. Außerdem deutete er sein Ja zu baldigen gesamtdeutschen Wahlen an.

Die SPD hat sich immer gegen zu schnelle Wahlen gestemmt: »Es muß langsam zusammenwachsen.« Aber Umfragen in der DDR zeigen eindeutig, die Bevölkerung will rasch ein Gesamtdeutschland. Die CDU Volkskammerfraktion hat sich mit überwältigender Mehrheit für Wahlen im Dezember ausgesprochen. Außerdem soll die Volkskammer im Sommer den Anschluß nach Artikel 23 erklären.

In Straußberg bei Berlin tagten die Warschauer-Pakt-Mitglieder. Der sowjetische Verteidigungsminister meinte, Deutschland müsse in beide sich auflösende Paktsysteme integriert werden. Außerdem befände sich die Sowjetunion mit Deutschland de jure noch im Kriegszustand. Mit der neuen Friedensordnung müsse auch der Zweite Weltkrieg endgültig abgeschlossen werden.
Aber einig scheint man sich in Sachen Bündniszugehörigkeit noch keineswegs zu sein. Denkt man in der Sowjetunion daran, durch eine Auflösung der beiden Pakte das Gesicht wahren zu können?

Freitag, 15. 6. 1990

Nachdem in der DDR eine weitere Terroristin, Inge Vieth, festgenommen wurde, ist der Polizei nun ein weiterer Schlag geglückt. Vier ehemalige RAF-Mitglieder konnten »drüben« dingfest gemacht werden. Und Diestel hatte wieder einen schönen Fernsehauftritt, um allen zu sagen, wie wundervoll die Polizei von West und Ost zusammenarbeite.
Alle bisher Festgenommenen hatten ihre Vergangenheit abgestreift. Ausweis der DDR, neue Namen –, alle sich vom Terrorismus losgesagt. Sie gründeten Familien, hatten Kinder, eine perfekte Legende.
1. Warum diese Prozedur?
2. Wer zeichnete für dieses Untertauchen verantwortlich?
3. Gab es Absprachen zwischen Ost und West, diese ausgestiegenen Terroristen friedlich ein neues Leben anfangen lassen zu können?
4. Warum wurden diese Leute ausgerechnet jetzt festgenommen?
5. Wie viele der immer noch gesuchten Terroristen leben in der DDR? Diestel: »Wer Pilze sammelt und zwei findet, wird weitersuchen.«

Pastor Eppelmann, nun Abrüstungsminister und Minister für Verteidigung, hat den Vorschlag gemacht, zum 1. 9. 1992 gesamtdeutsche Wahlen stattfinden zu lassen, um dann die Wiedervereinigung zu vollenden.
Wessen Interessen kommen bei einem so weitgesetzten Termin ins Spiel?

Graf Nayhauß nennt in seiner »Bild«-Zeitungs-Kolumne Beispiele dafür, wie Außenminister Meckel keineswegs alte SEDler feuert, sondern auf einträgliche Posten befördert. Ott wird Botschafter in Bagdad, Winter Botschafter in Syrien, und Kurt Berliner bleibt »Kader-Chef« im Außenministerium.

Auf einer Kommandeurstagung in Fellbach bei Stuttgart hat Stoltenberg die Forderung erhoben, in Gesamtdeutschland nur eine Armee zu unterhalten. Eppelmann ist da ganz anderer Ansicht. Ihm schweben für längere Zeit zwei Armeen in Deutschland West und Ost vor.

Ullmann und Weiß vom Bündnis 90, die sich bis zuletzt für eine eigenständige DDR eingesetzt hatten, schlagen der Volkskammer nun schon zum 1. Juli den Anschluß der DDR an die BRD nach Artikel 23 vor. Sie begründen diese eilige Entscheidung mit der Notwendigkeit verstärkter Rechtssicherheit und dem Anspruch auf Länderfinanzausgleich.
Dieser totale Positionswechsel kommt der SPD sehr ungelegen. Ihr Geschäftsführer in der Volkskammer, Martin Gutzeit: Man werde Wege finden, über einen solchen Antrag nicht abzustimmen.
Ohne die SPD gibt es für das bürgerliche Lager keine Mehrheit. Sicherlich wird nicht gerade die PDS für den Antrag von Ullmann und Weiß stimmen. Aber zur Zeit ist in der DDR zwar nicht alles, jedoch vieles möglich.

Genscher und Schewardnadse kommen am Montag zu einem weiteren Gespräch in Münster zusammen. Warum auf historischem Boden, auf dem der Friede nach dem Dreißigjährigen Krieg beschlossen wurde?

Die DSU will nun doch bundesweit bei den Wahlkämpfen antreten. In der »Süddeutschen Zeitung« eine wundervolle Karikatur, gezeichnet von Leger: Vogel steht mit verkniffenem Gesicht vor einem riesigen Staatsvertrag. Hinter dem Staatsvertrag ein winziges Pünktchen. Darunter: »Wir haben Kohl gezwungen, diesen entscheidenden Punkt zu akzeptieren.«

15.00 Uhr, SDR-Nachrichten: Drei weitere Terroristen in der DDR gefaßt.

Montag, 9.7. 1990

Welche Nationalhymne singt das vereinte Deutschland?
Die Mehrheit der Deutschen ist für die dritte Strophe des Deutschlandliedes: »Einigkeit und Recht und Freiheit...« Aus der Noch-DDR kommt der Vorschlag, die erste Strophe des Deutschlandliedes, also »Deutschland, Deutsch-

land über alles...«, fortzulassen und statt dessen die erste Strophe der Becher-Hymne, »Auferstanden aus Ruinen und der Zukunft zugewandt...«, zu singen. Becher hatte den Versrhythmus so gehalten, daß die Melodie Joseph Haydns genau auch zu diesem Text paßte. Aber dieses Lied ist mit dem furchtbaren Odium des SED-Staates behaftet und für ein freiheitliches Deutschland wenig geeignet. Man sollte es für das vereinigte Deutschland beim Fallersleben-Lied belassen. (Auch die erste Strophe der Becher Hymne, »...laß uns Dir zum Guten dienen, Deutschland, einig Vaterland« wurde im Zeichen der Abgrenzung in der DDR nicht mehr gesungen.)

Wie soll das vereinigte Deutschland heißen? Bundesrepublik Deutschland? Für den alten Namen plädiert die Bundesregierung. Die meisten Deutschen sind für »Deutschland« ohne Zusatz. In der DDR gibt es Stimmen für »Deutsche Bundesrepublik«. »Deutschland« ist der Staatsbegriff mit guten und auch schlechten Traditionen. Er wird sich durchsetzen.

Ein Streit ist auch wegen der Hauptstadt des neuen Deutschlands ausgebrochen. Die Norddeutschen und die DDR-Bevölkerung sind für Berlin. Je weiter südlich, desto eher ist man bei uns für Bonn.
Nachdem wir hier im Westen vierzig Jahre lang stets von unserer alten Hauptstadt Berlin gesprochen und ihr das Image einer freiheitlichen großen Insel inmitten Unterdrückung und Willkür gegeben hatten, ist es fast unmöglich, an Berlin vorbeizugehen.

Montag, 16.7. 1990

Der sentimentale Kohl beim nicht minder sentimentalen Gorbatschow in dessen Heimat. Bei einer Pressekonferenz im Süden der UdSSR werden die nächsten Schritte zur neuen Nachkriegsordnung durch Kohl bekanntgegeben: Die sowjetischen Besatzer ziehen nach der Vereinigung im Verlauf von drei bis vier Jahren ab. Solange bleiben auch die anderen drei Besatzungsmächte in Berlin und auf dem heutigen Bundesgebiet. Deutschland wird voll souverän und bestimmt seine Bündniszugehörigkeit selbst, kann also auch der Nato beitreten. Deutschland und die UdSSR schließen einen Generalvertrag ab, der die gesamte Palette der zwischenstaatlichen Beziehungen abdeckt.
Besondere Beziehungen zur Sowjetunion, besondere Beziehungen zu den Westmächten – das Jonglieren mit den Kugeln kann beginnen!

Die eiserne Lady warnt permanent vor der desolaten Wirtschaft der Russen, die sich immer noch nicht zu einer freien Marktwirtschaft durchgerungen hätten.

Die Vereinigung muß bezahlt werden, von den Deutschen. Der gesamte Ostblock schaut nach Bonn.

Dienstag, 17.7. 1990

Kohl trat bescheiden in Bonn vor die Presse, um die Ergebnisse seiner Sowjetunionreise zu erläutern. Seine äußere Ruhe konnte aber kaum seine innere Erregung verbergen. Es ist ein Triumph für ihn, daß es nun ausgerechnet ihm gelingen soll, dem früher so Verlachten und Verhöhnten, »Vereinigungskanzler« zu werden. Die Hauptverbündeten loben ihn öffentlich. Bush »bewundert« Kohl gar, und er sei stolz, in einer solchen »großen, bewegten« Zeit Präsident sein zu dürfen.
Mit den neuen Vereinbarungen zieht sich die UdSSR aus Mitteleuropa zurück; sie gibt ihr Streben nach Weltherrschaft auf. Auf die im Ergebnis des Zweiten Weltkrieg gewonnenen Positionen wird verzichtet.
Die USA stellen sich auf die neue Gegebenheit ein: Deutschland und Japan rükken in den Mittelpunkt ihrer strategischen Überlegungen. Die Sowjetunion befindet sich in Auflösung und ist auf die Wirtschaftshilfe der EG, insbesondere der Deutschen, angewiesen.
Nun ist offenkundig geworden, was wir eigentlich schon lange gewußt haben: Die UdSSR ist ein Entwicklungsland mit einer ruinierten Wirtschaft, enorm hohen Rüstungsausgaben und einem zentralistischen Leitungs- und Planungssystem, das versagt hat.
Genscher und Wörner als glatte Diplomaten: »Es gibt nur Sieger.«
Die »volle Souveränität« hat mit Sicherheit ihre Grenzen. Die gußeiserne Lady in London denkt schon viel weiter: In fünfzehn Jahren werde Deutschland seine letzten Fesseln abwerfen...

Sebastian Haffner sieht die alte europäische »Friedensordnung« verschwinden, die uns vierzig Jahre den Frieden bewahrt habe. Er denke mit Schrecken an die Nationalitätenkonflikte, die in allen osteuropäischen Ländern mit Brutalität ausbrechen würden.
Haben diese Konflikte nicht auch mit zum Ausbruch des Ersten Weltkrieges geführt?
Die bisher schlafende Masse Deutschland bewegt sich. Polen wird diese Masse als erster zu spüren bekommen, trotz der Grenzverträge.

Donnerstag, 19. 7. 1990

Die Freien Demokraten (Ost) wollen nun nach dem so wunderbaren Ausgang der Zwei-plus-vier-Gespräche eine sofortige Abstimmung in der Volkskammer und am 1. 12. 90 der Bundesrepublik nach Artikel 23 beitreten. De Maizière lehnt eine solche Abstimmung ab. Teile seiner CDU sind dafür. Die Liberalen sind entschlossen, andernfalls die Koalitionsfrage zu stellen.
Ein Beitritt zum 1. 12. 90 würde ein einheitliches Wahlgebiet für beide Teile Deutschlands bedeuten mit der für die kleineren DDR-Parteien und Gruppierungen tödlichen Fünf-Prozent-Klausel.
Die SPD ist für die Pläne der Liberalen. Ihr geht es darum, die PDS zu schwächen. Die CDU dagegen benötigt noch die DSU, die bei einem einheitlichen Wahlgebiet kaum eine Chance hätte, die Fünf-Prozent-Hürde zu nehmen.

Die Pastoren Eppelmann und Meckel, derzeit Minister in Ost-Berlin, wollen die Nationale Volksarmee der DDR erhalten. Auch nach der Vereinigung. Seltsame Vorstellung, die in Bonn von allen Seiten scharf abgelehnt wird. Die Regierung in Ost-Berlin verliert nach der großen Einigung zwischen Kohl und Gorbatschow immer mehr an Boden. Wer nimmt sie noch ernst?
In Paris hat Schewardnadse ein Gespräch mit Meckel abgesagt. Wozu sich noch mit dem Ostberliner unterhalten, wenn mit Genscher und Kohl bereits alles besprochen wurde?
Die »Stuttgarter Zeitung«: »Ein Diplomat kommentierte den sinkenden Kurswert des Ostberliner Außenministers am Dienstag zynisch: Schließlich ist er jetzt ein auslaufendes Modell.«

Wie es aus PDS-Kreisen heißt, werde sich die Partei künftig nicht mehr von abstrakten marxistisch-leninistischen Modellvorstellungen leiten lassen, sondern konsequent realitätsbezogen arbeiten.

Erich Honecker sucht immer noch eine Bleibe. Vor einigen Tagen bekam er im russischen Krankenhaus Besuch von Innenminister Diestel. Dieser will ihm ein seinen »früheren Stellungen entsprechendes« Domizil suchen, zumal er, Honecker, noch nicht angeklagt und verurteilt worden sei. Inzwischen gibt es Gerüchte, Honecker wolle nach Chile ziehen zu seiner dort lebenden Tochter.

Das Oberkommando der NVA hat Manöver abgesagt, die die ostdeutsche Armee zusammen mit der sowjetischen Armee hatte durchführen wollen. Die »Freunde« sollen verärgert reagiert haben.

Trotz der belastenden Veränderung und Umbrüche in der DDR ist die Bevölkerung dort optimistisch. Eine Umfrage belegt: Für drei von vier Bürgern ist es wichtig, nun über eine weltweit anerkannte Währung zu verfügen. Fünfzig Prozent der Befragten sind sich ganz sicher, daß der Aufschwung kommt. Vierundvierzig Prozent halten eine positive Entwicklung für wahrscheinlich. (Die Studie wurde im Auftrag des Ministeriums für Innerdeutsche Beziehungen erstellt.)

Freitag, 20.7. 1990

Politik wird immer auch durch Stimmungen und Emotionen gemacht. Als im Sommer 1989 die DDR-Flüchtlinge die bundesdeutschen Botschaftsgebäude in Budapest, Prag und Warschau stürmten, gab es ergreifende Szenen, die per Television in alle Welt gingen, und das wochenlang. Überall Mitleid und Rührung. Ich sagte damals: »Das hält die DDR nicht aus, das übersteht sie nicht.« Dann die langen Züge der Ausreisenden. Die DDR-Regierung schwieg zu allem. Dann, als immer mehr Menschen sich aus Not, Angst und Verzweiflung für Westdeutschland entschieden, wurden alle Argumente gegen eine Vereinigung der beiden deutschen Staaten beiseite geschoben. Die Öffnung der Mauer war nur ein weiterer Schritt in diese Richtung.

Wie kann man heute noch die Atmosphäre, die Gefühlslage beispielsweise vor Ausbruch des Ersten Weltkriegs nachvollziehen? Deutschland hielt sich damals für unschlagbar. Diese Stimmung, dieses »Jetzt oder nie« gab es damals in England, Frankreich, Österreich und auch in Rußland. Später nach den schrecklichen Schlachten fragten sich viele betreten: »Wie hatte es nur dazu kommen können?«

Kohl, der Kanzler aus der Pfalz, könnte nun, so ist seine Stimmung 1990, Bäume ausreißen: »Es ist für mich eine glückliche, erfüllte Zeit.«
Die Stimmung von '89 machte die Erfolge von '90 möglich. Dabei gibt es nicht nur Sieger, wie uns einige Politiker weismachen wollen.

Brzezinski, der frühere Berater des amerikanischen Präsidenten Carter, ist der Ansicht, daß die Sowjetunion und Frankreich die großen Verlierer der neuen europäischen Friedensordnung seien und die USA und Deutschland die Gewinner. England erwähnte er schon gar nicht mehr.

Montag, 23.7. 1990

Auf der Titelseite des »Spiegel« einträchtig beim Plausch – Kohl und Gorbatschow: »Allianz Bonn/Moskau – Der Krieg ist zu Ende.« Augstein in seinem Kommentar ironisch und noch anerkennend: »Den Staatsmann Kohl wird man nicht mehr von der Landkarte tilgen können. Glückwunsch, Kanzler!« Das schreibt derselbe Mann, der Kohl früher stets als engen, provinziellen pfälzischen Deppen hingestellt hatte.
Der »Spiegel«: »Das Kriegsende mit der Sowjetunion zu besiegeln schafften die Deutschen allein. Die USA, Vormacht des Westens, waren nicht zugegen. Die Bundesrepublik schien an ihre Stelle getreten, Briten und Franzosen brauchten alle Kraft, angesichts der deutschen Höchstform die Contenance zu wahren.«
Die englische Zeitung »Exonomist«: »Wenn Deutschland und Rußland einander wärmen, fangen andere Staaten zu frösteln an.«
Der »Daily Telegraph«: »Es ist weise, wegen der bilateralen Natur der Vereinbarung zwischen den beiden Giganten Europas gewissermaßen auf der Hut zu bleiben.«
Die »Weltwoche« meint »den Weg für einen rapiden Aufstieg der Deutschen in den Status einer Weltmacht« zu sehen.

Inzwischen geht der Streit in der DDR um den Wahlmodus für die gemeinsame Bundestagswahl weiter. Ost-FDP und Ost-SPD wollen die Koalition verlassen, wenn die Ost-CDU nicht einem einheitlichen Wahlgebiet zustimmt und nicht vor der Wahl der Beitritt nach Artikel 23 erfolgt.
De Maizière lehnt das strikt ab.
Gerät der Fahrplan der Vereinigung vollkommen durcheinander? Da wäre folgende Konstellation möglich. Die Koalition bricht auseinander. Die PDS signalisiert der CDU, sie stimme beim Vereinigungsvertrag mit ihr. Bei der Abstimmung läßt sie aber die CDU im Regen stehen und stimmt dagegen, diesmal mit SPD und FDP. Dann hätten die CDU und de Maizière keine Zweidrittel-Mehrheit und die Einheit läge erst einmal auf Eis. Und der total Blamierte wäre Kohl.

Moskau ist nicht nur an Wirtschaftsbeziehungen zu Deutschland interessiert, sondern an Vereinbarungen auf allen Gebieten.
Sonderbeziehungen, wie Peter der Große oder Zarin Katharina sie pflegten, die mit Hilfe der Deutschen ihr riesiges Reich aufbauten? Deutschland befindet sich also genau wieder da, wo es eigentlich nicht sein wollte und nicht sein sollte: zwischen West und Ost, oder besser: zwischen allen Stühlen. Das Mißtrauen

gerade im Westen ist gewaltig. Die eiserne Lady, die durch ihren Handelsminister (der nun wieder seinen Vorgarten bestellen darf) ins Schlingern geraten ist, hat mit dem scharfen englischen Auge fürs Ökonomische deutlich erkannt, warum Deutschland diese besondere Rolle einnehmen kann beziehungsweise muß: wegen der D-Mark.

Mittwoch, 25. 7. 1990

Das Hickhack in Ost-Berlin geht weiter. Die Liberalen haben zwar die Koalition aufgekündigt, ziehen aber ihre Minister nicht zurück. Die SPD will es sich noch einmal bis Freitag überlegen.
De Maizière ist nach Österreich gereist, um die Wirtschaftsbeziehungen zwischen der DDR und Österreich zu fördern. Dabei wird es in wenigen Monaten keine DDR mehr geben...
Die Volkskammerpräsidentin Bergmann-Pohl hat von der Schweiz aus Mahnungen an die DDR-Parteien gerichtet.
De Maizière wird wegen der Querelen in Berlin nun nicht den Kanzler in St. Gilgen besuchen.

Wahlkampf überall. Frau Däubler-Gmelin von der West-SPD kann sich auch eine Vier-Prozent-Klausel vorstellen. Der Kanzlerkandidat wiederum nicht.

In Bayreuth wurden die Festspiele eröffnet, mit »Der Fliegende Holländer«. Viel Prominenz, darunter auch Präsident Havel aus Prag.
Nun will der CSFR-Präsident mit Weizsäcker zu den Salzburger Festspielen reisen und dort auch den so umstrittenen Waldheim treffen.

Streibel, der bayerische Ministerpräsident, kann sich vorstellen, die Stimmverteilung im zukünftigen Bundesrat an die Einwohnerzahl der Länder zu koppeln, und zwar nach folgendem Modus:
unter zwei Millionen Einwohner: drei Stimmen
bis drei Millionen Einwohner: vier Stimmen
bis fünf Millionen Einwohner: fünf Stimmen
bis sieben Millionen Einwohner: sechs Stimmen
über sieben Millionen Einwohner: sieben Stimmen

So würden eindeutig große Länder gestärkt, also Bayern, Baden-Württemberg, Nordrhein-Westfalen.

Schäuble strebt die Fertigstellung des Einigungsvertrags bis Ende August an. Zwischen Bund und den Ländern besteht immer noch Uneinigkeit wegen der Verteilung der Finanzen.

Wie weit der Wandel in Europa bereits gediehen ist, zeigen folgende Ereignisse: Ein sowjetischer Marschall besucht das Rote Kreuz in München. Der sowjetische Justizminister macht einen Abstecher zum Kloster Beuren.

Nach dem Besuch von Kanzler Kohl bei Gorbatschow im Kaukasus und den beeindruckenden Ergebnissen ihrer Gespräche – ein Franzose sprach von der »russischen Kapitulation« – nimmt niemand mehr die DDR-Repräsentanten noch groß ernst. Gorbatschow hat seinen Satelliten Kohl einfach in die Hand gedrückt!

Donnerstag, 26. 7. 1990

In einem Interview mit der »Süddeutschen« meinte Lafontaine, daß die DDR hundert Milliarden jährlich kosten und der Glanz Kohls im Herbst verblassen würde. Er würde gern die Fünf-Prozent-Klausel beibehalten. Sein Vorsitzender Vogel sagt etwas anderes. Schröder in Niedersachsen, der auf die Grünen angewiesen ist, schlägt den Modus vor, die Sperrklausel bei jedem einzelnen Bundesland anders zu handhaben.
Die Menschen in der DDR sind des Tauziehens wegen der Bundestagswahl müde. De Maizière gerät zunehmend unter Beschuß. Man versteht ihn einfach nicht mehr. Dabei lautet sein Auftrag, die Noch-DDR möglichst rasch mit dem anderen Deutschland zusammenzuführen. Sein Argument, er wolle so viel wie möglich für die DDR herausschlagen, sticht nicht und auch das viele »Bewahrenswerte« der DDR scheint mir reine Fiktion zu sein.
Niemand will die Noch-DDR über den Tisch ziehen. Wir wollen einfach wieder *ein* Volk, *ein* Land sein!
Oder wollen etwa Eppelmann, Meckel, de Maizière und Diestel möglichst lange die DDR für sich als Spielwiese haben?

Bei der Zwei-plus-vier-Konferenz in Paris berichtet Meckel dem amerikanischen Außenminister Baker voller Stolz, daß die DDR nun auch diplomatische Beziehungen zu Katar aufgenommen habe. Als Baker dies Genscher weitererzählt, ist dieser fassungslos. Aus der »Welt«: »Die Aufgabe Meckels sollte ursprünglich darin bestehen, möglichst viele Botschaften zu schließen, den SED-Diplomaten-Apparat abzubauen und die Vereinigung vorzubereiten.«
Weit gefehlt. Neue alte Botschafter werden ernannt und auf Posten geschickt.

Genscher ist sauer. Er will das Auswärtige Amt in Ost-Berlin auflösen und achtundneunzig Prozent des Personals entlassen. Und zwar sofort nach der Vereinigung.

Mielke ist für haftfähig erklärt und wieder ins Gefängnis transportiert worden. Neue Vorwürfe gegen ihn: Schaffung von Isolierungslagern und Begünstigung von RAF-Tätern; Amtsmißbrauch und Korruption. In Haft auch weiter Mittag und Tisch. Bisher kein einziges Urteil.

Berghofer, der Ex-Oberbürgermeister von Dresden, nun als Generalbevollmächtigter einer Stuttgarter Firma tätig, hat gestanden, an den Fälschungen der Kommunalwahlen im Frühjahr 1989 mitgewirkt zu haben.

Abends in den Nachrichten ist von Vogels modifizierter Fünf-Prozent-Klausel nicht mehr die Rede. Es wird gepokert.
Die beiden Vereinigungsausschüsse, Bundestag und Volkskammer, trafen sich zur Sitzung in Bonn. Eine Wahl, ein Wahlgebiet. Wahrscheinlich mit Sperrklauseln in allen sechzehn an der Wahl beteiligten Ländern.
Schäuble ist ein Glücksfall in dieser bewegten Zeit. Nie hochgestochen oder aufbrausend, sondern stets sachlich und kompetent. Ein Innenminister, Schwabe im besten Sinne, der seine Sache versteht.

Freitag, 27. 7. 1990

Der bundesdeutsche Botschafter in Israel hat der israelischen Regierung nahegelegt, mit der DDR kein Abkommen über Wiedergutmachungsleistungen zu treffen, »weil die DDR bankrott ist«.
Das ist eine der vielen Merkwürdigkeiten dieser Tage: Die Noch-DDR hat wesentliche Souveränitätsrechte an Bonn abgetreten, meint aber, im Ausland immer noch wie ein eigenständiger Staat auftreten zu müssen.

Innenminister Diestel hat auf einer Pressekonferenz mitgeteilt, daß die angeblich geheimen Kommando- und Stasi-Abhörzentralen in den Ostberliner Bezirksrathäusern, deren Entdeckung viele in einen Schockzustand versetzt hatten, nur »offizielle Chiffrierstellen« der Stadt gewesen seien.

Die SPD-Ost bleibt in der Regierung de Maizière. Dabei ist die leidige Angelegenheit mit der Fünf-Prozent-Sperrklausel noch keineswegs erledigt. Die Ost-SPD ist für die Fünf-Prozent-Klausel und gegen die Länderklausel.

Auf Staatssekretär Neusel ist in Bonn ein Anschlag verübt worden. Der Sprengkörper richtete erheblichen Schaden an. Neusel selbst blieb fast unverletzt. Die Zündung erfolgte per Lichtschranke, wie im Oktober bei dem Herrhausen-Anschlag. Die RAF soll den Anschlag verübt haben.

Gibt es vielleicht heute noch Verbindungen der RAF zu alten Stasi-Funktionären?
Jetzt ist auch bekannt geworden, daß auch Rechtsterroristen vom Stasi unterstützt worden sind. Ein Ex-Stasi-Mitarbeiter behauptete sogar kürzlich, die Regierung Schmidt sei über das Untertauchen der RAF-Leute in der DDR informiert gewesen. Da mag was dran sein. Ein Terrorist, der ein biederes, bürgerliches Leben anfängt, wenn auch mit Hilfe des Stasi, ist eben kein Terrorist mehr.

Gestern erschien in der »FAZ« ein Artikel von Fritz Stern: »Die zweite Chance«. Stern gehört zu der nun so bekannten Runde von Deutschlandexperten, die Margaret Thatcher im Frühjahr auf ihrem Landsitz eine »private Lehrstunde« darbrachte. Stern, gebürtiger Breslauer, lebt seit 1938 in den USA. Hier die Schlußpassagen des Artikels:
»Der Kaukasusbesuch des Bundeskanzlers war notwendiges Vorspiel zur deutschen Einigung und ein großartiger Sieg für die Bundesrepublik und ihre westlichen Verbündeten. Und doch hat auch er Befürchtungen geweckt. Wie weit waren die Alliierten – oder zumindest die Amerikaner – vorinformiert über den Inhalt des deutsch-russischen Abkommens? Es gibt verläßliche Hinweise, daß nicht alles abgesprochen war. Sicher haben Ton und symbolisches Auftreten zu diesem Unbehagen beigetragen. War da nicht ein Hauch Bilateralismus, eine Andeutung deutscher Sonderstellung innerhalb des westlichen Bündnisses? Mußte der Kaukasus der Ort sein, an dem Bundeskanzler Kohl verkündigte, daß am Tage der deutschen Einheit sämtliche Rechte der Alliierten erlöschen? Das alles ist in der Substanz einwandfrei, aber auch Stil und Ton sind wichtig. Und ein gewisses Unbehagen ist selbst in Amerika zu spüren, in allen Medien.
Das neue Deutschland hat kein »Berlin-Problem« mehr, keine Sorge mehr, daß andere die deutsch-deutschen Beziehungen belasten könnten. Es hat die Macht und den Spielraum gewonnen, sich der meisten bisherigen Beschränkungen entledigen zu können. Erst jetzt stellt sich die wirkliche staatsmännische Aufgabe: Wie wird die Bundesrepublik mit ihrer neuen Macht umgehen?
Die Selbstbefreiung Osteuropas, der Untergang des kommunistischen Systems und die erneute Anerkennung der großen Vorzüge der Marktwirtschaft haben auch vielen Amerikanern ein gewisses Triumphgefühl vermittelt. Allerdings wird dieses gedämpft durch die ernüchternde Feststellung, daß die eigene Wirt-

schaft und die eigenen sozialen Verhältnisse beträchtlich Schaden gelitten haben. Hier (und noch mehr in England) bemerkt man gelegentlich, daß die Besiegten von gestern die Sieger von heute sind.

»Aber sollte man nicht eher eine gewisse Zuversicht in eine gemeinsame Zukunft haben? Gewiß ist es zunächst vor allem Deutschland, dem etwas ganz Seltenes zugestoßen ist: Es hat eine zweite Chance erhalten. Dies Jahrhundert endet, wie es anfing, mit einem großen deutschen Vorsprung in Europa, gestützt auf Wirtschaft, Technik und menschliche Leistungsfähigkeit. Nun haben Deutschland und Europa eine zweite Chance, ihre wahren Werte in Frieden und Freiheit zu sichern – und zwar unter sehr viel besseren Bedingungen als im Zeitalter des groben Nationalismus vor 1914. Eine für Europa mörderische Vergangenheit sollte Mahnung und Ermutigung sein, diese Chance wahrzunehmen.«

Samstag, 28. 7. 1990

Für die sowjetischen Besatzer und die Deutschen in der DDR war das Thema »Internierungslager« nach dem Zweiten Weltkrieg tabu. Inzwischen hat sich das geändert. DDR-Innenminister Diestel hat von der sowjetischen Militäradministration Informationen erhalten, aus denen hervorgeht, daß von 1945 bis 1950 122671 Deutsche in elf Lagern interniert gewesen seien: Bautzen, Hohenschönhausen, Buchenwald, Frankfurt/Oder, Fünfeichen, Jamlitz, Ketschendorf, Mühlberg/Elbe, Sachsenhausen, Torgau, Weesow. 45262 seien wieder auf freien Fuß gesetzt, 14202 dem östlichen Innenministerium »übergeben« worden. Infolge Krankheit sollen 42889 Personen in den Lagern gesorben sein. Durch Militärgerichte seien 756 Personen zum Tode verurteilt und hingerichtet worden.

Eine Bilanz des Schreckens. Aber nur durch schonungslose Offenlegung aller Fakten kann dieses traurige Kapitel sowjetisch/deutscher Beziehungen aufgearbeitet werden. Die Bezeichnung der UdSSR für ihre Konzentrationslager, »Internierungslager«, ist eine wahrhaft schlichte Umschreibung der tatsächlichen schrecklichen Verhältnisse.

Montag, 30. 7. 1990

Eppelmann, der seltsame Minister für Abrüstung und Verteidigung der DDR, hat für eine Milliarde D-Mark neues Gerät für seine Truppe beantragt. Überall in Bonn Kopfschütteln, denn die NVA wird es in einigen Monaten nicht mehr geben. 4500 Maschinenpistolen, Typ AK 74, Panzerschutz für 350 T, 72 Fahrzeuge und 32 Mig-29-Kampfflugzeuge.

Ähnlich der bärtige Außenminister Meckel. Der »Spiegel« von heute berichtet in allen Einzelheiten über die eigenartige Geschäftsführung Meckels.
Im DDR-»Eulenspiegel« eine Karikatur: Meckel als Noah vor der Arche, und lauter kleine Meckels klettern in das Schiff: »Ein Gebot christlicher Nächstenliebe: Verwandte und Bekannte zuerst.« Meckel will eine eigenständige Außenpolitik der DDR betreiben, »bis zum letzten Atemzug«, wie die »Neue Zeit« meint.
Für den Staatsmann Meckel gibt es nichts mehr zu bestellen. Er sollte sein »AA« in Würde Genscher übergeben, der die Regierung in Ost-Berlin ohnehin nicht mehr für voll nimmt.

Die Diskussion über die Ereignisse vom 9. November gehen weiter. Hatten Armee-Einheiten der NVA Befehl, die Mauer wieder dichtzumachen? Eppelmann hat das behauptet, der damalige Verteidigungsminister Keßler dem widersprochen.
War es vielleicht überall so, wie es ein Leser in der »FAZ« vom 30. 7. 90 schreibt?:
»Zu Ihrem Bericht in der Ausgabe vom 13. Juli, ›Kessler widerspricht‹, hatten wir folgendes Erlebnis: Vor einigen Wochen nahmen wir einen trampenden jungen Mann in der DDR auf unsrer Autofahrt mit. Er war Feldwebel der Nationalen Volksarmee. Wir kamen ins Gespräch, und er berichtete folgendes über die Ereignisse im November: Seine motorisierte Einheit ist dreißig Kilometer von Berlin entfernt stationiert. Am 8. November mußte die gesamte Mannschaft (etwa vierhundert Mann) antreten. Jeder erhielt Pistole und Munition sowie Schlagstock und ein Schild. Der Kommandeur forderte alle auf, ihre Pflicht zu tun bei der Verteidigung der Berliner Mauer. Daraufhin warf einer der Kameraden seine Waffe weg und verweigerte so den Befehl. Er wurde abgeführt. Innerhalb von wenigen Minuten lagen die Waffen von allen vierhundert auf dem Boden. Die Standpauke des Kommandeurs nützte nichts mehr. Auf unsere Frage nach der Motivation zu dieser mutigen Meuterei sagte unser Autogast: ›Ich werde in einem halben Jahr entlassen, und dann würde ich ja ebenfalls an der Mauer demonstrieren. Ich kann doch nicht auf meinesgleichen schießen!‹
Dr. Werner Cordes, Hagen«

Dienstag, 31. 7. 1990

Eppelmann hat den Milliarden-Auftrag für die NVA bestätigt. Es handele sich dabei um alte Verträge, die die Regierung einhalten müsse.

In Ost-Berlin tagte der Koalitionsausschuß. Erwartungsgemäß erzielte er keine Einigung über die Prozentklausen.
Vorher hatte Schäuble mit Krause über die Wahl verhandelt: Man geht von einem einheitlichen Wahlergebnis aus. Die Wahl soll am 2. 12. 1990 stattfinden. Nur die heikle Frage der Prozentklausel hatte man ausgeklammert.
Die Ost-SPD will auf keinen Fall nachgeben, trotz durchgesetzter Nachbesserungen. Sie will auf Biegen und Brechen die PDS aus dem Bundestag raushalten. Verständlich, wenn man bedenkt, wie früher die SED mit der SPD umgesprungen ist. Seltsam auch, daß die PDS ihr Vermögen nicht mit der SPD teilen will. Nach der Zwangsversteigerung der beiden Parteien KPD und SPD war das gesamte SPD-Vermögen in die Kasse der SED geflossen.
Die PDS will bundesweit ein Wahlbündnis mit linken Gruppen eingehen. Trotzdem hat sie kaum eine Chance, einmal im gesamtdeutschen Parlament vertreten zu sein. Die alte SED hätte sich auflösen und ihr Vermögen dem Staat übergeben müssen, der es dann hätte neu verteilen können. Einziger und wesentlicher Pluspunkt für die PDS ist der so unvoreingenommen wirkende Gysi. Aber die Verbrechen, die Schuld, die Verlogenheit der SED wirken nach. Die PDS ist eben immer noch die SED.
Gysi hat nun selbst zugegeben, daß die alten SED-Kader nicht wandlungsfähig seien. Als der flotte Redner neulich in der Volkskammer der SPD ins Stammbuch schrieb, »Die CDU hat für die Vereinigung der beiden deutschen Staaten weitaus mehr getan als die SPD«, erhielt er tosenden Beifall von den CDU-Abgeordneten. Die SPD wiederum, schwer beleidigt, roch gleich wieder eine Verbrüderung der alten Blockparteien. SED und Blockflöte CDU. Herzerfrischend diese Auseinandersetzungen. Davon lebt eine Demokratie.

De Maizière sitzt im Spielhöschen auf einem Bänkchen und baut mit Bauklötzchen an einer »DDR«-Burg. Daneben der Spielklötzchenkasten mit Hammer und Zirkel. De Maizière: »Nicht so hastig! Ich möchte doch noch ein bißchen spielen.« (Karikatur von Wolter.)

Deutschlandfunk um 7.40 Uhr: Eppelmann sei nun auch für die Bundeswehr auf DDR-Gebiet. Siebzigtausend NVA-Soldaten sollen von der Bundeswehr übernommen werden. Stoltenberg kommt nächste Woche nach Straußberg, um mit Eppelmann darüber zu verhandeln.
Deutschlandfunk 16.00 Uhr: Frau Mathäus-Maier, Finanzexpertin der SPD, behauptet, Stoltenberg habe von den NVA-Waffenkäufen gewußt und sie gebilligt.
Dregger möchte noch heute eine Einigung bezüglich einer Wahlsperrklausel herbeiführen.

Die »Neue Ruhr/Neue Rhein-Zeitung«:
»Wer in diesen Sommertagen des Jahres 1990 das Alltagsleben des so oft zitierten kleinen Mannes in der – noch – DDR empfunden und getestet hat, kann sich hierzulande nur noch an den Kopf fassen. Da ist fast nur noch die große Leere, die große Unbegreiflichkeit auf allen Ebenen zu registrieren. Die deutsche Einheit wird zerredet. Die Menschen verschlafen ihre eigene Zukunft. Niemand nimmt sie an die Hand und sagt, wo es nun langzugehen hat. Sie sind forderungsbewußt, aber noch nicht leistungsbereit. Das ist der Kern. Ihr Staat, der längst keiner mehr ist, hängt am Tropf, doch die Regierenden rund um Lothar de Maizière tun so, als hätten sie die Bonner Druckmaschinen in ihren Ostberliner Kellern und könnten die harten Geldscheine als eigene Wohltat unter ihr Volk verteilen. Keine Spur von öffentlicher Sparsamkeit, kein Bewußtsein für den dienenden Charakter jeder Verwaltung. Daß dieses Volk sich seinen heißersehnten Wohlstand nicht erstreiken, sondern hart erarbeiten kann, hat sich noch nicht herumgesprochen.«

Mittwoch, 1.8. 1990

Die Firmen der Noch-DDR bezahlen ihre Rechnungen nicht; sie legen sie auf die Seite und warten ab. So kann keine Wirtschaft funktionieren? Golke von der Treuhandgesellschaft meint, er habe es sich schlimm vorgestellt, aber nicht so furchtbar.
Die Bürger zwischen Thüringen und Mecklenburg wollen partout keine Ost-Waren mehr kaufen. Was unter dem alten Regime produziert wurde, könne nicht gut sein. Eine psychische Sperre.
Der Haushalt der DDR ist eigentlich kaum zu finanzieren. Riesige Lücken, für die Bonn aufkommen soll. Das allerschlimmste sind die Steine, die Kapitalgebern aus dem Westen in den Weg gelegt werden, wie zum Beispiel die noch immer nicht gelösten Eigentums- und Grunderwerbsfragen.
Voraussetzung für eine funktionierende Wirtschaft ist eine rasche Kommunikation auf allen Ebenen. Auch hier mangelt es an vielem. Zu wenig Telefonanschlüsse, kaum FS und Telefax.
Die DDR versinkt weiter im Chaos, und zum Sommerschlußverkauf reisen die Ossis nach Westdeutschland und wühlen dort am Grabbeltisch.
Die DDR bräuchte jährlich mindestens hundertfünfzig Milliarden Mark als Stütze. Vielleicht wäre es besser gewesen, einen Großteil der Betriebe gleich zu schließen und vier Millionen Menschen Arbeitslosenunterstützung zu zahlen, als noch Milliarden um Milliarden in eine total marode Wirtschaft zu stecken.
Gestern in der »Bild«-Zeitung: »So verschleudert die DDR-Regierung unser Geld. Ministerpräsident de Maizière: verhindert die Verschwendung nicht. Au-

ßenminister Meckel: neue Botschafter – weshalb eigentlich nicht? Verteidigungsminister Eppelmann: kaufte neue Waffen für eine Milliarde. Finanzminister Romberg: 700 Millionen für Energie-Subventionen, 300 Millionen für Lehrer. Wirtschaftsminister Pohl: reist durchs Land und hält schöne Reden.«

Wenn es wenigstens noch schöne Reden wären! Der Wirtschaftsminister erzählt den lieben langen Tag nur von zusammenbrechenden Firmen und Millionen Arbeitslosen. Wie soll so jemand aus dem Westen animiert werden, zwischen Elbe und Oder zu investieren?
»Stuttgarter Nachrichten«: »A conto Bonn«
»Da läuft etwas mächtig aus dem Ruder. Die DDR, die im tiefen Keller des Staatsbankrotts sitzt, häuft zusätzliche unnötige Schuldenberge auf. Die Methode fängt ganz oben an, bei Ministerpräsident de Maizière. Er stellt dem Jüdischen Weltkongreß die Wiedergutmachung nationalsozialistischen Unrechts in Aussicht – was die DDR bisher 40 Jahre lang abgelehnt hatte. So verspricht man Geld aus der Tasche eines anderen. Aber Moral, die am Ende ein anderer bezahlt, war noch nie besonders überzeugend. Zahlen darf die Bundesrepublik genauso bei den Waffenkäufen, die DDR-Verteidigungsminister Eppelmann noch nicht storniert hat (und bei denen allem Anschein nach auch das Bonner Finanzministerium im Rahmen der deutsch-deutschen Regierungsabsprachen geschlafen hat). Ins Bild paßt nicht minder die Ausgabefreudigkeit von DDR-Außenminister Meckel, ehemals Pfarrer wie Eppelmann. Nicht nur daß er Freunde und Verwandte zuhauf in sein Ministerium berief; er schickte auch in schnell erworbener Weltläufigkeit neue DDR-Botschafter – bevorzugt Pfarrer – für die fünfmonatige Endzeit der DDR nach Europa und Übersee. Am liebsten hätte er sogar noch neue Botschaften eröffnet.
Die neueste Milliardenforderung kommt von DDR-Sozialministerin Hildebrandt. Sie hat recht, daß die Lage der meisten DDR-Betriebe prekär ist. Aber sie und ihr Regierungschef sollten endlich auch gegen das selbstgemachte Fiasko in der DDR zu Felde ziehen: gegen die lemminghaften Tariferhöhungen, Beschäftigungsgarantien und Streiks der letzten Wochen, die viele Firmen nur noch tiefer in die roten Zahlen stürzen.
Jürgen Offenbach.«

Donnerstag, 2. 8. 1990

Honecker ist laut ärztlichem Gutachten nicht haftfähig. Vor einigen Tagen ist aber der schlimme Mielke wieder verhaftet worden. Als er die Polizisten sah, soll er in Ohnmacht gefallen sein. Der Zweiundachtzigjährige verfügt über schauspielerische Talente.

Mittag, der furchtbare Rostocker, müßte nach Menschenermessen längst tot sein! Beide Beine amputiert. Hochgradig Zucker und Folgekrankheiten. Er wird seit Dezember in Haft gehalten. Ein Willensmensch? Wann endlich finden die Prozesse statt?

De Maizière war mit Krause bei Kohl in St. Gilgen. Der Kanzler habe die DDR-Regierenden freundschaftlich ermahnt, besser mit dem westdeutschen Geld umzugehen.

Schäuble und Krause haben das Wahlabkommen abgezeichnet. Die kleinen Gruppierungen haben jetzt keine Chance mehr. Lambsdorff hat sich also durchgesetzt. Der hatte schon im Frühjahr – allein auf weiter Flur – den Termin genannt: 2. 12. 1990. In der DDR war man damals noch mit Wahlprognosen für '91 und '92 beschäftigt.

Konrad Weiß will vor die Verfassungsrichter gehen. Denn die mutigen Querdenker, die den Aufstand gegen die SED vorangetrieben hatten, haben nun nicht mal die Möglichkeit, über Listenverbindungen in den Bundestag zu kommen.
Gysi von der PDS schäumt. Aber bei seiner Partei, die in einigen Gebieten in der DDR stark ist, wird es vielleicht für Direktmandate reichen.
Und unsere großen Wahlstrategen feiern das Wahlabkommen als besonders demokratisch!
Eben das ist es nicht. Jede Wahleinschränkung – und eine Prozentklausel ist eine solche – bezeugt einen Mangel an Demokratie. Die so großartigen Parteien vergessen leider nur allzugern, daß sie lediglich Hilfsmittel sind, um den Wählerwillen auszuführen. Aber was will der Wähler?

Die »Bild«-Zeitung feuerte wieder eine Breitseite gegen die DDR-Regierung. Schlagzeile: »Die Menschen verzweifeln – die Minister machen Urlaub. Daß sie sich nicht schämen!«
Fein säuberlich wird aufgeführt, wo die Minister jeweils ihren Urlaub verbringen. »Eppelmann (47, DA) erholt sich bei seiner Schwiegermutter im Stuttgarter Vorort Steckfeld – bewacht von zwei Vopos.«

Nachmittags kam Eppelmann nach Bonn und beklagte sich auf der Bundespressekonferenz über die »schlechte Presse«, die er zur Zeit habe. Die NVA sei doch eigentlich Weltmeister in der Abrüstung.

Freitag, 3. 8. 1990

Lothar de Maizière teilt der überraschten Öffentlichkeit mit, daß die gesamtdeutschen Wahlen nun schon am 14. Oktober, also zusammen mit den Landtagswahlen, stattfinden sollen. Dieser Termin sei mit dem Kanzler abgesprochen.
Die SPD ist mit dieser Terminplanung nicht einverstanden, Lambsdorff von der FDP dagegen hellbegeistert. Er meint, nun müsse auch eine Zweidrittelmehrheit aus Sozialdemokraten für die Auflösung des Bundestages stimmen, damit der Termin zu halten sei. De Maizière wies auf die schnelle Einigung bei den Zwei-plus-vier-Gesprächen hin und nannte wirtschaftliche Gründe für vorgezogene Wahlen.
Baker und Schewardnadse waren vor zwei Tagen in Ikurtsk der Ansicht, die Zwei-plus-vier-Gespräche könnten bereits im September abgeschlossen werden.
Die DDR steht vor dem endgültigen wirtschaftlichen Zusammenbruch. Und die Westdeutschen müssen zahlen. Je länger dieser Verschleißprozeß andauert, desto mehr verringert sich die Chance eines Wahlsiegs von Kohl.
Nun soll der Stier bei den Hörnern gepackt werden. Die DDR-Bevölkerung kennt nur noch ein Ziel: Ein vereintes Deutschland. Jeder Tag Verzögerung macht den Leuten Angst. Sie trauen den neuen Zeiten noch nicht.

M. vom Auswärtigen Amt meinte telefonisch, mit den Wirtschaftsdaten habe sich die Regierung Kohl total verrechnet. Aber man habe die Währungsunion gewollt, um Fakten zu setzen. Hätte man gewußt, wie kooperativ die Sowjetunion sei, wären andere Lösungen besser gewesen. Pöhl habe ja auch vor voreiligen Schritten gewarnt. Kohl sei bei der ganzen Sache noch der Zuversichtlichste. Auch wenn nun eine Talfahrt mit Durststrecke angesagt sei, müsse man das durchstehen. Die Vereinigung sei eine großartige, besondere Sache, die eben auch besondere Mittel erfordere. Wenn die Wirtschaftsdaten der DDR sich allerdings nicht rasch änderten, käme eine ungeheure Zahlungsverpflichtung auf Westdeutschland zu. Die Vereinigung müsse die Wirtschaft unbedingt ankurbeln und die Unternehmer zu Investitionen im Osten animieren. Die Kosten der Vereinigung müsse die Wirtschaft tragen – so sei es geplant gewesen –, nicht die öffentliche Hand.

Moskau zeigt sich erstaunt über den vorgezogenen Wahltermin. Ein Sprecher des Außenministeriums: Die Zwei-plus-vier-Gespräche würden dadurch gestört.

Vorsicht, Vorsicht! Noch ist die Ernte nicht eingefahren! Immer noch stehen vierhunderttausend sowjetische Soldaten in der DDR!
M. vom Auswärtigen Amt wörtlich: »Den Hals werden wir uns bei der ganzen Sache nicht brechen, aber vielleicht ein paar große, blaue Beulen holen.« Krause und de Maizière seien lernfähig und würden ihr Bestes geben, im Gegensatz zu den vielen Regierungs-Laien.

Samstag, 4. 8. 1990

Die Absicht, die gemeinsamen, also gesamtdeutschen Wahlen vorzuverlegen, stößt teilweise auf heftige Kritik. Die CSU ist nicht sehr erbaut vom Termin 14. Oktober 1990, die SPD sowieso dagegen.
Wie da Zweidrittelmehrheiten zustande kommen sollen, ist fraglich. Kohl könnte – wie 1982 – die Vertrauensfrage stellen. Aber das würde zu sehr nach Manipulation aussehen. Ob der Bundespräsident mitmachen würde, ist ebenfalls zweifelhaft. Ein genialer Schachzug Kohls ist der Termin im Oktober keineswegs, und er selbst hat darauf hingewiesen, daß de Maizière es gewesen sei, der den Oktober ins Gespräch gebracht habe.
Die SPD ist aus wahltaktischen Gründen gegen den frühen Termin. Sie möchte Kohl im Dezember als Gescheiterten vorführen, denn die DDR-Wirtschaft baut in schwindelerregendem Tempo ab. Hohe Arbeitslosigkeit – drei Millionen Menschen mindestens –, Kommunen, die kein Geld haben, Länder – von Sachsen bis Mecklenburg –, arm wie Kirchenmäuse. Und das Grundübel, das die Investoren zurückschrecken läßt: das nicht gelöste Problem des Eigentums an Grund und Boden.
In Leipzig gibt es immer noch keinen Stadtrat für Wirtschaftsfragen. Niemand traut es sich zu. Es gibt aber auch kein Grundstück zum freien Verkauf, bei dem die Besitzverhältnisse eindeutig sind. Derweil sind die Immobilienpreise in der Stadt auf ein Niveau geklettert – siebzig bis einhundert D-Mark pro Quadratmeter –, bei dem man sogar in Düsseldorf erröten würde.

Die Nationale Volksarmee, die so preußisch-zackig unter den Linden paradieren konnte, wird es in einem vereinigten Deutschland nicht mehr geben. Stoltenberg gab nun Einzelheiten der zukünftigen Wehrplanung bekannt. Danach wird das Ostberliner Verteidigungsministerium in Straußberg zum »Hauptquartier für die Territorialstreitkräfte Ost« umgewandelt. Die Gesamt-Armee wird ungefähr dreihundertsiebzigtausend Soldaten umfassen, davon fünfzigtausend aus der ehemaligen NVA. Sofort nach dem Beitritt der DDR werden hohe Offiziere der Bundeswehr leitende Funktionen bei den Streitkräften auf dem Gebiet der dann ehemaligen DDR übernehmen. Waffen und Gerät der

NVA sollen nicht übernommen werden. Ein Großteil der NVA-Offiziere geht in den vorzeitigen Ruhestand.
Inzwischen hat Eppelmann rund zehntausend Rüstungsverträge mit zweitausend Firmen in der DDR storniert. Mit der Entlassung von hunderttausend Arbeitnehmern, die mit der Abwicklung der Aufträge betraut waren, müsse gerechnet werden.

Montag, 6.8. 1990

Kohl möchte morgen Vogel und Lafontaine vom Wahltermin am 14.10. 1990 überzeugen. Die SPD will hart bleiben und vorschlagen, daß die DDR schon früher beitritt.
Wieder Hickhack. Wahlkampf überall. Die DSU beabsichtigt, einen Antrag in der Volkskammer einzubringen, schon am Mittwoch oder Donnerstag beizutreten. Immer wieder ändert sich alles, manchmal stündlich. Allerorts Unsicherheit. Die Bevölkerung zwischen Oder und Elbe will nur noch eins: nach der Währungsunion nun auch rasch die politische Vereinigung. Erst dann wird man – nach vierzig Jahren SED-Herrschaft – an eine gute Zukunft glauben.
Warum können sich nicht alle Beteiligten zusammensetzen und einen logischen, sauberen Fahrplan als Leitlinie absprechen?

De Maizière will in Brandenburg nicht für den Landtag kandidieren, um dort Ministerpräsident zu werden. Gegen Stolpe hätte er kaum eine Chance. Außerdem ist er sicherlich für führende Aufgaben im Bund vorgesehen und wird der erste Stellvertreter von Kohl im CDU-Parteivorsitz.

Dienstag, 7.8. 1990

Die Gespräche zwischen Kohl/Lambsdorff auf der einen und Vogel/Lafontaine auf der anderen Seite sind ohne Ergebnisse geblieben. Damit wird es am 14.10. 1990 keine Wahlen geben.
Der Bundestag wird morgen über die Wahlen diskutieren, ebenso die Volkskammer. Jeder wird seine Anträge formulieren. Da keiner eine Zweidrittelmehrheit hat, wird es beim Fahrplan 2.12. 90 bleiben.

In der Nähe der Friedrichstraße, Ost-Berlin, ein Pappschild mit der Aufschrift: »Wir wissen auch nicht, wo es langgeht. Ihre Grenztruppen.« Da Grenztruppen an der ehemaligen innerdeutschen Grenze nicht mehr nötig sind, bezieht sich der Hinweis vielleicht auf die Gesamtlage der Noch-DDR? Viele wissen dort nicht mehr, wo es »langgeht«. Konnte es anders kommen? Die Marktwirtschaft wird der Staatswirtschaft übergestülpt. Brüche und Verwerfungen sind somit unvermeidlich.

Die »Bild«-Zeitung macht mit der Schlagzeile auf: »DDR verschwindet schon diese Woche. Und keiner weint ihr eine Träne nach.« Leider wird es diese Woche nicht zum Verschwinden kommen. Unsere Volksvertreter haben damit zu tun, sich um den Termin zu zanken und lautstark Wahlkampf zu betreiben.

Die Diskussion über Berlin als Hauptstadt geht mit aller Heftigkeit weiter. Im zweiten Staatsvertrag steht wohl, daß Berlin Hauptstadt sein wird, aber es steht nicht drin, daß es auch Regierungssitz wird.
Neun Bundesländer haben sich intern für Bonn als Hauptstadt ausgesprochen. Niedersachsen hat sich noch nicht entschieden, und Berlin stimmte naturgemäß für Berlin.
Anzeigenserien, die an die fünf Millionen Mark kosten, werben für Berlin als Hauptstadt. Im Ausland versteht man diese Auseinandersetzung nicht, hält sie für überzogen und kleinlich.

Donnerstag, 9.8. 1990

Nun ist es amtlich: Der so mühsam zwischen Bonn und Ost-Berlin ausgehandelte Wahlvertrag ist in der Volkskammer gescheitert. Fünf Sozialdemokraten enthielten sich der Stimme. Böhme begründete das Ereignis fadenscheinig mit der Unterbrechung der Sitzung durch den stellvertretenden Präsidenten Höpke, der möglichst viele Abgeordnete herbeiholen wollte. Zwei Drittel der Stimmen wurden gebraucht. Es reichte nicht. Schröder, Fraktionschef der SPD, rügte das Verhalten seiner Fraktionskollegen.
Die ganze nächtliche Sondersitzung verlief unter Anklagen und Beschimpfungen. DDR-Unterhändler Krause griff Finanzminister Romberger scharf an und die Arbeitsministerin, die sich anschließend sehr emotional, aber geschickt verteidigte und viel Beifall erhielt. Vorher hatten die meisten SPD-Abgeordneten bereits beleidigt wegen Krauses Attacken das Plenum verlassen.
Zur besten Sendezeit von Funk und Fernsehen war es dem Vorsitzenden Gysi erlaubt, eine Stunde lang seine Anträge zu begründen.
Daß die Sitzung ein Debakel werden würde, war eigentlich vorauszusehen. Warum war man nicht schon morgens zusammengekommen? Wichtige Abstimmungen sollten nie in der Nacht stattfinden.
Eine Mehrheit gab es für den Beitritt nach Artikel 23 und die Bundestagswahl am 14.10. 1990.
Es wäre nicht verwunderlich, wenn die Verträge in der Volkskammer auch

künftig die Zweidrittelmehrheit verfehlten und wir vorerst noch eine Weile auf ein einiges Deutschland warten müssen. Man faßt sich an den Kopf, wie pedantisch deutsch, überempfindlich und beleidigt die Abgeordneten an die großen Themen der Nation herangehen. Die immer hitzig debattierenden Franzosen hätten den Vertragsentwurf in ihre Nationalversammlung eingebracht, abgestimmt, ein fast hundertprozentiges Ergebnis erzielt und anschließend die Nationalhymne gesungen.
Nun wird das blamable Ergebnis der Abstimmung als kleines Malheur hingestellt, das es wahrhaftig nicht ist. Am 23. 8. soll die Abstimmung wiederholt werden.

In Bonn trat der Bundestag zusammen. Auch hier Wahlkampfaufritte von Lafontaine und Waigel.
Der 14. Oktober als Wahltermin fand keine Mehrheit. Über den Wahlvertrag stimmte man nicht ab, da er ja gerade in der Volkskammer durchgefallen war. Eine Pleite nach der anderen.
Die Abgeordnete Vollmer (Grüne) meinte, zum Kanzler gewandt und Goethe zitierend: »Ihr habt die Teile in der Hand, fehlt nur noch das geistig Band.« Und: »Kohl kann so schnell vorstürmen (Vereinigung), weil er nichts mehr im Gepäck hat.«
Hätte dieser Unglücksmensch de Maizière nur auf Kohl gehört! Der nämlich soll ihm am Wolfgangssee geraten haben, den neuen Wahltermin nicht vorher zur Diskussion zu stellen, sondern erst in der Volkskammer mit einer großen Rede anzukündigen. So gab es für die SPD ausreichend Raum, nein zu sagen.

»Auch ohne Gott und Sonnenschein bringen wir die Ernte ein.« So die alte SED-Losung. Inzwischen sieht vieles anders aus. Was geschieht mit der eingebrachten Ernte in der DDR? Keiner will die riesigen Mengen haben.

Freitag, 10. 8. 1990

Kohl ist gestern wieder mit de Maizière zusammengetroffen. Der Fahrplan der Einheit sieht den Beitritt der DDR zur Bundesrepublik zum 14. 10. 1990 vor. Die gemeinsame Bundestagswahl könnte dann am 2. 12. 1990 stattfinden.
Waigel hat gestern seinen Haushaltsentwurf zurückgezogen mit dem Argument, er wolle einen gesamtdeutschen Haushalt im Frühjahr vorlegen. Die SPD aber will den Entwurf bereits vor den Dezemberwahlen sehen. Waigel ist nicht zu beneiden, denn aus der DDR liegen immer noch keine exakten Zahlen vor.

Bei der NVA ist der Stechschritt abgeschafft worden. Jeden Tag konnte man dieses Prozedere an Schinkels »Neuer Wache« bestaunen. Es gibt kaum noch eine Armee, die diese »Gangart« praktiziert. In der Ausbildungsordnung für Infanterie von 1922 heißt es: »Der Exerziermarsch verlangt Anspannung der Kräfte, fördert den Zusammenhalt der Truppe und damit die Manneszucht.« Endlich vorbei das Ganze!

Samstag, 11.8. 1990

Nach dem Abstimmungsdebakel in der Volkskammer jetzt der große Katzenjammer. Schuldzuweisungen überall.
SPD-Chef Thierse nennt Staatssekretär Krause einen »unverschämten, demagogischen und arroganten Lümmel«. De Maizière ist wegen seiner Unbeweglichkeit von der SPD die Bezeichnung »Zementsack« verliehen worden.
Die Autorität ist hin. Die Regierung wird mit den Folgen der vierzigjährigen SED-Mißwirtschaft einfach nicht fertig. Außerdem sitzen überall immer noch die alten SED-Funktionäre.
Die Vergabe von Krediten, auch von der Treuhand, erfolgt nach Treu und Glauben. Ist das der schnellste Weg, Milliarden zu verschleudern? Die Firmen reichen einfach Auflistungen ihres Kreditbedarfs ein. Drei Firmenkategorien gibt es: Zur ersten zählen die noch sanierungsfähigen Betriebe, zur zweiten die bereits angeschlagenen und fragwürdigen und zur dritten diejenigen Einrichtungen, bei denen der Konkurs vor der Tür steht. Sie können aber nicht in Konkurs gehen, da das Konkursrecht zeitweilig außer Kraft gesetzt wurde.
Die Kredite müssen nach drei Monaten zurückgezahlt werden. Also die ersten bereits im September. Und sie reichen oft nur dazu, die Löhne zu bezahlen.

Montag, 13.8. 1990

Mauergedenktag. Zum ersten Mal seit neunundzwanzig Jahren nun auch Gedenkveranstaltungen im östlichen Teil Deutschlands und Berlins.
»Klappe zu. Wir bauen eine Mauer«, so sangen sie 1961.
13. August 1961. Mauerbau. Engländer, Amerikaner und Franzosen schauen zu, rühren sich nicht. Willy Brandt aufgebracht zu den Kommandanten: »Die Russen haben Sie in den Arsch getreten.«
Ein Mann, Fechner, verblutet mitten im Mauerbereich. Keine Hand rührt sich. Kein beherzter General der Amerikaner brüllt, »Halt, wir holen den Mann«. Nein, sie schweigen alle, in Ost wie in West. Als man den amerikanischen Präsidenten um Weisung bittet, wie im Falle Fechner zu verfahren sei, ist der Flüchtling bereits verblutet.

Heute wird Honecker der Schießbefehl vorgehalten, den es als solchen gar nicht gegeben hat. Honecker wehrt sich: Er sei immer gegen diese Schüsse gewesen. Man kann wohl darauf wetten, daß wegen der zweihunderteins Toten an der Mauer niemand belangt werden wird.

Streibl hat die Bundesregierung aufgefordert, Zahlungen an die DDR einzustellen, »...bis der Beitritt endlich wirksam wird und die Hobby-Minister drüben wieder ihren erlernten Berufen nachgehen...« Das ist ungerecht. Nach vierzigjähriger Mißwirtschaft durch die SED ist es auch für den cleversten Marktwirtschaftler unmöglich, innerhalb von vier Wochen in der DDR alles zum Positiven zu wenden.
Alles geht noch viel tiefer, als es aussieht. Die Talsohle ist noch nicht erreicht.

Achtzig Prozent der DDR-Generale werden nach der Vereinigung in Pension gehen. Die kleine NVA hat noch fast zweihundert Generäle in ihren Diensten. Wie hoch werden hier die Kosten sein?

FDP-Fraktionsvorsitzender Mischnick, der eigentlich in den Ruhestand gehen wollte, kandidiert nun für die FDP in Dresden. Durch die Vereinigung der beiden deutschen Staaten verspürt auch er neue Aufbruchstimmung. Ähnlich Dregger von der CDU. Auch er kandidiert wieder.

Eine böse Zunge aus Berlin: »Was macht Frau Bergmann-Pohl, wenn sie nicht in der DDR ist? Sie urlaubt in Italien, reist nach Frankreich oder hält sich in Westdeutschland auf. Eine ganz sichere Adresse ist der Ku'damm. Dort kauft sie in den teuren Boutiquen bunte Fummel.«

Aus der »Süddeutschen Zeitung« vom 13.8. 1990:
»Ein ehemaliger politischer Häftling des SED-Regimes ist am Samstag vor dem Ostberliner Justizministerium in den Hungerstreik getreten, um den Rücktritt von Minister Kurt Wünsche zu erzwingen. Wie die Nachrichtenagentur ADN berichtete, will der Mann, der seit seiner Haftentlassung als Bankkaufmann in der Bundesrepublik lebt, mit der Aktion darauf aufmerksam machen, daß Wünsche in seiner Amtszeit unter SED-Herrschaft für Tausende von Terrorakten der DDR-Justiz verantwortlich gewesen sei.«

Mittwoch, 15. 8. 1990

De Maizière entläßt vier seiner Minister. Der eigenwillige Finanzminister Romberg (SPD) hat sich geweigert, dem Finanzausgleich in der Form zuzustimmen, daß auch Gelder aus der DDR in den Westen Deutschlands fließen müssen. Ob Romberg einfach geht, ist fraglich. Er wird sich darauf berufen, die Volkskammer habe ihn gewählt und nur sie könne ihn auch entlassen. Wirtschaftsminister Pollack geht aus freien Stücken, ebenso Wünsche, der bereits unter Ulbricht Justizminister war.
Der Landwirtschaftsminister mußte sich noch vor seiner Entlassung die Proteste seiner Bauern auf dem Alexanderplatz anhören, die ihm mangelnde Entschlossenheit vorwarfen, ihn anrempelten und Prügel androhten. Er wollte reden, kam aber nicht zu Wort. Ein Bauer brüllt ihn an: »Versuch es noch einmal, versuch es noch einmal.« »Ich habe es versucht.« »Das ist zu wenig, noch mal...«
Auch Staatssekretär Krause hat bereits Bekanntschaft mit Tomaten und Eiern machen müssen. Ein Politiker muß das wegstecken können, ohne mit der Wimper zu zucken.
De Maizière wies auf einer Pressekonferenz darauf hin, Finanz- und Landwirtschaftsminister hätten immer neue Geldforderungen gestellt, dagegen seien aus dem bereitgestellten Drei-Milliarden-Fond erst einige Hundert Millionen D-Mark abgerufen worden.
Also fachliche Inkompetenz? Der Wahlkampf auf jeden Fall läuft auf Hochtouren!

Gerüchte über angebliche Morde des Stasi an prominenten Flüchtlingen machen die Runde. Es wird sehr schwer sein, hier Beweise zu erbringen.
Die »Bild«-Zeitung:
»Daß Mielkes Stasi-Mörder in der DDR töteten, ist bekannt. Daß sie im Westen zuschlugen, haben die meisten nicht für möglich gehalten. Seit den jüngsten Enthüllungen in der ›Welt‹ kann auch dies als gesichert gelten. In West und Ost werden jetzt Gräber und Akten überprüft: Gartenschläger, der Weltklasse-Sprinter Eugen Ray, Kaufmann Bosse, Lutz Eigendorf, der US-Bürger Read... Mielkes Fernlenk-Killer waren überall.
So wie früher die Meuchel-Mörder von GPU und KGB. Schalldämpfer-Pistolen, Todesspritzen, Gift – gnadenlos ging die Jagd rund um den Globus.
Der mutmaßlichen Mörder-GmbH aus der ehemaligen Schießbefehl-Republik muß der Prozeß gemacht werden – aber hier.«

Genscher fährt morgen wieder nach Moskau, um dort die nächste Runde der Zwei-plus-vier-Gespräche vorzubereiten.
Das wichtigste Argument für den totalen Umschwung der sowjetischen Politik liefert Professor Daschitschew in einem Interview mit der Ost-Tageszeitung »Der Morgen«:
»Die Sowjetunion und die Länder Ost-Europas werden am meisten von der Vereinigung Deutschlands haben. Die Sowjetunion wird frei von der schweren Last ständiger Konfrontation mit dem gesamten Westen, vom Wettrüsten, das die sowjetische Wirtschaft schwer belastete und ein kolossales Übergewicht zugunsten der Rüstung und der Schwerindustrie schuf, während die Konsumgüterindustrie und der Agrarsektor vernachlässigt wurden.«

Donnerstag, 16. 8. 1990

Der aus dem Amt gejagte Finanzminister Romberg hat in der Tat argumentiert, de Maizière habe kein Recht, ihn zu entlassen, da er von der Volkskammer gewählt worden sei. Sicherlich eine verfassungsrechtliche Frage.
Die SPD der Noch-DDR empfiehlt der Fraktion den Austritt aus der Koalition. Außerdem will sie die Vereinigungsverträge nicht mittragen.

Ost-CDU-Generalsekretär Kirchner ist von seinem Amt beurlaubt worden. Der »Stern« hatte eine Story abgedruckt, die sich auf die Aussage zweier ehemaliger Stasi-Mitarbeiter stützt: Kirchner sei fünfzehn Jahre Mitarbeiter des Stasi gewesen. Die zwei werden nicht mit Namen genannt, aber sie haben eine eidesstattliche Versicherung abgegeben, daß sie die Wahrheit sagen. Unterlagen können nicht beigebracht werden. Die Akten seien bereits im Dezember vernichtet worden.
Vorsicht! Kirchner steht nun im Regen. Wie soll er jemals seine Unschuld beweisen? Bisher war es Rechtspraxis, daß dem Beschuldigten die Schuld nachgewiesen werden mußte. Vertraut man dem erwiesenermaßen verbrecherischen Stasi mehr als einem bisher unbescholtenen Bürger?
Die Anschuldigungen sind äußerst massiv: Kirchner habe für seine Informationen monatlich bis zu anderthalbtausend Mark vom Stasi erhalten. Geheime Treffpunkte werden aufgeführt und so weiter.
Stimmen die Vorwürfe vielleicht doch? Und fehlen wirklich nur die schriftlichen Beweise?
Eine äußerst delikate Angelegenheit. So oder so hat Kirchner den Schaden.

Hermann Neuberger, der mächtige, eigenwillige und umstrittene Präsident des Deutschen Fußballbundes will die beiden Fußballverbände erst 1992 zusammenführen. Wolfgang Thierse, Vorsitzender der Ost-SPD, daraufhin: »Immer diese Saarländer!«

Freitag, 17.8. 1990

Gestern verließen sechs Minensuchboote Wilhelmshaven, um im östlichen Mittelmeer die Amerikaner in der Golfkrise zu »unterstützen«. Der Irak soll total blockiert werden, um ihn dazu zu zwingen, die Annektion von Kuweit vor vierzehn Tagen rückgängig zu machen.
SPD/FDP und andere haben verfassungsrechtliche Bedenken, ob die Bundeswehr überhaupt zu solchen Unternehmungen hinzugezogen werden dürfe.

Sonntag, 19.8. 1990

Aus für die Regierungskoalition in Ost-Berlin! Bis auf vier Abgeordnete stimmten alle Mitglieder der SPD-Fraktion für die Aufkündigung. Somit bekommt der Ministerpräsident nur noch 197 Abgeordnete zusammen, nicht einmal mehr die einfache Mehrheit.
De Maizière ist am Einigungsvertrag offenbar nicht mehr interessiert, weil die SPD in diesen Vertrag Positionen verankert sehen will, die für Kohl unannehmbar sind. Da dieser Einigungsvertrag in Ost-Berlin und Bonn von den Parlamenten nicht mit der nötigen Zweidrittelmehrheit verabschiedet werden wird, sollte man ihn am besten gleich ganz lassen.
Jetzt wird ein Überleitungsgesetz, zutreffender: Anschlußgesetz, von seiten der Bundesregierung kommen. Die DDR kann dann selbst nichts mehr einbringen, sondern sich nur noch bedingungslos dem Grundgesetz fügen. Aber was ist daran schlecht? Eine Umfrage in Sachsen, heute morgen im Deutschlandsender übertragen, zeigt, daß die meisten Menschen für die Haltung der SPD wenig Verständnis aufbringen. Sie hat sich durch die geschickt taktierende CDU in Ost und West von Anfang an den schwarzen Peter zuschieben lassen. Auch Kanzlerkandidat Lafontaine scheint für die Menschen zwischen Elbe und Oder wenig akzeptabel und die SPD einer schweren Wahlniederlage entgegenzugehen.
Die SPD-Minister wollen am Montag ihre Ämter zur Verfügung stellen. Meckel, der sein Amt so liebte, wird sicherlich de Maizière als Amtsnachfolger im Ost-Berliner Außenministerium einführen. Denn es ist fast undenkbar, daß neben dem Schwergewicht Genscher bei den Zwei-plus-vier-Verhandlungen ein unbekannter Staatssekretär die Noch-DDR vertritt.

Montag, 20.8. 1990

Der Deutschlandfunk meldet um 16.30 Uhr den Rücktritt des Vorsitzenden des Vorstandes der Treuhand in der DDR, Golke. Das Amt übernimmt Aufsichtsratsvorsitzender Rohwedder. Wenn ein so fähiger und findiger Mann wie Golke schon alles hinwirft, muß es schlimmer als erwartet um die DDR-Betriebe bestellt sein.
Die Treuhand konnte sich bisher nicht durchsetzen, da in den achttausend staatseigenen Firmen überall noch die alten SED-Strukturen vorhanden sind. Wie könnten auch aus sozialistischen Planwirtschaftlern reinsten Wassers innerhalb von vier Wochen gestandene Marktwirtschaftler werden?
Golke stand vor der Aufgabe, die achttausend Firmen zu privatisieren. Da aber die Frage des Besitzes beziehungsweise von Grund und Boden rechtlich immer noch nicht geklärt ist, halten sich Investoren und Käufer zurück. Also bescheidene Abschlüsse: Nur zwölf Betriebe konnten bisher verkauft werden.

Montag, 20.8. 1990

De Maizière hat heute den Posten Meckels übernommen. Bei der Übergabe machte Meckel den Eindruck, erleichtert darüber zu sein, eine große Bürde loszuwerden.
Die Ost-SPD will trotz des Zusammenbruchs der Koalition den Einigungsvertrag mit verabschieden, wenn einige Bedingungen erfüllt würden. Hier scheiden sich die Geister. Denn wenn zum Beispiel die jetzigen Besitzer enteigneten Grund und Bodens (1945 bis 1948) ihr Eigentum behalten dürfen, wird eine Prozeßlawine das Land überziehen, die jeden wirtschaftlich kalkulierenden Unternehmer von Investitionen abhalten dürfte.

Langsam erhärtet sich der Verdacht, daß der Stasi unliebsame Gegner um die Ecke bringen ließ. Der »Spiegel« berichtet, daß Ministerpräsident Stoph einmal dem kürzlich verstorbenen vormaligen Staatssekretär im Ministerium für innerdeutsche Beziehungen, Spannenberg, durch Kurier die Warnung habe zukommen lassen, ein Killerkommando des Stasi sei unterwegs, um den Flüchtling Werner Weinhold, der bei seiner Flucht zwei NVA-Soldaten erschossen hatte, umzubringen. Und zwar sei an einen inszenierten Unfall gedacht gewesen.

Der DDR-Lastwagenproduzent Ifa hatte im ersten Halbjahr 1990 5117 von 9000 produzierten Wagen verkauft. Im Juli nach der Währungsunion waren es nur noch 72. Für August lägen 100 Bestellungen vor. Das ist symptomatisch für die untergehende DDR-Wirtschaft. Und es scheint eine Art unbewußte Bestrafungsaktion zu sein an Firmen und Produkten – auch durchaus akzeptablen Produkten –, die natürlich nichts für die Mißwirtschaft und die Unterdrückung durch das SED-Regime können.

Demnächst sollen alle Sowjetbürger frei reisen können, wohin immer sie auch wollen. Ströhm schreibt in der »Welt«:
»Rußland, wohin treibst du? So lautet wieder die alte und ewig aktuelle Frage. Man hört, daß der Oberste Sowjet demnächst die totale Reisefreiheit für alle sowjetischen Bürger beschließen wird. Zehn Millionen Russen werden sich dann nach Schätzungen von Experten sofort nach Westeuropa in Bewegung setzen – und mindestens drei Millionen werden versuchen, hierzubleiben, weil sie drüben keine Hoffnung mehr sehen. Bevorzugte Ziele sollen Deutschland, Österreich und Italien sein. Damit könnte, ehe wir uns versehen, die russische Frage zu einer deutschen Frage werden.«

Dienstag, 21. 8. 1990

Die Fraktionsvorsitzenden von CDU, SPD, FDP und DSU in der Volkskammer haben sich auf den – somit nicht mehr umstoßbaren – Termin für den Beitritt nach Artikel 23 geeinigt: am 14. 10. 90, dem Tag der Landtagswahlen. Schröder von der SPD machte gleich wieder eine Einschränkung: Die Fraktionen müßten natürlich erst zustimmen. Warum klärt man so etwas nicht sofort innerhalb der Fraktionen? Eine neuerliche Verschiebung wird das Vertrauen der Bevölkerung in ihre Volkskammer, in ihre Regierung nicht gerade stärken. Ohnehin ist es schon auf seinem Tiefstand angelangt.

Der Rücktritt Gohlkes soll wegen akuter Differenzen mit Rohwedder erfolgt sein. Der habe Gohlke ein »falsches Konzept« vorgeworfen, indem dieser sich persönlich um den Verkauf von Firmen gekümmert habe. Außerdem soll Gohlke nicht mit der mittleren Ebene seines Hauses klargekommen sein, die immer noch von alten SED-Leuten beherrscht würde. Weiter seien Unregelmäßigkeiten in den Bezirken vorgekommen. Riesige Summen seien dort veruntreut, viel zu hohe Kredite für desolate Unternehmen genehmigt worden.
Aber wer soll diese achttausend Firmen angemessen bewerten, wenn dort nicht mal Bilanzen vorliegen oder die Anfangsbilanzen fingiert wurden? Das Kapitel Treuhand wird noch viel Kummer bereiten. Man hätte gleich die Hälfte der Firmen schließen und den Arbeitern Arbeitslosengeld ausbezahlen sollen. Das wäre billiger gewesen, als nun im Nebel nach einem Neuanfang zu suchen. Ein

Großteil der im Juni ausbezahlten Kredite ist ja nicht in die Produktion gesteckt, sondern für Lohnzahlungen verwendet worden. Das konnte nicht gutgehen. Die Gewerkschaften schließen nun überall Tarifverträge mit Kündigungsschutzklauseln über ein Jahr Laufzeit. Wie sollen da die Firmen überflüssige Stellen abbauen?

Allenthalten wird der Ruf laut, »die Pastoren wieder auf die Kanzel« zu schikken und ihnen ihr »politisches Spielzeug« wegzunehmen. Die Bevölkerung hatte von ihnen hartes Durchgreifen erwartet, statt dessen gab es überall Vergeben und Vergessen. Was Besseres konnte der SED nicht passieren. Jemand sagte, die evangelische Kirche habe ja bereits vor der Wende sehr gut mit Honecker zusammengearbeitet...

»›Rekordverdächtig‹ ist die ›Ministerkarriere‹ des Staatssekretärs im DDR-Außenministerium, Helmut Domke. Nachdem Minister Markus Meckel am Montag kurz vor acht Uhr seinen Rücktritt verkündet hatte und mit ihm auch sein parlamentarischer Staatssekretär Hans Misselwitz ging, beauftragte Meckel den 47jährigen Domke vom Neuen Forum mit der Führung der Amtsgeschäfte. Fünf Stunden später ernannte sich Regierungschef Lothar de Maizière selbst zum Außenminister. Im Vergleich zu Domke war Peter Kauffold ein ›alter Hase‹. Er leitete das Landwirtschaftsministerium vier Tage lang. Der Sozialdemokrat war erst am Donnerstag von de Maizière als Staatssekretär mit der Leitung des Landwirtschaftsministeriums beauftragt worden. Am Montag legte Kauffold dieses Amt nieder.« (dpa)

Deutschland kehrt nach Ansicht des sowjetischen Deutschlandexperten Valentin Falin mit der Vereinigung »auf einem qualitativ neuen Niveau in die Weltpolitik zurück«.
In einem Interview mit dem Parteiorgan »Prawda« erklärte der ehemalige Botschafter in Bonn und heutige Leiter der internationalen Abteilung des Zentralkomitees der KPdSU: »Wenn alles so wird, wie uns die Deutschen versichern, und das gesamte Potential des mächtigen Staates zum Wohle der Menschen eingesetzt wird, wenn von deutschem Boden nur Frieden und nie wieder Krieg ausgehen wird, so wird Europa mit der Lösung der deutschen Frage auf solcher Grundlage in das konstruktivste Zeitalter seiner Existenz eintreten.«
Europa sei mit den Kriegen fertig, so Falin weiter. »Der letzte Krieg in Europa hat bereits stattgefunden. Er hieß ›kalter Krieg‹, war aber in Wirklichkeit der Dritte Weltkrieg.«

Dienstag, 21. 8. 1990

Wer sagt's denn! Der SPD-Vorsitzende in der DDR hält den soeben ausgehandelten Termin für den Beitritt nach Artikel 23 für unrealistisch. (Meldung des Deutschlandfunks um 15.30 Uhr)
Deutschland und sein rasantes Vereinigungstempo boten monatelang Stoff für die Titelseiten der internationalen Presse. Seit der Irak-Krise ist das schlagartig anders geworden. Es gibt zur Zeit nur ein beherrschendes Thema: Den Aufmarsch der Amerikaner in der saudiarabischen Wüste. Das überfallene Kuweit soll befreit werden. Der irakische Diktator sei der zweite Hitler, und ein zweites München dürfe es nicht geben.
England jubelt. Die Löwin brüllt wieder. Die Krallen-Lady, in allen Landesumfragen weg vom Fenster, ist wieder die Eiserne. Englische Kriegsschiffe durchpflügen die See; Embargo, Blockade, Krieg, Vernichtung eilten durch die Welt. Und vor vierzehn Tagen sprachen wir noch vom Frieden!
Überhaupt das Wort »Frieden«. Seit dem 9. 11. 1989 ist es unzählige Male gefallen. Aber Mars ist auch noch da. Seltsam, immer wenn so vollmundig vom Frieden gesprochen wird, scheint der Krieg ganz nah heranrücken zu wollen.
Deutschland fällt aus allen Blütenträumen kalt in die harte Realität. Eine bescheidene Flotte läuft aus, aber nur bis nach Zypern, keine Meile weiter. Die Amerikaner, die doch so viel Solidarität bezüglich Deutschlands Einheit übten, sind konsterniert. Jämmerlich diese achtzig Millionen Deutschen; keine kämpfenden Adler und Tiger, nur wuschelweiche Plüschtierchen.

Der Fraktionsvorsitzende der Ost-SPD, Schröder, ist zurückgetreten. Heute morgen noch Einigkeit mit de Maizière in Sachen Beitritt nach Artikel 23 zum 14. Oktober. Aber die SPD macht nicht mit. (Deutschlandfunk 18.00 Uhr.)

Das Hin und Her geht weiter. Bis auf die PDS wollen alle die Einheit. Doch die Kunkelei führt zu allem, nur nicht zu einem gemeinsamen Termin. Wahltaktik der Parteien. Aber auch gelebte Demokratie in einem Parlament, das bis zum März keines war.

Mittwoch, 22. 8. 1990

Jede Partei in Ost-Berlin will ihren eigenen Beitrittstermin. Sagt die eine 14. Oktober, soll es bei der anderen der 15. September sein. Die DSU würde am liebsten bei jeder Volkskammersitzung beitreten. Kein Termin findet eine Mehrheit. Man muß sich eben zusammenraufen. Das ist demokratischer

Brauch. Daß der Termin in Kürze feststehen muß und wird, ist allen klar. Denn bis auf die PDS wollen alle Volkskammerabgeordneten rasch der ungeliebten DDR den Garaus machen.

Rohwedder, der neue Präsident der Treuhand in der DDR, will seinen Job bis zum Dezember ausüben. Das ist seltsam, denn wie kann in dieser minimalen Zeit eine so große, schwere Aufgabe erfolgreich erledigt werden? Die fünfzehn Bezirksstellen der Treuhand, die Gohlke so sehr kritisiert hat, will Rohwedder erhalten.
Auch an der bisher uneffektiven Arbeit der Treuhand zeigt sich der Schaden, den die Regierung Modrow angerichtet hat. Modrow hat seine Aufgabe zum größten Teil darin gesehen, Hunderttausende SED-Mitglieder versorgt zu wissen. Marktwirtschaft war und blieb für ihn und seine Leute ein Fremdwort. Erinnert sei an die Wirtschaftsministerin Luft, die sich alle vier Wochen immer wieder an die Marktwirtschaft heranzutasten versuchte.

Die italienische Zeitung »Il Giornale« zu den Schwierigkeiten der deutschen Vereinigung:
»Die anhaltende Zurückhaltung der Westdeutschen, in der DDR zu investieren, hat viele Gründe. Einer der schwerwiegendsten ist die Tatsache, daß die Manager noch immer jene Kommunisten sind, die vierzig Jahre lang Diktatoren über die Wirtschaft waren, und daß diese ihre Posten behalten haben und jeden Sektor weiter dominieren. Tausende von Agenten des Stasi wurden in die Polizei eingegliedert, aus Angst, sie könnten ohne Arbeit zu einem Staatsstreich ausholen. Die Regierung de Maizière hat nichts getan, um die stets gegenwärtige Sicherheitspolizei zu säubern... Unter den Deutschen im Westen ist das Unbehagen groß, mit dem alten Regime in den neuen Kleidern zusammenzuarbeiten, zu dem sich die Beunruhigung gesellt, daß man bereits zuviel für die Wiedervereinigung bezahle.«

Donnerstag, 23.8. 1990

Als nach der historischen Abstimmung am Morgen der etwas fassungslose PDS-Vorsitzende Gysi ans Mikrophon ging und konstatierte, die Abgeordneten hätten soeben die Vernichtung der DDR beschlossen, erntete er donnernden Beifall und höhnische Zurufe. Wie groß muß doch der Haß auf dieses seltsame Kind DDR sein, das Stalin zum Vater hatte und zur Mutter den menschenverachtenden Sozialismus!

Freitag, 24.8. 1990

Fast alle Zeitungen machen die erste Seite groß auf mit der Meldung vom Beitritt der DDR.

Die »FAZ«: »Ein Tag der Freude für alle Deutschen.« Die »Welt« ausnahmsweise farbig mit Bundesadler und den nationalen Farben: »Wiedervereinigung am 3. Oktober.« »Die Süddeutsche Zeitung«: »Beifall im Bundestag für Vereinigung am 3. Oktober.« Die »Bild«-Zeitung bildet dreifarbig ein umrandetes Deutschland und liefert die Schlagzeile: »3. Oktober – Endlich!« Dazu ein Foto des lachenden de Maizière und Diestels. Natürlich darf Axel Springer nicht fehlen, der einmal Ernst Moritz Arndt zitiert haben soll »...und ihr werdet eins werden...«

Für die Donnerstag-Ausgaben kam die Meldung vom Beitritt zu spät. Die Abstimmung war erst um 2.45 Uhr beendet. Frau Bergmann-Pohl verkündet das Ergebnis um 2.50 Uhr.

Die »Bild«-Zeitung hat die Chronik der Ereignisse zusammengestellt:

»So kam es zur Entscheidung im DDR-Parlament:

Maizière beantragt eine Sondersitzung. ›Es ist Zeit, die quälenden Diskussionen zu beenden.‹

21.08: die historische Sitzung beginnt. Zwei Anträge stehen auf der Tagesordnung. Die DSU will den Beitritt am 22. August, die CDU am 14. Oktober.

22.33: Lothar de Maizière geht ans Rednerpult und beschwört die Abgeordneten: ›Da wir uns im Ziel einig sind, sollte uns der Weg in die deutsche Einheit nicht mehr trennen.‹

22.43: Das Bündnis '90 beantragt eine Pause.

22.45: Auf den Gängen wird spekuliert. Eine Kiste ›Berliner Pils‹ wird in den Fraktionssaal gebracht. Die SPD will einen neuen Antrag einbringen. Beitritt: 15. September.

22.47: De Maizière sagt vor laufenden Kameras: ›Heute wird es keinen sofortigen Beitritt geben.‹

23.00: Das Bündnis '90 spricht sich gegen den sofortigen Beitritt aus.

23.05: DSU-Sprecher Jürgen Schwarz fordert den sofortigen Beitritt. ›Jeder Tag Verzögerung kostet Millionen.‹

23.15: SPD-Chef Wolfgang Thierse stellt den Antrag auf Beitritt zum 15. September.

23.24: PDS-Chef Gregor Gysi spricht sich für einen späteren Zeitpunkt aus.

23.35: Rainer Ortleb von den Liberalen plädiert für den 3. Oktober.

23.46: Abstimmung. Der SPD-Antrag 15. September wird abgelehnt.

0.45: Nur 56 Ja-Stimmen für den DSU-Antrag sofortiger Beitritt.

0.46 bis 1.30: Aussprache über den Antrag 3. Oktober.
1.30: Abstimmung über den 3. Oktober.
2.45: Auszählung der Stimmen am Runden Tisch in einem Nebenzimmer. Der Haufen mit den blauen ›Ja-Karten‹ wurde immer größer, die roten ›Nein-Karten‹ bekamen erst Aufwind, als die PDS ausgezählt wurde. Plötzlich gedämpfter Jubel. FDP-Fraktionschef Lehmert: ›Geschafft. Satte Mehrheit. 294 Stimmen.‹ Er gratuliert Präsidentin Bergmann-Pohl.
2.50: Frau Bergmann-Pohl setzt die Sitzung fort: ›Ich habe das Vergnügen, ein Ergebnis bekanntzugeben.‹
Sie verspricht sich, sagt ›Beitrag‹ statt ›Beitritt‹. Als sie die Anzahl der Ja-Stimmen bekanntgibt, bricht tosender Jubel los. Das ist die Einheit. Endlich, endgültig!«

Montag, 27. 8. 1990

Lambsdorff ist nun zum dritten Mal umgefallen, und zwar wegen des Paragraphen 218. Nun steht er wieder da, wo die ganze Sache angefangen hat. Die Schuld an diesem Kreis will man dem müden Justizminister aufhalsen. Der habe die falschen Informationen geliefert.
Am Sonntag trafen sich die Bonner Regierungskoalition und die SPD-Führung zum Gespräch über den fast fertigen Vereinigungsvertrag. Man ist auf die SPD angewiesen, da der Vertrag bei der Verabschiedung ja eine Zweidrittelmehrheit benötigt.

Mittwoch, 29. 8. 1990

Die Bundesländer, noch elf, demnächst sechzehn, sind nun doch mit einer Neuregelung der Stimmverhältnisse im Bundesrat einverstanden. So erhält Baden-Württemberg nicht sieben, sondern sechs, Brandenburg vier und so weiter. Der Bund ist mit dieser Regelung einverstanden, ebenso die DDR.

Eine Karikatur in der »Montreal Gazette«: Neben der eisernen Lady steht ein dicker, übergroßer Kohl. Thatcher: »Sit down, you big german, jou're making everyone very nervous!« Kohl: »I am sitting down...«

Nun ist er bald am Ziel seiner Wünsche, unser Kanzler. Er verspüre die »glückhafte Erfüllung seines politischen Lebens«, er fühle sich »von der Vorsehung auserwählt«.
Aber der nationale Taumel von November bis zu den Volkskammerwahlen ist vorbei. Hunderttausende hatten dem Kanzler zugejubelt. Neulich in Halle gab

es fast keine Fahnen mehr, und von Jubel konnte auch keine Rede mehr sein. Waren es nur noch fünftausend oder vielleicht zehntausend Menschen?
Der Rausch verweht so schnell. Der graue Alltag hat uns alle wieder. Wie die Wahlkämpfe demnächst aussehen werden, zeigte das Beispiel Halle: Dort flogen faule Eier.

Donnerstag, 30. 8. 1990

Der Einigungsvertrag steht immer noch auf der Kippe. Die Abtreibungsfrage, »Wohnort«- oder »Tatortprinzip« scheint jedoch gelöst. Drei Stunden hatten die Spitzen von CDU, SPD und FDP in der Nacht getagt. Beim Wohnortprinzip würde eine Frau aus München, wenn sie in Dresden abtreibt, straffällig; beim Tatortprinzip würde sich dieselbe Frau aus München bei einer Abtreibung in Dresden nicht mehr strafbar machen, da ja im Gegensatz zu Westdeutschland dort die Abtreibung seit langem straffrei ist.
Über den Übergangszeitraum ist man sich nicht einig. Die CDU denkt an zwei Jahre, die SPD an fünf. Danach soll es in der Frage der Abtreibung im vereinten Deutschland kein zweierlei Recht mehr geben. Man wird sich also wieder zusammensetzen müssen.
Der 3. Oktober soll zum neuen Nationalfeiertag bestimmt werden. Vielleicht wäre der 9. November der geeignetere Tag, denn da fiel die furchtbare Mauer. Aber mit dem Datum 9. November sind eben nicht nur Sternstunden der deutschen Geschichte verbunden.
Am 9. 11. 1923 putscht Hitler in München.
Am 9. 11. 1938 die sogenannte »Reichskristallnacht«. Jüdische Geschäfte in ganz Deutschland werden geplündert und zerstört.
Auch in Frankreich gibt es einen berühmten 9. November, und zwar den von 1798, der Tag von Napoleon Bonapartes Staatsstreich.

Vor drei Tagen war Kohl mit de Maizière in Halle. Auf einer Kundgebung Proteste, Tomaten und faule Eier. Kohl verärgert, beschimpft die Protestler, denn er fühlt sich bei seiner Rede empfindlich gestört.
Handzettel machten in Halle die Runde: »Kanzler, wir danken dir für Arbeitslosigkeit, hohe Steuern, steigende Mieten, den § 218, Nato-Wehrdienst, Fünf-Prozent-Klausel. Am Dienstag kommt der Kanzler Kohl. Er soll unseren Dank hören. Kommt zahlreich mit Ideen zur Danksagung.«
Kohl machte einen recht pikierten Eindruck, hatte er doch sicherlich Ovationen erwartet. Kohl sah in den Gegendemonstranten »... vom Haß verblendete junge Leute... Jede Stimme für die PDS ist eine Stimme für die Fortsetzung von Gewalt und Staatsterror.«

Man darf das alte SED-Potential nicht unterschätzen. Rund zwei Millionen Menschen hatten in der DDR durch das furchtbare Regime Vorteile, die sie nun von heute auf morgen verloren haben. Deshalb auch das Festklammern der alten Kader in Behörden und Betrieben. Man will akzeptable Abfindungen, hohe Renten, billige Immobilien.

DDR-Steueraufkommen erhöht. Reuter: »Die DDR hat im August dreimal soviel Steuern eingenommen wie im Vormonat. Bis zum 24. August hätten die Finanzämter 2,2 Milliarden DM eingetrieben, sagte der zuständige Abteilungsleiter im DDR-Finanzministerium, Heinz Feurich, am Donnerstag. Von den im Juli eingeführten Umsatzsteuern seien schon bis zum 24. August knapp 440 Millionen DM eingegangen. Eingeplant gewesen seien für den gesamten Monat August 500 Millionen DM. Damit habe sich das Steueraufkommen günstiger als erwartet entwickelt. Feurich kündigte an, im September werde eine Lohnsteuerkarte für die Steuerzahler nach westdeutschem Vorbild eingeführt. Den Unternehmen bescheinigte er in der Mehrzahl eine hohe Steuerdisziplin. Wenn einige ihren Verpflichtungen nicht nachkämen, läge dies nicht unbedingt an schlechtem Willen oder Unkenntnis. ›Etliche‹ Betriebe hätten wegen Liquiditätsschwierigkeiten Stundungsanträge gestellt.«

Freitag, 31.8. 1990

Die Vereinigung der beiden deutschen Staaten, die für die meisten Menschen so überraschend kam, kann man letztlich als Verzweiflungstat Moskaus werten. Offenbar hat man dort einfach nicht mehr weitergewußt. Zentralistische Planwirtschaft, Bonzentum und enorme Rüstungsausgaben haben den Staat ruiniert.

Die USA mit Flotte, Luftwaffe und Landtruppen an den Grenzen des Irak, um das überfallene Kuweit zu befreien. Sie werden, wenn die Irakis nicht nachgeben, mit Sicherheit zu einem furchtbaren Schlag ausholen, um die Sache rasch zu beenden. Amerika, die letzte militärische Großmacht? Es scheint stolz darauf zu sein.

Deutschland ist vollauf mit sich selbst beschäftigt und gar nicht in der Lage (und laut Verfassung auch nicht berechtigt), große Kampfverbände in Bewegung zu setzen, die kaum noch zu bezahlen wären.

Die Engländer und Franzosen zeigen im Golf Flagge, wären aber froh, wenn die USA allein die Kastanien aus dem Feuer holen würden.

Inzwischen gibt es einen Plan, der vorsieht, daß die fünfzigtausend Franzosen Deutschland verlassen. Sie aber sagen: »Wenn die Deutschen uns herzlich bitten, bleiben wir als Gäste.« Das Hauptquartier wird von Baden-Oos nach Straßburg verlegt.
Da Gesamtdeutschland lediglich eine Armee von dreihundertsiebzigtausend Soldaten unterhalten will (die Hälfte des jetzigen Bestandes), werden in Europa auch in dieser Hinsicht ganz neue Konstellationen entstehen.

In der Nacht haben sich die Parteien in Bonn in puncto Einigungsvertrag verständigt. Die SPD versuchte noch einmal zu pokern und kündigte vor den Verhandlungen lautstark an, eine nur zweijährige Übergangslösung bei der Regelung der Abtreibung käme für sie nicht in Frage. Dann gab sie nach. Der Vertrag konnte von Schäuble und Krause abgezeichnet werden und erhält heute in Berlin die abschließenden Unterschriften. Ein Vertrag von tausend Seiten.

Streit gab es auch noch einmal wegen der unzähligen Stasi-Akten. In dem Vertrag war vorgesehen, die Akten dem Bundesarchiv zu übergeben. Die Volkskammer hatte sich gestern dagegen ausgesprochen. Nach ihren Vorstellungen sollen die Akten den neuen Bundesländern übergeben werden. Jetzt übernimmt sie das Bundesarchiv treuhänderisch. Der gesamtdeutsche Bundestag soll dann abschließend über ihren Verbleib entscheiden.

Um 13.25 Uhr unterschreiben Schäuble und Krause den Vereinigungsvertrag im Berliner Palais Unter den Linden. Kurze Ansprachen. Etwas scheu ergreift dann de Maizière die Hände der links und rechts von ihm stehenden Verhandlungsführer und drückt sie lange. Er ist offensichtlich erleichtert. Merkwürdig, daß der Bundeskanzler nicht an dieser so feierlichen Handlung teilnimmt. Überhaupt keine Bonner Prominenz. Die beiden Berliner Bürgermeister Momper und Schwerzina, die nun immer Seite an Seite auftreten wie Plinch und Plum sind dabei. Sie müssen Berlin vom 3. Oktober bis zu den Wahlen am 2. Dezember gemeinsam regieren.

Der »Spiegel« vom Montag berichtet unter Personalien: »Walter Momper, 45, Berlins Regierender Bürgermeister (SPD), muß mit einem harten Schlag gegen seine Hauptstadt-Berlin-Werbung rechnen. Bislang hatte bundesdeutsche Prominenz in einer beispiellosen, 4,5 Millionen Mark teuren Anzeigenkampagne begründet, warum Berlin unbedingt Hauptstadt von Gesamtdeutschland werden muß. Unter den Fürsprechern waren der frühere Hamburger Bürgermeister Klaus von Dohnanyi (›Kein deutscher Sonderweg – Berlin ist die europäische Hauptstadt Deutschlands‹), der ›Tagesthemen‹-Moderator Hanns Joachim

Friedrichs (›Berlin ist die Chance für ein urbaneres politisches Leben‹) und der Münchner Oberbürgermeister Georg Kronawitter (›Berlin ist das überzeugende Symbol für Frieden, Freiheit und Einheit‹). In dieser Woche aber erscheint das Satire-Magazin ›Titanic‹ mit einer Titelseite, deren Layout genau der Berlin-Werbung nachempfunden ist und den NS-Propagandaminister Joseph Goebbels zeigt, samt Zitaten aus dem Goebbels-Buch ›Kampf um Berlin‹ (1931): ›In Berlin ist seit Jahrzehnten um die deutsche Politik mit Blut gekämpft worden... Berlin dem Deutschtum zurückzugewinnen, das ist in der Tat eine historische Aufgabe und des Schweißes der Besten wert.‹«

Samstag, 1.9. 1990

Der französische Verteidigungsminister ist der Ansicht, Kanzler Kohl sei schlimmer als der irakische Präsident. Ein Mißgriff oder die Angst vor dem Achtzig-Millionen-Volk?
Die Lady in London schmollt immer noch wegen der deutschen Vereinigung. Frau Thatcher in einem Interview: »Großbritannien, Frankreich und die anderen Mitglieder der EG sollten sich zusammentun, um nicht von einem starken Deutschland überwältigt zu werden.«

In Leipzig eröffnet de Maizière die diesjährige Herbstmesse. Viele Ostblock-Firmen fehlen. Westdeutschlands Firmen dominieren. Ein Witz, der auch auf der Messe kursierte, nimmt die oft unansehnlich gestalteten Erzeugnisse der DDR-Wirtschaft aufs Korn: »Warum hat Gorbatschow ein so breites Kreuz? Er trägt einen Herzschrittmacher von Robotron.«

Am 3. Oktober, dem Tag der Vereinigung, ist für alle schul- und arbeitsfrei. Die Glocken sollen läuten. Nun danket alle Gott! Natürlich gibt es in den Kirchen über das Glockengeläute Streit. Wie kann es anders sein in Deutschland.

Leichtathletik-Europameisterschaften in Split/Jugoslawien. Die DDR trat zum letzten Mal als selbständiger Staat auf. Ihre Sportlerinnen holten wieder so manche Medaille. Die westdeutschen Sportlerinnen müssen es mit Schrecken gesehen haben, denn aller Voraussicht nach werden bei künftigen innerdeutschen Ausscheidungen zumindest sie mit Sicherheit auf der Strecke bleiben. Der Lorbeer gehört nun mal dem Besseren! Höher, schneller, weiter.
»Bild« über die beste Läuferin des DDR-Teams: »Gold-Katrin Krabbe: 1,82 Meter groß, 132 Pfund schwer. Die herrlichen Beine sind 99 Zentimeter lang. Für die 100-m-Strecke braucht sie nur 45 federnde Schritte. Sie erreicht dabei eine Durchschnittsgeschwindigkeit von 33 km/h.«

Seit die Volkskammer mit Zweidrittelmehrheit den 3. Oktober als den Tag der Vereinigung proklamiert hat, druckt die »Bild«-Zeitung auf der Titelseite einen schwarzrotgold umrandeten Kalender ab: »Noch 32 Tage bis zur Einheit.«

Sonntag, 2. 9. 1990

Sie waren beide Musterschüler: die Westdeutschen bei ihren Amerikanern; die Ostdeutschen beim »sowjetischen Bruderland«. Nur mit dem Unterschied, daß im Westen dem ursprünglichen Zwang die begeisterte Freiwilligkeit folgte. Und hier wie dort fand man sich (bei uns zähneknirschend) mit der Teilung ab.
In den fünfziger Jahren strahlte das Konsumparadies USA wie ein Weihnachtsstern über den in Trümmern schuftenden Deutschen. Einmal die Freiheitsstatue und die Skyline von Manhattan sehen!
In Ost-Berlin Paraden mit roten Fahnen. Wen zog es schon nach Moskau?
Ein Volk und zwei Staaten. Zwei deutsche Staaten, zwei Fahnen, zwei Hymnen. Nur mit den »zwei Nationen« klappte es nicht so ganz. Den Funktionsgenossen der SED gelang es nicht, ihren Bürgern die »sozialistische deutsche Nation« schmackhaft zu machen. Das Volk zwischen Oder und Elbe wollte die SED-Herrschaft beseitigen und wieder das sein, was nie aufgehört hatte zu existieren: *eine Nation.*

Montag, 3. 9. 1990

Eine Geschichtslehrerin, die in der sozialistischen DDR zwölf Jahre lang die verknotete, einseitige Geschichte ihren Schülern beigebracht hat, meinte aus rundem Gesicht lachend, die Schüler hätten von ihr Rechtfertigung und Entschuldigung erwartet. Aber sie habe das abgelehnt, da sie das alles schließlich selbst wirklich geglaubt habe.
So einfach ist das!
Der ehemalige Generaloberst Werner Großmann, Stellvertreter von Herrn Mielke, in einem »Spiegel«-Gespräch: Der Stasi sei gleich nach der Wende fleißig daran gegangen, alle Aktenspuren zu beseitigen.
Immer deutlicher wird nun, was Modrow angerichtet beziehungsweise zugelassen hat, vor allem das Wegtauchen der alten Funktionärskader in neue Stellungen und Ämter.

Nach der Vereinigung der beiden deutschen Staaten wird es nicht sofort ein einheitliches Postleitzahlensystem geben. Die Ossis schreiben nach dem 3. Oktober auf ihren Brief nach Westdeutschland ein großes W, die Wessis – in umgekehrter Richtung – ein O.

M. vom Auswärtigen Amt sagt, die DDR sei ein »furchtbarer Saustall«. Milliarden von Mark würden irgendwo versickern. Die Regierung in Ost-Berlin habe keinerlei Autorität. Kohl stehe nun vor dem Problem, nach dem 3. Oktober in sein Kabinett Parlamentarier aus der ehemaligen Volkskammer aufnehmen zu müssen. Ein wirkliches Talent sei Krause, aber schon de Maizière, der Stellvertreter von Kohl im Parteivorsitz werden solle, sei enorm stur und unbeweglich. Der seltsame Diestel, der neulich noch vor dem Auszug der SPD-Minister in Ost-Berlin scherzend sagte »Wenn ich die Vorlage nicht durchbringe, putsche ich mit meiner Polizei«, solle nur in dem Fall Staatssekretär in Bonn werden, wenn es mit der Ministerpräsidentenschaft in Brandenburg nicht klappe.

Dienstag, 3. 9. 1990

In Split hat die DDR-Mannschaft insgesamt vierunddreißig Medaillen eingeheimst. Ein wunderbarer Erfolg. Natürlich gab es Neid und Mißgunst bei den westdeutschen Kollegen, die sage und schreibe nur sieben Medaillen mit nach Hause bringen konnten.
Johannes-R.-Becher-Hymne, Hammer und Zirkel im Ährenkranz, und das gleich zwölfmal beim Sieg. Auch eine Abschiedsvorstellung! Der Text der DDR-Hymne und auch die Melodie sind eigentlich sehr schön. Immerhin zeichnen ein großer Dichter und ein bedeutender Komponist dafür verantwortlich. Aber durch die fanatische, unmenschliche Politik der Staatsführung der DDR und ihrer unsäglichen »führenden Partei« ist diese Hymne diskreditiert worden.
Bei der Schlußveranstaltung trugen Gabi Lippe für die BRD und Ulf Timmermann aus der DDR Arm in Arm die beiden Fahnen.

In vielen Bereichen geht die Vereinigung mit rasender Geschwindigkeit voran, doch unter den Schriftstellern scheint vorerst Sendepause zu sein.
Exil-Schriftsteller Günter Kunert am 3. 9. 1990 in der »FAZ«: »Noch ist unbemerkt geblieben, daß ein wesentliches Ereignis, an dem doch alle teilnahmen, allen Schriftstellern, hier wie da, die Plattform entzogen hat, auf der sie noch zu stehen glaubten. Gemeint ist das Ende des ›kalten Krieges‹, das Ende der Teilung Europas, das Ende der Spaltung Deutschlands. Kurz gesagt: Der Bedarf nach politischer Aktivität von Schriftstellern ist unvermittelt erloschen. Die konventionellen Gegensätze waren schon aufgehoben, bevor noch das Bewußtsein diesen Prozeß nachzuvollziehen vermochte. Der Sockel, auf dem die Schriftsteller bisher gestanden haben, ist praktisch über Nacht zerbröckelt. Nun ist Literatur nichts anderes mehr als Literatur – kein Zeugnis für oder gegen etwas, kein Mittel für irgendwelche undurchsichtigen Zwecke. Von jetzt an

haben die deutschen Schriftsteller denselben Status wie die englischen und italienischen, wie die schwedischen und holländischen, und das ist insofern tröstlich, als es sich um Anzeichen einer Normalität handelt, wie sie in Deutschland so lange vermißt worden ist.«

Mittwoch, 4.9. 1990

Für Berlin als Hauptstadt haben sich – laut entsprechender Umfragen – 68 Prozent der deutschen Bevölkerung ausgesprochen. 41 Prozent befürworten, daß Berlin auch Regierungssitz wird. Diese Ergebnisse werden den unermüdlichen Momper zufrieden stimmen, denn sein Genosse, »Bruder Johannes«, ein durchaus liberaler Mann, hatte mit ungewöhnlicher Härte immer mehr Berlin-als-Hauptstadt-Gegner um sich gescharrt. Wie wird das Rennen ausgehen? Berlin ist laut Einigungsvertrag Hauptstadt, die Regierungsfunktion wird es sich aber vorerst mit Bonn teilen müssen.

Die westdeutschen Gewerkschaften, nach anfänglicher Zurückhaltung jetzt in der Noch-DDR äußerst aktiv auf Mitgliederfang (bemerkenswert der fast zu Tätlichkeiten ausufernde Kampf von IG-Metall und ÖTV), haben feste Dependancen installiert. Die Ost-ÖTV konnte gar für die öffentlich Bediensteten einen monatlichen Zuschlag von zweihundert D-Mark herausholen. Und das bei allerorts leeren Kassen. Das Geld müssen die Wessis aufbringen. Vor dem Abschluß soll es lautstarke Proteste vor dem Amtssitz von de Maizière gegeben haben.

Die »Bild«-Zeitung zum Schulanfang zwischen Elbe und Oder:
»›Die DDR ist ein modernes sozialistisches Industrieland mit einer hochentwikkelten leistungsfähigen Landwirtschaft.‹ ›Die DDR gehört zu den führenden Industrienationen der Erde.‹ ›Die DDR liegt an der Trennlinie zwischen den sozialistischen und kapitalistischen Ländern Europas.‹ ›Pioniere singen: Pionier, geh voran, und ich trag deine Fahne.‹ ›Eine Einheit der Nationalen Volksarmee legte bei einer Übung in 6 Stunden 408 km zurück. Wieviel fuhren die Wagen in einer Stunde‹?«
Diese Sätze stammen aus DDR-Schulbüchern. Als gestern die zwei Millionen Mädchen und Jungen aus den Ferien wieder an ihre Schulbänke zurückkehrten, hatten sie diese Lehrbücher in ihren Tornistern. Denn hinter den neuen Pappumschlägen verbergen sich noch immer die alten Lügen.
Die Bundesministerien haben zwar neue Lehrpläne und Rahmenrichtlinien ausgearbeitet, die westdeutschen Schulbuchverlage kostenlos 2 Millionen Bücher an die 6600 DDR-Schulen geschickt (Wert 60 Mio.), aber nicht alle bekom-

men sie. Die Bücher (Geschichts- und Gemeinschaftskunde) sind für die Klassen 8 bis 11, andere (Geschichts-, Gemeinschaftskunde, Geographie und Deutsch) für Schüler ab Klasse 11 bestimmt. Die 212000 ABC-Schützen gingen leer aus. ›Endlich können wir Böll, Neruda und Peter Weiss lesen‹, sagte Kurt Grünhagen, geschäftsführender Direktor der Puschkin-Oberschule in Leipzig. Aber das neue Geschichtsbuch auf seinem Schreibtisch, gedruckt 1989, hat immer noch die alten Inhalte – wie zu Zeiten Margot Honeckers, der früheren Bildungsministerin: das große Loblied auf die Arbeiterklasse, die allmächtige Partei. Steffi Kruschel (29), Deutsch- und Geschichtslehrerin: ›Eine Aufzählung über die Zeit von 1945 bis zum X. Parteitag. Und diese Lügen sollen wir auch noch im Schuljahr '90/'91 verbreiten?‹ Henry Zschille (61), Chef der Leipziger Kreisstelle für Unterrichtsmittel: ›Im ganzen Land werden ja neue Schulbücher gedruckt. Aber die kommen nicht nach.‹
Dr. Erika Berndt (40) vom Volk und Wissen Verlag: ›Wir brauchen zwei Jahre für ein neues Buch. Und die alten können wir nicht einstampfen, wir haben kein Geld.‹«

Mittwoch, 5.9. 1990

Demonstranten haben gestern das Archiv im ehemaligen Stasi-Hauptquartier in der Ostberliner Normannenstraße besetzt. Sie wollten verhindern, daß die Akten des Stasi in die Hände des Bundesnachrichtendienstes fallen. Außerdem wollten sie ihre persönlichen Akten einsehen. Unter den Demonstranten die unermüdliche Revolutionärin Bärbel Boley.
Frau Bergmann-Pohl verhandelte mit den Besetzern, dann auch Krause, der den Demonstranten zusagte, an den fertigen Einigungsvertrag noch einen Passus anzuhängen, der den Anliegen der Protestler Rechnung tragen würde.
In Ost-Berlin werden immer mehr Stasi-Seilschaften aufgedeckt. Ein besonderes Problem scheinen die Offiziere des Stasi »im besonderen Auftrag« zu sein, die, mit einer neuen Identität ausgestattet, in leitenden Funktionen in Behörden und Firmen sitzen. Die »Fünfte Kolonne« arbeitet.

In Schloß Niederschönhausen Tagung der Direktoren der Außenministerien der sechs Verhandlungspartner. Die Zwei-plus-vier-Gespräche sollen zum Abschluß gebracht, das Schlußdokument und die volle Souveränität Deutschlands sofort nach der Vereinigung am 3.10. 90 wirksam werden. So will es Genscher.
Die Sowjetunion will das heikle Thema Deutschland nicht gleich zweimal im Obersten Sowjet behandeln, so ist man hier für eine volle Souveränität Deutschlands erst nach dem Ratifizierungsverfahren, und das wird einige Mo-

nate brauchen. Außerdem geht es Moskau unbedingt um ein Stationierungsabkommen für ihre Truppen auf dem Gebiet der dann ehemaligen DDR, das auch alle entsprechenden Zahlungen einschließt.
Alles das soll bis zum 12. 9. 90 geklärt werden.

Seit einigen Tagen, so heißt es in Bonn, sitzt im Kanzler-Mercedes ein alter weiser Mann, der Kohl jede Stunde nur den einen Satz sagt: »Bedenke, daß du sterblich bist!«

Aus der »FAZ«:
»Die neue Glocke des Kölner Doms, die Josephsglocke, auf ›D‹ gestimmt und 2,3 Tonnen schwer, solle erstmals am 3. Oktober zu hören sein, sagt Kölns Kardinal Meisner.«
Und ein Führungsmann von Siemens wird zitiert: »Wenn der Beschluß über den Feiertag in Kraft tritt, werden bei uns die Bänder stillstehen.«

Mittwoch, 5. 9. 1990

Wird Kohl nach einigen Monaten der Kanzlerschaft im großen Deutschland auch sagen, »Ich langweile mich, die großen Dinge sind getan«? (ein Bismarck-Zitat). Der Gründer des Reiches wird nun viel und häufig beschworen im Zeichen der Freudenfeuerwerke am Brandenburger Tor. Eine große Ausstellung mit etwa tausend Exponaten soll an den eisernen Kanzler mit der hohen Stimme erinnern, die jeden erstaunt haben soll, der bei diesem wuchtig und gewaltig wirkenden Mann eine Donnerstimme erwartet hatte.

Donnerstag, 6. 9. 1990

Die Zwei-plus-vier-Gespräche im Schloß Niederschönhausen konnten immer noch nicht abgeschlossen werden. Strittig ist unter anderem noch die Bezeichnung des angestrebten Abkommens.
Die sowjetischen Partner würden es gern »Vertrag« nennen; den Deutschen schwebt »Vereinbarung« vor, und zwar aus einem ganz simplen Grund: Vertrag könnte als »Friedensvertrag« ausgelegt werden, den dann alle sechzig ehemaligen Kriegsgegner Deutschlands mit unterschreiben könnten in der Absicht, das Thema Reparationszahlungen erneut auf den Tisch zu bringen.

Bei separaten Verhandlungen in Bonn hat Finanzminister Waigel es abgelehnt, die geforderten zehn Milliarden an die UdSSR zu zahlen.

Die Volkskammer wollte heute ursprünglich den Einigungsvertrag in der ersten Lesung verabschieden. Wegen der Besetzung des Stasi-Archivs und den damit verbundenen Verhandlungen über den Verbleib der Akten – ein diesbezüglicher Modus soll nun doch in den Vertragstext aufgenommen werden – wurde die Verabschiedung auf nächste Woche verschoben.
Weizsäcker hatte sich zur Sitzung angesagt und erlebte »standing ovations«. Vor der Volkskammer spielte eine Kapelle der Volkspolizei muntere Weisen, nicht etwa um den Gast aus Bonn zu erfreuen, sondern aus Protest über die drohende Auflösung der Kapelle. Überall fehlt es an Geld!

Eine Auseinandersetzung de Maizière mit seinem früheren Außenminister Meckel habe sich daraus ergeben, daß Pastor Meckel den Auftrag hatte, das DDR-Außenministerium ab- und nicht aufzubauen – wie de Maizière sagte.

Nach der Vereinigung sollen vier neue Minister aus der Noch-DDR Kanzleramtsminister Seiters unterstellt werden. De Maizière, Krause, Ortleb und Bergmann-Pohl werden die auserwählten Minister ohne Macht sein. Nach dem 2. Dezember, nach der gemeinsamen Bundestagswahl, werden die Kabinettsposten dann neu verteilt werden.

Es wird gemunkelt, daß Bush und Gorbatschow Anfang Oktober nach Berlin kommen wollen, um mit einem symbolischen Handschlag am Brandenburger Tor den europäischen Frieden zu besiegeln. Bei diesem feierlichen Akt dürfte auch die Lady aus London nicht fehlen sowie der erste Mann aus Frankreich.

Schlagzeile aus der »Bild«-Zeitung:
»3. Oktober, Deutschland tanzt und Herr Wohlrabe klettert aufs Brandenburger Tor.«
Höhepunkt des Festes soll sein, wenn um Punkt Mitternacht die DDR-Fahne vom Tor geholt wird und die schwarzrotgoldene Fahne – ohne das »Spalter«-Emblem – über Berlin flattert. Nur schade, daß das Tor eingerüstet ist und die Quadriga fehlt.

Kohl ist diese Woche zum Landtagswahlkampf in die DDR gereist. Es scheint zu regelrechten Devotionalienfeiern gekommen zu sein, als – nach dem Bericht von Michael Möller in der »FAZ« – die Menschen zu Tausenden aus dem ganzen Eichsfeld zusammenkamen, »um ihren Kanzler zu sehen, um ihre Dankbarkeit zu zeigen für das Ende einer Teilung, unter der man in der kleinen katholischen Enklave entlang der Demarkationslinie wohl noch mehr gelitten hat als anderswo. »Heiligenstadt grüßt seinen Bundeskanzler«, stand auf den

Transparenten, und »Helmut, wir brauchen Dich«. Das Eichsfeld-Lied erklang, und Kohl trug sich in das nagelneue Goldene Buch der Stadt ein.
Es sei eine Gnade, habe er seine Rede begonnen, jetzt wieder in Ordnung zu bringen, was in vierzig Jahren zerstört worden sei, und er käme mit einem Gefühl der Dankbarkeit. Fast hätten sich die Menschen noch einmal angehört, wie ihre Revolution aus dem Munde des großen Bruders aus dem Westen klang: daß es das erste Mal in der neueren Geschichte sei, daß ein Volk friedlich zu einer Einheit finde und alle Deutschen jetzt die Pflicht hätten, dafür Opfer zu bringen. Die ganze Kraft müsse man jetzt auf die Länder der DDR richten, und es sei nicht wahr, daß am Ende der Durststrecke nicht die große Chance stünde. Es würden moderne Straßen gebaut und Eisenbahnen, jeder würde die Ärmel hochkrempeln, und die Jugend dürfe den Staat der Freiheit nicht in Arbeitslosigkeit erleben. Die Grenzen müßten verschwinden und die Veranwortung für die Schöpfung bewahrt werden.

Freitag, 7.9. 1990

Die Treuhand meint, dreihundert von den zu privatisierenden achttausend Betrieben seien nicht sanierungsfähig. Woher kommt die Zahl? Eröffnungsbilanzen auf DM-Basis hat es bisher nicht gegeben. Stützt sie sich gar auf Selbsteinschätzungen dieser Betriebe? Dann kann man wohl getrost zu den dreihundert noch zweitausend Betriebe hinzurechnen; solche nämlich, die »falschspielen«, um schamlos noch einmal schnell an Gelder heranzukommen; solche mit alten SED-Direktoren an ihrer Spitze, denen es nicht um den Betrieb geht, sondern um ihr eigenes Fortkommen. Das ist menschlich verständlich, trägt aber alles andere als dazu bei, die reale wirtschaftliche Situation zu erhellen.
Rohwedder, der neue Chef der Treuhand, ist optimistisch und meint, nur bis Ende Dezember an seinem Posten bleiben zu müssen. Sein Optimismus scheint wenig Hand und Fuß zu haben. Wie will er in vier Monaten Probleme lösen, die so kompliziert sind, daß dafür mit Sicherheit Jahre gebraucht werden? Außerdem ist die Eigentumsfrage an Haus- und Grundbesitz immer noch nicht gelöst. (Wir haben diesen Aspekt bereits erörtert.)
Unsere Hauruck-Vereinigung trägt den wirtschaftlichen Gegebenheiten in der DDR in keinster Weise Rechnung. Es war eine politische Entscheidung. Man wollte die Gunst der Stunde und die Schwäche Moskaus nutzen. Jetzt oder nie, koste es, was es wolle! Deshalb ist die Forderung von zehn Milliarden für den Rückzug der sowjetischen Soldaten bescheiden zu nennen im Vergleich zu dem, was das Land zwischen Elbe und Oder wie ein ausgetrockneter Schwamm aufsaugen wird.

Montag, 10. 9. 1990

Am Mittwoch sollen die Zwei-plus-vier-Gespräche abgeschlossen werden, aber immer noch sind wichtige Fragen unbeantwortet. Moskau will jetzt angeblich fast zwanzig Milliarden für die Stationierung seiner Truppen, für deren allmählichen Abzug und für den Bau von Wohnungen und infrastrukturelle Aufstokkungen in der UdSSR (für die heimkehrenden Soldaten).
Nach Genschers Auffassung ist die hohe Summe der Preis für die Vereinigung der deutschen Staaten.
Nun, was sind auch schon zwanzig oder dreißig Milliarden bei jährlich hundert oder hundertfünfzig Millarden für die Einheit?
Die SU will alle Finanzierungsfragen gelöst haben, bevor man dem abschließenden Dokument zustimme.
Genschers ursprünglicher Wunsch nach voller Souveränität Deutschlands sofort nach der Vereinigung scheint sich nicht zu erfüllen. Er wird darauf bis nach der Ratifizierung durch die Parlamente warten müssen. Und das kann bis zu drei Monaten dauern.

Kohl hatte letzte Woche mit Bush und Gorbatschow konferiert, unter anderem wegen der Feierlichkeiten zum 3. Oktober. Beide erhielten eine Einladung, haben aber noch nicht zugesagt. Die eiserne Lady in London und Mitterrand in Paris seien noch nicht informiert worden, weil die beiden anderen Staatsmänner weiter weg wohnen würden, gab Minister Hans Klein zu, aber man würde das noch in dieser Woche nachholen.
Feine Diplomatie! Wer die mimosenhafte Empfindlichkeit des gallischen Hahns und der Lady in Britannien kennt, wird sich nicht wundern, wenn die beiden nicht kommen. (Vielleicht sollte Weizsäcker rasch die Königin einladen, dann käme die Krallen-Lady sofort.)
De Maizière ist von Kohl gebeten worden, den musikalischen Rahmen der Vereinigungsfeiern zu organisieren. Der gelernte Musiker in seinem Element: Beginn mit Bachs Kantate »Nun danket alle Gott«, danach Brahms 2. Sinfonie. Bachs Kantate als preußisch-sächsisches Element und Brahms elegische Sinfonie als Sinnbild des Rheinisch-Westfälischen.

Deutschlandfunk, 16.30 Uhr: Kohl hat mit Gorbatschow telefoniert und offenbar immer noch keine Einigung in den Finanzfragen erzielen können. Staatssekretär Köhler vom Finanzministerium fährt morgen zu weiteren Gesprächen nach Moskau.

Tagesschau, ARD, 20.00 Uhr: Kohl hat sich mit Gorbatschow geeinigt. Die sowjetische Führung habe achtzehn Milliarden verlangt, und getroffen habe man sich nunmehr endgültig bei zwölf Milliarden.

Dienstag, 11.9. 1990

Am Abend Einigung in den Zwei-plus-vier-Gesprächen. Nun wird es doch ein Vertrag, der von den Parlamenten ratifiziert werden muß. Auch kann die volle Souveränität erst nach der Annahme durch die Parlamente eintreten.
Genscher will erreichen, daß die Rechte der Sieger nach dem 3. Oktober ruhen. Die Sowjetunion erhält tatsächlich zwölf Milliarden DM. Außerdem dürfen auf dem Gebiet der heutigen DDR keine Atomwaffen stationiert werden, und es bleibt Nato-frei.

Mittwoch, 12.9. 1990

Die Zwei-plus-vier-Gespräche sind in Moskau per Unterschrift feierlich besiegelt worden. In nur fünf Monaten konnten also alle außenpolitischen Aspekte der deutschen Vereinigung geklärt werden. Die Idee der »2+4«-Formel kann im nachhinein als genial angesehen werden. War der amerikanische Außenminister Baker der Spiritus rector oder war es der unermüdliche Genscher? Letzterer hatte die Formel zuerst gebraucht, nach seiner Rückkehr von einem Gespräch mit Baker.
Hoffentlich schreibt Genscher die Rankünen auf, die aus Paris und London gegen die Vereinigung herübergeschwappt sind. Die eiserne Lady meldete sich in der Nacht vor der feierlichen Unterzeichnung; Außenminister Hurd wurde aus dem Bett geholt, und die Lady teilte ihm ihre Wünsche mit: Nach dem endgültigen Abzug der sowjetischen Truppen (1994) solle es den alliierten Truppen möglich sein, auf dem früheren DDR-Gebiet Manöver abzuhalten, sowohl mit konventionellen Waffen als auch mit Atomwaffen.
Zuerst beschäftigten sich die politischen Direktoren mit dieser Frage; die Briten waren nicht bereit einzulenken. Genscher mußte nach vorn, der gleich seinen Kollegen Baker herbeiholte und auch Herrn Schewardnadse verständigte. Eine Einigungsformal mußte her, möglichst noch in der Nacht. Ein diplomatisches Meisterstück gelang, denn man zauberte eine Formel auf den Tisch, die den Deutschen schmeichelte und die auch die harte Lady schlucken konnte. Es wurde ins alleinige Ermessen der Deutschen gestellt, ob nach dem Abzug des sowjetischen Militärs die verbündeten Truppen auf dem Gebiet der ehemaligen DDR ihre Manöver abhalten oder nicht. Die Deutschen sollen also ganz allein entscheiden, »in einer vernünftigen und verantwortungsvollen Weise«.

Die Außenminister beider deutscher Staaten und der vier Siegermächte unterzeichnen am 12. September 1990 in Moskau den sogenannten Deutschlandvertrag: (von links) James Baker (USA), Douglas Hurd (GB), Eduard Schewardnadse (UdSSR), Roland Dumas (Frankreich), Lothar de Maizière (zugleich Ministerpräsident) (DDR) und Hans-Dietrich Genscher (BRD).

© dpa/Holschneider

Am Vormittag wurden die Texte dann noch einmal verglichen. Die Übersetzungen mußten unbedingt stimmig sein.
Kurz vor 13.00 Uhr erschien dann Gorbatschow und schaute zu, wie die sechs Minister den Vertrag unterzeichneten.
Ganz geschäftsmäßig. Später gab Genscher eine Erklärung ab – eine kleine Sensation, denn in ihr hieß es, vom 3. Oktober 1990 an würden die Sieger des Zweiten Weltkrieges ihre Rechte in Gesamtdeutschland ruhen lassen.

Montag, 17. 9. 1990

Der sowjetische Außenminister Schewardnadse nennt die in Moskau abgeschlossenen Verträge »das große historische Werk«, und Bush, der amerikanische Präsident, sieht Deutschland als fünfte Weltmacht in die Reihe der Großmächte aufrücken. Für die »Washington Post« ist das Ende der Teilung Deutschlands »...eines der größten Ereignisse des Jahrhunderts«.
Aber auf die »Weltmacht Deutschlands« kommen – ohne daß ihr erst mal richtig Zeit zum Verschnaufen bleibt – gleich zwei weitere überaus wichtige Aufgaben zu: Zum einen wartet die sich auflösende zentralistische Sowjetunion dringend auf umfangreiche deutsche Wirtschaftshilfe. Mit den versprochenen insgesamt fünfzehn Milliarden scheint es nicht getan zu sein. Zum anderen streichen die USA und die verbündeten Golfstaaten drei Milliarden D-Mark ein. Baker hat am Samstag die Zusage von Kohl erhalten. Und das ist sicherlich erst der Anfang.
Die Kosten für die ehemaligen Gebiete der DDR sind wahrscheinlich kaum noch zu beziffern. Zudem muß der Moskauer Vertrag von den Unterzeichnerländern noch in den jeweiligen Parlamenten ratifiziert werden. Die Amerikaner sind da hemmungslos. Wenn Bonn nach Meinung der Senatoren zu wenig Geld für die Golfkrise lockermacht, kann man durchaus damit rechnen, daß sie den Vertrag sausen lassen.
Genscher, der Fuchs, wußte, was er tat, als er ein Abkommen vorschlug, für dessen Gültigkeit die Unterschrift der Außenminister ausreichte. (Die Sowjets waren dagegen!)
Im US-Senat wird angeblich schon abfällig über die Deutschen gemosert: Die Russen, vor einigen Monaten noch die Todfeinde, bekämen alles von Bonn, und sie, die sie die Deutschen in den letzten Jahrzehnten immer unterstützt hätten, müßten sich mit ein paar Krumen begnügen...

16.30 Uhr. Deutschlandfunk: Genscher ist mit dem ständigen Sitz Deutschlands im UN-Sicherheitsrat einverstanden, wenn die UNO es so wünsche.

Dienstag, 18.9. 1990

Im ZDF-Politbarometer sind die wichtigsten Themen für die Deutschen:
Vierundfünfzig Prozent – Wiedervereinigung
Neunzehn Prozent – Umweltschutz
Achtzehn Prozent – Golfkrise
Dreizehn Prozent – Lage in der DDR
Dreizehn Prozent – Arbeitslosigkeit
Neun Prozent – Mieten/Wohnungsmarkt
In der Sympathierangliste führt Genscher einsam mit 3,1 Punkten; Kohl liegt an dritter Stelle mit 1,7 Punkten und Lafontaine an fünfter Position mit 1,1 Punkten.
Auf die Frage: »Wenn am nächsten Sonntag gesamtdeutsche Wahlen wären...« wurde prophezeit:
Vierundvierzig Prozent – CDU/CSU
Sechsunddreißig Prozent – SPD
Neun Prozent – FDP
Sieben Prozent – Grüne
Vier Prozent – Sonstige
Die PDS käme nach dieser Prognose nicht in den Bundestag. Und es müßte ein Wunder geschehen, wenn die SPD stärkste Partei werden sollte.

Der Westberliner Innensenator, der ab 3. Oktober auch für Ost-Berlin zuständig ist, beklagte sich lauthals darüber, daß die Volkspolizei brisante Akten vernichten würde. Innenminister Diestel ließ dementieren: Die Volkspolizei vernichte nur Duplikate. Die Urschriften seien noch vorhanden.
Laut »taz« versucht die Volkspolizei sich mit Hilfe des Reißwolfs ihrer Vergangenheit zu entledigen.

In der Westberliner Justizbehörde sind die ersten Personalakten von DDR-Richtern und -Staatsanwälten zur Überprüfung (wegen Weiterbeschäftigung) eingegangen. Strahlend rein! Hat man etwas anderes erwartet?

Die Westberliner Polizei hat mit dem Abriß einsturzgefährdeter Teile der Mauer begonnen. Sie reagierte damit auf einen Unglücksfall vom Wochenende, bei dem ein vierzehnjähriger Junge von einem herabstürzenden Mauerstück getötet worden war. (dpa)

Erich Loest hat in Leipzig seine Stasi-Akte eingesehen und die Bespitzelungen und Denunziationen in seinem Buch »Der Zorn des Schafes. Aus meinem Tagewerk« verarbeitet. Die Akten umfassen einunddreißig Ordner mit je dreihundert Blatt. Zeitweise müssen Dutzende von Stasi-Leuten den Schriftsteller observiert haben. Auch die Ober-Kulturfunktionäre Kant und Höpcke seien an diesem Spitzel-Drama beteiligt gewesen.
Eine Szene, wie von Kafka persönlich erdacht: Loest bekommt raus, daß in seinem Telefon eine Wanze sitzt. Techniker von der Post unterrichten ihn darüber und bauen die Wanze auch gleich aus. Loest und seine Frau amüsieren sich darüber, daß sie seit langem zum ersten Mal unbespitzelt miteinander sprechen können. Jetzt fanden sie ihr Gespräch von damals in den Stasi-Akten aufgezeichnet. Sie hatten nicht mitgekriegt, daß in dem Raum mindestens eine weitere Wanze für den Stasi gelauscht hatte.

Mittwoch, 19. 9. 1990

Augstein erteilt Genscher die höheren Weihen:
»Wie kein anderer hat er meisterhaft die Fäden gezogen und wie auf dem Reißbrett das Kürzel KSZE in ein hantierbares Instrument verwandelt, unterstützt von einem im ganzen noch glänzenden Apparat. Anders haben Talleyrand und Kissinger ihre Politik auch nicht angelegt, von denen man mit gleichem Recht sagen kann, daß sie ihren Ruhm nicht der von ihnen verwalteten Macht, sondern der Tatsache verdanken, aus ihrem Handwerk eine Kunst gemacht zu haben.«
Genscher als Künstler! Talleyrand, der Bonaparte zur Macht verhalf, ihn später aber stürzen half und für das besiegte Frankreich einen akzeptablen Frieden ertrotzte, war ohne Zweifel ein Meister seines Faches. Aber Kissinger? In seine Amtszeit fallen der Vietnamkrieg, der schmachvolle Abgang Nixons, die Fehleinschätzungen des Angola-Konflikts. Sicherlich, die China-Karte wurde meisterlich gestochen (und damit das Einkreisen der Sowjet-Union vollendet). Was den guten Menschen Carter nicht daran hinderte, später alles wieder zu verspielen in seinem Drang, mit Moskau einen Ausgleich zu finden. Schachzüge!

Der amerikanische Botschafter in Bonn, Walter, ein alter Haudegen und General, erschien immer dort, wo es brenzlig wurde. Deshalb mußte man aufhorchen, als er vor Jahren nach Bonn kam. Und in der Tat – im alten Europa ist der Teufel los!
Walter hatte seit den Jugendjahren immer ein Faible für Deutschland gehabt. 1945 war er in ein zerstörtes Land gekommen und meinte, die Deutschen würden sich nie wieder von diesem Krieg erholen.

Gemeinsam mit einem anderen Soldaten besuchte er eine deutsche Familie, die in einem Kellerloch hauste. Aber auf dem wackligen Tisch stand ein Blumenstrauß. Der andere Soldat wies Walter auf die Blumen hin und meinte, wer in diesen Trümmern schon wieder Blumen auf den Tisch stelle, der würde auch rasch wieder sein Land aufbauen.
Eine schöne Story. Ist sie erfunden, ist sie gut erfunden!

Donnerstag, 20. 9. 1990

In den beiden deutschen Parlamenten ist der Einigungsvertrag verabschiedet worden. In der Volkskammer stimmten von 380 anwesenden Parlamentariern 299 für den Vertrag. Nur PDS, Bündnis '90 und Grüne lehnten das Vertragswerk mit 80 Gegenstimmen ab.
Der Bundestag stimmte mit 442 Ja- und 47 Nein-Stimmen ab.
Damit steht der 3. Oktober 1990 als Tag der Vereinigung fest!

In Bonn hat man sich bisher nicht wegen einer Stasi-Amnestie einigen können. Das brisante Thema bleibt nun dem gesamtdeutschen Parlament nach dem 3. Oktober vorbehalten.
Kuriose Debatten! Die Mutlanger Demonstranten, die gegen die Atomrüstung protestierten, durften nicht amnestiert werden. Bei den Stasi-Spitzeln, die vielleicht sogar Menschenleben auf dem Gewissen haben, diskutiert man dieses Thema ohne Hemmungen.

Schäuble und Krause sind in Bonn zu einer Übereinkunft bezüglich der Stasi-Akten gekommen. Sie verbleiben auf dem Gebiet der dann ehemaligen DDR. Einsicht hätten nur von der Volkskammer zu bestimmende und von der Bundesregierung zu bestätigende Sonderbeauftragte, außerdem die regionalen Beauftragten der DDR-Länder. Auch mit dieser Regelung sind die Besetzer der Stasi-Zentrale in der Berliner Normannenstraße nicht einverstanden.

Die »Bild«-Zeitung macht mit folgender Schlagzeile auf: »Mielke zu Honecker: Du Verräter, ich brech' dir das Genick.«
Einige Zeit waren Mielke und Honecker gemeinsam in der Haftanstalt Rummelsburg (Ost-Berlin) untergebracht. Die Worte sollen beim Hofgang gefallen sein. In Kürze soll der Greis Mielke in die Westberliner Haftanstalt Moabit verlegt werden.

Wegen des Verzichts auf die Ostgebiete und der Endgültigkeit der Oder-Neiße-Grenze hatten einige Bundestagsabgeordnete beim Bundesgerichtshof gegen den Einigungsvertrag Einspruch erhoben. Der Gerichtshof hat den Einspruch gestern abgewiesen.

Die Briten sind empört über die folgende Darstellung ihrer Rolle bei den Zwei-plus-vier-Gesprächen in Moskau. Hurd wollte partout nicht unterzeichnen, bis die Frage von NATO-Manövern auf ehemaligem DDR-Gebiet nach Abzug der sowjetischen Truppen geklärt sei. Genscher mußte in einer nächtlichen Aktion seine anderen Kollegen auf eine gemeinsame Linie einstimmen und dem Briten androhen, bei Verweigerung der Unterschrift damit in die Öffentlichkeit zu gehen.
Hurd ließ nun eine Erklärung verbreiten, die als Dementi gedacht war, aber im Grund den ganzen Vorgang bestätigte. »Es handelte sich um Angelegenheiten, die nicht von äußerster Wichtigkeit waren...« heißt es darin.

Freitag, 21.9. 1990

In der DDR gibt es tausendfünfhundert Richter und sechshundert Staatsanwälte. Durch die vormals einseitige, sozialistische Ausrichtung der Rechtsprechung sind diese Personen fast alle belastet. In Bonn würde man diese »Juristen« am liebsten alle entlassen.
Von der Volkskammer war beschlossen worden, die Richter und Staatsanwälte zu überprüfen. Bisher geschah nichts in dieser Richtung! Das Überprüfungsverfahren ist nun, wie bereits erwähnt, Sache der westdeutschen Behörden.
Die »FAZ« vom 21.9. 90:
»Wie es in der Praxis aussieht, geht aus einer Schilderung der West-Berliner Justizsenatorin Limbach hervor, die dieser Tage im Deutschlandfunk über den Aufbau des Gesamtberliner Justizwesens berichtete: ›Ich habe gestern die erste Personalakte einer Person aus der Staatsanwaltschaft vor mir gehabt. Gefleddert ist gar kein Ausdruck. Das sind völlig nichtssagende Akten, in denen sich also überhaupt kein Original findet. Der Personalbogen stammt vom Februar dieses Jahres, obwohl die Person im Jahre 1968 eingestellt worden ist. Der Lebenslauf stammt vom August dieses Jahres. Die Zeugnisse und Diplome sind lediglich in Abschrift in der Akte. Die Akte ist völlig unpaginiert, das heißt nicht durchnumeriert. Sie können gar nicht feststellen, was vorher drin war, was also eigentlich fehlt. Das letzte wirkliche Originale ist das letzte Zeugnis.‹«

Donnerstag, 27. 9. 1990

Mit etwas Wehmut hat die Regierung de Maizière zum letzten Mal getagt. Diese erste frei gewählte Regierung der DDR hatte ihre Arbeit am 12. 4. 1990 aufgenommen. Im Juli war die große Koalition zerbrochen, nachdem de Maizière unter anderem SPD-Finanzminister Romberg entlassen hatte.
Nach der Sitzung des Kabinetts die letzte Pressekonferenz des Ministerpräsidenten. Der Wählerauftrag, die Einheit so schnell und so gut wie möglich herbeizuführen, sei in einhundertfünfzig Tagen erfüllt worden.

Am 2. 10. 1990 findet in Berlin die letzte Zusammenkunft der Alliierten statt. Damit endet auch für Berlin die Besatzungszeit.

In einer programmatischen Rede vor der UNO hat Genscher ein Bild des neuen Deutschlands entwickelt. Das vereinte Deutschland werde nicht mehr nach Macht streben, sondern sich seiner gewachsenen Veranwortung bewußt sein. Von Deutschland werde nur Friede ausgehen.
Weiter sprach sich Genscher gegen eine Mitgliedschaft Deutschlands im Weltsicherheitsrat aus. (Vor einigen Tagen – der Vorschlag kam von der Sowjetunion – war er noch dafür gewesen.)
Sicherlich ist auch für das vereinte Deutschland der bisherige Status immer noch verlockender: sich mit aller Intensität wirtschaftlichen Belangen zu widmen (ähnlich den Japanern).

In Berlin tagen heute SPD-Ost und SPD-West, erst getrennt, dann zusammen, um sich zu einer Partei zusammenzuschließen.
Die älteste Partei Deutschlands ist nun wieder eine gesamtdeutsche Institution. Sicherlich gab es in der sowjetisch besetzten Zone nach '45 unter vielen Sozialdemokraten ehrenwerte Bestrebungen, gemeinsam mit den Kommunisten einen Neuanfang zu wagen – idealistische Ziele, die die SED mit ihrem Über-Vater Stalin zur Unterdrückung des Volkes zu mißbrauchen wußte.

Das ZDF-Magazin berichtete gestern über das Leipziger Krematorium und die vielen mit falschen Totenscheinen versehenen Leichen, die des Nachts heimlich verbrannt worden waren. Frauen erzählten von der Verhaftung ihrer Ehemänner, deren Tod man ihnen kurz darauf mitgeteilt habe.
Schreckensmeldungen aus dem Land zwischen Elbe und Oder!

In Meißen ist ein Landrat tätig, der als früherer Pfarrer die Sorgen und Nöte seiner Schäflein kennt. Er knackt nun rigoros SED-Zellen, feuert in den Ämtern die schon wieder in Amt und Würden befindlichen alten SED-Bonzen.
Kann man unter solchen Umständen bei der friedlichen Revolution vom Herbst '89 wirklich von einer Revolution sprechen? Wenn die alten Kader der SED im neuen Mäntelchen munter weiterwirken?

Mittwoch, 3. 10. 1990

Die deutsche Vereinigung ist vollzogen! Aber der Bruch, die furchtbare Grenze in Deutschland, die vierzig Jahre durch dieses Land gegangen ist, wird noch Jahre brauchen, ehe sie endgültig verschwunden sein wird, auch und vor allem in den Köpfen und Herzen der Menschen.

»Deutschland einig Vaterland!« rief man im vorigen Jahr in Leipzig. Man hat sein Ziel erreicht. Nur ist das ökonomische und soziale Gefälle zwischen »Wessis« und »Ossis« riesengroß. »Kommt die DM nicht zu uns, dann kommen wir zur DM«, hieß es zwischen Oder und Elbe. Die D-Mark kam, aber der wirtschaftliche Aufschwung im Osten ist bisher ausgeblieben. Wie sollte eine vierzigjährige Mißwirtschaft auch innerhalb von wenigen Monaten das Zeitliche segnen? Viele alte Strukturen der SED existieren, und Seilschaften des Stasi arbeiten weiter. Schneeweiße Personalakten bei alten SED-Genossen in neuen führenden Positionen sollen vierzig Jahre Diktatur wegwaschen.
Der Schoß ist noch fruchtbar...

Wieder machen sich Menschen – von Sachsen bis Mecklenburg – auf die Reise gen Westen. Sie wollen den Aufschwung in ihrer Heimat nicht abwarten. Sie wollen gleich von allem mehr. Das Gefälle muß rasch abgebaut werden, damit wir den Status einer Zwei-Klassen-Gesellschaft so schnell wie möglich hinter uns lassen können.
Der komplizierte Prozeß der Einigung. Bei uns waren es die Stunden von Kohl und Genscher. Beide haben beherzt gehandelt, als sich die Chance der Vereinigung bot.
Ohne Wenn und Aber. Das beweist politisches Gespür und Sensibilität. Die Sache hätte durchaus auch anders ausgehen können!

Die Szenen des zurückliegenden Jahres inmitten des von der SED so lange beherrschten Ost-Berlins machen einen tiefen geschichtlichen Wandel sichtbar. Vor nicht einmal einem Jahr fanden in dem hermetisch abgeschirmten Ost-Ber-

lin die Feiern zum vierzigsten Jahrestag der DDR statt. Die Volksarmee paradierte. Ein letztes Mal.
Gorbatschow sprach die denkwürdigen Worte: »Wer zu spät kommt, den bestraft das Leben.«
Abgesang an ein welkes, verkommenes Regime.
Danach begann die rasante Fahrt in die deutsche Einheit.

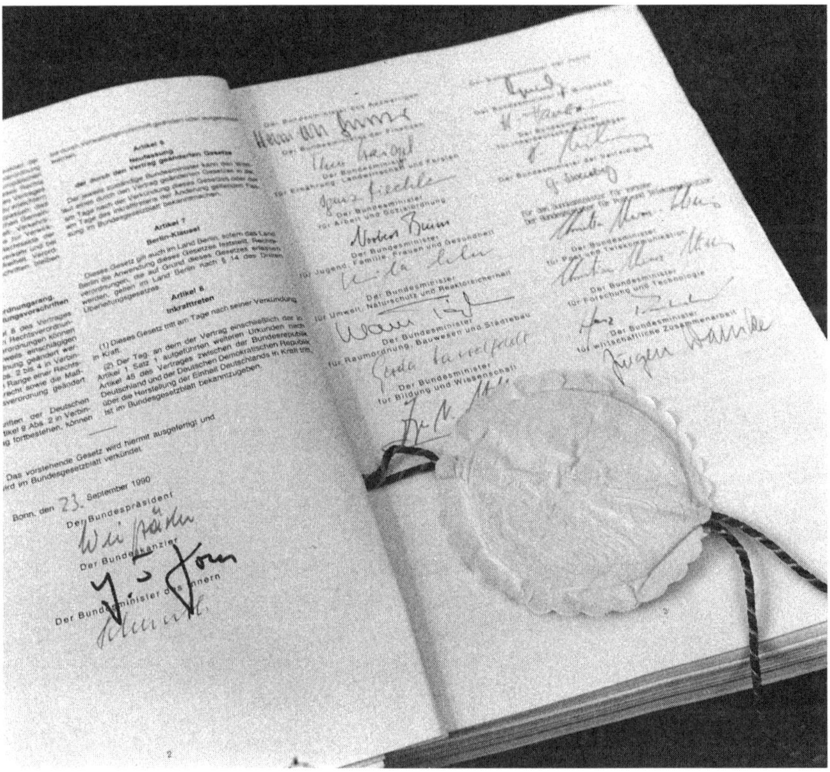

Bundespräsident Richard von Weizsäcker unterzeichnet am 24. September 1990 den Einigungsvertrag.

© dpa/Berg

Die Vereinigung Deutschlands im Spiegel politischer Reden

»Aufbruch 89«: Aufruf zur Gründung der Initiativgruppe »Neues Forum« in der DDR

In unserem Lande ist die Kommunikation zwischen Staat und Gesellschaft offensichtlich gestört. Belege dafür sind die weitverbreitete Verdrossenheit bis hin zum Rückzug in die private Nische oder zur massenhaften Auswanderung. Fluchtbewegungungen diesen Ausmaßes sind anderswo durch Not, Hunger und Gewalt verursacht. Davon kann bei uns keine Rede sein.

Die gestörte Beziehung zwischen Staat und Gesellschaft lähmt die schöpferischen Potenzen unserer Gesellschaft und behindert die Lösung der anstehenden lokalen und globalen Aufgaben. Wir verzetteln uns in übelgelaunter Passivität und hätten doch Wichtigeres zu tun für unser Leben, unser Land und die Menschheit.

In Staat und Wirtschaft funktioniert der Interessenausgleich zwischen den Gruppen und Schichten nur mangelhaft. Auch die Kommunikation über die Situation und die Interessenlage ist gehemmt. Im privaten Kreis sagt jeder leichthin, wie seine Diagnose lautet und nennt die ihm wichtigsten Maßnahmen. Aber die Wünsche und Bestrebungen sind sehr verschieden und werden nicht rational gegeneinander gewichtet und auf Durchführbarkeit untersucht. Auf der einen Seite wünschen wir uns eine Erweiterung des Warenangebots und bessere Versorgung, andererseits sehen wir deren soziale und ökologische Kosten und plädieren für die Abkehr von ungehemmtem Wachstum. Wir wollen Spielraum für wirtschaftliche Initiative, aber keine Entartung in eine Ellbogengesellschaft. Wir wollen das Bewährte erhalten und doch Platz für Erneuerung schaffen, um sparsamer und weniger naturfeindlich zu leben. Wir wollen geordnete Verhältnisse, aber keine Bevormundung. Wir wollen freie, selbstbewußte Menschen, die doch gemeinschaftsbewußt handeln. Wir wollen vor Gewalt geschützt sein und dabei nicht einen Staat von Bütteln und Spitzeln ertragen müssen. Faulpelze und Maulhelden sollen aus ihren Druckposten vertrieben werden, aber wir wollen dabei keine Nachteile für sozial Schwache und Wehrlose. Wir wollen ein wirksames Gesundheitswesen für jeden; aber niemand soll auf Kosten anderer krank feiern. Wir wollen an Export und Welthandel teilhaben, aber weder zum Schuldner und Diener der führenden Industriestaaten noch zum Ausbeuter und Gläubiger der wirtschaftlich schwachen Länder werden.

Um all diese Widersprüche zu erkennen, Meinungen und Argumente dazu anzuhören und zu bewerten, allgemeine von Sonderinteressen zu unterscheiden, bedarf es eines demokratischen Dialogs über die Aufgaben des Rechtsstaates, der Wirtschaft und der Kultur. Über diese Fragen müssen wir in aller Öffentlichkeit gemeinsam und im ganzen Land nachdenken und miteinander sprechen. Von der Bereitschaft und dem Wollen dazu wird es abhängen, ob wir in absehbarer Zeit Wege aus der gegenwärtigen krisenhaften Situation finden. Es kommt in der jetzigen gesellschaftlichen Entwicklung darauf an,

– daß eine größere Anzahl von Menschen am gesellschaftlichen Reformprozeß mitwirkt,
– daß die vielfältigen Einzel- und Gruppenaktivitäten zu einem Gesamthandeln finden.

Wir bilden deshalb gemeinsam eine politische Plattform für die ganze DDR, die es Menschen aus allen Berufen, Lebenskreisen, Parteien und Gruppen möglich macht, sich an der Diskussion und Bearbeitung lebenswichtiger Gesellschaftsprobleme in diesem Land zu beteiligen. Für eine solche übergreifende Initiative wählen wir den Namen Neues Forum.

Die Tätigkeit des Neuen Forums werden wir auf gesetzliche Grundlagen stellen. Wir berufen uns hierbei auf das in Artikel 29 der Verfassung der DDR geregelte Grundrecht, durch gemeinsames Handeln in einer Vereinigung unser politisches Interesse zu verwirklichen. Wir werden die Gründung der Vereinigung bei den zuständigen Organen der DDR entsprechend der VO vom 6. 11. 1975 über die »Gründungen und Tätigkeit von Vereinigungen« (Gbl. I Nr. 44, S. 723) anmelden.

Allen Bestrebungen, denen das Neue Forum Ausdruck und Stimme verleihen will, liegt der Wunsch nach Gerechtigkeit, Demokratie, Frieden sowie Schutz und Bewahrung der Natur zugrunde. Es ist dieser Impuls, den wir bei der kommenden Umgestaltung der Gesellschaft in allen Bereichen lebensvoll erfüllt wissen wollen.

Wir rufen alle Bürger und Bürgerinnen der DDR, die an einer Umgestaltung unserer Gesellschaft mitwirken wollen, auf, Mitglieder des Neuen Forums zu werden. Die Zeit ist reif.

Gründungsaufruf der »Bürgerbewegung Demokratie jetzt« vom 12. Dezember 1989

Liebe Freunde, Mitbürgerinnen, Mitbürger und Mitbetroffene!
Unser Land lebt in innerem Unfrieden. Menschen reiben sich wund an den Verhältnissen, andere resignieren. Ein großer Verlust an Zustimmung zu dem, was in der DDR geschichtlich gewachsen ist, geht durch das Land. Viele vermögen ihr Hiersein kaum noch zu bejahen. Viele verlassen das Land, weil Anpassung ihre Grenzen hat.
(...) Unser Land bedarf der friedlich-demokratischen Erneuerung.
Eingeleitet und gefördert durch die Initiative Gorbatschows wird in der Sowjetunion der Weg der demokratischen Umgestaltung beschritten. (...) Der Sozialismus muß nun seine eigentliche, demokratische Gestalt finden, wenn er nicht geschichtlich verloren gehen soll. Er darf nicht verloren gehen, weil die bedrohte Menschheit auf der Suche nach überlebensfähigen Formen menschlichen Zusammenlebens Alternativen zur westlichen Konsumgesellschaft braucht, deren Wohlstand die übrige Welt bezahlen muß.
Entgegen aller Schönfärberei sind die politischen, ökonomischen und ökologischen Krisenzeichen des Staatssozialismus auch »in den Farben der DDR« unübersehbar. Nichts aber deutet darauf hin, daß die SED-Führung zum Umdenken bereit ist. Es scheint, als spekuliere sie auf ein Scheitern der Reformen in der Sowjetunion. (...)
Die politische Krise des staatssozialistischen Systems der DDR wurde besonders deutlich durch die Kommunalwahlen am 7. 5. 1989. Die Doktrin von der »moralisch-politischen Einheit von Partei, Staat und Volk«, die das von Wahlen unabhängige Machtmonopol rechtfertigen soll, konnte nur noch durch eine Wahlfälschung vor dem Gegenbeweis geschützt werden. 10 bis 20% der Bevölkerung der großen Städte haben den Kandidaten der Nationalen Front offen ihre Zustimmung verweigert. Zweifellos wäre die Zahl bei geheimen Wahlen noch erheblich höher ausgefallen.
So viele Menschen werden durch die Nationale Front nicht mehr vertreten. Sie haben keine politische Vertretung in der Gesellschaft. Der Wunsch vieler Bürgerinnen und Bürger nach einer Demokratisierung des Verhältnisses von Staat und Gesellschaft kann in der DDR noch immer nicht öffentlich zur Sprache gebracht werden. Deshalb rufen wir auf zu einer **Bürgerbewegung »Demokratie jetzt«.**

Wir wenden uns an alle, die von der Not unseres Landes betroffen sind und laden sie zum Zusammengehen ein. Wir hoffen auf ein Bündnis aller reformwilligen Menschen, auch von Christen und kritischen Marxisten. (...)
Alle, die sich beteiligen wollen, laden wir zu einem Dialog über Grundsätze und Konzepte einer demokratischen Umgestaltung unseres Landes ein. Im Januar oder Februar 1990 wollen wir zu einem Vertretertreffen derer, die sich beteiligen, einladen. Es sollte ein Grundsatzprogramm beschließen sowie Sprecherinnen und Sprecher wählen, die dieses Programm in den dringend erforderlichen Dialog aller gesellschaftlichen Kräfte einbringen können.
Wir hoffen auch auf die Möglichkeit, eine eigene Liste von Kandidaten für die bevorstehenden Volkskammerwahlen aufstellen zu können. (...)

Thesen für eine demokratische Umgestaltung in der DDR
(...) Statt eines vormundschaftlichen, von der Partei beherrschten Staates, der sich ohne gesellschaftlichen Auftrag zum Direktor und Lehrmeister des Volkes überhoben hat, wollen wir einen Staat, der sich auf den Grundkonsens der Gesellschaft gründet, der Gesellschaft gegenüber rechenschaftspflichtig ist und so zur öffentlichen Angelegenheit (RES PUBLICA) mündiger Bürgerinnen und Bürger wird. Soziale Errungenschaften, die sich als solche bewährt haben, dürfen durch ein Reformprogramm nicht aufs Spiel gesetzt werden.
Als Deutsche haben wir eine besondere Verantwortung. Sie gebietet, daß das Verhältnis der deutschen Staaten beiderseits von ideologischen Vorurteilen befreit und in Geist und Praxis ehrlicher und gleichberechtigter Nachbarschaft gestaltet wird. Wir laden die Deutschen in der Bundesrepublik ein, auf eine Umgestaltung ihrer Gesellschaft hinzuwirken, die eine neue Einheit des deutschen Volkes in der Hausgemeinschaft der europäischen Hausgemeinschaft der europäischen Völker ermöglichen könnte. Beide deutsche Staaten sollten um der Einheit willen aufeinander zu reformieren.
Die Geschichte auferlegt uns Deutschen eine besondere Friedenspflicht. Wir sollten ihr entsprechen durch eine Reduzierung der Verteidigungspotentiale der Nationalen Volksarmee und die Einführung eines sozialen Friedensdienstes als Alternative zum Wehrdienst.

1. Vom Obrigkeitsstaat zur Republik
Die Unterordnung des Staates unter die Politbürokratie der Partei und deren institutionalisierte Ämterpatronage müssen ein Ende haben.
Die strikte Trennung von Legislative (Volksvertretungen) und Exekutive (Räte) ist notwendig, damit eine wirksame Kontrolle der Räte durch die Volksvertretung erfolgen kann.
Das Wahlrecht muß so reformiert werden, daß Wahlfreiheit und Wahlgeheim-

nis gewährleistet sind. Es muß möglich sein, über verschiedene politische Programme und zwischen deren Vertretern zu entscheiden. Wir schlagen vor, UNO-Beobachter zu den nächsten Volkskammerwahlen einzuladen.
Der Staat sollte sich aus Funktionen zurückziehen, die Sache der Gesellschaft sind:
– Die Medien gehören in die Hände von nichtkommerziellen Körperschaften des öffentlichen Rechts. (...)
– Die Schulen, Hochschulen und Ausbildungseinrichtungen dürfen nicht länger Instrument ideologischer Ausrichtung und der Indoktrination im Sinne einer Partei bleiben. (...)
– Parteien und Organisationen sollten von staatlicher Ausrichtung und Aufsicht gelöst werden. Die volle Freiheit zur Bildung gesellschaftlicher Vereinigungen muß gewährleistet sein.
– Die Gewerkschaften müssen unabhängige Interessenvertreterinnen der Werktätigen werden und das Streikrecht erhalten.
– Wissenschaft, Kunst und Kultur müssen bei Selbstverwaltung ihrer Institutionen gemäß der Verfassung die Möglichkeit erhalten, sich frei und ohne ideologische Gängelung zu entfalten. (...)
Eine Rechtsform sollte willkürlich auslegbare Straftatbestände beseitigen und die Unabhängigkeit von Richtern und Verteidigern gewährleisten. (...)
Eine Verfassungsgerichtsbarkeit sollte eingeführt und die Verwaltungsgerichtsbarkeit voll verwirklicht werden.
Die Reisefreiheit und das Auswanderungsrecht sollten gemäß der Wiener KSZE-Beschlüsse verwirklicht werden.

2. Von der Verstaatlichung zur Vergesellschaftung der Produktionsmittel

(...) Der bestehende Staatsplandirigismus sollte durch eine staatliche Rahmenplanung abgelöst werden. Nur solche staatlichen Aufsichts- und Lenkungskompetenzen sollten bestehen bleiben, die für die Bindung jeglicher Wirtschaftstätigkeit an das Gemeinwohl erforderlich sind (Umwelt- und Sozialverträglichkeit).
Betriebe und Vereinigungen von Betrieben sollten ökonomisch selbständig werden und ihr Angebot und ihre Preise am Markt orientieren, damit aus dem bestehenden Nachfrage- ein Angebotswettbewerb wird.
Wir befürworten eine gewerkschaftliche Mitbestimmung in den Betrieben, die Wählbarkeit von Leitungskräften, eine echte Rechenschaftspflicht der Leitung gegenüber der Belegschaft und eine Gewinnbeteiligung der Belegschaft.
Wir befürworten eine Stärkung der Unabhängigkeit der bestehenden landwirt-

schaftlichen, handwerklichen und Handelsgenossenschaften sowie die Neubildung von Produktions- und Handelsgenossenschaften.
Wir befürworten die Zulassung privater Kooperativen sowie die Ermöglichung privater Wirtschafts- und Eigentumsformen, sofern eine angemessene Mitbestimmung der Beschäftigten gewährleistet ist.

3. Von der Ausbeutung und Verschmutzung der Umwelt zu einem dauerhaften Zusammenleben mit der Natur

Grundvoraussetzung ist die Offenlegung der relevanten Umweltdaten und der Verschmutzungs- und Ressourcenprobleme unseres Landes.
Wir brauchen eine lückenlose und landesweite Überwachung der Schadstoffkonzentrationen in Wasser, Luft und Boden.
Die Praxis einer »kostenlosen« Entsorgung durch Verdünnung von Schadstoffen muß so schnell wie möglich beendet werden. Die Entsorgung muß in vollem Umfang in die Kostenrechnung der Betriebe eingehen.
Es sollte eine Umwelthaftpflicht eingeführt werden. Die Beweislast für die Schadlosigkeit der Produktion sollte bei den Betrieben liegen.
Ein rigoroses Energiesparprogramm muß Vorrang haben. Eine effektive Beteiligung aller Verbraucher sollte durch eine entsprechende Preis- und Steuerpolitik herbeigeführt werden. Eine strenge staatliche Umweltverträglichkeit und Kontrolle von Produktion und Produkten ist erforderlich.
Die Nutzung, Erschließung und Erforschung erneuerbarer Energiequellen sollte in jeder Hinsicht gefördert werden.
Eine öffentliche Diskussion der Umweltprobleme, besonders des Energieproblems, der Risiken der Kernenergie, des Treibhauseffektes und des Waldsterbens ist notwendig.
Ein Wandel der gesellschaftlichen Zielbestimmung und der leitenden Werte ist nötig, damit wir auch zu einem Wandel des Lebensstiles, zu mehr Gemeinschaftlichkeit und Lebensqualität kommen.
Unterschrieben unter anderem von Dr. Hans-Jürgen Fischbeck, Ludwig Mehlhorn, Wolfgang Ullmann und Konrad Weiß.

Berlin, den 12. September 1989

Erklärung zur Gründungsinitiative für eine Grüne Partei in der DDR

Für eine Erneuerung unserer Gesellschaft hat die Umgestaltung unserer zerstörten Umwelt entscheidende Bedeutung. Aber nicht nur unsere Umwelt ist bereits verseucht, sondern in noch viel größerem Maße unser Bewußtsein, nämlich durch die Utopie, daß ständig wachsender Wohlstand und – als seine Bedingung – permanentes wirtschaftliches Wachstum zum Ziel der gesellschaftlichen Entwicklung gemacht werden kann. Diese Art von Utopie suggeriert uns, der Mensch könne sich willkürlich im Lebenssystem Erde bewegen. Sie versteigt sich sogar zu der militanten Behauptung, er könne sich die Erde unterwerfen.

Damit verbunden ist die Vorstellung, daß Leistung und ihre Belohnung zentraler Maßstab der Bewertung menschlichen Seins wären. Diese Annahme, in ihrer Arroganz, verdrängt die Schwachen an den Rand ihrer möglichen Existenz. Ja, sie kippt zunehmend über diesen Rand ab.

Dabei ist es gleichgültig, ob sie auf der Pflegestation einsam und würdelos abtreten, ob sie in die Massengräber der Dritten Welt geschaufelt oder im Museum der ausgestorbenen Pflanzen- und Tierarten auch noch zur Schau gestellt werden.

Unser dergestalt verseuchtes Bewußtsein hat folgerichtig die zum ersten Mal in der Geschichte der Erde mögliche Vernichtung allen Lebens bereits eingeleitet.

Wir handeln also nur aus Selbsterhaltungstrieb, wenn wir als Mitverantwortliche diesem Prozeß und Bewußtsein Einhalt gebieten. Daher werden wir mit der Grünen Partei unserer ökologischen Weltsicht in der Gesellschaft der DDR politische Kraft verleihen, indem wir sie kompromißlos zum Ausgangspunkt aller unserer Bestrebungen machen.

Wir, als Initiativgruppe, haben folgenden Gründungsaufruf zur Grünen Partei in der DDR beschlossen: Die Grüne Partei in der DDR stellt sich auf die Seite aller Kräfte, die sich für Demokratie und Freiheit durch tiefgreifende Reformen in unserem Land einsetzen.

Sie ist ökologisch, feministisch und gewaltfrei.

Die besonderen Ziele der Grünen Partei sind:

Der konsequente ökologische Umbau unseres Landes in radikaler Absage an umweltzerstörendes, rohstoffvergeudendes Wachstum und den stalinistischgeprägten Umgang mit Menschen, Wirtschaft und Umwelt. Sofortiger Handlungsbedarf besteht für die ökologischen Katastrophengebiete im Raum Leipzig, Bitterfeld, Halle, Dresden, Karl-Marx-Stadt und Cottbus und zur Rettung vieler historischer Altstädte, Kulturlandschaften und Schlösser, zum Beispiel in Mecklenburg.

Die endgültige Sicherung des Friedens durch allgemeine und vollständige Abrüstung. Der Abbau der Militärbündnisse, die Reduzierung der NVA auf das geringste notwendige defensive Niveau und die Aufhebung der militärischen Sperrgebiete ist eine zwingende Notwendigkeit zur Erhaltung von Frieden und Umwelt.

Wir lehnen Gewalt, nationalen Chauvinismus und Rassismus ab und bekennen uns zum konsequenten Antifaschismus.

Die uneingeschränkte Gleichberechtigung aller Frauen und Männer auf allen wirtschaftlichen und politischen Ebenen, von den örtlichen Volksvertretungen bis zur Zusammensetzung des Staatsrates, die immer noch den Charakter überwiegend patriarchalischer Institutionen haben. Der Frau als Mutter steht in dieser Beziehung eine bevorzugte Stellung zu.

Die Natur ist um ihrer selbst willen vor der ungehemmten Entfaltung des Menschen zu schützen. Nur so kann sie Grundlage menschlicher Gemeinschaft und Kultur sein. Bei jeder wirtschaftlichen Aktivität ist daher zu fragen: wohin, für wen, weswegen?

Wir wollen vor allem verhindern, daß die gegenwärtige Erneuerungsbewegung in unserem Land unter dem Druck unvernünftigen, kurzsichtigen, materiellen Nachholbedarfs eine Gesellschaft der Ellbogenfreiheit, der Verschwendung und Wegwerfmentalität entstehen läßt.

Wir halten die ökologische Orientierung aller Bildungsebenen für dringend geboten, u. a. die Einführung von Umwelt- und Friedenskunde.

Auf der Grundlage der Verfassung der DDR handelnd, setzen wir uns für eine Verfassungsreform ein.

Wir setzen voraus, daß die Tätigkeit der Grünen Partei in der DDR keiner staatlichen Behinderung unterliegen wird.

Wir werden projektgebunden – sowohl national wie auch international – mit allen Bürgern, Organisationen und Gruppierungen zusammenarbeiten, die unsere Vorstellungen, auch in Teilbereichen, unterstützen.

Als Teil der Bewegung der europäischen Grünen setzen wir uns für gerechte Verteilungsstrukturen ein, die auch den Völkern der Dritten Welt eine dauerhafte Entwicklung garantieren und den Zusammenbruch des globalen Ökosystems verhindern helfen.

Wir fördern grenzübergreifende Partnerschaften zum gemeinsamen ökologischen Umbau von Umweltkrisengebieten.

Im Vertrauen auf die grundsätzliche Wende unseres Landes rufen wir alle interessierten Bewohnerinnen und Bewohner – gleich welcher Anschauung, Religion und Nationalität – auf:
Aus Sorge um die katastrophale Entwicklung unserer Umwelt, aus Verantwortung für unsere Kinder und die noch ungeborenen Generationen – schließt euch im örtlichen und regionalen Bereich zu Basisgruppen der Grünen Partei der DDR zusammen.
Wählt Sprecherinnen und Sprecher, erarbeitet Vorschläge für das Programm und dic basisdemokratische Organisationsstruktur. Erarbeitet auf der Grundlage von Problem- und Forderungskatalogen für eure Gemeinden, Städte, Regionen und die gesamte DDR alternative Konzepte, macht kreative und praktikable Vorschläge zum ökologischen Umbau unserer Gesellschaft.
Beginnt mit Aktionen!
Die erste Delegiertenvollversammlung, die u. a. Programm, Struktur und Personalfragen der Grünen Partei in der DDR beschließt, wird Anfang 1990 in einem der von der Umweltzerstörung am schwersten betroffenen Orte der DDR stattfinden.
Für eine grüne Wende!

Die Grüne Partei

Christoph Heins Rede auf dem Alexanderplatz, Berlin, 4. November 1989

Liebe mündig gewordene Mitbürger,
es gibt nun für uns alle viel zu tun, und wir haben wenig Zeit für diese Arbeit. Die Strukturen dieser Gesellschaft müssen verändert werden, wenn sie demokratisch und sozialistisch werden soll, und dazu gibt es keine Alternative. Es ist auch von den schmutzigen Händen, von den schmutzigen Westen zu sprechen, Verfilzung, Korruption, Amtsmißbrauch, Diebstahl von Volkseigentum. Das muß aufgeklärt werden, und diese Aufklärung muß auch bei den Spitzen des Staates erfolgen, sie muß dort beginnen. Hüten wir uns davor, die Euphorie dieser Tage mit den noch zu leistenden Veränderungen zu verwechseln. Die Begeisterung und die Demonstrationen sind hilfreich und erforderlich, aber sie ersetzen nicht die Arbeit. Lassen wir uns nicht von unserer eigenen Begeisterung täuschen! Wir haben es noch nicht geschafft: Die Kuh ist noch nicht vom Eis. Und es gibt noch genügend Kräfte, die keine Veränderungen wünschen, die eine neue Gesellschaft fürchten und auch zu fürchten haben. Ich möchte uns alle an einen alten Mann und wahrscheinlich jetzt sehr einsamen Mann erinnern. Ich spreche von Erich Honecker. Dieser Mann hatte einen Traum. Und er war bereit, für diesen Traum ins Zuchthaus zu gehen. Dann bekam er die Chance, seinen Traum zu verwirklichen. Es war keine gute Chance, denn der besiegte Faschismus und der übermächtige Stalinismus waren dabei die Geburtshelfer. Es entstand eine Gesellschaft, die wenig mit Sozialismus zu tun hatte. Von Bürokratie, Demagogie, Bespitzelung, Machtmißbrauch, Entmündigung und auch Verbrechen war und ist diese Gesellschaft gezeichnet. Es entstand eine Struktur, der sich viele gute, kluge und ehrliche Menschen unterordnen mußten, wenn sie nicht das Land verlassen wollten. Und keiner konnte mehr erkennen, wie gegen diese Struktur vorzugehen sei, wie sie aufzubrechen sei. Und ich glaube, auch für diesen alten Mann ist unsere Gesellschaft keinesfalls die Erfüllung seiner Träume. Selbst er, an der Spitze dieses Staates stehend und für ihn und für seine Erfolge, aber auch für seine Fehler, Versäumnisse und Verbrechen besonders verantwortlich, selbst er war den verkrusteten Strukturen gegenüber fast ohnmächtig. Ich erinnere an diesen alten Mann nur deshalb, um uns zu warnen, daß nicht auch wir jetzt Strukturen schaffen, denen wir eines Tages hilflos ausgeliefert sind. Schaffen wir eine demokratische Gesellschaft, auf einer gesetzlichen Grundlage, die einklagbar ist! Einen Sozialismus,

der dieses Wort nicht zur Karikatur macht. Eine Gesellschaft, die dem Menschen angemessen ist und ihn nicht der Struktur unterordnet. Das wird für uns alle viel Arbeit geben, auch viel Kleinarbeit, schlimmer als Stricken. Und noch ein Wort: Der Erfolg hat bekanntlich viele Väter. Offenbar glauben viele, die Veränderungen in der DDR sind schon erfolgreich, denn es melden sich jetzt viele Väter des Erfolgs, merkwürdige Väter, bis hoch in die Spitze des Staates. Aber ich denke, unser Gedächtnis ist nicht so schlecht, daß wir nicht wissen, wer damit begann, die übermächtigen Strukturen aufzubrechen, wer den Schlaf der Vernunft beendete. Es war die Vernunft der Straße, die Demonstrationen des Volkes. Ohne diese Demonstrationen wäre die Regierung nicht verändert worden, könnte die Arbeit, die gerade erst beginnt, nicht erfolgen. Und da ist an erster Stelle Leipzig zu nennen. Der Oberbürgermeister unserer Stadt sollte im Namen der Bürger Berlins, da wir alle gerade mal hier zusammenstehen, dem Staatsrat der Volkskammer vorschlagen, die Stadt Leipzig zur Heldenstadt der DDR zu ernennen. Wir haben uns an den langen Titel »Berlin – Hauptstadt der DDR« gewöhnt. Ich denke, es wird leichter sein, uns an ein Straßenschild »Leipzig – Heldenstadt der DDR« zu gewöhnen. Der Titel wird unseren Dank bekunden, er wird uns helfen, die Reformen unumkehrbar zu machen, er wird uns an unsere Versäumnisse und Fehler in der Vergangenheit erinnern, und er wird die Regierung an die Vernunft der Straße mahnen, die stets wach blieb und sich wieder zu Wort meldet.

Stefan Heyms Rede auf dem Alexanderplatz, Berlin, 4. 11. 1989

Liebe Freunde, Mitbürger, es ist, als habe einer die Fenster aufgestoßen nach all den Jahren der Stagnation, der geistigen, wirtschaftlichen, politischen, den Jahren von Dumpfheit und Mief und bürokratischer Willkür, von amtlicher Blindheit und Taubheit. Welche Wandlung! Vor noch nicht vier Wochen: Die schön gezimmerte Tribüne, hier um die Ecke, mit dem Vorbeimarsch, dem bestellten, vor den Erhabenen. Und heute Ihr, die Ihr Euch aus eigenem freien Willen versammelt habt, für Freiheit und Demokratie und für einen Sozialismus, der des Namens wert ist.

In der Zeit, die hoffentlich jetzt zu Ende ist, wie oft kamen da die Menschen zu mir, mit ihren Klagen. Dem war Unrecht geschehen, und der war unterdrückt und geschurigelt worden, und allesamt waren sie frustriert. Und ich sagte, so tut doch etwas. Und sie sagten resigniert, wir können doch nichts tun. Und das ging so in dieser Republik, bis es nicht mehr ging, bis es soviel Unbilligkeit angehäuft hatte im Staate und soviel Unmut im Leben der Menschen, daß ein Teil von ihnen weglief. Die anderen aber, die Mehrzahl, erklärte, und zwar auf der Straße, öffentlich: Schluß, ändern, wir sind das Volk!

Einer schrieb mir – und der Mann hat recht: Wir haben in diesen letzten Wochen unsere Sprachlosigkeit überwunden und sind jetzt dabei, den aufrechten Gang zu erlernen, und das, Freunde, in Deutschland, wo bisher sämtliche Revolutionen danebengegangen und wo die Leute immer gekuscht haben, unter dem Kaiser, unter den Nazis und später auch.

Aber sprechen, frei sprechen, gehen, aufrechtgehen, das ist nicht genug. Laßt uns auch lernen zu regieren. Die Macht gehört nicht in die Macht eines einzelnen oder ein paar weniger oder eines Apparats oder einer Partei. Alle, alle müssen teilhaben an dieser Macht. Und wer immer sie ausübt und wo immer, muß unterworfen sein, der Kontrolle der Bürger. Denn Macht korrumpiert, und absolute Macht, das können wir heute noch sehen, korrumpiert absolut. Der Sozialismus – nicht der Stalinsche, der Richtige –, den wir endlich erbauen wollen, zu unserem Nutzen und zum Nutzen ganz Deutschlands, dieser Sozialismus ist nicht denkbar ohne Demokratie. Demokratie aber, ein griechisches Wort, heißt Herrschaft des Volkes. Freunde, Mitbürger üben wir sie aus, diese Herrschaft.

Christa Wolfs Rede auf dem Alexanderplatz, Berlin, 4. 11. 1989

Liebe Mitbürgerinnen und Mitbürger, revolutionäre Bewegung befreit auch die Sprache. Was bisher so schwer auszusprechen war, geht uns auf einmal frei von den Lippen. Wir staunen, was wir offenbar schon lange gedacht haben und was wir uns jetzt laut zurufen. »Demokratie – jetzt oder nie!«, und wir meinen Volksherrschaft. Wir erinnern uns der steckengebliebenen oder blutig niedergeschlagenen Ansätze in unserer Geschichte und wollen die Chance, die in dieser Krise steckt, da sie alle unsere produktiven Kräfte weckt, nicht wieder verschlafen. Mit dem Worte »Wende« habe ich meine Schwierigkeiten. Ich sehe da ein Segelboot. Der Kapitän ruft: »Klar zur Wende?«, weil der Wind sich gedreht hat oder ihm ins Gesicht bläst. Und die Mannschaft duckt sich, wenn der Segelbaum über das Boot fegt. Aber stimmt dieses Bild noch? Stimmt es noch in dieser täglich vorwärtstreibenden Lage?

Ich würde von »revolutionärer Erneuerung« sprechen. Revolutionen gehen von unten aus, unten und oben wechseln die Plätze in dem Wertesystem, und dieser Wechsel stellt die sozialistische Gesellschaft vom Kopf auf die Füße. Große soziale Bewegungen kommen in Gang. Soviel wie in diesen Wochen, ist in unserem Land noch nie geredet worden, noch nie mit dieser Leidenschaft, mit so viel Zorn und Trauer, aber auch mit so viel Hoffnung. Wir wollen jeden Tag nutzen. Wir schlafen nicht oder wenig. Wir befreunden uns mit Menschen, die wir vorher nicht kannten, und wir zerstreiten uns schmerzhaft mit anderen, die wir zu kennen glaubten. Das nennt sich nun »Dialog«. Wir haben ihn gefordert. Nun können wir das Wort fast nicht mehr hören. Und haben doch noch nicht wirklich gelernt, was es ausdrücken will. Mißtrauisch starren wir auf manche, plötzlich ausgestreckte Hand, in manches vorher so starre Gesicht. Mißtrauen ist gut, Kontrolle ist besser. Wir drehen alte Losungen um, die uns gedrückt und verletzt haben und geben sie postwendend zurück. Wir fürchten, benutzt zu werden, verwendet. Und wir fürchten ein ehrlich gemeintes Angebot auszuschlagen. In diesem Zwiespalt befindet sich nun unser ganzes Land. Wir wissen, wir müssen die Kunst üben, den Zwiespalt nicht in Konfrontation ausarten zu lassen. Diese Wochen, diese Möglichkeiten werden uns nur einmal gegeben – durch uns selbst.

Verblüfft beobachten wir die Wendigen, im Volksmund »Wendehälse« genannt, die laut Lexikon sich rasch und leicht einer gegebenen neuen Situation anpassen, sich in ihr geschickt bewegen, sie zu nutzen verstehen. Sie am meisten, glaube ich, blockieren die Glaubwürdigkeit der neuen Politik. Soweit sind wir wohl noch nicht, daß wir auch sie mit Humor nehmen können, was uns doch in anderen Fällen schon gelingt. »Trittbrettfahrer zurücktreten!« lese ich auf Transparenten und an die Polizei gerichtet von Demonstranten den Ruf: »Zieht euch um, schließt euch an!« Ich muß sagen, ein großzügiges Angebot. Ökonomisch denken wir auch: »Rechtssicherheit spart Staatssicherheit.« Und heute habe ich auf einem Transparent eine schier unglaubliche Losung gesehen: »Keine Privilegien mehr für uns Berliner.« Ja, die Sprache springt aus dem Ämter- und Zeitungsdeutsch heraus, in das sie eingewickelt war und erinnert sich ihrer Gefühlswörter. Eines davon ist Traum. Also träumen wir, mit hellwacher Vernunft: »Stell dir vor, es ist Sozialismus und keiner geht weg.« Wir sehen aber die Bilder der immer noch Weggehenden und fragen uns: »Was tun?«, und hören als Echo die Antwort: »Was tun?«. Das fängt jetzt an, wenn aus den Forderungen Rechte, also Pflichten werden: Untersuchungskommission, Verfassungsgericht, Verwaltungsreform.

Viel zu tun und alles neben der Arbeit und dazu noch Zeitungen lesen. Zu Huldigungsvorbeizügen und verordneten Manifestationen werden wir keine Zeit mehr haben. Dies ist eine Demo, genehmigt, gewaltlos. Wenn sie so bleibt bis zum Schluß, wissen wir wieder mehr über das, was wir können und darauf bestehen wir dann: »Ein Vorschlag für den 1. Mai: Die Führung zieht am Volk vorbei.« (Alles nicht von mir, alles nicht von mir. Das ist literarisches Volksvermögen.) Unglaubliche Wandlung, das Staatsvolk der DDR geht auf die Straße, um sich als Volk zu erkennen. Und dies ist für mich der wichtigste Satz dieser letzten Wochen: der tausendfache Ruf: »Wir sind das Volk!« Eine schlichte Feststellung und die wollen wir nicht vergessen.

Markus Wolfs Rede auf dem Alexanderplatz, Berlin, 4. 11. 1989

Nicht ohne zu zögern, nutze ich die Möglichkeit, an dieses Mikrophon zu treten, aus mehreren Gründen: Es war nicht meine Partei, die Sozialistische Einheitspartei, die mit der Macht der Medien zu dieser Demonstration aufgerufen hätte, es war die fast leise Stimme Berliner Künstler, mit der Forderung nach Freiheit des Worts und der Versammlung. Trotz zunehmend mahnender Stimmen in unseren eigenen Reihen, konnten wir nicht verhindern, daß unsere Führung bis zum 7. Oktober in einer Scheinwelt lebte und selbst dann noch versagte, als die Menschen anfingen, mit den Füßen abzustimmen. Das war bitter für uns Kommunisten.

Der Fackelzug am Abend des 6. Oktober und die Militärparade am Morgen des 7. wirken heute schon wie ein Abschied von einer längst vergangenen Zeit, und doch liegt diese Zeit erst seit vier Wochen zurück. Wir dürfen ihre Rückkehr nie wieder zulassen.

Am 7. Oktober gab uns die Anwesenheit Michail Gorbatschows neuen Mut, und am Abend kam es zu den blutigen Zwischenfällen. Seitdem hat sich unser Volk auf den Straßen und Plätzen die Freiheit des Worts selbst geholt. Aber nun darf sich der Dialog nicht mehr in Worten erschöpfen. Von der in der nächsten Woche angesetzten Tagung des Zentralkomitees werden nun eindeutige und mit Substanz erfüllte Aussagen erwartet, auch ein Bekennen zur Verantwortung und zu den Ursachen des Geschehenen mit entsprechenden personellen Konsequenzen.

Um für die eigentliche, noch nicht begonnene Wende und Erneuerung in meiner eigenen Partei eine klare Orientierung zu geben, sollte das Zentralkomitee, entsprechend Artikel 47 des Status der Partei, unverzüglich eine Parteikonferenz einberufen.

Hunderttausende Kommunisten, die ehrlich und aktiv gearbeitet haben, erwarten einen klaren Kurs. Viele haben schon lange um Lösungen gekämpft, haben auch weitreichende konzeptionelle Vorschläge für grundlegende Reformen eines erneuerten Sozialismus gemacht. Diese Vorschläge gehören jetzt in den Dialog und an die Öffentlichkeit. Damit wird noch deutlicher werden, daß es in dieser, meiner Partei nicht an engagierten und couragierten Menschen auf allen Arbeitsebenen und -feldern mangelt, nicht an klaren und konzeptionell kompetenten Köpfen fehlt. Nicht durch Pochen auf festgeschriebene Artikel, nur

durch Überzeugung und harte, sehr harte Arbeit, kann die ganze Partei ihre Rolle in der neuen Etappe unserer gesellschaftlichen Entwicklung spielen.
Nun zu dem zweiten Punkt meines Zögerns, hier zu sprechen und da erwarte ich noch viel weniger Beifall: Ich habe ein Buch geschrieben, in dem ich mich für offenes Aussprechen der Wahrheit, für Zivilcourage, für ein menschliches Umgehen miteinander, auch mit Andersdenkenden ausspreche. So, nun wird der Beifall gleich aufhören, denn ich kann und will natürlich nicht verschweigen, daß ich davor 33 Jahre General im Ministerium für Staatssicherheit war, und ich bekenne mich zu meiner Verantwortung für diese Tätigkeit bis zu meinem Ausscheiden vor drei Jahren aus diesem Dienst.
Wenn wir diesen Weg der Erneuerung mit Vernunft und Besonnenheit weitergehen wollen, dann muß ich mich hier dagegen wenden, daß viele Mitarbeiter dieses Ministeriums, die ich aus langen Jahren kenne, nun zu Prügelknaben der Nation gemacht werden sollen. Es liegt gerade im Interesse dieser Mitarbeiter, daß jede Anschuldigung, jedes Unrecht, jede Verletzung der Gerichte unparteiisch untersucht, die Verantwortlichkeit festgestellt wird und Betroffenen öffentlich Gerechtigkeit widerfährt. Das gilt natürlich auch für den 7. und 8. Oktober.
Die Aufgaben dieses Ministeriums entsprachen stets der Politik der Führungen dieses Landes. Wenn jetzt die politische Führung von einer Wende spricht, dann muß diese natürlich auch zu einer Überprüfung der Tätigkeit der Schutz- und Sicherheitsorgane führen, und auch die parlamentarische öffentliche Kontrolle dieser, in jedem entwickelten Land vorhandenen Einrichtungen wird dabei zu berücksichtigen sein. Neues Denken ist in diesem Bereich genauso gefragt, wie überall, besonders im Umgang mit Andersdenkenden. Verantwortliche dieses Ministeriums sollten sich der Öffentlichkeit stellen, um damit auch den Dunst des Geheimnisvollen zu beseitigen, das bei vielen Menschen Angst verbreitet. Aber die Gegner der Erneuerung, die müssen wir überall dort suchen, wo sich Dünkel, Arroganz, elitäres Denken, Machtanmaßung breitgemacht haben.
Nun zum dritten Grund, weshalb ich mit Zögern an dieses Mikrofon vor einer solchen Massenveranstaltung getreten bin. Dieser liegt in den Erfahrungen der Geschichte. Immer wenn es in sozialistischen Ländern in der Vergangenheit nach dem Krieg einen Kurs- oder Führungswechsel gegeben hat und die Menschen emotionsgeladen mit ihren Forderungen auf die Straßen und Plätze gegangen sind, gab es eine Eskalation, ist Blut geflossen, und gab es Tote, oft viele Tote. Man kann vor der Besonnenheit unserer Menschen, auch der hier auf dem Platz, nur den Hut ziehen. Seit dem 9. Oktober ist kein Blut mehr geflossen, und wir wollen es dabei belassen. Sorgen wir doch alle dafür, daß die Vernunft die Oberhand behält. Nutzen wir gemeinsam die einmalige Chance, Sozialismus

mit Demokratie, die das Wort verdient, zu verbinden. Vielleicht können wir damit Michail Gorbatschow und den Menschen in der Sowjetunion etwas vom Mut und der Hoffnung zurückgeben, die sie mit Perestroika und Glasnost in dieses Land gebracht haben.

Auszug aus der Antrittsansprache des amtierenden Bundesratspräsidenten Walter Momper am 10. November 1989 vor dem Bundesrat

Ich möchte meine Antrittsrede mit einem ungewöhnlichen Geständnis beginnen: Ich habe heute nacht nicht geschlafen – und viele von Ihnen sicher auch nicht.
Wer diese Nacht in Berlin erlebt oder diese Nacht am Fernsehschirm verfolgt hat, der wird den 9. November 1989 nie vergessen. Gestern nacht war das deutsche Volk das glücklichste Volk auf der Welt. Es war der Tag des Wiedersehens zwischen den Menschen aus den beiden Teilen Berlins. Es war die Nacht, in der die Mauer ihren trennenden Charakter verloren hat. Das Volk der DDR hat sich diese Freiheit auf der Straße erkämpft – und es hat gestern zum ersten Mal diese Freiheit gefeiert – zusammen mit den West-Berlinern auf dem Kurfürstendamm und auf dem Alexanderplatz.
28 Jahre – seit dem 13. August 1961 – haben wir diese Stunde ersehnt und erhofft. 28 Jahre lang sind Menschen an der Mauer erschossen worden oder elend gestorben, nur weil sie über die Grenze wollten. Jetzt in der Stunde der Freude wollen wir der Opfer gedenken.
Hohe Lasten und große Probleme werden auf alle Länder der Bundesrepublik Deutschland zukommen, das wissen wir wohl. Aber wenn wir nie vergessen, welches Leid diese Mauer verursacht hat und wenn wir uns stets die glücklichen Gesichter und die Freude von gestern abend in Erinnerung rufen, dann werden wir diese Herausforderung gemeinsam meistern und unserer Verantwortung als Landesregierungen gerecht werden.

Willy Brandt vor dem Schöneberger Rathaus in Berlin am 10. November 1989

Dies ist ein schöner Tag nach einem langen Weg. Doch wir befinden uns erst an einer Zwischenstation. Wir sind noch nicht am Ende des Weges angelangt. Es liegt noch eine Menge vor uns.

Die Zusammengehörigkeit der Berliner und der Deutschen überhaupt manifestiert sich auf eine bewegende, auf eine uns aufwühlende Weise, am bewegendsten dort, wo getrennte Familien endlich wieder ganz unverhofft und tränenvoll zusammenfinden. Mich hat auch das Bild angerührt von dem Polizisten auf unserer Seite, der rübergeht zu seinem Kollegen und sagt: »Jetzt haben wir uns so viele Wochen, vielleicht Monate auf Abstand gesehen, ich möchte Ihnen einmal die Hand geben.« Das ist die richtige Art, sich dem jetzt Anstehenden zu nähern: einander die Hand zu reichen, nachtragend nur dort zu sein, wo es unbedingt sein muß. Und, wo immer es geht, Bitterkeit zu überwinden. Das habe ich auch heute mittag am Brandenburger Tor gespürt.

Als Bürgermeister der schwierigen Jahre von 1957 bis 1966, also auch der Zeit des Mauerbaus, und als einer, der in der Bundesrepublik und für sie einiges zu tun hatte mit dem Abbau von Spannungen in Europa und mit dem Ringen um das jeweils erreichbare Maß an sachlichen Verbindungen und menschlichen Kontakten: Mein ganz herzlicher Gruß gilt den Berlinerinnen und Berlinern in allen Teilen der Stadt und gleichermaßen den Landsleuten überall in Deutschland.

Es wird jetzt viel davon abhängen, ob wir uns – wir Deutsche, hüben und drüben – der geschichtlichen Situation gewachsen erweisen. Das Zusammenrükken der Deutschen, darum geht es. Das Zusammenrücken der Deutschen verwirklicht sich anders, als es die meisten erwartet haben. Und keiner sollte jetzt so tun, als wüßte er ganz genau, in welcher konkreten Form die Menschen in den beiden Staaten in ein neues Verhältnis zueinander geraten werden. Daß sie in ein anderes Verhältnis zueinander geraten, daß sie in Freiheit zusammenfinden und sich entfalten können, darauf kommt es an.

Und sicher ist, daß nichts im anderen Teil Deutschlands wieder so werden wird wie es war. Die Winde der Veränderung, die seit einiger Zeit über Europa ziehen, haben an Deutschland nicht vorbeiziehen können. Meine Überzeugung war es immer, daß die betonierte Teilung und daß die Teilung durch Stacheldraht und Todesstreifen gegen den Strom der Geschichte standen. Und ich habe es noch in diesem Sommer erneut zu Papier gebracht: Berlin wird leben, und die Mauer wird fallen. Übrigens, ein Stück von jenem scheußlichen Bauwerk, ein Stück davon können wir dann von mir aus sogar als Erinnerung an ein geschichtliches Monstrum stehen lassen. So wie wir seinerzeit nach heftigen Diskussionen in unserer Stadt uns bewußt dafür entschieden haben, die Ruine der Gedächtniskirche stehen zu lassen.

Denen, die heute noch so schön jung sind, und denen, die nachwachsen, kann es nicht immer leichtfallen, sich die historischen Zusammenhänge, in die wir eingebettet sind, klarzumachen. Deshalb sage ich nicht nur, daß wir bis zum Ende der Spaltung – zornig, aber auch im Gefühl der Ohnmacht habe ich im August '61 dagegen angeredet – noch einiges vor uns haben, sondern ich erinnere uns auch daran, daß das alles nicht erst am 13. August 1961 begonnen hat. Das deutsche Elend begann mit dem terroristischen Nazi-Regime und dem von ihm entfesselten Krieg. Jenem schrecklichen Krieg, der Berlin wie so viele andere deutsche und nicht-deutsche Städte in Trümmerwüsten verwandelte. Aus dem Krieg und aus der Veruneinigung der Siegermächte erwuchs die Spaltung Europas, Deutschlands und Berlins. Jetzt wächst zusammen, was zusammengehört. Jetzt erleben wir, und ich bin dem Herrgott dankbar dafür, daß ich dies miterleben darf: die Teile Europas wachsen zusammen.

Ich bin sicher, daß der Präsident der Vereinigten Staaten und der erste Mann der Sowjetunion dies, was im Gange ist bei uns, zu würdigen wissen werden, wenn sie einander demnächst auf einem Schiff im Mittelmeer begegnen. Und ich bin sicher, daß unsere französischen und unsere britischen Freunde – neben den Amerikanern die bewährten Schutzmächte in schwierigen Jahren – mit uns den Prozeß der Veränderung, des neuen Aufbruchs als wichtig einzuordnen wissen. Ich weiß, daß unsere Nachbarn im europäischen Osten verstehen, was uns bewegt, und daß es sich einfügt in das Neue Denken und Handeln, das die Zentral- und Osteuropäer selbst in Anspruch nimmt. Die Sicherheit, die wir unseren Nachbarn und auch den großen Mächten dieser Welt bieten können, ist die, daß wir keine Lösung unserer Probleme anstreben, die sich nicht einfügt in unsere Pflichten gegenüber dem Frieden und gegenüber Europa. Uns leitet die gemeinsame Überzeugung, daß die Europäische Gemeinschaft weiterentwikkelt und die Zerstückelung unseres Kontinents schrittweise, aber definitiv überwunden werden muß.

Damals, im August '61, haben wir nicht nur im berechtigten Zorn gefordert: Die Mauer muß weg. Wir haben uns auch sagen müssen: Berlin muß trotz der Mauer weiterleben. Wir haben die Stadt – mit Hilfe des Bundes, was wir auch nicht vergessen wollen – wieder aufgebaut. Andere, die nach uns kamen, haben dem Wiederaufbau Wichtiges hinzugefügt. Aber hier in Berlin war uns zusätzlich zu allen innerstädtischen Aufgaben, zum Wohnungsbau, zum kulturellen und wirtschaftlichen Neuaufbau, aufgetragen, den Weg nach Deutschland offenzuhalten. Wir haben intensiv darüber nachgedacht, wie wir, auch als es schier hoffnungslos aussah, den besonders brutalen Auswirkungen der Trennung doch entgegenwirken können. Wie der Spaltung zum Trotz deutscher und europäischer Zusammenhalt bewahrt und gepflegt werden könnte. Natürlich gab es nicht immer gleich Übereinstimmung darüber, wie das am besten zu erreichen sei.

Mir hat sich das Datum des 18. Dezember 1963 besonders eingeprägt. Nicht nur, weil ich Geburtstag hatte, sondern weil das der Tag war, an dem aufgrund der Passierscheine – mehr konnten wir damals nicht erreichen – Hunderttausende drüben waren, nicht nur bei den Verwandten in Ost-Berlin, sondern auch mit denen, die aus »der Zone« kamen. Das war alles unzulänglich, und es blieb schrecklich brüchig. Aber wir haben uns nicht davon abbringen lassen, auch jeden möglichen kleinen Schritt zu tun, um den Kontakt zwischen den Menschen zu fördern und den Zusammenhalt der Nation nicht absterben zu lassen.

Es hat dann noch fast ein Jahrzehnt gedauert, bis durch einen Verkehrsvertrag und einen Grundlagenvertrag die damals möglichen Veränderungen erreicht werden konnten. Eine Vielzahl von Abkommen und Absprachen hat sich dem hinzugefügt. Es bleibt richtig, auch aus nationalen Gründen, daß wir einen Leerraum nicht entstehen lassen durften.

Richtig war es auch, die Außenbedingungen für das geteilte Deutschland und die Menschen in ihm zu entlasten und zu verbessern, wo immer sich Gelegenheit hierzu bot. Das war der Inhalt unserer Vertragspolitik. Das war der Inhalt unseres Hinwirkens auf die gesamteuropäische Konferenz in Helsinki, schwierig beginnend, aber verpflichtet auf die Menschenrechte, auf Zusammenarbeit, auch auf Abbau von Überrüstungen in Europa. Und dieses sich langsame Hinbewegen auf Stabilität, auf Abbau statt weiteren Aufbau von Rüstungen, macht sich nun bezahlt. Dies ist im Gange, dies hat wesentlich dazu beigetragen, daß wir es heute mit verbesserten Rahmenbedingungen zu tun haben. Und ich füge hinzu: Wenn ich meine Landsleute im anderen Teil Deutschlands gut verstehe, dann stimmen sie mit mir, und ich denke mit uns allen, hier überein. Keiner wünscht Schwierigkeiten mit den sowjetischen Truppen, die sich noch auf deutschem Boden befinden. Die bleiben auch nicht immer da. An der militärischen Präsenz wird sich etwas ändern. Wir wollen friedliche Lösungen gerade auch im Verhältnis zur Großmacht im Osten.

Ich möchte noch sagen: Zusätzlich dazu, daß es einen Hoffnungsträger auch in der Sowjetunion gibt, und daß es Demokratiebewegungen in Polen und Ungarn gibt – anderswo werden sie folgen –, ist ein neuer Faktor von eigener Qualität hinzugetreten. Und zwar dadurch, daß unsere Landsleute in der DDR und in Ost-Berlin ihre Geschicke selbst, unüberhörbar für alle Welt, in ihre Hände übernommen haben. Das Volk selbst hat gesprochen, hat Veränderungen gefordert, nicht zuletzt das Recht auf wahrhaftige Information und auf freie Bewegung und auf Freiheit des organisatorischen Zusammenschlusses. Ich denke, daß die Volksbewegung im anderen Teil Deutschlands ihre Erfüllung nur in wirklich freien Wahlen finden kann. Und ich meine auch, daß es eine lohnende Aufgabe sein kann, am Werk der Erneuerung an Ort und Stelle mitzuwirken und sie nicht denen zu überlassen, die übrig bleiben.

Noch einmal: Nichts wird wieder so, wie es einmal war. Dazu gehört, daß auch wir im Westen nicht an mehr oder weniger schönen Parolen von gestern gemessen werden, sondern an dem, was wir heute und morgen zu tun, zu leisten bereit und in der Lage sind, geistig und materiell. Ich hoffe, die Schubladen sind nicht leer, was das Geistige angeht. Ich hoffe auch, die Kassen geben noch was her. Und ich hoffe, die Terminkalender lassen Raum für das, was jetzt sein muß. Die Bereitschaft nicht zum erhobenen Zeigefinger, sondern zur Solidarität, zum Ausgleich, zum neuen Beginn, wird auf die Probe gestellt. Es gilt jetzt, neu zusammenzurücken. Den Kopf klar zu behalten und so gut wie möglich das zu tun, was unseren deutschen Interessen ebenso entspricht wie unserer Pflicht gegenüber Europa.

Helmut Kohl vor dem Schöneberger Rathaus in Berlin am 10. November 1989

Liebe Berlinerinnen und Berliner, liebe Landsleute in der DDR und in der Bundesrepublik Deutschland:
Hier auf diesem Platz vor dem Schöneberger Rathaus sind seit über 40 Jahren Berlinerinnen und Berliner zusammengekommen, um für den Frieden und für die Freiheit dieser Stadt zu demonstrieren. Sie sind gekommen, um immer wieder die Botschaft des Friedens, die Botschaft des guten Willens, die Botschaft der Bereitschaft zum Miteinander deutlich werden zu lassen.
Heute ist ein großer Tag in der Geschichte dieser Stadt, und heute ist ein großer Tag in der deutschen Geschichte. Wir alle haben für diesen Tag gearbeitet. Wir haben ihn herbeigesehnt.
Wir sehen die Bilder vom Brandenburger Tor – Bilder von überall, wo in diesen Stunden Menschen aus der DDR zu uns kommen können und die Bürger dieser Stadt und die Bürger unserer Bundesrepublik Deutschland in den anderen Teil Deutschlands gehen können: ohne Kontrolle, ohne staatliche Gewalt, ihrem freien Willen entsprechend.
Wir sollten auch in dieser Stunde auf diesem Platz an die vielen denken, die ihr Leben an der Mauer ließen. Wir sollten dies tun in einem Augenblick, in dem diese Mauer endlich fällt.
Meine Damen und Herren, liebe Berlinerinnen und Berliner, wir alle stehen jetzt in einer großen Bewährungsprobe. Wir haben in diesen Tagen von unseren Landsleuten drüben in der DDR, in Ost-Berlin, in Leipzig und Dresden und in vielen Städten immer wieder eine Botschaft der Besonnenheit erfahren – eine Botschaft, die sagt, daß es in dieser glücklichen, aber auch schwierigen Stunde in der Geschichte unseres Volkes wichtig ist, besonnen zu bleiben und klug zu handeln. Klug handeln heißt, radikalen Parolen und Stimmen nicht zu folgen. Klug handeln heißt jetzt, die ganze Dimension der weltpolitischen, der europäischen und der deutschen Entwicklung zu sehen.
Wer wie wir, die wir gerade aus Warschau hierhergekommen sind, erleben konnte, was der Reformprozeß in Ungarn und in Polen möglich gemacht hat, der weiß, daß es jetzt gilt, mit Bedachtsamkeit, Schritt für Schritt, den Weg in die gemeinsame Zukunft zu finden. Denn es geht um unsere *gemeinsame* Zukunft, es geht um die Freiheit vor allem für unsere Landsleute in der DDR in allen Bereichen ihres Lebens.

Die Menschen in der DDR haben ein Recht auf freie Meinungsäußerung, auf eine wirklich freie Presse, auf freie Bildung von Gewerkschaften, auf freie Gründung von Parteien und ganz selbstverständlich, wie es der Charta der Vereinten Nationen und den Menschenrechten entspricht, auf freie, gleiche und geheime Wahlen. Unsere Landsleute sind dabei, sich diese Freiheiten selbst zu erkämpfen, und sie haben dabei unsere volle Unterstützung.

Ich appelliere auch von dieser Seite – wie am Mittwoch im Deutschen Bundestag – an die Verantwortlichen in der DDR: Verzichten Sie jetzt auf Ihr Machtmonopol! Reihen Sie sich ein in jenen Reformgeist, der heute in Ungarn, in Polen die Zukunft dieser Völker sichert! Geben Sie den Weg frei für die Herrschaft *des* Volkes *durch* das Volk und *für* das Volk.

Ich bekenne hier erneut für die Bundesrepublik Deutschland, daß wir bereit sind, im Rahmen des uns Möglichen diesen Prozeß zu unterstützen. Eine DDR, die voranschreitet in den Reformen mit dem Ziel der Freiheit, der konkreten Hilfe für die Menschen in allen Bereichen der Gesellschaft, unterstützen wir ganz selbstverständlich aus unserer moralischen Verpflichtung für die Einheit unserer deutschen Nation heraus.

Wenn diese Reformen eintreten und wenn die DDR auf diesem Weg weitergeht, dann werden auch unsere Landsleute, die sich jetzt mit dem Gedanken tragen, die DDR zu verlassen, in ihrer angestammten Heimat bleiben. Sie wollen zu Hause ihr Glück finden. Und viele von denen, die in diesen Tagen den Weg zu uns fanden, werden bereit sein, bei der Neugestaltung ihrer eigentlichen Heimat mitzuhelfen.

Wir, die Bürgerinnen und Bürger der Bundesrepublik Deutschland, wollen sie dabei von Herzen unterstützen. Niemand darf dabei abseits stehen. Die Bilder dieser Wochen und Tage zeigen unsere Pflicht. Und so will ich allen in der DDR zurufen: Ihr steht nicht allein! Wir stehen an Eurer Seite! Wir sind und bleiben eine Nation, und wir gehören zusammen!

Wir sind dankbar, daß uns auf diesem Weg unsere Freunde und Partner in der Welt helfen, daß sie uns unterstützen, daß sie mit uns solidarisch sind. Wir danken unseren amerikanischen, britischen und französischen Freunden für ihre Unterstützung und Solidarität, die für die Freiheit des freien Teils Berlins in den letzten Jahrzehnten existentiell waren. Ohne ihre Standfestigkeit hätten wir diesen Tag heute so nicht erlebt. Unser Respekt gehört Generalsekretär Michail Gorbatschow, der sich mit uns gemeinsam in der Bonner Erklärung vom 13. Juni ausdrücklich zum Selbstbestimmungsrecht der Völker bekannt hat.

Berlinerinnen und Berliner, der Geist der Freiheit erfaßt heute ganz Europa: Polen, Ungarn und jetzt die DDR. Das Recht auf Selbstbestimmung ist ein Grundrecht des Menschen und der Völker. Wir fordern dieses Recht für alle in Europa. Wir fordern es für alle Deutschen.

Ich appelliere in dieser Stunde an alle unsere Landsleute, daß wir jetzt im Herzen eins sein wollen, miteinander solidarisch die Zukunft gestalten, jetzt zusammenstehen und gemeinsam die Hilfe denen gewähren, die Hilfe brauchen. Wir wollen diesen Weg gehen mit heißem Herzen und mit kühlem Verstand. Es geht um Deutschland, es geht um Einigkeit und Recht und Freiheit. Es lebe ein freies deutsches Vaterland! Es lebe ein freies, einiges Europa!

Hans-Dietrich Genscher vor dem Schöneberger Rathaus in Berlin am 10. November 1989

Berlinerinnen und Berliner, aus Ost und West, deutsche Mitbürger aus Ost und West,

Mein besonders herzlicher Gruß geht in dieser Stunde an die Menschen in meiner Heimat, die ein Beispiel des Freiheitswillens der Deutschen gegeben haben. Die Deutschen in der DDR gestalten in diesen Tagen deutsche und europäische Freiheitsgeschichte. Was in Budapest begann, was sich fortsetzte in Warschau, was laut wird in Moskau, das geschieht jetzt auch in der DDR. Deutsche sind dabei, wenn es um die Freiheit geht. Die Würde, die Besonnenheit und die Reife, mit denen die Menschen in der DDR für ihren Anspruch auf Freiheit eintreten, ehrt die ganze Nation. Sie muß ein Beispiel sein für unser Verhalten in dieser Stunde. Auch von uns ist die gleiche Würde, der gleiche Respekt und die gleiche Besonnenheit gefordert. Wir wollen nicht die eine Bevormundung in der DDR durch ungewünschte Ratschläge von uns ersetzen.
In den Straßen Berlins wird in diesen Stunden bezeugt, daß 40 Jahre der Trennung aus einer deutschen Nation nicht zwei Nationen gemacht haben. Es gibt keine kapitalistische, es gibt keine sozialistische, es gibt nur eine auf Freiheit und Frieden verpflichtete deutsche Nation. Wir erwarten in dieser Stunde, daß nach dem ersten wichtigen Schritt, den die Führung der DDR entschieden hat, weitere entscheidende Schritte folgen, die dem Willen des Volkes entsprechen. Der Freiheit der Bewegung und der Freiheit der Reise muß nun die Freiheit des Wortes und die Freiheit der Wahl folgen. Unsere Verantwortung ist es in dieser Stunde, daß wir bei dem schweren Weg, den unsere Mitbürger in der DDR gehen bei der Entwicklung ihrer Gesellschaft, so wie sie sie wollen, ihrer Ordnung, so wie sie sie wollen, nicht nur mit dem Wort, sondern auch mit der Bereitschaft zur Hilfe, wenn sie denn gewünscht wird, zur Seite stehen. Auch auf unserer Seite müssen den Worten Taten folgen, so wie wir sie von den Nachbarn im Osten verlangt haben.
Liebe Mitbürger, in diesen Stunden blickt die Welt auf unser Land und auf diese Stadt. Unsere Mitbürger in der DDR haben das Schicksal der Deutschen auf die Tagesordnung der internationalen Politik ganz oben angesetzt. Viele unserer Nachbarn fragen uns, wohin wollt ihr Deutschen? Sie stellen die Frage nach der Zukunft der Deutschen. Ich möchte ihnen sagen, die Deutschen wollen zu aller-

erst in Frieden leben mit allen ihren Nachbarn und sie wollen in Freiheit leben. Kein Volk dieser Welt, kein Volk in Europa muß sich fürchten, wenn sich jetzt die Tore öffnen zwischen West und Ost, wenn Freiheit und Demokratie in der DDR verwirklicht werden. Von Deutschen in Freiheit, von Deutschen in Demokratie ist noch nie eine Gefahr für die anderen Völker ausgegangen. Und deshalb, liebe Mitbürgerinnen und Mitbürger, sagen wir hier an die Adresse aller unserer Nachbarn in West und Ost: es bleibt dabei, was wir entschieden haben. Wir haben uns entschieden für die Gemeinschaft der Westlichen Demokratien. Es war ein weiter Weg, der uns bis zu dieser Stunde geführt hat. Es waren die Verträge von Moskau und Warschau, der Vertrag mit der CSSR, der Grundlagenvertrag mit der DDR, die Schlußakte von Helsinki. Es war ein geduldiges Ringen um Frieden, um Menschenrechte und Freiheit. Diesen Weg gehen wir weiter. Wir stehen zu den Verträgen, die wir geschlossen haben. Wir haben heute noch in Warschau gestanden und wir haben unseren polnischen Nachbarn gesagt: Zu der sicheren Zukunft unserer europäischen Nachbarn gehört es auch, daß das polnische Volk weiß; von uns Deutschen wird niemals mehr die Grenze zwischen Deutschen und Polen in Frage gestellt.
Den Staaten des Warschauer Pakts, in denen sich der Weg zur Demokratie schon vollzieht und denen, wo er noch gegangen werden wird, bekunden wir unseren Willen: wir werden keine Zeit der Probleme, die dort anbricht, wir werden keine Schwierigkeit, die auf dem Weg der Umgestaltung entsteht, einseitig für uns ausnutzen. Wir wollen keine einseitigen Vorteile, sondern wir wollen, daß auch dort Reform, Freiheit und Demokratie möglich werden. Wir wollen, daß diese Entwicklung sich in stabilen Rahmenbedingungen vollziehen kann. Dazu gehört auch, daß wir die Sehnsucht der Menschen nach Rüstungskontrolle und Abrüstung noch intensiver verfolgen. Meine lieben Mitbürger, die Abrüstungsverhandlungen müssen Schritt halten mit der politischen und mit der menschlichen Entwicklung, die sich hier in Europa vollzieht.
Liebe Mitbürgerinnen und Mitbürger, was wir in diesen Wochen erleben, ist die Selbstbesinnung Europas auf seine edelsten Tugenden, auf seine große Kultur, zu der alle Völker Europas Großes beigetragen haben. Diesen Völkern sagen wir: wir Deutschen haben heute das große Ziel, daß wir unser Leben überall in Deutschland so gestalten, daß unser eigenes Glück auch von unseren Nachbarn als ihr Glück und als eine Garantie einer sicheren Zukunft empfunden wird. Ein langer Weg hat eine wichtige Zwischenstation erreicht. Wir werden diesen Weg weitergehen müssen mit der gleichen Vernunft, Verantwortung und Besonnenheit, in der Zusammenarbeit mit den Ländern, mit denen wir verbündet und in der Europäischen Gemeinschaft verbunden sind, in der Verbindung mit unseren Nachbarn im Osten, mit denen wir Verträge geschlossen haben, die dies alles möglich machten.

Liebe Mitbürger, wenn die Stunde der Freiheit in ganz Europa schlägt, dann können wir sagen: Deutsche haben dabei mitgewirkt und wir waren dabei. Ich grüße alle unsere Mitbürger, ich grüße alle Europäer, ich grüße diejenigen, die das möglich gemacht haben.

Ich danke Ihnen.

Walter Momper vor dem Schöneberger Rathaus in Berlin am 10. November 1989

Liebe Berlinerinnen und Berliner,
wir begrüßen in unserer Mitte alle, die als Gäste aus Ost-Berlin und aus der DDR unter uns sind. Herzlich willkommen!
Und wir begrüßen all jene, die heute als Gäste aus Bonn zu uns gekommen sind, den Herrn Bundeskanzler, den Bundesaußenminister.
Wir begrüßen Willy Brandt, und wir begrüßen Hans-Jochen Vogel in unserer Mitte.
Liebe Berlinerinnen und Berliner,
heute ist ein großartiger Tag. Die Mauer trennt uns nicht mehr. Ich begrüße all jene, die zu uns gekommen sind; sie sind uns willkommen in unserer Mitte. Wer gestern an den Grenzübergängen gewesen ist, der wird den Tag und die Nacht nie mehr vergessen. In Berlin war Volksfeststimmung; auf dem Kurfürstendamm genauso wie auf dem Alexanderplatz. Unsere ganze Stadt und alle ihre Bürgerinnen und Bürger werden diesen 9. November 1989 nie mehr vergessen. Das war der Moment, auf den wir so lange gewartet haben. 28 Jahre lang, seit dem Bau der Mauer am 13. August 1961, haben wir diesen Tag herbeigesehnt und herbeigehofft. Wir Deutschen sind jetzt das glücklichste Volk auf der Welt.
Wir erinnern uns in dieser Stunde der Freude, aber auch an die vielen Toten und die vielen Verletzten, an das Leid und an das Elend, das diese Mauer gefordert hat. Möge sich dies niemals, niemals wiederholen.
Die Grenze, die uns so lange gequält hat, hat gestern ihren trennenden Charakter verloren. Das freie Reisen ist ein Menschenrecht. Die DDR-Bürger haben es sich gestern genommen, dieses Menschenrecht. So wie sie sich in den letzten Wochen das Recht genommen haben, die Bevormundung abzuschütteln und ihr Land selbst zu gestalten. In der DDR wird jetzt ein faszinierendes Kapitel deutscher Geschichte geschrieben. Dieses Kapitel der Geschichte, das wird vom Volk der DDR selbst geschrieben. Wir beglückwünschen die Bürgerinnen und Bürger der DDR zu ihrer friedlichen und demokratischen Revolution.
Gestern war nicht der Tag der Wiedervereinigung, sondern der Tag des Wiedersehens in unserer Stadt. Viele tausend DDR-Bürger sind heute schon und werden in den nächsten Tagen und Wochen nach West-Berlin kommen. Sie werden zu uns reisen aus Ost-Berlin, aus Dresden, aus Frankfurt/Oder und aus

Magdeburg. Wir Berlinerinnen und Berliner heißen alle Besucherinnen und Besucher in unserer Stadt herzlich willkommen. Wir freuen uns auf das Wiedersehen und das Zusammensein.
Manche bei uns hier im Teil der Stadt haben Angst vor dem schnellen Wandel, und sie fürchten die Probleme und die Lasten, die auf uns zukommen. Ich bitte die Berlinerinnen und Berliner, sich stets an die glücklichen Stunden des heutigen Tages zu erinnern, und ich bitte alle, sich auch stets daran zu erinnern, welches Leid die Mauer für uns bedeutet hat. Wenn wir uns dessen immer bewußt bleiben, dann werden wir auch gemeinsam die Probleme meistern, die jetzt auf uns zukommen.
Berlin hat schon ganz andere Dinge und Probleme bewältigt. Wichtig ist, daß wir es wollen, daß wir den Optimismus nicht verlieren und mit Mut und Tatkraft in die Zukunft blicken und zupacken. Es ist nicht unsere Sache, den DDR-Bürgern irgendeinen Ratschlag zu geben. Der Wille, und ich darf wohl hinzufügen, der Mut, in der DDR zu leben, der muß in der DDR selbst wachsen. Dort müssen die Menschen eine Perspektive für sich sehen. Wenn sie es nicht können, dann ist das ein Fehler des Systems, ein Fehler des Staates oder der bisherigen Führung. Viele Menschen überlegen sich, die DDR zu verlassen. Ich bitte diese Menschen, jetzt zu prüfen, ob sie nicht doch mehr Vertrauen in den Prozeß der Erneuerung und den Prozeß der Reform in der DDR haben können, ob sie nicht gebraucht werden beim demokratischen Aufbruch in der DDR. Ich kann keine Ratschläge geben, aber ich möchte bitten zu bedenken, ob sie nicht gebraucht werden für eine bessere Gesellschaft in der DDR. Gegen das Volk kann in der DDR nichts mehr entschieden werden. Das haben die letzten Tage gezeigt. Und ich füge hinzu, in der Zukunft wird in der DDR nur noch das Volk entscheiden.
Wir unterstützen die Ziele der Demokratiebewegung in der DDR. Wir unterstützen die Forderungen nach demokratischer Konkurrenz aller Parteien und Gruppen in der DDR und die Abhaltung von freien Wahlen.
Die SED-Führung hat die Krise der DDR verursacht. Sie hat in den letzten Wochen viel Zeit verschenkt und Vertrauen verloren. Mit der Einführung der Reisefreiheit, mit der Nominierung von Hans Modrow zum Vorsitzenden des Ministerrates und mit den Umwälzungen und Protesten innerhalb der SED zeigt sich jetzt, daß auch die SED einen grundlegenden Neuanfang wagen will. In der DDR ist eine neue Zeit angebrochen. Die SED muß ihren Führungsanspruch aufgeben, denn sie hat ihn in der Realität längst verloren.
Vielleicht werden wir von der demokratischen Kultur in der DDR noch einiges lernen können. Unsere Demokratie ist uns von den Befreiern 1945 geschenkt worden. Die DDR-Bürger haben sich die Demokratie selbst erkämpft. Sie wissen, was sie an der Demokratie haben. Die Demonstration vom 4. November in

Ost-Berlin hat eine vorbildliche demokratische Kultur geprägt. Nach der Revolution von 1918, die auch am 9. November stattfand vor 71 Jahren, ist dies die erste demokratische Revolution in Deutschland, die erste Revolution, die mit völlig friedlichen Mitteln auskommt, die mit friedlichen Mitteln durchgesetzt wird. Wir im Westen, wir bewundern den Mut, und wir bewundern die Disziplin der demokratischen Bewegung in der DDR. Die demokratische Kultur der Bürger der DDR ist unverbraucht. Sie zeugt von sozialer Verantwortung und der Abneigung gegen die Ellbogengesellschaft. Davon werden sich bei uns manche noch eine Scheibe abschneiden können. Wir dürfen diesen großartigen Prozeß, und darum bitte ich Sie, nicht durch unbedachtes Handeln gefährden. Deshalb bitte ich alle Berlinerinnen und Berliner um Besonnenheit und auch um Disziplin. Wir wünschen der Demokratiebewegung in der DDR, daß sie ihr eigenes Land, den zweiten deutschen Staat, so gestalten kann, wie sie es wünscht. Mit Leidenschaft und mit Solidarität unterstützen wir Berlinerinnen und Berliner den Reformprozeß in der DDR. Wir werden zusammenstehen und wir werden helfen, damit die DDR auch wirtschaftlich wieder vorankommt.
Das gemeinsame europäische Haus, von dem Michail Gorbatschow spricht, das nimmt Gestalt an. Wir alle werden in den nächsten Wochen und Monaten umdenken müssen. Wir müssen die Mauer in unseren Köpfen abbauen. Den Ostblock als Block, den gibt es nicht mehr. Polen und Ungarn sind keine kommunistischen Staaten mehr, und die DDR ist es eigentlich auch nicht mehr. Und auch die Sowjetunion streift die Fesseln des Dogmatismus ab. Das Europa der Zukunft wird nicht aus starren Nationalstaaten gemacht und nicht aus Blöcken. Die Zukunft, die wird von Menschen gemacht werden. Für uns hier in Berlin eröffnet diese Entwicklung großartige Perspektiven. In dem europäischen Haus werden wir das Berliner Zimmer mit Türen nach allen Seiten einrichten, und wir können sagen, daß auch die Türen der DDR jetzt weit offen stehen. Und bei dieser Gelegenheit möchte ich mitteilen, daß uns die Regierung der DDR mitgeteilt hat, daß in ungefähr einer Stunde weitere Übergänge geöffnet werden. Das ist, so denke ich, eine sehr gute Nachricht, obwohl ich hinzufügen möchte, man kann gar nicht genug Türen in einem Zimmer haben, egal, ob es das Berliner Zimmer oder das Zimmer der DDR im gemeinsamen europäischen Haus ist.
Meine Damen und Herren, liebe Berlinerinnen und Berliner,
Berlin steht wieder im Mittelpunkt des Interesses der Welt. Berlin ist der Ort, an dem europäische Geschichte gemacht wird. Berlin ist der Ort, der Europa vorantreiben kann. Wo sich Ost und West wieder die Hand reichen, so wie gestern nacht die Menschen und heute den ganzen Tag lang sich an den Grenzen die Hand gereicht haben. Berlin wird die Stadt des Austausches und die Stadt der Kooperation sein, und in 15 Jahren wollen wir gemeinsam und gleichberechtigt mit Ost-Berlin die Stadt der Olympischen Friedensspiele sein.

Berlin blickt mit Optimismus in seine Zukunft. Mit allen Menschen in Europa hoffen wir auf eine neue Zeit des Friedens und der guten Nachbarschaft auf unserem Kontinent. Und daß das schneller geht und schneller vorangeht, das können wir vielleicht an einem Plakat sehen, das ich hier gesehen habe und das mich berührt hat. Der eine oder andere wird sich noch erinnern, daß im Dezember 1988 die Sozialdemokratische Partei in der Stadt ein Plakat hatte, wo sich auf der Mauerkrone ein Kind aus dem Osten und ein Kind aus dem Westen die Hand reichen. Viele in der Stadt haben das damals nicht für realistisch gehalten. Ich muß sagen, ich hätte auch nicht gedacht, daß es jetzt schon so weit werden würde. Wir haben heute am Brandenburger Tor die Menschen auf der Krone der Mauer gesehen. Das waren junge Menschen. Es ist schneller gekommen, als wir alle gedacht haben, und ich hoffe auch die weitere Entwicklung, die wird so schnell kommen, wie wir das alle hoffen, die Entwicklung hin zu dem, daß Berlin Freiheit ist. Berlin ist Freiheit!

Kommuniqué der 10. Tagung des ZK der SED

Vom 8. bis 10. November 1989 fand in Berlin die 10. Tagung des ZK der SED statt. Zu Beginn der Tagung erklärte der Generalsekretär des ZK der SED, Genosse Egon Krenz, den Rücktritt des bisherigen Politbüros, das für die entstandene Lage die volle Verantwortung übernommen hat. Dieser Vorschlag wurde vom Zentralkomitee einstimmig angenommen.

Mit der anschließenden Wahl wurden ein neues Politbüro und Sekretariat des ZK in Einzelabstimmung zu den vorgeschlagenen Kandidaten gewählt.

Im Verlauf der Diskussion während der 10. Tagung des ZK wurden Entscheidungen von Bezirksleitungen der SED und Einwände zu einigen neu gewählten Mitgliedern und Kandidaten des Politbüros bekannt, die zu dem Vorschlag führten, die Genossen Hans-Joachim Böhme, Johannes Chemnitzer, Werner Walde und die Genossin Inge Lange von ihren Funktionen zu entbinden.

Das ZK bestätigte Genossen Erich Krenz in seiner Funktion als Generalsekretär des ZK.

Dem Politbüro des ZK der SED gehören auf Beschluß der 10. Tagung des ZK als Mitglieder weiter die Genossen Werner Eberlein, Wolfgang Herger, Werner Jarowinsky, Heinz Keßler, Siegfried Lorenz, Hans Modrow, Wolfgang Rauchfuß, Günter Schabowski und Gerhard Schürer an.

Zu Kandidaten des Politbüros wurden die Genossin Margarete Müller und die Genossen Günter Sieber und Hans-Joachim Willerding gewählt.

Zu Sekretären wählte das Zentralkomitee die Genossen Wolfgang Herger, Siegfried Lorenz, Wolfgang Rauchfuß, Günter Schabowski, Helmut Semmelmann, Günter Sieber und Hans-Joachim Willerding.

Genossen Klaus Höpcke wählte das ZK zum Vorsitzenden der Kulturkommission beim Politbüro und Genossen Prof. Dr. Gregor Schirmer zum Vorsitzenden der Kommission Wissenschaft und Bildung beim Politbüro. Beide Genossen nehmen an den Sitzungen des Politbüros und des Sekretariats des ZK als ständige Gäste teil.

Das ZK beschloß, der SED-Fraktion in der Volkskammer zu empfehlen, Genossen Hans Modrow bei der Neubildung der Regierung für die Wahl zum Vorsitzenden des Ministerrates der DDR vorzuschlagen.

Genosse Günter Mittag wurde entsprechend dem Statut der Partei wegen gröblichster Verstöße gegen die innerparteiliche Demokratie, gegen die Partei- und Staatsdisziplin sowie Schädigung des Ansehens der Partei aus dem ZK ausge-

schlossen. Ebenso wurde Genosse Joachim Herrmann aus dem Zentralkomitee ausgeschlossen.
Das ZK beauftragte die ZPKK, das Verhalten und die Fehlleistungen des Genossen Günter Mittag zu untersuchen und gegen weitere Genossen, die gegen das Statut der Partei verstoßen haben, entsprechende Maßnahmen einzuleiten.
Das ZK beauftragte das Politbüro, eine Kommission zu bilden, die die Ursachen und die persönlichen Verantwortlichkeiten für die gegenwärtige ökonomische Situation in der DDR untersucht.
In einem Referat formulierte Genosse Egon Krenz die Aufgaben der Partei im Prozeß der Erneuerung der Partei und des Sozialismus in der DDR. Er analysierte die Ursachen, die zur gegenwärtigen politischen Krise in der DDR führten, und begründete Garantien dafür, daß Fehlentwicklungen wie in der Vergangenheit ein für allemal ausgeschlossen werden.
Genosse Krenz begründete den Entwurf eines Aktionsprogrammes der SED, das dem Zentralkomitee zur Diskussion und Beschlußfassung unterbreitet wurde.
Das Zentralkomitee wählte eine Redaktionskommission, die auf der Grundlage des Referates des Genossen Egon Krenz und der vielen Hinweise und Vorschläge von Mitgliedern des Zentralkomitees sowie der Wortmeldungen Tausender Genossen und parteiloser Bürger des Landes an das ZK den Entwurf fertigstellte, der vom ZK bestätigt wurde. Das Referat und das Aktionsprogramm gelten als Grundlage für die Vorbereitung der 4. Parteikonferenz, die zum 15. bis 17. Dezember 1989 nach Berlin einberufen wurde.
In Verbindung damit berief das ZK Arbeitsgruppen aus Mitgliedern des ZK und weitere Genossen für die Ausarbeitung von Analysen und Vorschlägen zur Vorbereitung der 4. Parteikonferenz und des XII. Parteitages.
In der Diskussion ergriffen 25 Genossinnen und Genossen das Wort. Weitere 68 Diskussionsmeldungen lagen vor. Alle Namen der Genossen, die sich zur Diskussion gemeldet haben, werden in der Presse veröffentlicht.
Die Beiträge werden in einer Broschüre veröffentlicht.
Das ZK sprach allen Mitgliedern der Partei und parteilosen Bürgern für die zahlreichen Briefe und Eingaben, die in diesen Tagen das ZK erreichten und mit denen die Sorge um das weitere Gedeihen des Sozialismus in der DDR und die Bereitschaft zur aktiven Mitarbeit zum Ausdruck gebracht wurden, den Dank aus.

Referat von Egon Krenz auf der 10. Tagung des ZK der SED

(...) Die Gefahren, die vor unserem Land und vor unserer Partei stehen, verlangen ein konstruktives, auf die Lösung der gegenwärtigen und zukünftigen Aufgaben gerichtetes Handeln. Die Situation in der DDR ist angespannt und sehr widersprüchlich. Das Stimmungsbild ist gekennzeichnet von einer bisher nicht gekannten Aufbruchstimmung. Sie hat sich zuerst an der Basis, mitten im Volk, unter den Bürgern, darunter in den Grundorganisationen unserer Partei, geäußert. Eine Volksbewegung ist entstanden und drückt sich in vielen Formen aus – in selbstbewußten Demonstrationen wie im vielstimmigen Dialog. Diese Volksbewegung hat den Prozeß der Überprüfung und der Veränderung ausgelöst. Unüberhörbar hat sich demokratisches Selbstbewußtsein entwickelt, das eine sozialistische Gesellschaft einfordert, in der jeder sein Leben in eigener Verantwortung leben und ein Gemeinwesen mitgestalten kann, das sich als lebendiges und schöpferisches Werk eines souveränen Volkes versteht.
Wir alle erleben ein nie dagewesenes Volksgespräch. In ihm wird ungeahnter origineller und engagierter Geist im Meinungsstreit für den lebenswerten Sozialismus sichtbar. In diesem Dialog sind viele elementare Forderungen formuliert worden. Sie finden sich auch in unserem Aktionsprogramm wieder. Es gibt auch illusionäre Vorstellungen und – das kann und darf niemand überhören – ebenfalls antisozialistische Auffassungen. Das beunruhigt viele Bürger, die Tag für Tag erleben müssen, wie zügellos sich die Feinde des Sozialismus in die inneren Angelegenheiten des Volkes der DDR einmischen und seine berechtigten Forderungen auszunutzen versuchen, um den Sozialismus zu beseitigen und damit alles, was die Arbeiterklasse, die Genossenschaftsbauern und alle anderen Bürger, was das gesamte Volk an Gutem geschaffen hat. Deshalb muß unsere Gesellschaft wachsam sein. Das Eigenständige und Unverwechselbare, was in 40 Jahren DDR entstanden ist, sollte niemand leichtfertig aufs Spiel setzen. (...)
Es geht um nichts Geringeres als um die Zukunft dieses Landes als sozialistischer Staat im Herzen Europas. Unsere Bündnispartner im Warschauer Vertrag und im RGW schauen und bauen auf uns.
Uns alle, Genossinnen und Genossen, schmerzt es tief, wie unsere Partei in die öffentliche Kritik geraten ist. Es schmerzt viele um so mehr, da sie in Tausenden Stunden ihres Lebens die Pflicht gegenüber dem Allgemeinwohl höher angesetzt haben als ihre persönlichen Interessen. Es schmerzt unsere Veteranen, die im antifaschistischen Widerstand für ein besseres deutsches Land ihr Leben riskiert haben. Es schmerzt die Hunderttausenden Genossinnen und Genossen,

die im Alltag unserer Gesellschaft über ihre beruflichen Verpflichtungen hinaus viele zusätzliche ehrenamtliche Verantwortung für das Fortschreiten unseres Landes übernommen haben. Es schmerzt uns alle. Wer dieses Arbeitswerk der Menschen bei aller berechtigten Kritik entwürdigt, der muß sich auch fragen lassen, welche Achtung er vor den arbeitenden Menschen, vor ihrem Fleiß und ihrer Ehre hat! (...)
Tatsache ist: Die heute in aller Öffentlichkeit behandelten Probleme und Fragestellungen sind nicht über Nacht und auch nicht erst im letzten Sommer entstanden. Die tiefgründige Analyse der Entwicklung der DDR nach dem VIII. Parteitag der SED wird uns zu manchen neuen Erkenntnissen führen. Heute wissen wir zum Beispiel, daß der Ansatz für den XI. Parteitag der SED nicht auf einer realen Einschätzung der Lage beruhte. Aus den Erkenntnissen, die uns jetzige Analysen vermitteln, wird deutlich, daß damals bei der Formulierung ökonomischer Aufgaben nicht von der Realität, sondern von subjektiven Wunschvorstellungen ausgegangen wurde. Hinzu kam: Es wurden aus den bedeutsamen internationalen Entwicklungen – wie sie sich vor allem in der Sowjetunion, aber auch in anderen sozialistischen Ländern vollzogen – nicht die richtigen Schlußfolgerungen gezogen. Die Führung unserer Partei ging zu unseren besten Freunden auf Distanz. Gesetzmäßige Prozesse der Entwicklung des modernen Sozialismus, die sich seit Jahren abgezeichnet hatten, wurden nur oberflächlich, nicht in ihrer allgemeinen Gültigkeit erfaßt. Eine Reihe neuartiger Prozesse in der Entwicklung der Produktivkräfte, weltwirtschaftliche und weltpolitische Trends wurden in ihrer vollen Bedeutung für grundlegende zukunftbestimmende Entscheidungen nicht umfassend genug erkannt.
Negative Erscheinungen, die aus den ungelösten objektiven Entwicklungsproblemen und auch zunehmend aus subjektiv bedingten Fehleinschätzungen resultierten, hatten sich auf vielen Gebieten ausgebreitet: in der Wirtschaft, in der Informationspolitik und den Medien, im Kultur- und Geistesleben, in der Volksbildung, in der Arbeit staatlicher Organe, gesellschaftlicher Organisationen und nicht zuletzt in unserer Partei.
Anstatt Lösungen von Problemen zu beraten, wurden allgemeine Losungen in Umlauf gebracht und stereotyp wiederholt, um in Ordnung zu bringen, was noch nicht in Ordnung ist. Anstatt Probleme sofort und direkt anzusprechen, ließ man sich von der Hoffnung treiben, sie eines Tages bei günstigeren Konstellationen wieder in den Griff zu bekommen. Anstatt unsere Genossen und alle Bürger ins Vertrauen zu ziehen und sie so für eine engagierte Mitarbeit zur Lösung zu gewinnen, wurde versucht, ihnen ein DDR-Bild zu suggerieren, das immer weniger den Alltagserfahrungen der Menschen entsprach. Konflikte wurden verdrängt und notwendige Antworten oft durch Administration und Gängelei ersetzt.

Tatsache ist auch: Die vorhandenen vielfältigen Formen der Demokratie blieben hinter den breiter werdenden Interessen und Bedürfnissen der Bürger zur Mitsprache zurück. Die politische Reife der Bürger und ihre Bereitschaft, sich mit ihrer unverwechselbaren und selbstbewußten Individualität in die Gesellschaftsgestaltung einzubringen, wurden unterschätzt. Auf diesem Boden wuchsen bürokratisches Verhalten und Herzlosigkeit im Umgang mit Bürgern. Die Mißachtung der Individualität und Kompetenz in der beruflichen und gesellschaftlichen Tätigkeit führte nicht selten zur Ignoranz gegenüber geistigem Volksvermögen und ließ Schöpfertum verkommen.
Tatsache ist nicht zuletzt: Unsere Wirtschaftspolitik ist hinter den Realitäten zurückgeblieben. Neue Anforderungen an unsere Wirtschaft, auch wachsende außenwirtschaftliche Probleme, wie die Erhöhung der Erdölpreise, die Verknappung und Verteuerung der Rohstoffe, wurden nicht mit notwendigen Veränderungen in der Volkswirtschaft beantwortet. Große Investitionen, die nicht ausreichend zum Wachstum des Nationaleinkommens beigetragen haben, nahmen bedeutende materielle und finanzielle Ressourcen in Anspruch. Der unverantwortliche Verschleißgrad der Ausrüstungen in der Industrie hat zu einem überhöhten und ökonomisch völlig uneffektiven Instandhaltungs- und Reparaturbedarf geführt. Trotz sehenswerter Leistungen im Bereich von Wissenschaft und Technik hat sich in der DDR dennoch die Zahl der manuell Tätigen im letzten Jahrzehnt nicht verringert.
Mit dem ungenügenden Einsatz von Nationaleinkommen für die Akkumulation in den produzierenden Bereichen fehlten die Mittel für die Überführung wichtiger wissenschaftlich-technischer Ergebnisse in die Produktion. In den letzten Jahren vergrößerte sich ständig das Mißverhältnis zwischen Zulieferund Finalproduktion. Es entstanden Löcher in der materiell-technischen Versorgung. In ihnen verschwand viel volkswirtschaftliche Effektivität. Produktionsprozesse mußten mit einem abnorm hohen und oft hektischen Aufwand in Gang gehalten werden, was die Werktätigen ebenso wie die Leiter der Betriebe und Kombinate erheblich belastete. Es entwickelte sich ein teures Wechselspiel von Produktionsstillstand wegen Mangel an Material und Zulieferungen auf der einen sowie Überstunden, Sonnabend- und Sonntagsschichten auf der anderen Seite.
Die unrhythmische Produktion untergrub die Arbeitsmoral und förderte Verletzungen der Arbeitsdisziplin. Der hohe Rang, den die Werktätigen fleißiger und guter Arbeit seit Generationen beimessen, dieses wertvollste Kapital unseres Landes, wurde mißachtet.
Das Prinzip, daß nur verbraucht werden kann, was vorher erwirtschaftet worden ist, wurde sträflichst verletzt, die Einheit von Wirtschafts- und Sozialpolitik inkonsequent durchgesetzt. Den Leistungsrückständen in der Produktion stan-

den steigende Sozial- und Subventionsausgaben gegenüber. Der Ausgleich sollte durch Aufnahme ständig steigender Kredite erreicht werden. Dafür haben wir heute teuer zu bezahlen. Mit der ungenügenden Durchsetzung des Leistungsprinzips entstanden unsoziale Nebenwirkungen wie Schattenwirtschaft, Schmiergelder und Abhängigkeiten durch Beziehungen.

All das hatte schwerwiegende Auswirkungen auf die Stimmung im Lande. Die Unzufriedenheit in der Bevölkerung nahm zu. Unruhe und Unsicherheit breiteten sich aus. Demonstrationen setzten ein, deren Teilnehmer in ihrer überwiegenden Mehrheit für notwendige Veränderungen in der sozialistischen Gesellschaft eintraten, unter die sich aber auch sozialismusfeindliche, auf Konfrontation und Konflikt bedachte Kräfte mischten.

Solche und andere gesellschaftliche Ursachen haben auch eine Schlüsselfunktion für die persönliche Entscheidung von über 200 000 DDR-Bürgern, ihre Heimat zu verlassen oder verlassen zu wollen. Ohne den Einfluß des Gegners, seine Absichten und seine Kampagnen gegen den Sozialismus in der DDR zu unterschätzen, müssen wir uns doch eingestehen, daß die eigentlichen Ursachen dieser für unsere Gesellschaft schmerzhaften Abwanderung in unserem Lande selbst zu suchen sind. Viele Menschen hatten den Glauben an die Veränderbarkeit der gesellschaftlichen Zustände in der DDR verloren und sahen für sich keine Lebensperspektive mehr.

Im Vergleich mit den Problemen und Mängeln, den Schwierigkeiten und Widersprüchen im Alltag verloren selbst die anerkannten sozialen Errungenschaften des Sozialismus in der DDR an Motivationskraft.

Bei den Bürgern, die die DDR verlassen haben, handelt es sich – bis auf Ausnahmen – weder um Gegner des Sozialismus noch um Kriminelle. Es sind Bürger, die keine oder nur eingegrenzte Möglichkeiten für die volle Entfaltung ihrer Persönlichkeit, für die Befriedigung ihrer individuellen Bedürfnisse und Interessen bei uns sahen, und natürlich ist auch Egoismus im Spiel. Es sind überwiegend Menschen, die in unserer Gesellschaft groß geworden sind und deren Weggang wir bedauern. Es hat große Lücken in unsere Gesellschaft und in unsere Volkswirtschaft gerissen (...)

(...) Schlagartig rückte die Existenz sich verschärfender Widersprüche aus der Tiefe der Gesellschaft ins Bewußtsein der Öffentlichkeit, als sich im August durch die Ausreise vieler DDR-Bürger eine außerordentliche Lage herausbildete. Deutlich wurde, daß aus längere Zeit angestauten unbewältigten Problemen schwerwiegende Konflikte entstanden waren und unser Land in eine politische Krise geraten war.

Wir standen an einem Scheideweg. Mit der Erklärung des Politbüros vom 11. Oktober begannen wir, uns der negativen Entwicklung entgegenzustellen. Eine Woche danach fand die 9. Tagung des Zentralkomitees statt. Sie zeichnete in

groben Konturen die Grundrichtung für eine revolutionäre Erneuerung des Sozialismus in der DDR.
In voller Breite setzte sich mit der 9. Tagung des Zentralkomitees der gesellschaftliche Dialog überall im Lande fort. Er sprach sofort viele an, grenzte nirgendwo Personen oder Probleme aus der Debatte aus und machte Schluß mit Bevormundungen und der Verkündigung absoluter Wahrheiten. Die offene Debatte über das, was die Menschen bewegt, das gemeinsame Suchen nach Lösungen, der Streit um die jeweils beste Variante entwickelt sich in vielen, nicht in allen Fällen zu einer Schule demokratischen Umgangs miteinander für alle Beteiligten. Vielerorts entstehen aus zunächst spontanen Diskussionen Formen demokratischen Mitwirkens der Bürger an der Entscheidungsfindung, die offensichtlich dauerhaften Charakter annehmen.
Das Politbüro des Zentralkomitees ist der Meinung: Neue Bürgerbewegungen, die auf dem Boden der Verfassung der DDR wirken wollen, sollten zugelassen werden. (...)
Versuche einzelner Mitglieder und Kandidaten des Politbüros, Alternativvorstellungen im Bereich der Ökonomie, in der Medienpolitik, in der Jugendpolitik, zu internationalen Aufgaben und zu anderen Fragen zur Diskussion zu stellen, fanden keine Mehrheit, ja mehr noch, wurden verdächtigt, die Gesamtpolitik der Partei in Frage zu stellen. Die mit der Politik des VIII. Parteitages in der DDR eingetretenen Erfolge führten zu einer unanfechtbaren Dominanz einzelner Genossen. Die Kollektivität im Politbüro war immer weniger gewährleistet. Kritik und Selbstkritik blieben unterentwickelt. Das führte in der Folge immer öfter zu subjektivistischen Entscheidungen. Die Lage wurde falsch eingeschätzt und deshalb auf Fragen nicht reagiert, die das Leben längst aufgeworfen hatte. Kluge und gutgemeinte Ratschläge unserer besten Freunde, die Zeit nicht zu verpassen, wurden in den Wind geschlagen. Es gab Anzeichen politischer Arroganz. Entscheidungen, die kollektive, besonnene Beratung erfordert hätten, entstanden aus spontaner, oftmals aus persönlicher Verärgerung. Der Blick für das Leben war verlorengegangen.
Alle Mitglieder des bisherigen Politbüros sind sich bewußt, daß sie sich – bei allem Ansatz zum Widerspruch – zu lange mit dieser Situation abgefunden und nicht rechtzeitig genug mit kollektiver Kraft Einspruch gegen autoritäre Erscheinungen erhoben haben. Die Überzeugung, mit demonstrativer Einheit und Geschlossenheit die Partei zu führen, war tiefer als die Einsicht, mit dem persönlichen Beispiel des Widerspruchs das gemeinsame Nachdenken und Handeln auszulösen. Heute wissen wir: Einheit und Geschlossenheit brauchen zuvor den gemeinsamen scharfen politischen Streit.
Das Politbüro hat als Kollektiv auf Signale aus der Mitgliedschaft und von anderen befreundeten Kräften ungenügend und zu spät reagiert, obwohl die Kreis-

und Bezirksleitungen qualifizierte Informationen zur Lage übermittelten. Das Politbüro war in seiner analytischen und konzeptionellen Arbeit ernstlich zurückgeblieben. Innere Probleme wurden vor allem als Folge äußerer Einwirkung gesehen. Es wurde nicht nach den wirklichen Ursachen geforscht, sondern bestenfalls an Symptomen kuriert. So wurde Verantwortung für gesellschaftliche Fehlentwicklungen und damit der Weg zu notwendigen Erkenntnissen verdeckt.

Mangel an Realitätssinn drückte sich in der Überbewertung erreichter Ergebnisse, in der Darstellung von Erstrebtem als schon Erreichtem, in der Verdrängung oder gar Negierung von Rückständen, Mängeln und Fehlern aus. Sichtbar für alle war das besonders in den Medien, die in diesem Sinne angeleitet wurden. Die politische Kultur verfiel. In der Gesellschaft kam Selbstkritik völlig aus der Mode. Kritik an negativen Erscheinungen wurde mit der Begründung, man dürfe dem Feind keine Munition liefern, mehr und mehr den westlichen Medien für ihren Kampf gegen den Sozialismus in der DDR überlassen. Hinzu kamen abwartende bis ablehnende, teils dogmatische, teils überhebliche Tendenzen gegenüber der Entwicklung in der Sowjetunion, die unserem engen Kampfbündnis mit der KPdSU nicht dienlich waren und die bis zu der von vielen Bürgern mit Unverständnis und Protest aufgenommenen Streichung des »Sputnik« von der Postzeitungsliste der DDR führte.

All das lähmte Initiativen, verschüttete Bereitschaft zum gemeinsamen Überwinden von Schwierigkeiten. Die Autorität der Parteiführung, ihre in Jahrzehnten konsequenten Kampfes für die Interessen des Volkes errungene Verbundenheit mit den Massen, worauf wir immer stolz waren, erlitt schweren Schaden.

Gerade in den Wochen, als die inneren Spannungen in der DDR zunahmen, die Welle illegaler Ausreisen einsetzte und an der Destabilisierung des Sozialismus interessierte Kreise in der BRD und anderen NATO-Staaten den im Ausmaß und Schärfe bisher nicht gekannten psychologischen Feldzug gegen die DDR begannen, hatte das besonders schwerwiegende Konsequenzen.

In dieser Situation machte sich die mangelnde Kollektivität und Einheitlichkeit im Politbüro besonders bemerkbar. Einerseits bestand die Auffassung, es gelte einfach entsprechend den Beschlüssen der 7. ZK-Tagung weiterzuarbeiten, andererseits reifte die Erkenntnis heran, daß zur Bewältigung der neuartigen Herausforderungen alte Antworten nicht mehr ausreichten. Es gab jedoch noch immer keine offene Diskussion, keine kollektive Meinungsbildung. Das Politbüro trat nicht vor das Zentralkomitee, um es mit dem Ernst der Lage vertraut zu machen, obwohl Mitglieder und Kandidaten des Zentralkomitees das vorgeschlagen hatten.

Als ab 15. August auf Vorschlag von Genossen Erich Honecker während dessen krankheitsbedingter Abwesenheit Genosse Günter Mittag mit der Vertretung des Generalsekretärs beauftragt war, in der Zeit also, als kluges, entschlossenes, einheitliches Handeln besonders dringlich war, gab es an der Spitze der Partei Sprachlosigkeit. Das beeinträchtigte die Handlungsfähigkeit der Partei und begünstigte die Destabilisierung im Lande, die von den westlichen Medien geschürte Psychose und die Ausbreitung krisenhafter Erscheinungen.

In der zweiten Augusthälfte wurden in den Politbürositzungen aktuelle Fragen der Entwicklung in der DDR und vor allem die zunehmende Ausreisewelle behandelt, so auf Initiative mehrerer Mitglieder des Politbüros am 29. August in einer grundsätzlichen Diskussion über die Lage und die weitere Vorbereitung des XII. Parteitages. Aber der im Auftrag des Generalsekretärs amtierende Genosse Günter Mittag hielt es nicht für notwendig, die gesamte Partei – wie von Mitgliedern des Politbüros gefordert – darüber zu informieren, in der Öffentlichkeit entsprechend Stellung zu beziehen und unverzüglich mit den 1. Sekretären der Bezirksleitungen zusammenzutreffen.

Auch in weiteren Sitzungen des Politbüros wurden dringliche Forderungen zur notwendigen Veränderung der Informationspolitik und zur Arbeit der Medien abgewiesen. Die Veröffentlichung weiterer allgemeiner Grundsatzartikel zur Vorbereitung des Parteitages und von Zustimmungserklärungen aus Betrieben wurde als ausreichend angesehen. Da die Ausreisen lediglich auf feindliche Einwirkung zurückgeführt wurden, gab es auch nur Vorschläge zur Lösung der akuten Probleme in den Botschaften der BRD und zu Gesprächen mit dem ungarischen Außenministerium.

Nachdem Versuche, eine grundlegende Stellungnahme des Politbüros zur aktuellen Lage und zu den notwendigen Konsequenzen zu erarbeiten und zu veröffentlichen sowie eine entsprechende Information für die Parteiorganisationen herauszugeben, unterbunden worden waren, ergriff Genosse Egon Krenz in Absprache mit einer Reihe anderer Genossen die Initiative. Sie fand den heftigen Widerspruch des Genossen Erich Honecker. Daraufhin erfolgte im Politbüro eine zweitägige, mit aller Härte und politischer Schärfe geführte Diskussion. In ihr wurde der Ernst der Lage in der Partei und in der Gesellschaft deutlich gemacht. Zugleich wurden Vorschläge zur Aktivierung der Partei und zur Veränderung der Situation unterbreitet. Der ehemalige Generalsekretär zog aus dieser Debatte keine Schlußfolgerungen. Daraufhin wurde auf einer anschließenden Beratung des Sekretariats des ZK mit den 1. Sekretären der Bezirksleitungen am 12. Oktober die Vertrauensfrage aufgeworfen.

Am 17. Oktober faßte das Politbüro auf Vorschlag des Genossen Willi Stoph nach einer erneuten scharfen Auseinandersetzung einstimmig den Beschluß, Genossen Erich Honecker von der Funktion des Generalsekretärs zu entbinden sowie die Genossen Joachim Herrmann und Günter Mittag abzuberufen. Auf

der 9. ZK-Tagung am folgenden Tag wurden diese Entscheidungen des Politbüros beschlossen.
Es sei hier noch einmal unterstrichen, daß im Politbüro seit längerer Zeit einzelne Vorschläge zum Beispiel zu notwendigen Veränderungen der Wirtschaftspolitik vorgelegt wurden. Sie fanden jedoch keine Mehrheit, weil durch manipulierte Fakten des damaligen Sekretärs des ZK, Genossen Günter Mittag, der das Vertrauen des Generalsekretärs besaß, falsche Einschätzungen in der Parteiführung vorherrschten. So konnten die Genossen, die sich jedem Durchbrechen verkrusteter, traditioneller Strukturen, jeder Öffnung der Partei, jeder Forderung nach Korrekturen an der Politik hartnäckig widersetzten, den Kurs so lange weiterbestimmen, bis schließlich mit der Sitzung des Politbüros vom 11. Oktober, der 9. Tagung des Zentralkomitees und der Wahl eines neuen Generalsekretärs die längst fällige Wende in der Parteiführung eingeleitet wurde.
Alle diese Fragen bedürfen einer weitergehenden, konsequenten und vollständigen Klärung. Diese Zeit zählt zweifellos zu den dramatischsten und kompliziertesten in der Geschichte unserer Partei. Die Auseinandersetzung darüber, wie es zu einer solch schwerwiegenden Fehlentwicklung kommen konnte, muß letztlich zu Garantien führen, die für immer eine Wiederholung ausschließen.
Wir müssen uns darüber im klaren sein: Die Wende, die wir wollen, ist noch lange nicht vollzogen, und wir müssen mit Widerstand gegen sie rechnen. Diese Chance muß jedoch anders als in ähnlichen Situationen der Vergangenheit genutzt werden. Es geht weder um kosmetische Korrekturen, weder um Flickwerk noch um Fehlüberwindung durch einfaches Vorwärtsschreiten. Es geht darum, solche Bedingungen für die Erneuerung des Sozialismus zu schaffen, daß ein Zurück zu alten Zeiten nicht mehr möglich ist.
Es gilt die wirklichen Wurzeln, die uns in diese Situation gebracht haben, aufzudecken und restlos zu beseitigen. Damit verbunden, sind solche Bedingungen und Strukturen zu schaffen, die nicht nur die begonnene Erneuerung unumkehrbar, sondern solche Krisensituationen nicht wiederholbar machen und dem Sozialismus eine neue Qualität verleihen. (...)

Regierungserklärung von Hans Modrow am 17. November 1989 vor der Volkskammer der DDR (gekürzt)

Herr Präsident, verehrte Abgeordnete!
Am 13. November haben Sie mich zum Vorsitzenden des Ministerrates gewählt und beauftragt, die Regierung der DDR zu bilden. Ich danke Ihnen für dieses Vertrauen und bitte Sie vor allem die neue Regierung auf jede Weise zu unterstützen. Diese Regierung, die ich Ihnen nach vorangegangenen Konsultationen mit den sie tragenden politischen Parteien – SED, CDU, DBD, LDPD, NDPD – vorschlagen werde, ist eine Regierung der Koalition, eines neuverstandenen, kreativen politischen Bündnisses; das zeigen auch die Positionspapiere dieser Parteien. Sie will alles tun, damit die eben begonnene demokratische Erneuerung des gesamten öffentlichen Lebens tiefe Wurzeln bekommt und behält. Sie will alles tun, damit die dringend notwendige Stabilisierung unserer Wirtschaft erreicht und das Sozialprodukt wieder real vergrößert wird. Dafür sollten sowohl alle in der Nationalen Front vertretenen Parteien und Organisationen als auch die Kirchen und die verschiedenen Interessengruppen ihre Ansichten, ihren Rat einbringen. Das gilt auch für die sorbischen Bürger unseres Landes.

Erneuerung – ein vielgestaltiger, widersprüchlicher und zorniger Prozeß

Die demokratische Erneuerung, ein vielgestaltiger, auch widersprüchlicher und zorniger Prozeß, ist von Hunderttausenden im Volk begonnen worden, die wahrhaftig aus sich heraus und auf die Straße gegangen sind. Der Wille zur Erneuerung der sozialistischen Gesellschaft und ihres Staates hat Millionen Bürger erfaßt und ist so zur politischen Gewalt geworden, politische Parteien und gesellschaftliche Gruppen sind selbstbewußt hervorgetreten. Dem Volk der DDR, das einen guten Sozialismus will, wird diese Regierung verpflichtet sein.
Das aber heißt mehr als Arbeit für alle und sicheres Wohnen für jeden und anständig einkaufen können, obwohl dies schon sehr viel bedeutet. Ein besserer Sozialismus – das müssen Chancen für alle sein, sich ein Leben zu schaffen, das bunt und inhaltsreich ist, Individualität aufleben läßt und Kameradschaft im Kollektiv ermöglicht, statt daß der eine des anderen Deibel ist. Individualität ist hier, glaube ich, das, was zu achten ist. Politische und ideologische Toleranz gehört unverzichtbar dazu. Ein solcher Sozialismus, der sich nur durch die Arbeit seiner Bürger zu einer Leistungsgesellschaft entwickeln kann, sollte in der Lage

sein, nach Maßgabe seiner ökonomischen Ergebnisse für alle Bürger soziale Sicherheit zu gewährleisten.
So bitten wir alle Bürger, diese Regierung zu unterstützen. Wir brauchen von denjenigen, die sich dazu bereit finden, einen Vertrauensvorschuß, und ich weiß, daß ich damit schon viel verlange. Deshalb will ich hier erklären: Diese Regierung wird nur das versprechen, was sie wirklich halten kann. Deshalb will sie jeden Werktätigen dazu auffordern, so ergebnisreich wie irgend möglich zu arbeiten, zügig und viel rationeller, in jeder Stunde und für jede Mark, die bezahlt wird. Dafür die Rahmenbedingungen zu schaffen ist unser Auftrag.

Das in harter Arbeit Geschaffene nicht in den Rauch schreiben

Wir bekennen uns zu den Leistungen der Werktätigen in all den vergangenen Jahrzehnten. Immer wieder kommt in diesen Tagen der Wille zum Ausdruck, das in harter Arbeit Geschaffene zu erhalten, nichts aufzugeben, die Mühe all der schweren Jahre nicht in den Rauch zu schreiben. Im Gegenteil – diese Substanz, das große Eigentum des Volkes in der Industrie wie in den anderen Wirtschaftsbereichen, wollen wir nutzen und leistungsfähiger machen. Die Wirtschaft der DDR aus der Krise zu führen, ihr Stabilität zu verleihen und Wachstumsimpulse zu geben, ist jetzt die wichtigste Aufgabe der Regierung, und diese Aufgabe werden wir in eigener Kompetenz anpacken. Verantwortlich sind wir der Volkskammer, und ihr haben wir Rechenschaft zu legen. Wir verstehen das als Rechenschaft vor dem Volk. Jeder, der bei uns in dieser Arbeit helfen will, ist willkommen. Jeder, der um den lebenswichtigen Wert einer funktionierenden Wirtschaft weiß, und wer weiß das wohl nicht, sollte diese Erkenntnis mit Taten beweisen. Nur ein ökonomisch starker Staat kann viel für die Bürger tun. Nur ein wirtschaftlich potenter Staat kann ökologischen Fortschritt erreichen. Nur durch wirtschaftliche Effizienz kann der Lebensstandard erst einmal gehalten und – wenn wir das Nötige geleistet haben – auch gehoben werden.
Diese scheinbaren Selbstverständlichkeiten sind Grundpfeiler der Regierungspolitik, weil wir es mit der Ökonomie wie mit der Demokratie sehr ernst meinen. Dies ist die klare Absage an bisherige Einschränkungen der Regierungsarbeit, an frühere Bevormundung, an willkürliches Kommandieren der Wirtschaft zum Schaden der Wirtschaft durch das ehemalige Mitglied des Politbüros des ZK der SED Günter Mittag. Es gibt auf Antrag von Volkskammerfraktionen den durch die Volkskammer angenommenen Beschluß, Amts- und Machtmißbrauch in der Zeit der früheren – wie es hieß – Partei- und Staatsführung zu untersuchen. Ich begrüße den Beschluß. Es sollten in dieser Sache Zeichen gesetzt werden.
Diese Tatsachen stehen fest:

Die Volkswirtschaftspläne wurden nicht sauber bilanziert, der Wettbewerb der Betriebskollektive wurde auf zum Teil unrealistische Ziele gerichtet, gewerkschaftliche Mitbestimmung ihres demokratischen Charakters beraubt.
Durch einseitige und auch willkürliche Investitionspolitik haben sich die Disproportionen zwischen Final- und Zulieferindustrie wesentlich vergrößert, und der Zustand der Grundfonds hat sich deutlich verschlechtert. Die für 1986 bis 1990 geplanten Produktionsleistungen bleiben hinter den Zielen erheblich zurück, ebenso die vorgesehenen Einnahmen des Staatshaushalts.
Die für den Verbrauch und die Sozialpolitik vorgesehenen Größenordnungen sind erreicht oder überschritten worden, wodurch sich das Verhältnis von Kaufkraft und absetzbaren Warenfonds ständig verschlechtert hat.
Auch durch fortgesetzte Aufnahme von Krediten bei Banken kapitalistischer Länder wurde über die Verhältnisse der DDR disponiert, was zu starken außenwirtschaftlichen Belastungen führt, die auf den Binnenmarkt und auf die Investitionsmöglichkeiten negativ zurückwirken.

Die Wahrheit wurde oft, allzuoft vorenthalten

Die Medien durften diese Fakten und Zusammenhänge nicht darstellen und konnten dies auch nicht, weil den Journalisten nur geschönte, verfälschte oder für eine Analyse ungeeignete Fakten zur Verfügung standen. Die meisten Versuche, Teilwahrheiten mitzuteilen, scheiterten oder wurden unterbunden. Sogar den Volksvertretern wurde die Wahrheit oft, allzuoft vorenthalten.
Auch und gerade eingedenk all dieser Tatsachen sollen für diese Regierung andere Maxime gelten, nämlich jene, die vom Volk als Tugenden geschätzt werden: Offenheit und Ehrlichkeit, Ordnung und gesetztreues Verhalten, Bescheidenheit und Sparsamkeit, Fachkompetenz statt Losungen oder flotter Redensarten. Was im Betrieb von jedem Werktätigen gefordert wird, muß auch für die Regierung, für die Staatsorgane insgesamt gelten: Qualitätsarbeit. Wo sie nicht geleistet wird, kann und muß sie durch die Bürger eingefordert werden, auch nachdrücklich und öffentlich.

Mehrheit der Bürger beweist ein waches oder erwachendes Selbstbewußtsein

Verehrte Abgeordnete!
Wir alle erleben in diesen Tagen einen faszinierenden, wahrhaft bewegenden Vorgang: Die Mehrheit der Bürger ist im besten Sinne politisiert, beweist ein waches oder erwachendes politisches Bewußtsein und Selbstbewußtsein. Hunderttausende, ja Millionen sind aufgebrochen, um die neuen Reisemöglichkeiten zu nutzen, Verwandte oder Bekannte in der BRD und in Westberlin zu se-

hen oder sich dort einfach mal umzusehen – und die allermeisten kommen wie selbstverständlich in ihre Heimat zurück, animiert, oft auch motiviert für das Bleiben, Leben und Arbeiten in der DDR. Wer diese Öffnung der Grenzen – ein historischer Vorgang, auf den die ganze Welt blickt – nicht als unwiderlegbaren Beweis für die unumkehrbare Wandlung von Politik und Leben in der sozialistischen DDR sieht, ist blind oder böswillig.
Was sich hier nach dem 7. Oktober 1989 an demokratischen und im besten Sinne des Wortes volkstümlichen Veränderungen vollzogen hat, ist unumkehrbar – das Volk würde jeden beiseite fegen, der eine Wiederherstellung alter Verhältnisse zu versuchen wagt. So möge man – wo dies noch der Fall ist – aufhören, weitere Schritte einzuklagen, weitere Vorleistungen von der DDR zu fordern.
Wir sehen zugleich zwei Probleme. Einmal das zeitweilige Fehlen vieler Werktätiger am Arbeitsplatz. Sie nutzen die Freiheit des Reisens ohne Einsicht in die Notwendigkeit, die materiellen Grundlagen unseres Landes ständig und zuverlässig zu schaffen. Erster Überschwang ist verständlich. Arbeitsausfall, der die wirtschaftlichen Probleme vergrößert und so uns alle trifft, können wir uns weniger denn je leisten.
Bereits durch die Ausreisen, die noch nicht aufgehört haben, ist in lebenswichtigen Bereichen die Schmerzgrenze überschritten. Wir werden Löcher zu stopfen und Lösungen zu finden suchen, appellieren jedoch zugleich eindringlich an alle Bürger, die in der DDR ihr Zuhause haben, nicht durch Unbesonnenheit das Funktionieren von Wirtschaft und öffentlichen Diensten weiter zu gefährden.

Stabilität der DDR ist eine Bedingung für Stabilität in Mitteleuropa

Zum anderen darf die Öffnung der Grenzen in der DDR zu keinem wirtschaftlichen und währungspolitischen Aderlaß mit Langzeitwirkung führen. Noch ist es zu früh für die notwendige gründliche Analyse der am 9. November eingeleiteten Veränderungen. Aber ich betone: Stabilität der DDR ist eine Bedingung für Stabilität in Mitteleuropa, ja in Europa, und deshalb ist es im wohlverstandenen Interesse zumindest aller Nachbarn der DDR, den Wandel in unserem Staat nicht nur wohlwollend zu betrachten, sondern auch politisch und wirtschaftlich zu fördern. Ich begrüße in diesem Zusammenhang das verabredete Treffen des Staatsratsvorsitzenden Egon Krenz mit Bundeskanzler Helmut Kohl und füge hinzu: In allen Fragen, die ihre Kompetenz betreffen, und das wird nun die volle Kompetenz sein, ist die Regierung der DDR gesprächsbereit.
Dieses Angebot gilt auch für Politiker und Wirtschaftspolitiker der BRD wie an-

derer europäischer Länder, die beispielsweise ein Engagement in der Wirtschaft der DDR erwägen, zu prüfen wünschen oder Vorschläge dafür haben.
Ihnen und vor allem den Bürgern der DDR möchte ich sagen: Unsere Wirtschaft hat Probleme, ihre materiellen Ressourcen sind derzeit begrenzt, ihre Proportionen müssen deutlich verbessert, ihre Grundmittel müssen in vielen Bereichen modernisiert werden. Aber die volkswirtschaftliche Substanz unseres sozialistischen Staates ist kräftig genug und tragfähig für eine Stabilisierung in absehbarer Zeit, um dann aus besseren Positionen in den nötigen Aufwind zu kommen.
Dies ist auch eine Aufforderung an die ehemaligen DDR-Bürger, die eine Rückkehr wünschen. Möge sich niemand aus Trotz oder falscher Scham nach dem Motto »Was werden denn unsere ehemaligen Kollegen und Nachbarn dazu sagen« von der Heimreise abhalten lassen. Wer unter neuen Verhältnissen einen neuen Anfang in der alten Heimat wünscht, ist als Mitbürger und Mitstreiter willkommen. Hier kann und soll jeder die Ärmel hochkrempeln – jetzt lohnt es sich.
Und für die Werktätigen der DDR möchte diese Regierung, die sich auf ein breites politisches Bündnis stützt, ein Wort wiederholen, das so oder ähnlich von vorbildlichen Arbeitern jetzt in diesen Tagen zu hören ist: Reiht euch ein mit allen, die Leistung wollen und Leistung geben. Das ist nicht die Zeit, sein eigenes Süppchen auf Sparflamme zu kochen. Wer selbst vorankommen will, muß mithelfen, daß wir alle vorankommen – so und nur so werden wir die besten Zutaten für die eigene Suppe haben.

Meine Damen und Herren!
Zum Regierungsprogramm gehören Reformen, wie sie auch von den Parteien und anderen gesellschaftlichen Kräften, von vielen Bürgern vorgeschlagen, gefordert, in Umrissen skizziert worden sind.

Reformen – zügig, aber nicht überhastet

Ich beschränke mich hier zunächst darauf, auf erkannte Notwendigkeiten hinzuweisen und das Prinzip zu bekräftigen, daß wir in Übereinstimmung mit allen politischen Kräften des Landes schrittweise vorangehen wollen, zügig, aber nicht überhastet, nach ordentlichen Analysen und Diskussionen, und zwar öffentlichen Diskussionen. Ich nenne als wichtiges:
Erstens Reformen des politischen Systems, verbunden mit gesetzgeberischen Schritten, um Rechtsstaatlichkeit und Rechtssicherheit zu stärken. Dazu gehören insbesondere ein Wahlgesetz ebenso wie ein Gesetz über den Ministerrat sowie ein Mediengesetz. Änderungsvorschläge für das Strafrecht können rela-

tiv bald erfolgen. Das Reisegesetz, eventuell auch Paßgesetz genannt, ist nach geführter Diskussion vorzulegen.
Zweitens geht es um eine Wirtschaftsreform, die zum Ziel haben muß, die Eigenverantwortung der wirtschaftenden Einheiten zu erhöhen, um die Effektivität ihrer Arbeit bedeutend zu vergrößern, die zentrale Leitung und Planung auf das erforderliche vernünftige Maß zu reduzieren sowie – vielleicht ist das die komplizierteste Aufgabe – das Leistungsprinzip mehr und mehr durchzusetzen.
Ich schlage vor, die Wirtschaftsreform, ihre Inhalte und Etappen durch spezielle Beratungen der Volkskammer und ihrer Ausschüsse unter Anhörung von Sachverständigen zu profilieren. Die sorgfältige, unvoreingenommene Prüfung der Subventions- und Preispolitik ist in diesem Rahmen eine besondere Aufgabe.
Drittens ist eine Bildungsreform erforderlich. Abgesehen von wissenschaftlichen Vorstellungen, die es dafür gibt, haben, wie mir scheint, die besten pädagogischen Praktiker unseres Landes auf ihren Arbeitsgebieten bereits mehr als jene erste Reform begonnen, die sich an die Schüler und Studenten wendet und sie auffordert: Fürchtet euch nicht, eure Meinung zu sagen!
Viertens brauchen wir ein langfristig angelegtes, von Jahr zu Jahr zu realisierendes und neu zu prüfendes Programm, das zum Ziel haben sollte, Ökonomie und Ökologie mehr als bisher in Übereinstimmung zu bringen, wobei ich hinzufügen möchte, daß die DDR auf diesem Gebiet so schlecht nicht ist, wie es – durch unnötige Geheimhaltung – den Anschein hatte. Niemandem darf es künftig gestattet sein, geplante Umweltschutzmaßnahmen zu streichen oder zu verschleppen. Dringend notwendig ist ein neues Energiekonzept, das zur Senkung der fossilen Energieträger und des Energieeinsatzes führt.
Fünftens eine Verwaltungsreform mit dem Ziel, die staatliche Leitung und Verwaltung zu demokratisieren, ihre Arbeit überschaubarer zu machen sowie nicht zuletzt den Verwaltungsaufwand finanziell und personell erheblich zu verringern. Es versteht sich, daß danach sehr darauf geachtet werden muß, ein Ansteigen des Aufwandes zu verhindern. Dadurch werden Mitarbeiter des Staatsapparates für andere Aufgaben frei. Sie werden unter voller Wahrung des Arbeitsrechts entsprechend ihrer Qualifikation möglichst nach ihrer Neigung eingesetzt werden, ein Prozeß, der nicht binnen weniger Monate eingeleitet und durchgeführt werden kann. Das gilt ebenso für die Verringerung des Verwaltungspersonals in der Wirtschaft sowie von Organisationen und Institutionen. Es ist zu erwägen, hierfür eine Regierungskommission einzusetzen. Die Mitarbeiter, die bisher mit Fleiß und Umsicht ihre Aufgaben erfüllt haben, sollten so unterstützt werden, daß sie eine zumutbare Tätigkeit aufnehmen können, und an lohnender Arbeit fehlt es in der DDR bekanntlich nicht.

Der neue Ministerrat wird nach dem Prinzip der Gemeinsamkeit von Beratung und Einzelverantwortung für die jeweiligen Bereiche zu arbeiten haben. Er hat insgesamt wie in jedem Ressort eine genaue, wahrheitsgetreue Analyse der Lage zu gewährleisten, die als Ausgangspunkt der aktuellen Entscheidung dient, und er hat langfristig konzeptionell zu arbeiten, selbständig unter Hinzuziehung anerkannter Fachleute.

Neubestimmung von Aufgaben und Arbeitsweise des Ministerrates

Es dient der Neubestimmung von Aufgaben und Arbeitsweise des Ministerrates, wenn hier vorgeschlagen wird, die Zahl der Regierungsmitglieder von bisher 44 auf 28 festzulegen. Dies wird die Arbeit überschaubar machen, koordinierte Entscheidungen erleichtern sowie den Aufwand für Leitung und Verwaltung reduzieren. Es versteht sich, daß die Regierung hier mit gutem Beispiel voranzugehen hat. (...)

Gestatten Sie mir, nun Ausführungen zu Teilgebieten zu machen, damit die Absichten in besonders wichtigen Punkten deutlich werden. Da unser Wirtschaftsgefüge aus dem Gleichgewicht geraten ist, sieht es die Regierung als ihre vordringliche Verantwortung an, Maßnahmen zur Stabilisierung der Ökonomie zu treffen.

Probleme anpacken, auch unkonventionell

Erstens geht es dabei um die Stabilisierung der materiellen Produktion. Vordringlich ist es, in den Betrieben, wo der Arbeitsfluß oft durch Materialmangel, Störungen der Kooperation und Fehlen von Ersatzteilen stockt, bessere Bedingungen zu schaffen. Wir bitten aber auch alle Werktätigen, im eigenen Betrieb mit ihren Gewerkschafts- und Betriebsleitungen die Probleme anzupacken, die sie selbst lösen können, und sei es mit unkonventionellen Mitteln. Es zählt das ökonomische Ergebnis, und dafür ist Kontinuität der Produktion die entscheidende Ausgangsbedingung.
Die Lösung des dringenden Zulieferproblems ist nur durch höhere Leistung in der Zulieferindustrie möglich. Sie sollte moralisch wie materiell besser als bisher stimuliert werden.
Ausschlaggebend für das Funktionieren in der Wirtschaft ist ebenso das reibungslose Bewältigen der Transportaufgaben durch die Eisenbahner und die anderen Werktätigen im Verkehrswesen. Und mir wurde gerade gesagt, daß hier ein Riesenumfang auch an Reiseverkehr vor sich geht. Jeder kennt die Zusammenhänge. Wir bitten alle Werktätigen des Verkehrswesens, sich diesen

Aufgaben zu stellen. In allen Arbeitsbereichen sind die Voraussetzungen für eine stabile Produktion unter Winterbedingungen zu schaffen, wie diese Bedingungen auch sein mögen.
Die Mitarbeiter der Ministerien sollten sich an die Basis begeben, um sich mit ihrer ganzen Kraft für Kontinuität der Produktion einzusetzen. Die Regierung wird dafür sorgen, daß unverzüglich die notwendigen Entscheidungen für eine Verbesserung der materiell-technischen Versorgung der Produktionsbetriebe getroffen werden.

In diesem Zusammenhang ist Dank und Anerkennung zu sagen den vielen Angestellten, Mitarbeitern gesellschaftlicher Organisationen und nicht zuletzt den Angehörigen der Armee, der Schutz- und Sicherheitsorgane für ihren Einsatz vor Ort zur Lösung volkswirtschaftlicher Aufgaben. Sicher sind damit noch nicht alle Möglichkeiten des Einsatzes von Kräften aus Verwaltungen erschlossen. Für alle Werktätigen in jedem Betrieb gilt: Das Erreichen der Ziele des Volkswirtschaftsplanes 1989 entsprechend den abgeschlossenen Verträgen ist die beste Ausgangsposition für das kommende Jahr.

Planentwurf für 1990 zur Zeit noch nicht ausbilanziert

Auch der Volkswirtschaftsplan 1990 muß im Zeichen der Stabilisierung stehen. Wie die Staatliche Plankommission mitteilt, ist es zur Zeit noch nicht möglich, den Planentwurf auszubilanzieren, vor allem hinsichtlich der Beziehungen mit dem nichtsozialistischen Wirtschaftsgebiet. Aufgabe der Staatlichen Plankommission und der Minister ist es, in den vorliegenden Entwurf des Plans für 1990 noch alle materiell möglichen Veränderungen einzuarbeiten, die sich aus der 11. Tagung der Volkskammer und den Vorschlägen ihrer Fraktionen ergeben.
Den Kombinaten, Betrieben, Einrichtungen und Territorien sind die vorbereiteten volkswirtschaftlichen Anforderungen als staatliche Orientierungsgrößen von der Staatlichen Plankommission und den Ministern kurzfristig zu übergeben.
Mit den Betriebskollektiven und den Gewerkschaftsleitungen sollte beraten werden, wie diesen volkswirtschaftlichen Erfordernissen entsprochen werden kann, die möglichst höher liegen als die von ihnen im August eingereichten Vorschläge. In dieser Situation zählt jede Initiative, zählen gute Ideen und zielstrebiges Handeln doppelt und dreifach. Unter Berücksichtigung dieser Umstände wird die Regierung der Volkskammer das Projekt für den Volkswirtschaftsplan 1990 zur Erörterung vorlegen. Wir sind überall auf höchste Leistungen angewiesen, nur so sind auch Wirtschaftsreformen gestaltbar.
Zweitens sind Maßnahmen zur Stabilisierung der Versorgung der Bevölkerung

zu erarbeiten. Insbesondere geht es um schnell wirksame Maßnahmen zur Steigerung der Produktion von Konsumgütern, vor allem von Waren des täglichen Bedarfs. Alle Möglichkeiten zur Erweiterung des Angebots von Gütern und Dienstleistungen sollten erschlossen werden, und zwar auch durch Förderung von Handwerks- und Gewerbebetrieben.

Wir bekennen uns zu sozialistischem Unternehmergeist

Wir bekennen uns zu sozialistischem Unternehmergeist. Das gilt nicht nur für die Betriebs- und Kombinatsdirektoren der sozialistischen Wirtschaft, sondern auch für alle privaten Betriebe, das Handwerk bis zum Einzelhandel und Gaststätten.
Die Übernahme von Kleinbetrieben durch private Unternehmer in der Konsumgüterproduktion, aber nicht nur dort, halten wir für möglich. Über die Größe solcher Betriebe ist gemeinsam nachzudenken. Den ökonomischen Wirkungen von Angebot und Nachfrage und einer entsprechenden flexiblen Preisbildung sollte auf diesem Gebiet mehr Spielraum gegeben werden. Seit langem gibt es Hinweise von Handwerkern und Gewerbetreibenden auf Hemmnisse, die ihren Initiativen entgegenstehen. Mit der Handwerkskammer und den Parteien unserer Regierungskoalition sollte geprüft werden, was alsbald verändert werden kann, und Entscheidungen werden nicht lange auf sich warten lassen. Generell ist das Steuerrecht so zu verändern, daß hohe Leistungen gefördert sowie Steuergerechtigkeit und Überschaubarkeit für den Bürger gewährleistet werden. Möglichkeiten von Valutaanrechten bei der Erwirtschaftung von Valutamitteln sind zu überlegen.
Einen gewichtigen und zuverlässigen Beitrag für die Versorgung der Bevölkerung mit Nahrungsgütern und der Wirtschaft mit Rohstoffen werden die Genossenschaftsbauern und Arbeiter der Land-, Forst- und Nahrungsgüterwirtschaft erbringen. Wir stimmen mit den vielen Vorschlägen der DBD, der VdgB und vor allem aus den Kollektiven der LPG, VEG und anderen Betrieben überein, die Möglichkeiten dafür noch besser zu nutzen.
Die Qualität aller landwirtschaftlichen Erzeugnisse konsequent zu erhöhen ist ebenso wertvoll, wie ein reichhaltiges Sortiment anzubieten. Das könnte dem überhöhten Verbrauch von Nahrungsmitteln entgegenwirken, was der Volksgesundheit sehr zuträglich wäre, wie die Gesundheitskonferenz sehr nachdrücklich unterstrichen hat. Auch in diesem Sinne hat eine bessere Versorgung mit Gemüse und Obst den Vorrang.
Auch in der Land- und Nahrungsgüterwirtschaft kam es zu Rückständen bei der Entwicklung ihrer materiell-technischen Basis, besonders in der Tierproduktion sowie in Fleisch-, Milch- und Kühlwirtschaft. Zur proportionalen Entwick-

lung dieses Bereichs und zum Vermeiden von Verlusten ist es notwendig, die erforderliche Entwicklung des Land- und Nahrungsgütermaschinenbaus sowie der Kältetechnik zu sichern.
Zur Stabilisierung des Binnenmarktes gehören ferner Maßnahmen, die geeignet sind, den massenweisen Abkauf von Waren, insbesondere von subventionierten Waren, durch bestimmte ausländische Touristen und Spekulanten zu verhindern.

Maßnahmen zum Schutz unserer Währung sind erforderlich

Im Zusammenhang mit den neuen Reiseregelungen ist es erforderlich, Maßnahmen zum Schutz unserer Währung zu ergreifen und Spekulationen mit Geld und Waren entgegenzuwirken. Es wurde eine Arbeitsgruppe eingesetzt, die kurzfristig entsprechende Entscheidungsvorschläge für den Ministerrat vorbereitet.
Als Arbeitsrichtung ist für diese Arbeitsgruppe festgelegt, solche Vorschläge und Maßnahmen zu unterbreiten, die sich nicht nachteilig auf die Bürger der DDR auswirken, sondern ausschließlich eine spekulative Ausnutzung bestehender Preis- und Kursunterschiede verhindern sollen.
Die vorgesehenen weiteren Schritte zur Einführung von Produktivlöhnen sollten nicht weiterhin zu einer allgemeinen Lohnerhöhung im Rahmen des Lohnfonds stimulieren. Die Betriebsdirektoren werden wir berechtigen, im Rahmen des geplanten Lohnfonds über eine leistungsgerechtere Entlohnung der Werktätigen, worin Arbeiter und auch die Kräfte im wissenschaftlich-technischen Bereich und Meister einzubeziehen sind, zu entscheiden, und zwar in Übereinstimmung mit der BGL. Wo mit weniger Mitarbeitern die geplante oder eine höhere Leistung erreicht wird, sollte es möglich sein, Teile des eingesparten Lohnfonds für diese höhere Leistung einzusetzen. Das werden wir in Abstimmung mit der Gewerkschaft durch Rechtsvorschriften regeln. Entsprechende Regelungen wollen wir auch für die LPG, GPG sowie die Betriebe der Land-, Forst- und Nahrungsgüterwirtschaft treffen.
Allen Bürgern, die ihr Geld auf Sparkonten haben, garantiert die neue Regierung die Sicherheit ihrer Einlagen.
Drittens gehören zur wirtschaftlichen Gesundung Maßnahmen zur Stabilisierung der Staatsfinanzen. Nach Einschätzung des Ministers der Finanzen ist es derzeit nicht möglich, den Staatshaushaltsplan für 1990 zu bilanzieren. Es handelt sich um ein Einnahme-Defizit von rund 15 Milliarden Mark. Für einen Ausgleich hat das Ministerium für Finanzen bisher keine ausreichenden Vorschläge. Die neue Regierung muß sich deshalb der schweren Aufgabe unterziehen, beide Seiten des Staatshaushaltes – Einnahmen und Ausgaben aller Art –

erneut durchzurechnen. Es liegt auf der Hand, daß die zu geringen Einnahmen vor allem aus der ungenügend bilanzierten Leistungsentwicklung der Wirtschaft resultieren. Aber das ist nicht allein der Zusammenhang. Die Kosten für so manche Forschungsarbeiten sind zu hoch, gemessen an ihrem Nutzen, und viele Investitionen sind zu teuer, bringen nicht genügend ökonomischen Nutzen. Vielerorts sind die Produktionskosten gestiegen, und zwar nicht immer aus objektiven Gründen. Mit Verlust arbeitende Betriebe belasten unser volkswirtschaftliches Konto ebenso wie zu hohe Bestände brachliegender Werte. Aber auch Verschwendung, zu hoher Verwaltungsaufwand und unsinnige Subventionen – für Schnittblumen oder Zeitungsannoncen etwa – führen zu Disproportionen zwischen Verbrauch und Leistung. Diese Knäuel zu entwirren verlangt Sachkunde und Augenmaß, nicht zuletzt aber auch das Aufgreifen der vielen Hinweise auf Vergeudung von Staatsgeldern und zu hohe Verwaltungsausgaben.

Viertens sind Schritte zur Stabilisierung unserer Außenwirtschaftsbeziehungen erforderlich. Ich betone: Außenwirtschaftliche Stabilität ist für die gesamte Wirtschaft der DDR eine Lebensfrage, ja eine Überlebensfrage. Um den Anforderungen gerecht zu werden, müssen sich Industrie und Außenhandel auf veränderte Bedingungen einstellen.

Kooperation mit der UdSSR ist Gewähr für Entwicklung unserer Volkswirtschaft

Es gibt sie in der UdSSR und in den anderen sozialistischen Ländern, in den Vorbereitungen für den gemeinsamen Markt der EG sowie in anderen Teilen der Welt. Die Zusammenarbeit mit der Sowjetunion ist eine entscheidende Gewähr für die weitere Entwicklung unserer Volkswirtschaft. Dem Handel und der Kooperation mit der UdSSR gebührt daher ungeteilte Aufmerksamkeit, beginnend mit Vertragstreue.

Die DDR strebt danach, auch die Außenwirtschaftsbeziehungen mit den sozialistischen Ländern bei Währung der gegenseitigen ökonomischen Interessen zu erweitern und zu vertiefen, und wir werden uns auch dabei auf neue Bedingungen einzustellen haben, die sich aus Wirtschaftsreformen ergeben. Im Handel mit dem nichtsozialistischen Wirtschaftsgebiet halten wir am Prinzip des gegenseitigen Vorteils fest. Wir sind daran interessiert, Export und Import zu erweitern sowie Kooperation und andere Formen der Zusammenarbeit mit kapitalistischen Firmen auszubauen. Die DDR ist offen für Vorschläge kapitalistischer Partner, die bisher bei uns hinhaltend behandelt wurden oder auf taube Ohren stoßen mußten. Joint ventures, Investitionsbeteiligung, Gewinntransfer, Pilotprojekte im Umweltschutz sind bei uns jetzt keine Fremdworte mehr. Das heißt, im Interesse der Erhöhung der Leistungskraft unserer Wirtschaft ist die Regierung der DDR bereit, die Zusammenarbeit mit Firmen der westlichen Industrieländer zu fördern, damit mehr und bessere Erzeugnisse für den Außen- und Binnenmarkt zur Verfügung stehen, und wir wissen, daß dieses Ergebnis im gegenseitigen Interesse sein muß. Wir setzen auf eine konstruktive Zusammenarbeit, um auch kurzfristig alle Möglichkeiten für unsere Außenwirtschaftstätigkeit zu nutzen. Die Voraussetzungen für Kontakte und Informationen auf allen Ebenen – vom Betrieb bis zu den wirtschaftsleitenden Organen – werden wir verbessern.

Den Importanforderungen, den Anforderungen aus dem Tourismus, vor allem den mit den neuen Reisemöglichkeiten verbundenen Erwartungen der Bürger kann gegenwärtig nicht im gewünschten Umfang entsprochen werden. Eine schrittweise Verbesserung dieser Lage ist nur durch Erhöhung der Exportkraft, durch Exportüberschüsse möglich. Deshalb ist es die unmittelbare und dringliche Aufgabe, alle Exportverträge zu erfüllen und für 1990 durch weitere Verträge die Voraussetzungen für den lebensnotwendigen Import von Rohstoffen, Konsumgütern, Maschinen und Ausrüstungen zu schaffen.

Verehrte Abgeordnete!

Hier und heute ist nicht die Zeit, mit großen Worten über eine Wirtschaftsstrategie für die 90er Jahre zu sprechen. Aber wir werden alle dazu bereits gegebenen Anregungen wie auch künftige Vorschläge aller politischen Parteien und Gruppierungen aufnehmen.

Sie sind uns wertvoll für die Projektierung der ökonomischen und sozialen Entwicklung der DDR in den kommenden Jahren, eine zweifellos komplizierte Aufgabe, für deren Lösung wir auf den Rat vieler kluger Köpfe angewiesen sind. Geht es doch um Neubestimmung von Struktur- und Sozialpolitik, um die Einheit von Ökonomie und Ökologie, die tiefere internationale ökonomische Integration und vieles mehr.

Städtebaupolitik mit Bürgern umsetzen

Zweifelsohne ist auch die Städtebaupolitik als eine wesentliche Aufgabe der Regierung zu betrachten und sie in unmittelbarem Kontakt mit den Bürgern unseres Landes praktisch umzusetzen. Wir sollten dem Vorschlag folgen, bei der Regierung eine Arbeitsgruppe Gesellschaftskonzeption und Stadtentwicklung zu bilden, und sie beauftragen, Vorschläge für wirksame Schritte auf diesem Gebiet auszuarbeiten, Ideen von Architekten und Städtebauern liegen hierzu seit längerem vor. Wir sollten sie nutzen. Ich nenne hier nur Stichworte: Die Bezirke und Kreise müssen in stärkerem Maße über ihre Kapazitäten selbst verfügen können. Es kommt darauf an, Wohnungsbau, Instandhaltung, Wohn-

raumwirtschaft und Wohnraumvergabe enger zu verbinden. Es sollte möglich sein, Etagenwohnungen und Eigenheime aus Volkseigentum zu kaufen sowie größere Wohnhäuser in genossenschaftliche Nutzung zu nehmen.
Es ist die Notwendigkeit zu prüfen, ein wirksames staatliches Organ für Frauenpolitik sowie für Familien- und Sozialpolitik zu bilden, das analytisch und vorausschauend arbeiten kann.
Wesentlich ist die Verbesserung der Lebenslage der Rentner. Es ist eine Variante für eine künftige Rentenreform zu erarbeiten. Die Hilfe für pflegebedürftige Menschen aller Lebensalter sollte ausgebaut werden, ebenso die Integration von Behinderten. Hier kann die sich jetzt formierende Vertretung aller Behinderten wertvollen Rat und Unterstützung geben. Die vorhandenen Bedingungen für die Entwicklung der Familien sollten variantenreicher gestaltet werden, damit Frauen und Männer ihre Verantwortung besser wahrnehmen können. Die neue Regierung sollte das Streben der Frauen nach einer dem modernen Sozialismus gemäßen Qualität der Gleichberechtigung zwischen den Geschlechtern unterstützen und sich für eine höhere Repräsentanz der Frauen in Politik, Staat und Wirtschaft einsetzen.
Ein großer kultureller Rückstand unserer Gesellschaft – trotz beachtlicher Errungenschaften der DDR gerade auf diesem Gebiet – besteht in der praktischen Nichtgleichstellung der Frauen. Zu den vielfältigen Notwendigkeiten, dies zu ändern, gehören auch Gedanken über Quotierungen für Zusammensetzungen, vielleicht auch künftig der Volkskammer und des Ministerrates.
Im kommunalen Bereich wird Sozialpolitik vor allem dann mit Leben erfüllt, wenn die Volksvertretungen mit den Bürgern gemeinsam Entscheidungen über den Einsatz von Mitteln und Kapazitäten sowie die Schaffung neuer Einrichtungen treffen.
Ein Wort zur Wirtschaftsreform, die – so unser Vorschlag – von der Volkskammer gesondert diskutiert werden sollte, sobald die Regierung tragfähige Vorschläge vorgelegt hat, die auch eine zeitiche Abfolge der einzelnen Schritte erkennen lassen.

Wirtschaftsreform bedeutet nicht die Abschaffung der Planung

Aus den Positionspapieren aller politischen Parteien unserer Koalition ist die Übereinstimmung zu entnehmen, daß Wirtschaftsreform nicht Abschaffung der Planung bedeutet. Wohl aber sollte die neue Regierung bei der Wirtschaftsreform sich ebenso deutlich davon leiten lassen, den Markt mit seinen Ware-Geld-Beziehungen zum organischen Bestandteil sozialistischer Planwirtschaft zu machen.
Nicht Planung ohne Markt, nicht Marktwirtschaft statt Planwirtschaft. Das Le-

ben verweist uns auf ein sozialistisches Wirtschaftssystem, in dem Planung und Markt so verbunden sind, daß in allen Gliedern unserer Volkswirtschaft ohne zentralisierte Planbürokratie effektiv und für die Bedürfnisse der Bürger, der Volkswirtschaft und einer ertragreichen Außenwirtschaft produziert werden kann. Das wird unsere sozialistische Gesellschaft auf festere Füße stellen und dem Staatshaushalt die notwendigen Einnahmen bringen.

In erster Linie geht es darum, den Betrieben und Kombinaten Raum zu Bewegung zu geben. Sie brauchen ein Feld selbständiger, eigenverantwortlicher Entscheidung, brauchen die Möglichkeit, die Mittel für die Amortisation der Grundfonds und für die erweiterte Reproduktion nicht nur zu erwirtschaften, sondern darüber auch weitgehend in eigener Kompetenz zu verfügen, und das heißt, sie materiell auch realisieren zu können.

Finanzielle und materielle Prozesse müssen dafür in Übereinstimmung gebracht werden, denn mit Geld allein kann man bekanntlich auch nicht viel erreichen.

Zu messen ist der Beitrag der Betriebe für die Gesellschaft an dem, was sie auf dem Binnen- und Außenmarkt verkaufen und erlösen, wie sie also tatsächlich zum Wachstum des Nationaleinkommens beitragen.

Die Wirtschaftsreform muß zu einer grundlegenden Erneuerung der sozialistischen Planwirtschaft führen, zur Demokratisierung der Planung. Sie erfordert eine neue Stellung der Betriebe im Wirtschaftssystem, nämlich so gestaltet, daß sie sich als sozialistische Warenproduzenten voll entfalten, ihre Verantwortung auf dem Markt voll wahrnehmen können und die wirtschaftliche Rechnungsführung voll durchgesetzt ist. Dementsprechend ist die Rolle der Kombinate als wichtige Form der Wirtschaftsorganisation neu zu bestimmen.

Der Eigenbau von Rationalisierungsmitteln sollte nach volkswirtschaftlichen Effektivitätskriterien durchdacht werden. Es geht um eine Volkswirtschaft, die dem wissenschaftlich-technischen Fortschritt aufgeschlossen ist, ihn im Zusammenwirken von Produktion und Wissenschaft in neuer Weise herausfordert.

Demokratisierung der Planung verlangt, die Konzipierung der Pläne tatsächlich in den Betrieben zu beginnen. Sie müssen von den gesellschaftlichen Bedürfnissen ausgehen, in volkswirtschaftlichen Orientierungsgrößen und staatlichen Aufträgen zum Ausdruck kommen, vor allem aber in den Wirtschafts- und Handelsverträgen. Produktions- und Absatzpläne müssen auf Verträgen beruhen.

Ausarbeitung von Strategien entsprechend den ökologischen Bedingungen

Wirtschaftsreform bedeutet also, den Wirtschaftsaufbau von unten nach oben neu zu gestalten. Das bedingt einen neuen Charakter und eine neue Rolle der zentralen Planung. Sie sollte sich konzentrieren auf ausgeglichene volkswirtschaftliche Proportionen und Verflechtungen, eine effektive volkswirtschaftliche Struktur der Produktion bei zunehmender Arbeitsteilung, die Ausarbeitung langfristiger Strategien für die ökonomische und soziale Entwicklung, die den ökologischen Bedingungen entsprechen, so für die Versorgung mit Rohstoffen und Energieträgern, sowie auf stabile Staatsfinanzen von Kauffonds und Warenfonds. Das Bilanzsystem muß seiner administrativen Zuteilungsfunktion entkleidet werden, auf seine eigentliche Rolle zurückgeführt werden, nämlich proportionale und rationelle Lösungen für das vertragliche Zusammenwirken der Wirtschaftseinheiten zu finden, vorzubereiten und zu unterstützen.

Mit einem neuen Verständnis des Verhältnisses eigenverantwortlicher Wirtschaftseinheiten und einer an Grundprozessen orientierten zentralen Leitung und Planung muß auch eine Neubestimmung der Geld-, Finanz- und Kreditbeziehungen sowie der Preisbildung erfolgen. Die Preise müssen den volkswirtschaftlich begründeten Aufwand widerspiegeln und Druck auf die Kostensenkung ausüben. Der Nettogewinn muß viel mehr zum »Zünglein an der Waage« werden, auf effektive und bedarfsgerechte Produktion lenken.

Mit der Wirtschaftsreform werden wir bestrebt sein, die ökonomischen und materiell-technischen Bedingungen für die Land- und Nahrungsgüterwirtschaft so zu entwickeln, daß eine stabile Produktion landwirtschaftlicher Erzeugnisse und ihre Verarbeitung mit hoher Effektivität gewährleistet sind. Das schließt die weitere Entfaltung der Kräfte des genossenschaftlichen Eigentums ein, insbesondere genossenschaftliche Demokratie und Verteilungsweise.

Die Bauern sollten in ihren LPG über die zweckmäßigsten Formen der Organisation, Kooperation und Kombination der Produktion umfassender selbst entscheiden. Auf diese Weise ist die Selbstverwaltung der Genossenschaften weiter auszugestalten, die volle Verfügung über die Ergebnisse ihrer Arbeit für Akkumulation und Konsumtion nach dem Leistungsprinzip auf der Basis ökonomischer Normative zu gewährleisten. Die Räte für Land- und Nahrungsgüterwirtschaft sind aus der Abhängigkeit von den Räten der Kreise zu lösen. Sie sollten Körperschaften der LPG, GPG, VEG sowie anderer Betriebe und Einrichtungen der Land- und Nahrungsgüterwirtschaft sein.

In allen Wirtschaftsbereichen wird die Regierung dafür sorgen, daß staatliche Aufgaben auf die Hauptergebnisse beschränkt werden, die Rolle der Wirtschaftsverträge angehoben wird, verstärkt ökonomische Normative angewandt und Investitionen langfristig eingeordnet werden.

Zu erhöhen ist die Verantwortung der örtlichen Volksvertretungen und ihrer Räte für die komplexe ökonomische und soziale Entwicklung im Territorium. Sie sollen in eigener Verantwortung über den Einsatz der mit dem Volkswirtschaftsplan für das jeweilige Territorium festgelegten Gesamtfonds beschließen. Vor allem müssen sie über eigene Einnahmequellen verfügen.

Die Wirtschaftsreform wird kein einmaliger Akt sein. Ihre Ausarbeitung muß eine umfassende Gemeinschaftsarbeit sein. Auch dafür liegen viele Vorschläge der Parteien, Wissenschaftler und Wirtschaftler vor. (...)

Kurt Masur
Kapellmeister des Leipziger Gewandhausorchesters: »Man darf nicht schon wieder verfälschen.« Was dem 9. Oktober in Leipzig vorausging und was ihm folgte

Es begann eigentlich mit den ersten Friedensgebeten. Das liegt schon eine ganze Weile zurück. Wir haben hier in Leipzig in der Nikolaikirche die Friedensgebete abgehalten vor immer größerer Beteiligung der Christen. Und nach und nach bildeten sich dort, durch die öffentlichen Aussprachen, durch die offene Atmosphäre, Gruppen, die hinzukamen, die einfach davon angezogen waren, daß man dort frei reden konnte. Eigentlich ganz normal, es kamen dann natürlich auch solche in die Kirche, die im Prinzip gar nichts mehr mit der Kirche zu tun haben wollten, sondern denen es wirklich nur darum ging, sich auch einmal aussprechen zu können. So nach und nach stellte sich heraus, daß die Polizei die Szene beobachtete und immer mehr Polizei hinzugezogen wurde zur Absicherung. Ich erinnere mich, so etwa im Mai/Juni standen dort immer am Montagabend um die gleiche Zeit vier bis fünf Transportwagen mit Polizisten, die nun die aus der Kirche Kommenden empfingen. Wir alle haben diese Eskalation mit angeschaut, weil wir einfach das Überangebot an Polizei unangemessen fanden. Es wurde dann schon eine Art Protestdemonstration daraus, die, so glaube ich, teilweise mit Verhaftungen einzelner geendet hat. Die Eskalation und die Gegenüberstellung an der Nikolaikirche nahmen immer mehr zu. Wir alle empfanden die Stimmung durch die Ausreisewelle vieler junger Menschen in die Bundesrepublik. Und wir empfanden unseren vierzigsten Geburtstag als unangemessen gefeiert. Es war für uns der Geburtstag einer zerstrittenen Familie. Das alles führte zu Spannungen im Volk, die dann zur ersten Eskalation und zu Gewalttätigkeiten zwischen Polizei und der Bevölkerung führten. In Berlin gab es dann noch einmal, ich glaube sogar, schlimmer noch am 7. als am 8., jene Konfrontation. Und wir wußten, daß am Montag darauf, das war der 9., hier in Leipzig mit Sicherheit eine Demonstration stattfinden würde, bei der Gewalt eine große Rolle spielen könnte. An diesem Tag gab es Konzerte hier im Gewandhaus, und wir waren in größter Unruhe. Ich rief am frühen Nachmittag Dr. Meyer an, er war sofort aktiv, verständigte die anderen Herren und fragte, ob wir uns nicht treffen könnten. Wir taten es dann bei uns zu Hause in der Wohnung und berieten, was nun zu tun sei. Wir haben uns wiedergetroffen ungefähr 45 Minuten, bevor die Demonstration losgehen würde. Wir hatten uns

darauf geeinigt, im Leipziger Rundfunk, in der Rundfunkstation und im Stadtforum und während der Friedensgebete, die an diesem Abend in vier verschiedenen Kirchen stattfanden, einen Aufruf verlesen zu lassen. Die Demonstration war damals angewachsen auf etwa 70000 Menschen (...)
Es war alles eine Frage von Minuten. Hier in der Bezirksleitung wurde geklärt, daß die Sicherheitskräfte über den Kommandeur veranlaßt wurden, sich zurückzuziehen, auch möglichst nicht so sichtbar zu werden, daß sie die Menge in irgendeiner Weise provozieren könnten. Wenn Mut haben heißt, daß man Angst überwinden lernt, dann war das an diesem Abend so. Die Verantwortung, die wir übernommen haben, ist weit über unsere Befugnisse hinausgegangen. Es war fast unglaublich für uns alle, daß kein einziger Zwischenfall, keine einzige Verhaftung, keine gewaltsame Handlung stattfand. Das wurde dann eigentlich zum Modellfall für unser ganzes Land.
Es fällt auch heute Verantwortlichen schwer zuzugeben, daß Sicherheitskräfte die Aufgabe hatten, diese sogenannte Konterrevolution niederzuschlagen. Das war eindeutig. Ich sage das als Parteiloser. Ich kann es mir leisten. Es wird keiner zugeben, und wir haben es nicht kontrolliert. Aber wir wissen, daß hier Wasserwerfer, daß hier Tränengas bereitstanden. Und wenn die Sicherheitskräfte Gewehre hatten, dann werden sie auch Munition gehabt haben. Die DDR ist haarscharf an einem Bürgerkrieg vorbeigegangen.
Während der Messe noch gab es eine Demonstration, die auch gewaltsam auseinandergetrieben wurde, mit dem Schlachtruf »Wir wollen raus«. Am 9. Oktober war ich fasziniert, berührt und erschüttert, als Sprechchöre kamen: »Wir sind das Volk«, »Wir bleiben hier«. Das war eigentlich die Umwandlung, das Bekenntnis, wir wollen hier unsere Heimat aufbauen, aber nicht so, wie ihr es uns immer vorerzählt habt, und nicht so, wie ihr uns belehrt habt, daß es sein müßte.
Aber es werden immer noch Beschönigungen verwendet, es werden Dinge nicht ehrlich ausgesprochen, es wird schon wieder gesucht nach Worten – das stört mich schon wieder. Unruhe ist jetzt die erste Bürgerpflicht. Unruhig und ungeduldig müssen wir bleiben. Wir haben in den Ämtern immer noch dieselben Verwaltungsmenschen sitzen, wir haben in den Volksvertretungen immer noch dieselben trägen Leute, die sich über zehn oder zwanzig Jahre alles haben sagen lassen, die sich alles haben vorbeten lassen, die ständig mit dem Kopf genickt haben. Und das geht von unten bis oben. Und wenn wir die Veränderungen nicht von unten bis oben durchbekommen, dann werden sie leer bleiben.

Keine Schauprozesse

Das Zurücktreten von einem Posten beinhaltet noch nicht sehr viel. Ich bin aber auch nicht für größere Schauprozesse gegenüber Menschen, die vielleicht eine ganze Zeit lang da ehrlich ihre Pflicht getan haben im Bewußtsein, daß sie recht taten. Aber überall da, wo nachweisbar Straftaten festgestellt worden sind – Vergehen gegen die sozialistische Idee, würde ich sagen –, da müßte man aufdecken, damit in Zukunft solche Fehler gar nicht mehr passieren. Die Ursache der Spannungen zwischen Volk und Regierung liegen fast durchweg im Staatsapparat, während vor dem 9. Oktober unsere Regierung immer behauptet hat, insbesondere die westlichen Medien oder irgendwelche fremden Mächte hätten unsere Menschen verhetzt. Unsere Menschen haben bewiesen, daß sie genau auseinanderhalten, was sie wollen oder nicht, daß sie Reife besitzen. Sie möchten hierbleiben. Sie möchten sich etwas bauen, was anders aussieht als eine Gesellschaft, in der der Egoismus so gewachsen ist, daß er die Hauptrolle spielt.
(Zu den drei Genossen der Leipziger Partei, insbesondere zu Wötzel, sagt Masur dann:) Seid ehrlich und sagt, was ihr wißt. Auf welcher Position habt ihr bei der Demonstration die Sicherheitskräfte zurückgenommen? Ihr habt doch Verbindung gehabt. Ich habe ein gutes Gedächtnis. An diesem Abend haben ungefähr eine halbe Stunde vor Beginn der Demonstration noch einmal alle in meinem Zimmer gesessen, und da habt ihr drei erklärt, die Sicherheitskräfte werden zurückgenommen. *Nicht* auf Befehl von Egon Krenz, der noch gar nicht angerufen hatte. Warum stellt ihr das nicht ganz klar?
Mich interessiert der Schießbefehl eigentlich weniger. Zugeschlagen hätten sie ohnehin, und sie hätten hart zugeschlagen, und sie hätten Verhaftungen vollzogen, und es wäre Blut geflossen. Es geht mir aber um eins: Ich bin nicht bereit, eine Rolle zu spielen, die uns untergeschoben wird, daß wir ja eigentlich gar nicht so mutig gehandelt hätten, weil ja die Garantie von Egon Krenz bereits da war, daß alles gutgehen würde. Da erbitte ich eure Stellungnahme, und zwar ehrlich, sonst verlasse ich diese Konferenz. Ich habe mich auch an die Parteisekretäre gewandt und nicht umgekehrt, wie behauptet wird. Man darf nicht schon wieder verfälschen. Das sind diese Verbrämungen, die uns in der Vergangenheit geschadet haben. Ich will nicht den Helden spielen. Aber es geht darum: Es ist das Verdienst dieses Volkes und dieser jungen Menschen, die ihr Leben aufs Spiel gesetzt haben. Das darf nicht verunglimpft werden dadurch, daß man irgendwelche Leute decken will. Es ist völlig klar: Egon Krenz hatte die verhängnisvolle Haltung bei den Vorgängen in China. Das hat ihm große Antipathie eingebracht, besonders bei Demonstrierenden. Wie es weitergehen würde, war an diesem 9. Oktober absolut nicht klar. Wir waren nahe dran. Bitte nichts beschönigen. Nicht schon wieder.

Es muß auch klargestellt werden, daß Krenz jemand war, der gegen die starre Politik von Erich Honecker anging im engsten Bereich des Politbüros. Nachdem diese Demonstration erfolgreich unblutig verlaufen war, war er einer der ersten, der darauf hinwies, daß es so funktionieren könnte. Erst dann hat er gesagt: Macht das weiter so in dieser Richtung. Das ist das, was ich weiß, und das ist das, was stimmt.

Wir sind in Opportunismus trainiert, sehr lange trainiert. Wir sind ja auch schon eine Wohlstandsgesellschaft geworden, wir wollen das nicht verleugnen. Wir haben zwar zuwenig Autos, aber wir leben gut, und das macht träge. Die Qualität dieser Aktivität aus dem Volk hat mich deswegen besonders berührt, weil nicht einer von denen um mehr Geld, um bessere Lebensbedingungen demonstriert hat. Es ging nur um ideelle Fragen. Es ging um eine Art der Freiheit, die uns eingeengt hat, die unsere Jugend dazu geführt hat, daß sie in schizophrener Weise sich angewöhnt hat, nicht die Wahrheit zu sagen. Die ganze Situation bei uns im Lande heute macht es notwendig, daß wir alle nicht hassen. Ich habe auch persönlich für mich in diesem Land sehr harte und schlimme Zeiten hinter mir. Das hat meine Wachheit mitgeprägt. Ich werde nicht aufgeben, solange ich hier aktiv sein darf, dafür zu kämpfen, daß all das, was jetzt in den Zeitungen gestanden hat, sei es das Aktionsprogramm der SED, in dem eigentlich alle Punkte sind, die das Volk auf der Straße gefordert hat, das ist die Trennung von Staat und Partei, Kirche und Jugendorganisationen, das ist die Schaffung von frei gewählten Gremien, einer echten Volksvertretung, das ist alles das, was die Aktivität unserer Menschen freiwerden läßt, damit sie wieder schöpferisch arbeiten können. Unsere Menschen konnten nicht mehr kreativ sein. In den letzten Jahren habe ich nicht mehr so viele leuchtende Augen in den Straßen gesehen wie in der letzten Zeit. Das macht einen glücklich. Wir dürfen nicht wieder in die Selbstzufriedenheit fallen, die Vorstellung, das geht mich nichts an, das wird der andere schon tun. Für uns ist dieses Gewandhaus ein Beweis. Es gab manchmal Schulklassen, die haben sich das angeguckt, und da kamen manchmal so die Kinderweisheiten heraus: Das ist ja wie im Intershop. Nein, das ist angewandter Sozialismus, weil wir es selbst in die Hand nehmen, weil wir wach geblieben sind. Man muß seine Freiheit dahingehend benutzen, daß man sich endlich kreativ Gedanken macht, was will ich denn machen? Das sind Fragen der Verantwortung des einzelnen, die wir alle erst wieder lernen müssen.

Das kulturelle Bedürfnis, das hier gepflegt wird, ist in langen Jahren entstanden. Ich habe Erich Honecker, nachdem er abgetreten ist, einen persönlichen Brief geschrieben, in dem ich ihm persönlich wünsche, daß er diese Enttäuschungen gut übersteht, und habe ihm gedankt für die Entscheidung, dieses Gewandhaus zu bauen, die Dresdner Semperoper und das Schauspielhaus. Das war auch eine einsame Entscheidung. Die hat er eigentlich wider alle Vernunft getroffen, denn bereits zu diesem Zeitpunkt waren wir so tief verschuldet, daß wir uns das gar nicht haben leisten können. Was mich am meisten beeindruckt hat in den zurückliegenden Wochen, war, daß die Menschen in unserem Land ein Wissen, eine Ehrlichkeit, die Fähigkeit, sich zu artikulieren hatten, die vielleicht viele von ihnen vorher selbst gar nicht vermutet haben. Es war von mir nicht vorstellbar, daß die erste Veranstaltung hier im Gewandhaus zu solchen Ergebnissen führen könnte. Als Prämisse war von mir als Hausherr gesagt worden: Ich garantiere jedem, der sich hier befindet und sich äußert, daß ihm kein Schaden entsteht. Und wenn, dann müßtet ihr mir halt aus der Haft schreiben. Man merkt auch heute, daß unterschwellig diese alte Furcht noch vorhanden ist. Das Selbstbewußtsein aber, der aufrechte Gang ist nicht mehr wegzudenken. Das ist die größte Hoffnung, die ich habe. Die Menschen haben sich selbst entdeckt, und sie haben entdeckt, daß sie Fähigkeiten entwickeln, die weit über das hinausgehen, was sie an sich selbst gekannt haben. Das wird uns alle dahin bringen, ohne Unterlaß zu ringen, daß dieses Land, daß der Sozialismus dazu geschaffen wurde, daß die Menschen sich darin wohl fühlen. Das sollte unser Ziel bleiben.

Zehn-Punkte-Programm zur Überwindung der Teilung Deutschlands und Europas: Rede von Bundeskanzler Dr. Helmut Kohl am 28. November 1989 vor dem Bundestag

Meine Damen und Herren, es ist heute in der Debatte zu Recht von allen Rednern betont worden, daß der Schwerpunkt der politischen Diskussion in diesen Tagen für uns ganz selbstverständlich im Felde der Deutschlandpolitik liegt.
Seit Öffnung der innerdeutschen Grenze und der Sektorengrenze in Berlin am 9. November, ist die Deutschlandpolitik in eine neue Phase eingetreten – mit neuen Chancen und neuen Herausforderungen. Wir alle empfinden zu Recht große Freude über die neugewonnene Reisefreiheit für die Menschen im geteilten Deutschland. Mit unseren Landsleuten in der DDR sind wir glücklich, daß nach Jahrzehnten Mauer und Grenzsperren endlich friedlich überwunden werden konnten.
Wir empfinden auch Stolz darüber, daß die Deutschen in der DDR mit ihrem friedlichen Eintreten für Freiheit, für Menschenrechte und Selbstbestimmung vor aller Welt ein Beispiel ihres Mutes und ihrer Freiheitsliebe gegeben haben, das übrigens auch überall in der Welt entsprechend gewürdigt wurde. Wir sind beeindruckt vom lebendigen und vom ungebrochenen Freiheitswillen, der die Menschen in Leipzig und in vielen, vielen anderen Städten bewegt. Sie wissen, was sie wollen: Sie wollen ihre Zukunft selbst bestimmen, im ursprünglichen Sinne des Wortes. Wir werden dabei jede Entscheidung, die die Menschen in der DDR in freier Selbstbestimmung treffen, selbstverständlich respektieren. Wir im freien Teil Deutschlands stehen gerade in diesen Tagen unseren Landsleuten solidarisch zur Seite.
Bundesminister Seiters hat Anfang letzter Woche mit dem Staatratsvorsitzenden Krenz und mit Ministerpräsident Modrow über die Vorstellungen der neuen DDR-Führung gesprochen. Es ging uns darum zu erfahren, wie das öffentlich angekündigte Reformprogramm vollzogen werden soll und in welchem Zeitraum konkrete, für die Menschen auch wirksame Schritte zu erwarten sind. Es wurde verabredet, daß diese Gespräche Anfang Dezember fortgesetzt werden. Wenn sich, wie wir hoffen, in diesen Gesprächen erste praktische Ergebnisse abzeichnen, möchte ich selbst noch vor Weihnachten mit den Verantwortlichen in der DDR zusammentreffen.

Bundesminister Seiters hat in Ost-Berlin auch mit Vertretern der Opposition und der Kirchen gesprochen. Ich selbst habe – wie viele andere hier im Hohen Hause – in den letzten Wochen Vertreter der Opposition empfangen. Wir halten es für geboten, bei allem, was wir jetzt tun und entscheiden, die Auffassungen, Meinungen und Empfehlungen der oppositionellen Gruppen in der DDR zu berücksichtigen. Auf diesen Kontakt legen wir weiterhin größten Wert. Wir alle sollten ihn auch in Zukunft intensiv pflegen.
Meine Damen und Herren, es eröffnen sich Chancen für die Überwindung der Teilung Europas und damit auch unseres Vaterlandes. Die Deutschen, die jetzt im Geist der Freiheit wieder zusammenfinden, werden niemals eine Bedrohung sein. Vielmehr werden sie – davon bin ich überzeugt – ein Gewinn für das immer mehr zusammenwachsende Europa sein.
Der Aufbruch, den wir heute erleben, ist zunächst das Verdienst der Menschen, die ihren Freiheitswillen so eindrucksvoll demonstrieren. Er ist aber auch das Ergebnis von politischen Entwicklungen der vergangenen Jahre. Auch wir in der Bundesrepublik, meine Damen und Herren, haben mit unserer Politik dazu ganz maßgeblich beigetragen.

- Entscheidend war dafür zunächst, daß wir diese Politik auf dem festen Fundament unserer Einbindung in die Gemeinschaft freiheitlicher Demokratien betrieben haben. Geschlossenheit und Standfestigkeit des Bündnisses in der schweren Bewährungsprobe des Jahres 1983 haben sich ausgezahlt. Mit unserem klaren Kurs in der Atlantischen Allianz und in der Europäischen Gemeinschaft haben wir den Reformbewegungen in Mittel-, Ost- und Südeuropa den Rücken gestärkt.
- Mit dem Übergang zu neuen Stufen der wirtschaftlichen und politischen Integration in der Europäischen Gemeinschaft haben wir erfolgreich das Modell des freien Zusammenschlusses europäischer Völker fortentwickelt, eines Zusammenschlusses, der weit über die Gemeinschaft hinaus größte Anziehungskraft ausübt.
- Auf der anderen Seite war eine entscheidende Voraussetzung die Reformpolitik von Generalsekretär Michail Gorbatschow im Innern der Sowjetunion und das von ihm eingeleitete neue Denken in der sowjetischen Außenpolitik. Ohne die Anerkennung des Rechtes der Völker und Staaten auf den eigenen Weg, wären die Reformbewegungen in anderen Staaten des Warschauer Pakts nicht erfolgreich gewesen.
- Zu der dramatischen Entwicklung in der DDR wäre es nicht gekommen, wenn nicht Polen und Ungarn mit tiefgreifenden Reformen in Politik, Wirtschaft und Gesellschaft vorangegangen wären. Der Erfolg der Reformbewegungen in Polen und Ungarn ist eine Voraussetzung für den Erfolg der Reformbewegung in der DDR. Das bedeutet auch, daß wir im Rahmen unserer Mög-

lichkeiten alles tun müssen, daß diese beiden Länder die von ihnen gesteckten Ziele auch erreichen.
Wir alle begrüßen es, daß sich jetzt auch in Bulgarien und in der ČSSR ein Wandel abzeichnet. Ich freue mich ganz besonders, daß der diesjährige Friedenspreisträger des Deutschen Buchhandels, Václav Hável, jetzt endlich die Früchte seines langjährigen Kampfes für die Freiheit ernten kann. Seine ebenso großartige wie unvergeßliche Dankesrede in der Frankfurter Paulskirche, die er selber nicht vortragen durfte, war eine beeindruckende Abrechnung mit dem »realsozialistischen« System.

- Eine bedeutende Rolle hat nicht zuletzt der KSZE-Prozeß gespielt, in dem wir gemeinsam mit unseren Partnern auf einen Abbau von Spannungsursachen, auf Dialog und Zusammenarbeit und vor allem auf die Achtung der Menschenrechte gedrängt haben.
- Ein neues Vertrauen in den West-Ost-Beziehungen konnte auch Dank der kontinuierlichen Gipfeldiplomatie der Großmächte und der zahlreichen Begegnungen wachsen, die in diesem Zusammenhang möglich waren – Begegnungen zwischen Staats- und Regierungschefs aus West und Ost. Der historische Durchbruch bei der Abrüstung und Rüstungskontrolle ist ein sichtbarer Ausdruck dieses Vertrauens.
- Die breit angelegte Vertragspolitik der Bundesregierung gegenüber der Sowjetunion und allen anderen Warschauer-Pakt-Staaten hat dieser Entwicklung wichtige Impulse gegeben.
- Aber zu den Ursachen der jüngsten Veränderungen gehört vor allem auch die konsequente Politik für den Zusammenhalt unserer Nation. Wenn wir etwa den Aufforderungen – auch aus Ihren Kreisen – gefolgt wären, die Geraer Forderungen von Herrn Honecker zu akzeptieren, wären wir längst nicht dort, wo wir heute – Gott sei Dank – stehen.

Seit 1987 haben uns jährlich viele Millionen Landsleute aus der DDR besucht, darunter zahlreiche junge Leute. Diese »Politik der kleinen Schritte« hat in schwierigen Zeiten das Bewußtsein für die Einheit der Nation wachgehalten und geschärft und das Zusammengehörigkeitsgefühl der Deutschen vertieft.
Die Entwicklungen der letzten Jahre, die Besuchszahl von weit über 10 Millionen bis zum Sommer dieses Jahres seit 1987, widerlegen alle düsteren Prognosen aus dem Jahre 1983, die wir hier hörten und die immer wieder vorgetragen wurden, daß mit dieser Bundesregierung und dieser Koalition eine »neue Eiszeit« in den West-Ost-Beziehungen kommen würde. Ich darf hier noch einmal die besonders infame Unterstellung erwähnen, wir seien »nicht friedensfähig«. Genau das Gegenteil (...) ist eingetreten: Heute haben wir – und wir sind glücklich darüber – mehr Verständigung und Gemeinsamkeit in Deutschland und in Europa als jemals zuvor seit dem Ende des Zweiten Weltkriegs.

Heute stehen wir – für jedermann erkennbar – am Beginn eines neuen Abschnitts der europäischen und der deutschen Geschichte – eines Abschnitts, der über den Status quo, über die bisherigen politischen Strukturen in Europa hinausweist. Dieser Wandel ist zuallererst ein Werk der Menschen, die auf der Gewährung von Freiheit bestehen, auf der Achtung ihrer Menschenrechte und auf dem Recht, über ihre Zukunft selbst zu bestimmen.
Alle, die in und für Europa Verantwortung tragen, müssen diesem Willen der Menschen und Völker Rechnung tragen. Wir alle sind jetzt aufgerufen, eine neue Architektur für das Europäische Haus, für eine dauerhafte und für eine gerechte Friedensordnung auf unserem Kontinent zu gestalten, wie es ja auch Generalsekretär Gorbatschow und ich in unserer gemeinsamen Erklärung hier in Bonn am 13. Juni bekräftigt haben. Dabei müssen die legitimen Interessen aller Beteiligten gewahrt werden. Das gilt selbstverständlich auch für die deutschen Interessen.
Wir nähern uns damit dem Ziel, das sich das Atlantische Bündnis bereits im Dezember 1967 gesetzt hatte. Wenn Sie die Unterschriften nachlesen, werden Sie unschwer feststellen, wer damals für die Bundesrepublik gezeichnet hat. Dort heißt es:
»Eine endgültige und stabile Regelung in Europa ist... nicht möglich ohne eine Lösung der Deutschlandfrage, die den Kern der gegenwärtigen Spannungen in Europa bildet. Jede derartige Regelung muß die unnatürlichen Schranken zwischen Ost- und Westeuropa beseitigen, die sich in der Teilung Deutschlands am deutlichsten und grausamsten offenbaren.«
Meine Damen und Herren, wenn das unsere gemeinsame Grundlage ist, dann können Sie, wie ich hoffe, auch dem Folgenden zustimmen: Der Weg zur deutschen Einheit, das wissen wir alle, ist nicht vom »grünen Tisch« oder mit einem Terminkalender in der Hand zu planen. Abstrakte Modelle kann man vielleicht polemisch verwenden, aber sie helfen nicht weiter. Aber wir können, wenn wir nur wollen, schon heute jene Etappen vorbereiten, die zu diesem Ziel hinführen. Ich möchte diese Ziele an Hand eines Zehn-Punkte-Programms erläutern:
Erstens: Zunächst sind Sofortmaßnahmen erforderlich, die sich aus den Ereignissen der letzten Wochen ergeben, insbesondere durch die Fluchtbewegung und die neue Dimension des Reiseverkehrs.
Die Bundesregierung ist zu sofortiger konkreter Hilfe dort bereit, wo diese Hilfe jetzt benötigt wird. Wir werden im humanitären Bereich und auch bei der medizinischen Versorgung helfen, soweit dies gewünscht wird und auch nützlich ist.
Wir wissen auch, daß das Begrüßungsgeld, das wir für jeden Besucher aus der DDR einmal jährlich zahlen, keine Lösung für die Finanzierung von Reisen sein

kann. Letztlich muß die DDR selbst ihre Reisenden mit den nötigen Devisen ausstatten.

Wir sind aber bereit, für eine Übergangszeit einen Beitrag zu einem Devisenfonds zu leisten. Voraussetzung dafür ist allerdings, daß der Mindestumtausch bei Reisen in die DDR entfällt, Einreisen dorthin erheblich erleichtert werden und die DDR einen eigenen substantiellen Beitrag zu einem solchen Fonds leistet. Unser Ziel ist (...) ein möglichst ungehinderter Reiseverkehr in beide Richtungen.

Zweitens: Die Bundesregierung wird wie bisher die Zusammenarbeit mit der DDR in allen Bereichen fortsetzen, die den Menschen auf beiden Seiten unmittelbar zugute kommt. Das gilt inbesondere für die wirtschaftliche, wissenschaftlich-technologische und kulturelle Zusammenarbeit. Besonders wichtig ist eine Intensivierung der Zusammenarbeit im Bereich des Umweltschutzes. Hier kann schon in aller Kürze, wie immer sonst die Entwicklung sein mag, über neue Projekte entschieden werden. Das gleiche gilt – der Bundespostminister hat die entsprechenden Gespräche eingeleitet – für einen möglichst baldigen umfassenden Ausbau der Fernsprechverbindungen mit der DDR und des Telefonnetzes der DDR.

Über den Ausbau der Eisenbahnstrecke Hannover-Berlin wird weiter verhandelt. Ich bin allerdings der Auffassung, daß dies zu wenig ist und daß wir angesichts der jetzt eingetretenen Entwicklung uns einmal sehr grundsätzlich über die Verkehrs- und Eisenbahnlinien in der DDR und in der Bundesrepublik Deutschland unterhalten müssen. Vierzig Jahre Trennung bedeuten ja auch, daß sich die Verkehrwege zum Teil erheblich auseinanderentwickelt haben. Das gilt nicht nur für die Grenzübergänge, sondern beispielsweise auch für die traditionelle Linienführung der Verkehrswege in Mitteleuropa, für die Ost-West-Verbindungen.

Es ist nicht einzusehen, weshalb die klassische Route Moskau-Warschau-Berlin-Paris, die ja immer über Köln führte und zu allen Zeiten große Bedeutung hatte, im Zeitalter schneller Züge und am Vorabend des Ausbaus eines entsprechenden europäischen Verkehrswesens nicht mit eingebracht werden sollte.

Drittens: Ich habe angeboten, unsere Hilfe und unsere Zusammenarbeit umfassend auszuweiten, wenn ein grundlegender Wandel des politischen und wirtschaftlichen Systems in der DDR verbindlich beschlossen und unumkehrbar in Gang gesetzt wird. »Unumkehrbar« heißt für uns und vor allem für mich, daß sich die DDR-Staatsführung mit den Oppositionsgruppen auf eine Verfassungsänderung und auf ein neues Wahlgesetz verständigt. Wir unterstützen die Forderung nach freien, gleichen und geheimen Wahlen in der DDR unter Beteiligung unabhängiger, das heißt selbstverständlich auch nichtsozialistischer, Parteien. Das Machtmonopol der SED muß aufgehoben werden.

Die geforderte Einführung rechtsstaatlicher Verhältnisse bedeutet vor allem die Abschaffung des politischen Strafrechts und als Konsequenz die sofortige Freilassung aller politischen Gefangenen.
Herr Präsident, meine Damen und Herren, wirtschaftliche Hilfe kann nur dann wirksam werden, wenn grundlegende Reformen des Wirtschaftssystems erfolgen. Dies zeigen die Erfahrungen mit allen RGW-Staaten – mit Belehrungen von unserer Seite hat das nichts zu tun. Die bürokratische Planwirtschaft muß abgebaut werden.
Wir wollen nicht unhaltbar gewordene Zustände stabilisieren. Wir wissen: Wirtschaftlichen Aufschwung kann es nur geben, wenn sich die DDR für westliche Investitionen öffnet, wenn sie marktwirtschaftliche Bedingungen schafft und privatwirtschaftliche Betätigungen ermöglicht. Wer in diesem Zusammenhang den Vorwurf der Bevormundung erhebt, den verstehe ich nicht.
In Ungarn und in Polen gibt es jeden Tag Beispiele dafür, an denen sich doch die DDR – ebenfalls Mitgliedstaat des RGW – ohne weiteres orientieren kann. Unser und mein dringender Wunsch ist es, daß es möglichst rasch zu einer solchen Gesetzgebung kommt. Denn es wäre für uns ein wenig erfreulicher Zustand, wenn – was ich ebenfalls wünsche – Privatkapital aus der Bundesrepublik Deutschland in Polen und noch mehr – die Dinge entwickeln sich sehr erfreulich – in Ungarn investiert würde und mitten in Deutschland diese Investitionen ausbleiben. Wir wollen, daß möglichst viele derartige Investitionen von möglichst zahlreichen Unternehmen getätigt werden.
Ich will es noch einmal klar unterstreichen: Dies sind keine Vorbedingungen, sondern das ist schlicht und einfach die sachliche Voraussetzung, damit Hilfe überhaupt greifen kann. Im übrigen kann kein Zweifel daran bestehen, daß dies auch die Menschen in der DDR wollen. Sie wollen wirtschaftliche Freiheit, und sie wollen damit die Früchte ihrer Arbeit endlich ernten und mehr Wohlstand gewinnen.
Wenn ich heute die Diskussion zu diesem Thema – der künftigen Wirtschaftsordnung in der DDR – innerhalb der SED selbst verfolge – wir werden es in ein paar Tagen auf dem Parteitag der SED vor aller Öffentlichkeit erleben können –, dann kann ich beim besten Willen nicht erkennen, daß derjenige, der das hier ausspricht, sich in die inneren Angelegenheiten der DDR einmischt. Ich finde das ziemlich absurd.
Viertens: Ministerpräsident Modrow hat in seiner Regierungserklärung von einer Vertragsgemeinschaft gesprochen. Wir sind bereit, diesen Gedanken aufzugreifen. Denn die Nähe und der besondere Charakter der Beziehungen zwischen den beiden Staaten in Deutschland erfordern ein immer dichteres Netz von Vereinbarungen in allen Bereichen und auf allen Ebenen.
Diese Zusammenarbeit wird zunehmend auch gemeinsame Institutionen erfor-

dern. Bereits bestehende Kommissionen könnten neue Aufgaben erhalten, weitere könnten gebildet werden. Ich denke dabei insbesondere an die Bereiche Wirtschaft, Verkehr, Umweltschutz, Wissenschaft und Technik, Gesundheit und Kultur.
Ich brauche nicht zu betonen, daß bei all dem, was jetzt zu geschehen hat, für uns Berlin voll einbezogen bleiben muß. Das war, ist und bleibt unsere Politik.
Fünftens: Wir sind aber auch bereit, noch einen entscheidenden Schritt weiterzugehen, nämlich konförderative Strukturen zwischen beiden Staaten in Deutschland zu entwickeln mit dem Ziel, eine Föderation, das heißt eine bundesstaatliche Ordnung, in Deutschland zu schaffen. Das setzt aber eine demokratisch legitimierte Regierung in der DDR zwingend voraus.
Dabei könnten wir uns nach schon bald freien Wahlen folgende Institutionen vorstellen:

- einen gemeinsamen Regierungsausschuß zur ständigen Konsultation und politischen Abstimmung,
- gemeinsame Fachausschüsse,
- gemeinsames parlamentarisches Gremium
- und manches andere mehr angesichts einer völlig neuen Entwicklung.

Die bisherige Politik gegenüber der DDR mußte sich angesichts der Verhältnisse im wesentlichen auf kleine Schritte beschränken, mit denen wir vor allem versuchten, die Folgen der Teilung für die Menschen zu mildern und das Bewußtsein für die Einheit der Nation wachzuhalten und zu schärfen. Wenn uns künftig eine demokratisch legitimierte, das heißt frei gewählte Regierung als Partner gegenübersteht, eröffnen sich völlig neue Perspektiven.
Stufenweise können neue Formen institutioneller Zusammenarbeit entstehen und ausgeweitet werden. Herr Präsident, meine Damen und Herren, ein solches Zusammenwachsen liegt in der Kontinuität der deutschen Geschichte. Staatliche Organisationen in Deutschland hieß in unserer Geschichte fast immer auch Konföderation und Föderation. Wir können doch auf diese historischen Erfahrungen zurückgreifen.
Wie ein wiedervereinigtes Deutschland schließlich aussehen wird, das weiß heute niemand. *Daß* aber die Einheit kommen wird, wenn die Menschen in Deutschland sie wollen, dessen bin ich wieder.
Sechstens: Die Entwicklung der innerdeutschen Beziehungen bleibt eingebettet in den gesamteuropäischen Prozeß, das heißt immer auch in die West-Ost-Beziehungen. Die künftige Architektur Deutschlands muß sich einfügen in die künftige Architektur Gesamteuropas. Hierfür hat der Westen mit seinem Konzept der dauerhaften und gerechten europäischen Friedensordnung Schrittmacherdienste geleistet.
Generalsekretär Gorbatschow und ich sprechen in der Gemeinsamen Erklä-

rung vom Juni dieses Jahres, die ich bereits zitiert habe, von den Bauelementen eines »gemeinsamen europäischen Hauses«. Ich nenne beispielhaft dafür:

- Die uneingeschränkte Achtung der Integrität und der Sicherheit jedes Staates. Jeder Staat hat das Recht, das eigene politische und soziale System frei zu wählen.
- Die uneingeschränkte Achtung der Grundsätze und Normen des Völkerrechts, insbesondere Achtung des Selbstbestimmungsrechts der Völker.
- Die Verwirklichung der Menschenrechte.
- Die Achtung und Pflege der geschichtlich gewachsenen Kulturen der Völker Europas.

Mit alledem wollen wir – so haben es Generalsekretär Gorbatschow und ich festgeschrieben – an die geschichtlich gewachsenen europäischen Traditionen anknüpfen und zur Überwindung der Trennung Europas beitragen.

Siebtens: Die Anziehungs- und Ausstrahlungskraft der Europäischen Gemeinschaft ist und bleibt eine entscheidende Konstante der gesamteuropäischen Entwicklung. Wir wollen und müssen sie weiter stärken.

Die Europäische Gemeinschaft ist jetzt gefordert, mit Offenheit und Flexibilität auf die reformorientierten Staaten Mittel-, Ost- und Südosteuropas zuzugehen. Dies haben die Staats- und Regierungschefs der EG-Mitgliedstaaten kürzlich bei ihrem Treffen in Paris ja auch so festgestellt. Hierbei ist die DDR selbstverständlich eingeschlossen: Die Bundesregierung befürwortet deshalb den baldigen Abschluß eines Handels- und Kooperationsabkommens mit der DDR, das den Zugang der DDR zum Gemeinsamen Markt erweitert, auch was die Perspektive 1992 betrifft.

Wir können uns für die Zukunft sehr wohl bestimmte Formen der Assoziierung vorstellen, die die Volkswirtschaften der reformierten Staaten Mittel- und Südosteuropas an die EG heranführen und damit das wirtschaftliche und soziale Gefälle auf unserem Kontinent abbauen helfen. Das ist eine der ganz wichtigen Fragen, wenn das Europa von morgen ein gemeinsames Europa sein soll.

Herr Präsident, meine Damen und Herren, den Prozeß der Wiedergewinnung der deutschen Einheit verstehen wir immer auch als europäisches Anliegen. Er muß deshalb auch im Zusammenhang mit der europäischen Integration gesehen werden. Ich will es ganz einfach so formulieren: Die EG darf nicht an der Elbe enden, sondern muß die Offenheit auch nach Osten wahren.

Nur in diesem Sinne (...) kann die Europäische Gemeinschaft Grundlage einer wirklich umfassenden europäischen Einigung werden. Nur in diesem Sinne wahrt, behauptet und entwickelt sie die Identität aller Europäer. Diese Identität, meine Damen und Herren, ist nicht nur in der kulturellen Vielfalt Europas, sondern auch und vor allem in den Grundwerten von Freiheit, Demokratie, Menschenrechten und Selbstbestimmung begründet.

Soweit die Staaten Mittel- und Südosteuropas die erforderlichen Voraussetzungen erfüllen, würden wir es auch begrüßen, wenn sie dem Europarat und insbesondere auch der Konvention zum Schutze der Menschenrechte und Grundfreiheiten beiträten.
Achtens: Der KSZE-Prozeß ist ein Herzstück dieser gesamteuropäischen Architektur. Wir wollen ihn vorantreiben und die bevorstehenden Foren nutzen:

- die Menschenrechtskonferenzen in Kopenhagen 1990 und in Moskau 1991,
- die Konferenz über wirtschaftliche Zusammenarbeit in Bonn 1990,
- das Symposium über das kulturelle Erbe in Krakau 1991 und
- nicht zuletzt das nächste Folgetreffen in Helsinki.

Dort sollten wir auch über neue institutionelle Formen der gesamteuropäischen Zusammenarbeit nachdenken. Wir könnten uns eine gemeinsame Institution zur Koordinierung der West-Ost-Wirtschaftszusammenarbeit sowie die Einrichtung eines gesamteuropäischen Umweltrates sehr gut vorstellen.

Neuntens: Die Überwindung der Trennung Europas und der Teilung Deutschlands erfordern weitreichende und zügige Schritte in der Abrüstung und Rüstungskontrolle. Abrüstung und Rüstungskontrolle müssen mit der politischen Entwicklung Schritt halten und, wenn notwendig, beschleunigt werden.
Dies gilt im besonderen für die Wiener Verhandlungen über den Abbau konventioneller Streitkräfte in Europa und für die Vereinbarungen vertrauensbildender Maßnahmen ebenso wie für das weltweite Verbot chemischer Waffen, das, wie ich hoffe, 1990 kommen wird. Dies erfordert auch, daß auch die Nuklearpotentiale der Großmächte auf das strategisch erforderliche Minimum reduziert werden können.
Das bevorstehende Treffen zwischen Präsident Bush und Generalsekretär Gorbatschow bietet eine gute Gelegenheit, den jetzt laufenden Verhandlungsrunden neue Schubkraft zu geben.
Wir bemühen uns – auch in zweiseitigen Gesprächen mit den Staaten des Warschauer Paktes einschließlich der DDR –, diesen Prozeß zu unterstützen.
Zehntens: Mit dieser umfassenden Politik wirken wir auf einen Zustand des Friedens in Europa hin, in dem das deutsche Volk in freier Selbstbestimmung seine Einheit wiedererlangen kann. Die Wiedervereinigung, das heißt die Wiedergewinnung der staatlichen Einheit Deutschlands, bleibt das politische Ziel der Bundesregierung.
Wir sind dankbar, daß wir in der Erklärung des Brüsseler NATO-Gipfels vom Mai dieses Jahres dafür erneut die Unterstützung unserer Freunde und Partner gefunden haben.

Meine Damen und Herren, wir sind uns bewußt, daß sich auf dem Weg zur deutschen Einheit viele schwierige Fragen stellen, auf die korrekterweise heute niemand eine abschließende Antwort geben kann. Dazu gehört vor allem auch – ich betone das – die ebenso schwierige wie entscheidende Frage übergreifender Sicherheitsstrukturen in Europa.
Die Verknüpfung der deutschen Frage mit der gesamteuropäischen Entwicklung und den West-Ost-Beziehungen – wie ich sie eben in zehn Punkten erläuterte – ermöglicht eine organische Entwicklung, die den Interessen aller Beteiligten Rechnung trägt und – dies ist unser Ziel – einer friedlichen und freiheitlichen Entwicklung in Europa den Weg bahnt.
Nur miteinander und in einem Klima des wechselseitigen Vertrauens können wir die Teilung Europas, die immer auch die Teilung Deutschlands ist, friedlich überwinden. Das heißt, wir brauchen auf allen Seiten Besonnenheit, Vernunft und Augenmaß, damit die jetzt begonnene – so hoffnungsvolle – Entwicklung stetig und friedlich weiterverläuft.
Was diesen Prozeß stören könnte, sind nicht Reformen, sondern deren Verweigerung. Nicht Freiheit schafft Instabilität, sondern deren Unterdrückung. Jeder gelungene Reformschritt bedeutet für ganz Europa ein Mehr an Stabilität und einen Zugewinn an Freiheit und Sicherheit.
Herr Präsident, meine Damen und Herren, in wenigen Wochen beginnt das letzte Jahrzehnt dieses Jahrhunderts, ein Jahrhundert, das so viel Elend, Blut und Leid sah.
Es gibt heute viele hoffnungsvolle Zeichen dafür, daß die neunziger Jahre die Chancen für mehr Frieden und mehr Freiheit in Europa und in Deutschland in sich tragen. Es kommt dabei – jeder spürt dies – entscheidend auch auf unseren, den deutschen Beitrag an. Wir alle sollten uns dieser Herausforderung der Geschichte stellen.

Rede Helmut Kohls vor der Ruine der Frauenkirche in Dresden am 19. Dezember 1989

Meine sehr verehrten Damen und Herren,
meine lieben jungen Freunde, liebe Landsleute!
Zunächst darf ich mich bei Ihnen allen sehr herzlich bedanken für dieses freundliche und freundschaftliche Willkommen.
Meine lieben Freunde, es sind viele Hunderte Journalisten aus ganz Europa zu uns gekommen, und ich finde, wir sollten ihnen gemeinsam demonstrieren, wie wir mitten in Deutschland eine friedliche Kundgebung durchführen können. Deshalb meine ganz herzliche Bitte, daß wir – bei aller Begeisterung – uns jetzt gemeinsam auf diese wenigen Minuten unserer Begegnung konzentrieren.
Das erste, was ich Ihnen zurufen will, ist ein herzlicher Gruß all Ihrer Mitbürgerinnen und Mitbürger aus der Bundesrepublik Deutschland.
Das zweite, was ich sagen möchte, ist ein Wort der Anerkennung und der Bewunderung für diese friedliche Revolution in der DDR. Wir erleben, daß eine solche Umwälzung sich zum ersten Mal in der deutschen Geschichte so gewaltlos, mit so großem Ernst und im Geist der Solidarität vollzieht. Dafür danke ich Ihnen allen sehr herzlich. Es ist eine Demonstration für Demokratie, für Frieden, für Freiheit und für die Selbstbestimmung unseres Volkes. Und Selbstbestimmung heißt für uns – auch in der Bundesrepublik –, daß wir Ihre Meinung respektieren. Wir wollen und wir werden niemanden bevormunden. Wir respektieren das, was Sie entscheiden für die Zukunft des Landes.
Liebe Freunde, ich bin heute hierhergekommen zu den Gesprächen mit Ihrem Ministerpräsidenten Hans Modrow, um in dieser schwierigen Lage der DDR zu helfen. Wir lassen unsere Landsleute in der DDR nicht im Stich. Und wir wissen – lassen Sie mich das auch hier, angesichts dieser Begeisterung, die mich so erfreut, sagen –, wie schwierig dieser Weg in die Zukunft ist. Aber gemeinsam werden wir diesen Weg in die deutsche Zukunft schaffen! Es war dies heute meine erste Begegnung mit Ministerpräsident Hans Modrow. Wir beide sind uns bewußt, daß wir in einer geschichtlichen Stunde – ungeachtet unserer unterschiedlichen politischen Herkunft – versuchen müssen, für unser Volk unsere Pflicht zu tun.
Es war ein erstes Gespräch, es war auch ein ernstes Gespräch, und es hatte gute Ergebnisse. Wir haben verabredet, daß in den nächsten Wochen intensiv daran gearbeitet wird, daß wir noch im Frühjahr einen Vertrag über die Vertragsge-

meinschaft zwischen der Bundesrepublik Deutschland und der DDR abschließen können.
Wir wollen eine enge Zusammenarbeit auf allen Gebieten: auf dem Felde der Wirtschaft, des Verkehrs, zum Schutz der Umwelt, auf dem Gebiet der Sozialpolitik und der Kultur. Wir wollen vor allem auf dem Felde der Wirtschaft eine möglichst enge Zusammenarbeit mit dem klaren Ziel, daß die Lebensverhältnisse hier in der DDR so schnell wie möglich verbessert werden. Wir wollen, daß die Menschen sich hier wohl fühlen. Wir wollen, daß sie in ihrer Heimat bleiben und hier ihr Glück finden können. Entscheidend für die Zukunft ist, daß die Menschen in Deutschland zueinanderkommen können, daß der freie Reiseverkehr in beiden Richtungen dauerhaft garantiert ist.
Wir wollen, daß sich die Menschen in Deutschland überall, wo sie dies wollen, treffen können. Liebe Freunde, Sie werden im kommenden Jahr freie Wahlen haben. Sie werden frei entscheiden, wer, mit Ihrem Vertrauen versehen, im Parlament sitzt. Sie werden eine frei gewählte Regierung haben. Und dann ist der Zeitpunkt gekommen für das, was ich »konföderative Strukturen« genannt habe – das heißt: gemeinsame Regierungsausschüsse, gemeinsame Parlamentsausschüsse –, damit wir mit möglichst viel Gemeinsamkeit in Deutschland leben können.
Und auch das lassen Sie mich hier auf diesem traditionsreichen Platz sagen: Mein Ziel bleibt – wenn die geschichtliche Stunde es zuläßt – die Einheit unserer Nation.
Liebe Freunde, ich weiß, daß wir dieses Ziel erreichen können und daß diese Stunde kommt, wenn wir gemeinsam dafür arbeiten – und wenn wir es mit Vernunft und mit Augenmaß tun, mit Sinn für das Mögliche. Es ist ein schwieriger Weg, aber es ist ein guter Weg; es geht um unsere gemeinsame Zukunft.
Ich weiß auch, daß dies nicht von heute auf morgen zu erreichen ist. Wir, die Deutschen, leben nun einmal nicht allein in Europa und in der Welt. Ein Blick auf die Landkarte zeigt, daß alles, was sich hier bei uns verändert, Auswirkungen auf unsere Nachbarn haben muß, auf die Nachbarn im Osten und auf die Nachbarn im Westen. Es hat keinen Sinn, nicht zur Kenntnis zu nehmen, daß uns auf unserem Weg viele mit Sorge und manche auch mit Ängsten beobachten. Aus Ängsten aber kann nichts Gutes erwachsen. Wir müssen als Deutsche unseren Nachbarn sagen: Angesichts der Geschichte dieses Jahrhunderts haben wir Verständnis für manche dieser Ängste. Wir werden sie ernst nehmen.
Natürlich wollen wir unsere Interessen als Deutsche vertreten. Wir sagen »ja« zum Selbstbestimmungsrecht, das allen Völkern dieser Erde zusteht – auch den Deutschen. Aber wenn wir dieses Selbstbestimmungsrecht für die Deutschen verwirklichen wollen, dann dürfen wir auch die Sicherheitsbedürfnisse der anderen nicht außer acht lassen. Wir wollen eine Welt, in der es mehr Frieden und

mehr Freiheit gibt, die mehr Miteinander und nicht mehr Gegeneinander kennt.
Das »Haus Deutschland« – unser gemeinsames Haus – muß unter einem europäischen Dach gebaut werden. Das muß das Ziel unserer Politik sein.
In wenigen Tagen beginnen die neunziger Jahre, beginnt das letzte Jahrzehnt dieses Jahrhunderts. Es ist ein Jahrhundert, das vor allem in Europa und auch bei uns in Deutschland viel Not, viel Elend, viele Tote, viel Leid gesehen hat – ein Jahrhundert, das auch uns Deutschen eine besondere Verantwortung auferlegt hat – angesichts des Schlimmen, das geschah.
Hier vor der Ruine der Frauenkirche in Dresden, am Mahnmal für die Toten von Dresden, habe ich gerade ein Blumengebinde niedergelegt – auch in der Erinnerung an das Leid und an die Toten dieser wunderschönen alten deutschen Stadt.
Ich war 1945 – und das sage ich zu den jungen Menschen hier auf dem Platz – 15 Jahre alt, ein Schüler, ein Kind. Ich hatte dann die Chance, »drüben«, in meiner pfälzischen Heimat, groß zu werden, und ich gehöre zu jener jungen Generation, die nach dem Krieg geschworen hat – wie hier auch –: »Nie wieder Krieg, nie wieder Gewalt!« Ich möchte hier vor Ihnen diesen Schwur erweitern, indem ich Ihnen zurufe: Von deutschem Boden muß in Zukunft immer Frieden ausgehen – das ist das Ziel unserer Gemeinsamkeit!
Aber, liebe Freunde, wahrer Friede ist ohne Freiheit nicht möglich. Deswegen kämpfen Sie, demonstrieren Sie für die Freiheit in der DDR, deswegen unterstützen wir Sie, und deswegen gehört Ihnen unsere Solidarität.
Liebe Freunde, es sind noch wenige Tage, die uns vom Weihnachtsfest – dem Fest des Friedens – trennen. Weihnachten, das ist das Fest der Familie, der Freunde. Gerade in diesen Tagen empfinden wir uns in Deutschland wieder als eine deutsche Familie. Wir alle haben das empfunden in diesen Wochen und Tagen.
Ich erinnere uns alle an die bewegenden Bilder mitten in Deutschland im September, im Oktober, im November – an jene Bilder vor allem, die zeigten, wie sich Freunde und Verwandte wiedergetroffen haben, über vierzig Jahre haben wir darauf gewartet. Wir sind dankbar, daß wir das jetzt erleben dürfen. Das alles ist nicht von allein gekommen. Viele haben dabei mitgeholfen, nicht zuletzt die Bürger auf den Straßen und Plätzen der DDR. Aber auch draußen in der Welt haben viele geholfen. Und so nenne ich hier aus gutem Grund die Politik der Perestroika von Michail Gorbatschow, die diese Möglichkeiten mitgeschaffen hat, die Freiheitsbewegung der Solidarnosc in Polen, die Reformer in Ungarn.
Liebe Freunde, wir sind dafür dankbar. Jetzt kommt es darauf an, daß wir diesen Weg in der Zeit, die vor uns liegt, friedlich, mit Geduld, mit Augenmaß und

gemeinsam mit unseren Nachbarn weitergehen. Für dieses Ziel lassen sie uns gemeinsam arbeiten, lassen sie uns einander in solidarischer Gesinnung helfen.
Ich grüße hier von Dresden aus alle unsere Landsleute in der DDR und in der Bundesrepublik Deutschland. Ich wünsche Ihnen und uns allen ein friedvolles Weihnachtsfest, ein glückliches Jahr 1990.
Gott segne unser deutsches Vaterland!

Walter Mompers Deutschlandthesen zur deutschen Einigung in einem stabilen Europa (Februar 1990)

Der Berliner Regierende Bürgermeister Walter Momper (SPD) hat bei einem Besuch in London Überlegungen zur Sicherung der Stabilität in Europa bei einer Vereinigung Deutschlands vorgelegt. Die Thesen, bei denen Momper durchgängig von West- und Ostdeutschland spricht, im Wortlaut:

1. KSZE-Garantie der Grenzen zwischen Deutschland und seinen Nachbarn entsprechend ihrem heutigen tatsächlichen Verlauf.
2. Die Rechtsstellung einschließlich der internationalen Verpflichtungen Westdeutschlands bis zur Elbe bleibt unverändert. Ostdeutschland entwickelt, wie bereits die Westsektoren Berlins, umfassende Bindungen an die Gesellschafts-, Wirtschafts- und Finanzordnung Westdeutschlands, einschließlich des vollen Stimmrechts seiner Vertreter in den gesetzgebenden Organen.
3. Der Handel zwischen Ostdeutschland und der Sowjetunion sowie den an Ostdeutschland angrenzenden Staaten wird privilegiert.
4. Die Gesetzgebung Westdeutschlands gilt nach einer Übergangszeit unmittelbar in Ostdeutschland und Berlin. Zugleich wird auch eine einheitliche Verfassungsgerichtsbarkeit für alle Gebiete hergestellt. Ausgenommen bleiben die Wehr- und Verteidigungsgesetzgebung.
5. Ostdeutschland wird entmilitarisiert. Es wird den Regierungen unterworfen, wie sie heute in Fortentwicklung des Kontrollratsgesetzes Nr. 43 in den Westsektoren Berlins gelten.
6. In Ostdeutschland verbleibt, bis ein System der kollektiven Sicherheit in Europa verwirklicht ist, sowjetisches Militärpersonal in gleicher Zahl und Stärke; wie insgesamt Militärpersonal der Vereinigten Staaten, Frankreichs und Großbritanniens in Westdeutschland östlich des Rheins und in den Westsektoren Berlins stationiert ist. Für den Aufenthalt von fremden Truppen in diesen Gebieten gelten überall die gleichen finanziellen Bedingungen. Einrichtungen und Einheiten der deutschen Streitkräfte dürfen sich nicht in Ostdeutschland befinden.
7. Die militärischen Verbindungsmissionen der vier Mächte in Deutschland bleiben erhalten. Die militärischen Verbindungsmissionen haben die Aufgabe, die Einhaltung der militärischen Bestimmungen über Deutschland zu beobachten.

8. Alle Gesetzgebung, die auf Ostdeutschland ausgedehnt wird, wird den diplomatischen Missionen der vier Mächte in Berlin unverzüglich notifiziert. Wenn die Gesetzgebung militärische Fragen berühren könnte, können die Missionen zum Zwecke der Prüfung ihre Aussetzung verlangen. Sie haben darüber hinaus das Recht, über alle Aktivitäten in Ostdeutschland und Berlin Auskunft zu verlangen, wenn diese Aktivitäten militärische Fragen berühren könnten.
9. Bei Meinungsverschiedenheiten zwischen Deutschland und den Mächten entscheidet ein internationaler Gerichtshof, dessen Urteilen sich Deutschland von vornherein unterwirft.

Regierungserklärung von DDR-Ministerpräsident Lothar de Maizière vor der Volkskammer der Deutschen Demokratischen Republik am 19. April 1990.

Die Erneuerung unserer Gesellschaft stand unter dem Ruf »Wir sind das Volk!« Das Volk ist sich seiner selbst bewußt geworden. Zum ersten Mal seit vielen Jahrzehnten haben sich die Menschen in der DDR als Volk konstituiert. Die Wahlen, aus denen dieses Parlament hervorgegangen ist, waren Wahlen des Volkes. Zum ersten Mal trägt die Volkskammer ihren Namen zu Recht.
Und aus dem Ruf »Wir sind das Volk!« erwuchs der Ruf »Wir sind ein Volk!«. Das Volk in der DDR konstituierte sich als Teil eines Volkes, als Teil des einen deutschen Volkes, das wieder zusammenwachsen soll. Unsere Wähler haben diesem ihrem politischen Willen in den Wahlen vom 18. März deutlich Ausdruck verliehen. Dieser Wille verpflichtet uns. Ihn so gut wie nur möglich zu erfüllen, ist unsere gemeinsame Verantwortung.
Der Neuanfang unserer Gesellschaft ist ein zutiefst demokratischer Neuanfang. Wir haben einen demokratischen Auftrag. (...) Wir haben das erste freigewählte Parlament und die erste freigewählte Regierung seit zwei Generationen. Und es ist eine breite Mehrheit des Parlaments und der Wähler, auf die sich die Koalition stützt. Alle politischen Kräfte in Europa nehmen heute teil an dem Prozeß der Einigung Deutschlands. Wir vertreten in ihm die Interessen der Bürger der DDR. Das Ja zur Einheit ist gesprochen. Über den Weg dahin werden wir ein entscheidendes Wort mitzureden haben.
Der Neuanfang unserer Gesellschaft soll auch ein ehrlicher Neuanfang sein: In dem großen historischen Prozeß unserer Befreiung haben wir einem Politiker die wirksame Bündelung vieler positiver Impulse besonders zu verdanken: Michail Gorbatschow. Wir ahnen die schwere Last, die er in der Sowjetunion zu tragen hat. Wir bitten die Bürger der Sowjetunion, die Politik der DDR und ihr Streben nach der Einheit Deutschlands nicht als bedrohlich anzusehen. Wir sind uns unserer historischen Schuld gegenüber der Sowjetunion bewußt, und wir möchten als freier Staat mit einer Sowjetunion, in der das neue Denken gesiegt hat, freundschaftlich zusammenarbeiten. Glasnost und Perestroika haben der Welt neue, lange Zeit nicht für möglich gehaltene historische Horizonte erschlossen. Sie förderten auch in der DDR eine Bürgerbewegung, die alle gesellschaftlichen Sektoren erfaßte.

Eine entscheidende Kraft dieses Prozesses waren die neuen demokratischen Gruppen, in denen sich Menschen zusammenfanden, die die Fesseln der Vergangenheit sprengten.
Die Träger der friedlichen Revolution im Herbst 1989 verdienen einen herausragenden Platz in der deutschen Geschichte. Das sollte in diesem Haus stets gegenwärtig und lebendig bleiben.
Wenn ich an dieser Stelle den Dank für unsere Freiheit ausspreche, denke auch ich an die Freiheitsbewegungen in unseren östlichen Nachbarstaaten. Die Solidarnosc-Bewegung in Polen hatte nachhaltige Wirkungen auf ganz Osteuropa. Weder Kriegsrecht noch Hetzpropaganda haben der Demokratie den Riegel vorschieben können. Namen wie Lech Walesa oder der des großen Bürgerrechtlers und heutigen Staatspräsidenten der Tschechoslowakei, Vaclav Havel, werden für immer in den Geschichtsbüchern der Welt stehen und die Herzen freiheitsliebender Menschen bewegen.
Wir denken an das ungarische Volk und seine Bürger, die den Eisernen Vorhang herunterrissen und damit auch ein Stück Berliner Mauer zum Fallen brachten. Noch in den nächsten Monaten wird dieses menschenunwürdige Schandmal abgerissen.
Ich möchte im Namen der Regierung der DDR den Bürgern der Bundesrepublik Deutschland danken. Sie haben zu uns gehalten, sie haben uns Mut gemacht und geholfen, wo immer dies möglich war. Und vergessen wir nicht: Jahrzehntelang waren, wenn auch mitunter nicht ohne Eigennutz, die westlichen Medien für viele DDR-Bürger die wichtigste Informationsquelle. Oft waren sie das einzige Sprachrohr für Unterdrückte und politisch Andersdenkende in diesem Land.
Das uneingeschränkte Bekenntnis verantwortlicher Politiker der Bundesrepublik – ich nenne nur Richard von Weizsäcker, Helmut Kohl, Willy Brandt und Hans-Dietrich Genscher – zur Selbstbestimmung und Einheit des deutschen Volkes versetzt uns auch in die Lage, jetzt die Einheit verwirklichen zu können.
An dieser Stelle möchte ich noch einmal Hans Modrow für sein Engagement danken. Durch seine behutsame Politik ist uns sicher vieles erspart geblieben. In den schwierigen Zeiten des letzten halben Jahres blieb er als Demokrat überparteilich und stabilisierte in Zusammenarbeit mit dem Runden Tisch dieses Land.
Verehrte Abgeordnete, ein Dank darf heute nicht fehlen. Das ist der Dank an die Kirchen. Ihr Verdienst ist es, Schutzraum für Andersdenkende und Anwalt für Rechtlose gewesen zu sein. Ihre Besonnenheit und ihr Festhalten an der Gewaltlosigkeit haben unserer Revolution die Friedfertigkeit bewahrt. Es hätte ja alles auch ganz anders kommen können. Wir haben Grund zu tiefer Dankbar-

keit, daß uns die Erfahrungen erspart geblieben sind, wie sie etwa das rumänische Volk machen mußte.
Aber unsere Geschichte, das sind nicht nur die letzten fünf Jahre. Als freie Regierung und freies Parlament verneigen wir uns vor den Opfern des Faschismus. Wir denken an die Opfer der Konzentrationslager und des Krieges. Wir denken aber auch an die Opfer des Stalinismus, an die Opfer des 17. Juni 1953 und an die Opfer der Mauer. Krieg und Nachkrieg, die Verflochtenheit unendlich vieler Menschen in Schuld und Sühne und wieder neue historische Schuld haben das Gesicht unseres Volkes gekennzeichnet.
Wir möchten lernen von denen, die in diesen dunklen Zeiten politischen Widerstand gewagt und geleistet haben. Diese Menschen sind der Stolz, und ihre Leistung ist der moralische Schatz unseres Volkes.
Die Menschen des Widerstandes erinnern uns an unsere Verantwortung für unsere Geschichte. Es ist nicht die PDS allein, die unsere DDR-Vergangenheit zu verantworten hat. Auch meine Partei muß sie verantworten. Wir alle müssen sie verantworten. Es waren immer nur ganz wenige, die etwa bei Wahlen wagten, Gegenstimmen abzugeben oder der Wahl fernzubleiben. Jeder frage sich selbst, ob er immer alles richtig gemacht und welche Lehren er zu ziehen hat. Es sind nicht immer die Mutigen von einst, die heute am lautesten die Bestrafung anderer fordern.
Wir alle wissen, daß unser Neuanfang schwierig ist. Ihn leicht zu nehmen, wäre leichtfertig. Unsere Gesellschaft wurde gezwungen, 40 Jahre lang von der Substanz zu leben, nicht nur materiell. Wir haben Schäden auf vielen Gebieten und einen großen Nachholbedarf. Und oft sind die Schäden derart, daß der Weg zu ihrer Heilung erst noch ausgearbeitet werden muß.
In dieser Situation sind fortwirkendes Mißtrauen, Verdrossenheit und Ermattung vieler Mitbürger nur zu verständlich. Aber unverantwortlich ist es, jetzt Angst vor den Maßnahmen zu verbreiten, die zur Behebung der Schäden notwendig sind. Wir haben es nicht mit Problemen zu tun, die erst jetzt entstehen, sondern mit alten, verdeckten Wunden der Gesellschaft, die jetzt offengelegt werden müssen, damit sie heilen können.
Dazu gehören auch Struktur und Wirkungsweise der ehemaligen Staatssicherheit. Dazu gehört, daß sich betroffene Menschen aussprechen dürfen. Es hilft nicht die Veröffentlichung der Verstrickung einzelner, bei denen man kaum sagen kann, wieweit sie Opfer oder Täter waren.
Wir haben in diesen Wochen zu spüren bekommen, wie sich unsere junge Demokratie von neuem in dem Spinnennetz der ehemaligen Staatssicherheit verfing. Wir werden eine Regierungskommission einsetzen, die die Aufklärung und Auflösung der gesamten Organisation des Ministeriums für Staatssicherheit bzw. des Amtes für Nationale Sicherheit betreibt. Diese Kommission wird

dafür sorgen, daß die verdienstvolle Arbeit der Bürgerkomitees einen rechtsstaatlichen geordneten Abschluß findet. Die Bewältigung der Stasi-Vergangenheit verlangt die unbedingte Beachtung der Rechtsstaatlichkeit. Um den Bürger in Zukunft vor Bespitzelung zu schützen, werden wir ein umfassendes Datenschutzgesetz vorlegen. In Deutschland darf es nie wieder eine zentrale Stelle geben, die unkontrolliert Informationen über das Privatleben und das Denken der Bürger sammelt.
Verehrte Anwesende, wir sind dabei, uns die Demokratie zu erarbeiten. Niemand möge Innehalten und Überlegen mit Entschlußlosigkeit verwechseln. In dieser Situation nach drei Wochen eine große Koalition zu haben, ist eine Leistung, für die ich allen beteiligten Fraktionen danke. Und ich versichere allen, wir werden uns auch in Zukunft Zeit zum verantwortlichen Nachdenken nehmen. Das wird uns helfen, den notwendigen Grundkonsens der Nation nicht durch sachlich unbegründete Zwietracht der Parteien zu zerstören. Wir müssen alles tun, diesen Geist zu bewahren (...)
Damit nehmen wir das demokratische Erbe Deutschlands auf. 58 Jahre unterschiedlicher Diktaturen dürfen uns den Blick darauf nicht verstellen. Im Bauernkrieg, in den Befreiungskriegen, in der Revolution von 1848/49, in der Novemberrevolution von 1918, in den Ereignissen vom 20. Juli 1944 und im Volksaufstand des 17. Juni 1953 – immer gab es den brennenden Willen zur Demokratie, und immer wurde er in Blut oder in Resignation erstickt.
Heute dagegen stehen wir in der geschichtlichen Situation, daß unser demokratisches Aufbegehren ausgelöst wurde und aufgenommen wird von einer den Kontinent durchziehenden Bewegung zu Demokratie, Frieden und internationalen Ausgleich.
Machen wir uns bewußt, welcher Fortschritt bei uns bereits erreicht wurde vom November 1989 bis zum April 1990, und tun wir das Unsrige, daß diese Bewegung nicht an den Grenzen Europas halt macht, sondern daß in letzter Stunde eine überlebensfähige Welt entsteht!
Nach Jahrzehnten der Unfreiheit und der Diktatur wollen wir Freiheit und Demokratie unter der Herrschaft des Rechts gestalten. Dazu brauchen wir einen prinzipiellen Ansatz.
Nicht die Staatssicherheit war die eigentliche Krankheit der DDR, sie war nur eine ihrer Auswüchse. Die eigentliche Erbkrankheit der sozialistischen Gesellschaft war der diktatorische Zentralismus, der aus stalinistischer Verblendung an die Stelle der Demokratie, an die Stelle der Selbstbestimmung der Menschen gesetzt worden war. Dieser Zentralismus war es, der eine alles gesellschaftliche Leben vergiftende Atmosphäre des Drucks erzeugte. Zwang und Druck vernichteten Initiative, Verantwortungsbereitschaft, eigene Überzeugung und machten es zu einer menschlichen Leistung, dem eigenen Gewissen zu folgen.

Deshalb genügt es heute nicht, ein Problem aufzugreifen, sondern wir müssen viel tiefer ansetzen. Wir müssen uns unsere seelischen Schäden bewußtmachen, die sich in Haß, Unduldsamkeit, in neuem, nun antisozialistischem Opportunismus, in Müdigkeit und Verzweiflung äußern. Wir müssen uns gegenseitig helfen, freie Menschen zu werden.
Die Qualität unseres Weges wird an der Bewahrung von Grundwerten der Gesellschaft zu messen sein. Es geht um vier Dinge:
- die Freiheit des Andersdenkenden,
- Gerechtigkeit für alle,
- Frieden als Gestaltungsaufgabe nach innen und außen,
- Verantwortung für das Leben in allen seinen Gestalten.

Diese Werte zeigen die Richtung, die ich – und ich denke, wir alle – einschlagen wollen.
Dabei geben wir uns nicht der Illusion hin, daß diese neue Ordnung der Freiheit, der Demokratie und des Rechts eine mühelos zu bewältigende Aufgabe wäre. Wir geben uns nicht der Illusion hin, daß diese Ordnung und der Übergang zu ihr keine politisch-ethischen Qualitäten benötigten. Im Gegenteil!
Dort, wo wir uns an Bevormundung und Passivität gewöhnt hatten, werden wir gesellschaftlich erwachsen werden müssen. Selbstbestimmt und aktiv. Das gilt für jeden Bürger, das gilt auch für das Parlament und die Regierung und für das gesamte gesellschaftliche Leben.
Und wir geben uns nicht der Illusion hin, daß Moral und Recht identisch wären, daß wir mit Hilfe des Rechts Moral erzwingen könnten.
Hier halte ich es mit Hölderlins Hyperion:
»Du räumst dem Staate denn doch zuviel Gewalt ein.
Er darf nicht fordern, was er nicht erzwingen kann.
Was aber die Liebe gibt und der Geist, das läßt sich nicht erzwingen.
Das lass' er unangetastet, oder man nehme sein Gesetz und schlag' es an den Pranger!
Beim Himmel, der weiß nicht, was er sündigt, der den Staat zur Sittenschule machen will.
Immerhin hat das den Staat zur Hölle gemacht, daß ihn der Mensch zu seinem Himmel machen wollte.«
Wahrlich ein aktuelles Wort über unsere jüngste Vergangenheit! In diesem Sinne ist unser Umbruch Teil eines revolutionären Erneuerungsprozesses in Osteuropa, der zugleich ein gesamteuropäischer und ein Weltprozeß ist.
Manche mögen meinen, daß er letztlich konterrevolutionär sei. Nach dieser 70jährigen Entwicklung des realen Sozialismus ist aber das »konter«, das »gegen«, eine Naturnotwendigkeit. Wer Sozialismus faktisch mit brutaler Parteidiktatur, Entmündigung der Gesellschaft, Staatseigentum an den Produktions-

mitteln und mit zentralistischem Plandirigismus gleichsetzte, wer glaubte, mit solchen Mitteln eine gerechtere Gesellschaft schaffen zu können, der hat sich so gründlich geirrt, daß hier nur ein entschiedenes »kontra« möglich ist.
Wer aber glaubt, damit müßten wir uns auch von dem Ideal der sozialen Gerechtigkeit, der internationalen Solidarität, der Hilfe für die Menschen in der eigenen Gesellschaft und in der ganzen Welt verabschieden, der irrt sich genauso.
Wir betrachten die von uns angestrebte Form der Marktwirtschaft ohnehin nicht als Selbstzweck, sondern wir sehen in ihr eine natürliche, international bewährte, effektive Wirtschaftsform, die zugleich die Chance bietet, unseren moralischen Verpflichtungen in der eigenen Gesellschaft und in der Welt endlich in dem notwendigen Maße nachkommen zu können.
Wir wollen arbeiten, leben und wohnen in einer ökologisch verpflichteten sozialen Marktwirtschaft. Wir werden sie (...) jetzt Schritt für Schritt entwickeln. In den nächsten acht bis zehn Wochen wollen wir die Grundlage für die Wirtschafts-, Währungs- und Sozialunion legen, damit diese vor der Sommerpause in Kraft treten kann. Dabei ist 1:1 der grundlegende Kurs. Dazu gehört die Sicherung der Eigentumsrechte aus der Bodenreform und aus Eigentumsübertragungen, die nach Treu und Glauben rechtens waren und daher auch rechtens bleiben müssen. Dazu gehört, daß vor der Währungsumstellung die Aufwendungen für die bisherigen Subventionen differenziert den Löhnen und Renten zugeschlagen werden. Erst dann können die Preise und Mieten mit der Entwicklung der Einkommen schrittweise freigegeben werden.
Eine unserer wichtigsten Verpflichtungen gegenüber dem eigenen Volk und gegenüber der Menschheit ist die Gewährleistung einer lebenswerten und lebensfähigen Umwelt. Wir können unser Defizit auf diesem Gebiet nicht von heute auf morgen beseitigen. Aber mit Hilfe der Bundesrepublik werden wir ein durchdachtes und finanzierbares Umweltschutzprogramm in Gang setzen, das die vorhandenen Arbeitsplätze schont und neue Arbeitsplätze schafft.
Die dritte Dimension dieser Lebensqualität neben der sozial-ökonomischen und der ökologischen ist das geistige Leben. Bildung, Kultur und Medien sollen Ausdruck unserer Freiheit sein. Ihre Vielgestaltigkeit, ihre Pluralität werden ein Stück unseres gesellschaftlichen Reichtums sein. Aufgabe der Regierung wie des Parlaments ist es, über diesen Reichtum zu wachen und neuerlichen Deformierungen entgegenzuwirken.
Der Wählerauftrag, dem die Regierung verpflichtet ist, fordert die Herstellung der Einheit Deutschlands in einem ungeteilten, friedlichen Europa. Diese Forderung enthält Bedingungen hinsichtlich Tempo und Qualität.
Die Einheit muß so schnell wie möglich kommen, aber ihre Rahmenbedingungen müssen so gut, so vernünftig, so zukunftsfähig sein wie nötig.

Die Diskussion um die Währungsumstellung 1 : 1 oder 1 : 2 haben uns mit aller Deutlichkeit vor Augen geführt, daß hier ein Zusammenhang besteht und daß wir Bedingungen vereinbaren müssen, die sichern, daß die DDR-Bürger nicht das Gefühl bekommen, zweitklassige Bundesbürger zu werden.
Beide Anliegen, Tempo und Qualität, lassen sich am besten gewährleisten, wenn wir die Einheit über einen vertraglich zu vereinbarenden Weg gemäß Artikel 23 des Grundgesetzes verwirklichen.
Seit dem Sommer des vorigen Jahres haben wir viele schöne Zeichen der Freundschaft, der Hilfsbereitschaft und der Offenheit der Bundesbürger erlebt. Aber wir sehen mit Sorge auch Tendenzen schwindender Bereitschaft, abzugeben und solidarisch zu sein.
Daher eine herzliche Bitte an die Bürger der Bundesrepublik:
Bedenken Sie, wir haben 40 Jahre die schwere Last der deutschen Geschichte tragen müssen. Die DDR erhielt bekanntlich keine Marshall-Plan-Unterstützung, sondern sie mußte Reparationsleistungen erbringen. Wir erwarten von Ihnen keine Opfer. Wir erwarten Gemeinsamkeit und Solidarität. Die Teilung kann tatsächlich nur durch Teilen aufgehoben werden. Wir werden hart und gut arbeiten, aber wir brauchen auch weiterhin Ihre Sympathie und Solidarität, so wie wir sie im letzten Herbst spürten.
Wir werden gefragt: Haben wir gar nichts einzubringen in die deutsche Einheit? Und wir antworten: Doch, wir haben!
Wir bringen ein unser Land und unsere Menschen, wir bringen geschaffene Werte und unseren Fleiß ein, unsere Ausbildung und unsere Improvisationsgabe. Not macht erfinderisch.
Wir bringen die Erfahrungen der letzten Jahrzehnte ein, die wir mit den Ländern Osteuropas gemeinsam haben.
Wir bringen ein unsere Sensibilität für soziale Gerechtigkeit, für Solidarität und Toleranz. In der DDR gab es eine Erziehung gegen Rassismus und Ausländerfeindlichkeit, auch wenn sie in der Praxis wenig geübt werden konnte. Wir dürfen und wollen Ausländerfeindlichkeit keinen Raum geben.
Wir bringen unsere bitteren und stolzen Erfahrungen an der Schwelle zwischen Anpassung und Widerstand ein. Wir bringen unsere Identität ein und unsere Würde.
Unsere Identität, das ist unsere Geschichte und Kultur, unser Versagen und unsere Leistung, unsere Ideale und unsere Leiden. Unsere Würde, das ist unsere Freiheit und unser Menschenrecht auf Selbstbestimmung.
Aber es geht nicht nur um die letzten 40 Jahre. In Deutschland ist viel Geschichte aufzuarbeiten, vor allem die, die wir mehr den anderen zugeschoben und daher zu wenig auf uns selber bezogen haben. Aber wer den positiven Besitzstand der deutschen Geschichte für sich reklamiert, der muß auch zu ihren

Schulden stehen, unabhängig davon, wann er geboren und selbst aktiv handelnd in diese Geschichte eingetreten ist.
Deutschland ist unser Erbe an geschichtlicher Leistung und geschichtlicher Schuld. Wenn wir uns zu Deutschland bekennen, bekennen wir uns zu diesem doppelten Erbe.
Doch wir bleiben bei Deutschland nicht stehen. Es geht um Europa. Wir kennen die aktuelle Schwäche der DDR. Aber wir wissen auch: Sie ist ein in seinen wirtschaftlichen Möglichkeiten nicht armes Land.
Die eigentlichen Probleme in unserer Welt – wir wissen es alle – sind nicht die deutsch-deutschen oder die Ost-West Probleme. Die eigentlichen Probleme bestehen in der strukturellen Ungerechtigkeit zwischen Nord und Süd.
Wenn daraus nicht eine tödliche Bedrohung für das Leben der Menschen erwachsen soll, haben auch wir uns an der Überwindung dieser Ungerechtigkeit zu beteiligen. Die Errichtung einer gerechteren internationalen Wirtschaftsordnung ist nicht nur Sache der Großmächte oder der UNO, sondern ist die Aufgabe jedes Mitglieds der Völkergemeinschaft.
Auch das friedliche Zusammenleben von Deutschen und Ausländern in unserem Land kann ein Beitrag zu einer neuen Qualität des Miteinander verschiedener Völker sein.
Die Klärung der Rechtslage für ausländische Mitbürger und die Einsetzung von Ausländerbeauftragten auf verschiedenen Ebenen wird dafür ebenso nötig sein wie die Förderung solcher Initiativen, die kulturelle Vielfalt als Reichtum erfahren lassen.
Die Befreiung Nelson Mandelas und die Aufhebung der Apartheid in Südafrika, das Schicksal der tropischen Regenwälder und die Hilfe für die Dritte Welt bewegen uns wie unsere eigenen Probleme – ja, nicht nur »wie...« –: es sind unsere eigenen Probleme.
Wir wissen, unsere Fähigkeit, die eigenen Probleme zu lösen, hängt davon ab, wie wir bereit sind, auch die Probleme der anderen zu sehen.
Die gebildete Koalitionsregierung steht vor großen, schwierigen und sehr konkreten Aufgaben, die klare und strategische Entscheidungen notwendig machen.
Die wirtschaftspolitische Zielsetzung der Koalitionsregierung besteht darin, die bisherige staatlich gelenkte Kommandowirtschaft auf eine ökologisch orientierte soziale Marktwirtschaft umzustellen.
Die Umstellung von staatlichem Plandirigismus auf soziale Marktwirtschaft muß mit hohem Tempo, aber auch in geordneten Schritten erfolgen. In den nächsten Monaten wird beides noch nebeneinander existieren müssen, wobei wir nach dem Motto zu arbeiten haben »soviel Markt wie möglich und soviel Staat wie nötig.«

Eine herausragende Bedeutung messen wir in diesem Zusammenhang dem Wettbewerb aller Unternehmen bei. Er ist das wichtigste Regulativ der Marktwirtschaft.
Die Koalitionsregierung wird Gesetze zur Förderung der Stabilität und des Wachstums der Wirtschaft, ein Kartellgesetz, die Überarbeitung des Bankgesetzes durchführen und vor allen Dingen ein Gesetz über die Entflechtung von Kombinaten und Großbetrieben zur Schaffung branchentypischer, leistungsfähiger Unternehmenseinheiten einbringen.
In diesem Zusammenhang sind Aufgaben und Struktur der Treuhand-Anstalt so zu gestalten, daß damit ein Instrument zur Beeinflussung der Entflechtung volkseigener Betriebe und zur Überführung in geeignete Rechtsformen geschaffen wird.
Der Abbau des Planungssystems in seiner bisherigen Form sollte mit dem Stichtag Währungsunion weitgehend erreicht sein.
Ausgehend vom Angebot der Regierung der BRD an die Regierung der DDR, eine Währungs-, Wirtschafts- und Sozialunion zu schaffen, ist es die Aufgabe der Koalitionsregierung, die dafür notwendigen rechtlichen Voraussetzungen zu gewährleisten. Bei den Verhandlungen mit der Bundesregierung gehen wir von dem festen Grundsatz aus, daß Währungs-, Wirtschafts- und Sozialunion eine untrennbare Einheit bilden müssen und nur gleichzeitig in Kraft treten können. Dies schließt Anschubfinanzierungen, insbesondere im Sozialbereich, ein. Wir bestätigen die bereits mehrfach getroffene Aussage, daß die Einführung der D-Mark auf dem Gebiet der DDR

- bei Löhnen und Gehältern im Ergebnis im Verhältnis 1 : 1 erfolgen sollte,
- bei Renten ebenfalls im Verhältnis 1 : 1, wobei ihre schrittweise Anhebung auf das Nettorentenniveau von 70% nach 45 Versicherungsjahren erfolgen sollte, und
- bei Sparguthaben und Versicherungen mit Sparwirkung auch im Verhältnis 1 : 1, wobei Wege eines differenzierten Umtausches gegangen werden sollten.

Differenzierter sind die Inlandsschulden der VEB, Genossenschaften und der privaten Betriebe zu beachten.
Hier ist bei der Währungsumstellung prinzipiell der Produktivitätsunterschied zwischen der BRD und der DDR zugrunde zu legen. Dabei neigt die Regierung besonders bei dem privaten und genossenschaftlichen Sektor zur weitgehenden Streichung der Inlandsschulden, um dessen Wettbewerbsfähigkeit zu stärken, und bei den VEB zur Umbewertung der Inlandsverschuldung mindestens im Verhältnis 2 : 1 zu kommen sowie Anpassungshilfen für wettbewerbsfähig organisierte Betriebe, z. B. durch Entschuldung im Rahmen der in der EG üblichen Sanierungsregeln, zu geben.

So wie für Griechenland, Portugal oder Spanien mehrjährige Übergangsregelungen zum Schutz ihrer eigenen Wirtschaft galten, werden wir vergleichbare Schutzmechanismen mit der Bundesregierung vereinbaren müssen.
Bei der Übernahme des Wirtschafts- und Sozialrechtssystems der BRD ist darauf zu achten, daß in Übergangszeiten die notwendigen Sonderregelungen getroffen werden. Wir denken hierbei an das Saarland-Modell. Gleichzeitig sollten diskriminierende Wirtschafts- und Handelsbeschränkungen abgebaut werden.
Die Koalitionsregierung wird insbesondere anstreben, die Kreativität und Motivation der Menschen in der DDR in den raschen Übergang zur sozialen Marktwirtschaft einzubringen. Besonders durch einen breiten Zustrom von privatem Kapital wird eine durchgreifende Besserung der wirtschaftlichen Lage in der DDR erwartet.
Die am Ende der 9. Wahlperiode der Volkskammer der DDR von der Regierung Modrow noch vorgelegten Gesetze zur Gewerbefreiheit, zur Gründung von privaten Unternehmen einschließlich Reprivatisierung, zum Bankgesetz und zur Ergänzung des Steuerrechts haben für viele DDR-Bürger einen Impuls gesetzt, sich selbständig zu machen.
Bis zum heutigen Zeitpunkt gibt es allerdings auf dem Gebiet der Reprivatisierung der 1972 verstaatlichten Unternehmen nur Einzelbeispiele, bei denen die Übergabe abgeschlossen ist. Die in breitem Maße vorhandenen Wünsche zur Errichtung privater Gewerbe scheitern allzuoft am chronischen Mangel von Gewerberaum.
Es ist das Ziel der Koalitionsregierung hier sofort eine deutliche Änderung eintreten zu lassen. Deshalb werden umgehend gesetzliche Regelungen

- zum Niederlassungsrecht,
- zur Schaffung von Gewerberaum,
- von Berufs-, Vertrags- und Gewerbefreiheit sowie
- für ein Gesetz gegen unlauteren Wettbewerb

erarbeitet werden.
Radikale Änderungen zur Durchsetzung unseres marktwirtschaftlichen Konzepts sind allerdings nicht möglich, wenn nicht die umfassende Veränderung der Preisgestaltung verwirklicht wird. Preise sind die Steuerungssignale des Marktes, ohne ihre freie Gestaltung kann Marktwirtschaft nicht funktionieren.
Im Zusammenhang damit ist die Steuergesetzgebung dahingehend zu verändern, daß mit günstigen Startsteuersätzen für kleinere und mittlere Unternehmen, mit günstigen Startsteuersätzen für Investoren aus dem In- und Ausland Rahmenbedingungen für die schnelle Unternehmungsgründung geschaffen werden.

Damit ist schrittweise der Wegfall des Abgabesystems der produktgebundenen Abgaben und Subventionen einschließlich des Beitrags für gesellschaftliche Fonds zu verbinden.
Unser Ziel ist es, noch 1990 ca. 500000 Arbeitsplätze im Mittelstandsbereich zu schaffen. Wir wollen damit auf dem Arbeitsmarkt einen Ausgleich schaffen für Arbeitsplätze, die aus zwingenden Gründen der Wirtschaftlichkeit oder des Umweltschutzes nicht zu halten sind. Eine gute Mittelstandspolitik wird ein Schwerpunkt zukünftiger Wirtschaftspolitik sein!
Ich möchte an dieser Stelle einige grundsätzliche Bemerkungen zu unserer künftigen Haushalts- und Finanzpolitik machen.
Die Aufgabe der Regierung bei der Aufstellung und Ausführung des Staatshaushaltes für 1990 ist getragen von der notwendigen Stabilisierung der Staatsfinanzen und den Erfordernissen des gesamtwirtschaftlichen Gleichgewichts.
Eine konkrete Aussage ist erst dann möglich, wenn der neuen Regierung eine vollständige Ausgangsbilanz der Finanz- und Wirtschaftslage vorliegt. Wir werden bemüht sein, so bald wie möglich darüber öffentlich Auskunft zu geben und die notwendigen Konsequenzen zu ziehen. Heute kann ich nur soviel sagen:
Der jetzt vorliegende Voranschlag zum Haushalt 1990 ist auf die Bedingungen der sozialen Marktwirtschaft auszurichten. Eine hohe Effizienz in der Wirtschaft für stabile Staatseinnahmen sowie die wirtschaftliche und sparsame Verwaltung der Ausgaben sind unabdingbare Voraussetzungen zum weitestgehenden Ausgleich des Haushalts 1990. Trotz sparsamer Haushaltsführung, die wir uns vornehmen, wird eine begrenzte Kreditaufnahme nicht zu umgehen sein.
Alle Minister und Vorsitzenden der Räte der Bezirke sind in die Verantwortung genommen, die vom Staat aus Steuern und anderen Aufgaben zustehenden Einnahmen rechtzeitig und vollständig zu erheben. Das betrifft auch Aufgaben wie die Umstellung der Kapitalgesellschaften auf die Steuern, die Festsetzung und den Einzug der Steuern durch die zu schaffenden Steuerbehörden. Insgesamt muß das Steuersystem der Initiative und Leistungsbereitschaft unternehmerischer Tätigkeit Rechnung tragen.
Für 1990 wird durch den Staatshaushalt der Republik gesichert, daß über den Finanzausgleich den Bezirken und Kommunen der nach strenger Wirtschaftlichkeit berechnete Finanzbedarf gedeckt wird. Die Souveränität der Kommunen in der Haushaltswirtschaft wird weitgehend hergestellt.
Der Voranschlag zum Haushalt 1990 geht davon aus, daß die sozialen Versorgungs- und Betreuungsleistungen des Staates gegenüber der Bevölkerung finanziell abgesichert werden.
Die Arbeiten im betreffenden Ressort sind in Abstimmung mit dem Bundesfinanzministerium auf die Rechtsanpassung mit der Bundesrepublik gerichtet.

Vorrangig zu nennen sind die Grundsätze des Haushaltsrechts, die Haushaltsordnung sowie das bundesdeutsche Steuerrecht, insbesondere die Umsatz- und Verbrauchssteuer.
Diese Aufgaben sind so zu erfüllen, daß den notwendigen Anforderungen bei Einführung der Währungsunion Rechnung getragen wird.
Unsere Bürger haben verständlicherweise hohe Erwartungen an unsere Energie- und Umweltpolitik.
In der Energiepolitik folgen wir dem Ziel einer umweltfreundlichen und rationellen Energieerzeugung und Energieverwendung.
Wir gehen davon aus, daß die Energieerzeugung aus Rohbraunkohle in den kommenden Jahren drastisch reduziert werden muß, um die hohe Luftbelastung durch die stark schwefelhaltige Rohbraunkohle aus DDR-Aufkommen deutlich zu senken und die weitere Zerstörung wertvollen Kulturgutes und der Landschaft durch überdimensionalen Kohleabbau einzuschränken. Wir werden stärker auf die Nutzung umweltfreundlicher Energieträger wie Erdöl, Steinkohle und Erdgas zurückgreifen müssen. Ein Schwerpunkt der Rekonstruktion der Braunkohlekraftwerke ist die Rauchgasentschwefelung und die Erhöhung des Wirkungsgrades bei der Energieerzeugung.
Auch diese Probleme, die sich aus der notwendigen Bereitstellung ausreichender Energieträger ergeben, kann die DDR nicht alleine lösen. Wir setzen deshalb auf einen schnellen Energieverbund mit der Bundesrepublik, um die dort vorhandenen Kapazitätsreserven zu nutzen.
Wir gehen davon aus, daß wir wohl auf absehbare Zeit nicht auf die Nutzung von Kernenergie verzichten können. Die Gutachten werden hier das entscheidende Wort zu sprechen haben. Wir werden nach der Entscheidungsfindung die vorhandenen Kernkraftwerke durch Rekonstruktion und Modernisierung auf international geltenden Sicherheitsstandard bringen.
Mit steigender Wirtschaftskraft werden die Möglichkeiten zur Finanzierung der nicht billigen Umweltschutzmaßnahmen wachsen. Dazu zählt auch Erforschung und wirtschaftliche Nutzung alternativer Energieträger.
Wir werden die Einführung umweltfreundlicher Technik steuerlich begünstigen. Der bevorstehende Strukturwandel der Wirtschaft muß (...) zu umweltfreundlicher und abproduktarmer, marktgerechter Produktion führen. Neue Industrieansiedlungen werden schon jetzt den EG-Standards entsprechen müssen.
Ein Schwerpunkt ist die Erarbeitung von Sanierungs- und Stillegungsprogrammen für industrielle und kommunale Altanlagen mit starker und unvertretbarer Umweltbelastung.
Der Umlenkung freiwerdender Arbeitskräfte in andere wichtige Bereiche, insbesondere in die Infrastruktur, in den Handels- und Dienstleistungsbereich und in das Bauwesen, gilt dabei besondere Aufmerksamkeit und Unterstützung.

Durch den Aufbau einer leistungsfähigen Umweltindustrie kann unsere Lebensqualität entscheidend verbessert werden. Viele neue Arbeitsplätze werden so entstehen.
Die Regierung wird geeignete Maßnahmen ergreifen, die den sparsamen Umgang mit den natürlichen Ressourcen, Recycling und recyclinggerechte Produktion stimulieren.
Wir werden gesetzliche Regelungen zu progressiv gestaffelten Abgaben für Schadstoffemissionen in Wasser, Luft und Boden und andere Umweltbeeinträchtigungen erarbeiten und die Bildung eines staatlichen Öko-Fonds aus Abgaben, Gebühren und Stiftungen zur Unterstützung umweltverbessernder und naturschützender Maßnahmen, insbesondere für unvorhersehbare ökologische Folgemaßnahmen und Altlastsanierungen einführen.
Das erfordert:

- eine wirksame, dem internationalen Stand entsprechende Umweltschutzgesetzgebung,
- eine umfassende staatliche Umweltschutz- und Umweltkontrolle,
- eine rechtsverbindliche Raum- und Flächenordnung zur Sicherung des Flächen-Landschafts- und Naturschutzes in kommunaler, regionaler und überregionaler Abstimmung und
- eine staatliche Förderung der Umweltforschung.

Die komplizierte Wirtschaftssituation in unserem Land spiegelt sich auch in einer unterentwickelten Infrastruktur, insbesondere im Bereich des Verkehrs-, des Post- und Fernmeldewesens und im Bauwesen wider.
Der Aufbau eines leistungsfähigen Verkehrswesens ist eine der Grundvoraussetzungen für die Entwicklung einer marktwirtschaftlichen Ordnung, für wirtschaftliches Wachstum und für den Wohlstand unseres Landes.
Wir brauchen einen Güterverkehr, der auf die Bedürfnisse unserer sich entwikkelnden Wirtschaft ausgerichtet ist und das Zusammenwachsen zu einer deutschen Wirtschaftsgemeinschaft fördert.
Für den Personenverkehr benötigen wir Verkehrsmittel und Reiseverbindungen, die dem Reisebedürfnis der Menschen unseres Landes und den gestiegenen Anforderungen an die Qualität der Verkehrsmittel Rechnung tragen. Dies gilt für die Deutsche Reichsbahn ebenso wie für die Kraftfahrzeuge.
Leistungsfähige Verkehrswege sind eine Grundlage für die dauerhafte Überwindung der Teilung Deutschlands und für ein Zusammenwachsen ganz Europas.
Die Chancen der Markwirtschaft wollen wir auf das nachhaltigste mit der Belebung von Städtebau und Architektur verbinden.
Den Kommunen muß das Recht zukommen, das Bauen in ihren Territorien weitestgehend selbst zu bestimmen.

Die Städte- und Wohnungsbauförderung, einschließlich ihrer materiellen Sicherstellung, gehört zu den Prioritäten der Regierungspolitik. Im Zusammenwirken mit den künftigen Ländern und den Kommunen setzt sie sich für die Stadt- und Dorferneuerung als Hilfe zur Selbsthilfe ein. Dringlich sind die Wiedergewinnung, Erhaltung und Bewahrung der im europäischen Kulturraum so geschätzten historisch geprägten Stadtbilder. Gleichermaßen wird sich die Regierung der Revitalisierung der in den zurückliegenden Jahrzehnten geschaffenen Wohngebiete zuwenden.
Bürgerinitiativen, Länderverantwortung und gesetzgeberisches, hoheitsrechtliches Handeln des Staates sollen sich nach dem Willen der Regierung in einer wahrhaft demokratischen Baukultur, in einer sozial und ökologisch orientierten Entwicklung der Regionen, Städte und Dörfer wiederfinden. Die Regierung ist sich der Schwere dieser Aufgabe, die enorme Mittel und schöpferische Kräfte erfordert, bewußt. Sie wird das dazu nötige wirtschaftliche Potential durch umfassende Förderung der unternehmerischen Initiativen des Baugewerbes fördern und alle Instrumentarien der Raumordnung und der Stadtplanung nutzen.
Große Anstrengungen werden notwendig sein, um die erforderlichen Bauleistungen für den Ausbau und die Modernisierung der technischen und sozialen Infrastruktur und der Industrie sowie für den Wohnungs- und Gesellschaftsbau, einschließlich kirchlicher Bauten, zu erbringen.
Die Regierung stellt sich ihrer sozialen Verantwortung für die Sicherung angemessener Wohnbedingungen aller Bürger. Das erfordert eine Wohnungspolitik, mit der soziales Mietrecht und Mieterschutz gewährleistet werden sowie die Bewahrung, Erneuerung und Erweiterung des Wohnungsbestandes ermöglicht wird. Mietpreisbindung für Wohnraum, die sich in Abhängigkeit von der allgemeinen Einkommensentwicklung regelt, ist unabdingbar. Sozial Schwache erhalten Wohngeld. Kündigungsschutzregelungen für Mieter gehören zu den sozialen Grundsätzen der Koalition.
In einer sozialen Marktwirtschaft ist Wohnraum jedoch nicht nur eine Versorgungsfrage. Durch Eigentumsbildung muß Wertbildung in privater Initiative ermöglicht werden. Das kommt zugleich der Werterhaltung und der Wohnkultur zugute.
Bei beidem haben wir bekanntlich Nachholbedarf.
Zum Post- und Fernmeldewesen möchte ich nur soviel sagen: Die Zeiten, in denen man 16 Jahre auf ein Telefon warten mußte, sollen vorbei sein. Wir wollen ein leistungsfähiges, schnelles und zuverlässiges System aufbauen, das die geschäftlichen wie privaten Verbindungen durch Briefe, Telefon und moderne Kommunikationsmittel sicherstellt, und so die Postunion mit der Bundesrepublik vorbereiten.

Ziel der Regierung ist es, eine vielfältig strukturierte, leistungsfähige und ökologisch orientierte Land- und Forstwirtschaft in unserem Lande zu schaffen.
In diesem Zusammenhang müssen wir sehr schnell u. a. folgende Probleme lösen:
Erstens:
Die offenen Fragen im Zusammenhang mit dem Eigentum an Grund und Boden in der Land- und Forstwirtschaft. Im Namen der Regierung stelle ich fest: Die Ergebnisse der Bodenreform auf dem Territorium der DDR stehen nicht zur Disposition. Wir gehen aber davon aus, daß künftig alle Eigentumsformen gleichgestellt werden müssen.
Ein völlig neues Bodenrecht wird die Verfügbarkeit des Eigentums am Boden unter Berücksichtigung des Gemeinwohls und bei Ausschluß von Möglichkeiten zu Spekulationen sichern.
Zweitens:
Wir haben die Aufgabe, die Landwirtschaft schrittweise an den EG-Agrarmarkt heranzuführen. Dazu brauchen wir Schutzmaßnahmen jedweder Art für eine mehrjährige Übergangsperiode. Es gilt, unsere Landwirtschaft zu erhalten und die Wettbewerbsfähigkeit landwirtschaftlicher Betriebe möglichst schnell herzustellen. Wir müssen die Zusammenhänge zwischen Produktion und Absatz in Ordnung bringen, indem der Ministerrat die entsprechenden Rahmenbedingungen dafür setzt.
Dazu gehören:
- ein System neuer Agrarpreise und Steuern mit schrittweisem Übergang zur freien Preisbildung,
- die Sicherung der Interessen der DDR-Landwirtschaft bei zukünftigen Quotenregelungen,
- die schnelle Erneuerung der landtechnischen Ausrüstung,
- die schrittweise Einführung von Umweltnormen der EG in unserer Landwirtschaft,
- die beschleunigte Entwicklung und Förderung von Gewerbe und Industrien für Verarbeitung und Veredelung von Agrarprodukten im ländlichen Raum.

Drittens:
Zur Förderung genossenschaftlicher Betriebe und Einrichtungen wird meine Regierung ein neues Genossenschaftsrecht vorlegen. Dabei werden auch die vermögensrechtlichen Beziehungen zwischen den Genossenschaftsmitgliedern und Genossenschaften zu ordnen sein.
Viertens:
Unsere Sorge gilt gleichermaßen dem Wald. Neben der Klärung vieler offener Fragen im Zusammenhang mit dem Eigentum geht es um eine völlig neue Ein-

stellung zum Wald. Seine ökologischen und landeskulturellen Leistungen haben Vorrang vor der Holznutzung.
Eine Wirtschaft ist kein Selbstzweck, sondern sie ist Mittel, um die Lebensbedürfnisse der Menschen zu sichern, um die Entfaltung der Menschen zu ermöglichen und um die Verwirklichung menschlicher Werte zu fördern.
Arbeitsförderung und die Schaffung von Arbeitsplätzen, insbesondere auch für Frauen, Alleinerziehende, für Eltern kinderreicher Familien und für Geschädigte ist Ziel unserer Regierungspolitik.
Die Bekämpfung der zu erwartenden Arbeitslosigkeit erfordert folgende Sofortmaßnahmen:
- Umschulung und Qualifizierung von Werktätigen,
- Aufbau leistungsfähiger Arbeitsämter,
- finanzielle Absicherung bei Arbeitslosigkeit
- Schutz der Beschäftigten durch ein Kündigungsschutzgesetz, ein Betriebsverfassungsgesetz und ein Tarifvertragsgesetz.

Unsere Sorge muß immer zuerst denen gelten, die aus Gründen, die sie selbst nicht zu verantworten haben, nicht aus eigener Kraft am Wohlstand teilhaben können.
Wir müssen diejenigen stützen, die zu den Schwachen der Gesellschaft gehören. Wir müssen sicherstellen, daß die Früchte der gemeinsamen Arbeit gerecht verteilt werden, und wir müssen dafür eintreten, daß der, der Lasten trägt, auch Entlastung bekommt. Gerade in einer Gesellschaft, in der das Spiel der freien Kräfte sich entfalten kann, ist es wichtig, daß die stärkste Kraft, also der Staat, sich zum Anwalt der Schwächeren macht. Dabei kann es nicht nur um die Zuweisung materieller Hilfen, beispielsweise an Behinderte, gehen, sondern es müssen die rechtlichen Rahmenbedingungen dafür geschaffen werden, daß nicht Almosen verteilt werden, sondern einklagbare Rechtsansprüche bestehen.
Ich möchte an dieser Stelle von ungeborenen Leben sprechen. Wir alle wissen, daß die Frauen und Männer – und beide Partner stehen in der Verantwortung, darüber sind sich so manche Männer anscheinend gar nicht im klaren – an den Entscheidungen oft schwer tragen. Aber wir kennen auch die Mißstände, die eine Entscheidung gegen das Leben herbeiführen. Wir brauchen mehr Entscheidungen für das Leben. Wir brauchen wirtschaftliche und ideele Hilfestellungen, die – insbesondere den Frauen – die Entscheidung für das Leben erleichtern und nahelegen.
Die soziale Unterstützung und Absicherung der Alleinerziehenden muß verstärkt werden. Und ich weise in diesem Zusammenhang darauf hin, daß Mütter und Väter in gleicher Weise zur elterlichen Sorge für ihre Kinder verpflichtet sind. Aber nicht nur Alleinerziehende, sondern auch viele Eheleute und feste

Partner stehen vor Problemen, weil die Familie bisher moralisch und finanziell nicht genügend gefördert worden ist.

Notwendig ist ein umfassendes Angebot an Kinderbetreuungseinrichtungen und eine Abstimmung von Arbeitszeiten und Familienzeiten, die der Familie und vor allem den Kindern zugute kommt. Deshalb brauchen wir flexiblere Arbeitszeiten, Arbeitszeitverkürzung und mehr Teilzeitarbeit. Wir wollen aber auch denen helfen, die sich eine Zeit lang ganz der Erziehung der Kinder, einem behinderten Kind oder der Betreuung der eigenen Eltern widmen. Wir werden diesen Männern und Frauen helfen, damit sie sich nach der Erziehungs- oder Pflegephase wieder im Berufsleben zurechtfinden. Ziel der Regierung ist, daß solche Phasen finanziell ausgeglichen und in die Anrechnung von Rentenzeiten einbezogen werden.

Die Lastenverteilung in dieser Gesellschaft, und das heißt auch in der Familie, ist oft ungleich. Wenn der Grundwert der Gleichheit konkret werden soll, dann reicht es nicht aus, daß so viele Frauen im Arbeitsleben stehen und daraus auch ein Mehr an Selbstbewußtsein ableiten, sondern dann müssen unsere Frauen auch die gleichen Aufstiegschancen, die gleiche Bezahlung, überhaupt gleiche Chancen in allen Berufen haben. Die Gleichstellung im Beruf darf nicht auf dem Rücken der Frauen selbst verwirklicht werden. Zur Gleichstellung der Frauen im Beruf und Gesellschaft werden wir auf allen gesellschaftlichen Ebenen, d. h. in den Kommunen, in den Ländern und beim Ministerrat, Beauftragte einsetzen, die darauf achten, daß die Gleichstellung auch im Alltag von Betrieben und Verwaltungen Wirklichkeit wird.

Wir brauchen soziale Sicherungssysteme, die die Bürger als Arbeitslose, Kranke und Alte vor materieller Not schützen. Wir brauchen aber nicht den einen Wohltäter, ganz gleich, ob er FDGB oder anders heißt. Die zentralistische Verwaltung der Sozialversicherung beim FDGB entspricht nicht den Erfordernissen eines demokratischen Sozialstaates. Eine Neuorganisation ist notwendig:

- Die Sozialversicherung muß aus dem FDGB und der Staatlichen Versicherung herausgelöst werden;
- Krankenversicherung, Rentenversicherung und Unfallversicherung sind künftig zu trennen;
- für alle Aufgaben der Krankenversicherung muß ein kassenartenneutraler Träger geschaffen werden.

Schließlich zahlen wir doch alle unsere Beiträge und haben damit auch einen Rechtsanspruch auf die Leistung. Es wird in Zukunft selbstverwaltete, voneinander getrennte Kranken-, Unfall-, Arbeitslosen- und Rentenversicherungen geben.

Der Krisenzustand in unserem Gesundheitswesen ist hinlänglich bekannt. Wir

brauchen mehr Ärzte, mehr Krankenschwestern und Krankenpfleger. Wir brauchen eine medizinische Behinderte- und Altenhilfe und eine Neugestaltung der medizinischen Rehabilitation. Wir müssen die medizinische Ausstattung der Krankenhäuser verbessern und viele Krankenhäuser, viele Pflegeheime und Feierabendheime rekonstruieren. Dabei muß auch für die eindeutige Verbesserung ihrer sozialen und wirtschaftlich-technischen Infrastruktur gesorgt werden.
Das gewachsene System von Polikliniken und Einrichtungen des betrieblichen Gesundheitswesens ist sinnvollerweise zu erhalten sowie die Niederlassungsfreiheit für Fachärzte zu sichern.
Im Zusammenhang mit der Gesundheit kommt dem Sport eine besondere Bedeutung zu. Wir wollen weg von der einseitigen Förderung des Leistungssports und hin zu einer verstärkten Förderung der Breiten- und Behindertensports. Dazu muß die freie Wahl der sportlichen Betätigung möglich sein. Deshalb werden wir die Kommunen in Fragen der regionalen Entwicklung des Sports unterstützen. Das schließt aber eine besondere Förderung des Leistungssports nicht aus.
In Zusammenarbeit mit der Bundesrepublik Deutschland sollte darauf hingewiesen werden, daß zu den Olympischen Spielen 1992 in Barcelona eine gesamtdeutsche Mannschaft entsandt wird. Wir unterstützen von ganzem Herzen den Gedanken, innerhalb der nächsten Jahre Olympische Spiele in Berlin, der zukünftigen Hauptstadt Deutschlands, abzuhalten. Dies wäre ein weithin sichtbares Zeichen ihrer neugewonnenen Funktion als Bindeglied zwischen den Völkern in Ost und West.
Ein katastrophales Erbe übernehmen wir von der SED-Herrschaft auch im Bildungswesen. Besonders in den letzten Jahren haben sich große Probleme und Fehler angestaut.
Es gilt das bürokratisch-zentralistische System staatlicher Leitung zu beseitigen und zu einem ausgewogenen Verhältnis von staatlicher Verantwortung und gesellschaftlicher Initiative zu kommen. Die in den letzten Jahrzehnten zementierte Einheitlichkeit muß durch ein differenziertes und flexibles Bildungswesen ersetzt werden, das auch alternative Modelle nicht ausschließt. Die Regierung stellt sich das Ziel, durch strukturelle Veränderungen jene Freiräume zu schaffen, in denen sich ein verantwortliches Zusammenwirken aller in der Bildung Tätigen entfalten kann.
Die Kommandostruktur muß durch transparente Entscheidungsprozesse ersetzt werden. Für die allgemeinbildende Schule erfordert dies rechtlich geregelte Formen, in denen sich das Recht und die Aufgabe der Eltern bei der Erziehung ihrer Kinder, die fachliche und pädagogische Autorität einer kompetenten Lehrerschaft und die partnerschaftliche Hinführung der Kinder und Ju-

gendlichen zu eigenverantwortlichem Handeln wechselseitig ergänzen. Dies bezieht sich auch auf das Sonderschulsystem, das zudem in vielen Bereichen besonderer Förderung und Fürsorge bedarf.
Im Vorfeld der Schule muß der Vorschulbereich durch die gemeinsame Anstrengung aller beteiligten staatlichen Stellen und gesellschaftlichen Kräfte in seinem Bestand gesichert und in seiner pädagogischen Bedeutung weiterentwickelt werden.
Die auf die allgemeinbildende Schule folgende Fach- und Berufsausbildung muß in Dauer, Niveau und Gestaltung viel stärker der realen Vielfalt beruflicher Anforderungen entsprechen.
Das Hochschulwesen bedarf eines Rahmenrechts, das jenen Grad an Gemeinsamkeit und Übereinstimmung sichert, der im Interesse von Forschung, Lehre und Studium liegt, zugleich aber den Universitäten und Hochschulen ein hohes Maß an gesellschaftlicher Eigenverantwortung garantiert. Die Leitungs- und Entscheidungsgremien müssen die legitimierte Teilhabe der verschiedenen Personengruppen, die an den Universitäten und Hochschulen tätig sind, ermöglichen. Dabei wird einerseits die besondere Verantwortung und Sachkompetenz des Lehrkörpers und andererseits das existentielle Interesse der Studenten an hochwertigen und verwendungsfähigen Kenntnissen und Fähigkeiten sorgfältig zu beachten sein.
Die Freiheit von Lehre und Forschung und der Wettstreit um Ideen und Qualität sind die bewegenden Momente akademischen Lebens.
Die Forschungs- und Technologiepolitik hat die folgenden Ziele:
- die Ressourcen zu schonen und die Umwelt zu erhalten,
- die Lebensbedingungen zu verbessern,
- die Wettbewerbsfähigkeit zu fördern und
- das menschliche Wissen zu vertiefen.

Für die Wissenschaften den rechtlichen Rahmen und die finanzielle Grundlage zu sichern, ist Aufgabe des Staates, wobei die Förderung der Forschung auch ein Anliegen der Wirtschaft sein sollte. Grundsätzlich hat jedoch der Staat die Finanzierung der Grundlagenforschung an staatlichen wissenschaftlichen Institutionen abzusichern.
Nicht zuletzt gilt den Lebensbedingungen der Schüler, Lehrlinge und Studenten und ihren beruflichen Aussichten die Sorge der Regierung.
Wir wollen eine offene Jugendarbeit als Ausdruck der pluralistischen Gesellschaft. Neu entstehenden Jugendorganisationen müssen Möglichkeiten der Arbeit eingeräumt werden. Dabei ist zu sichern, daß bisher bestehende staatliche Jugendeinrichtungen auch weiterhin für die Jugendarbeit zur Verfügung stehen.
Auf dem Gebiet der Kultur werden wir eine Politik verfolgen, die ein von jegli-

cher Reglementierung befreites, ungehindertes kulturell-künstlerisches Schaffen gewährleistet und sich allen geistigen Schätzen unseres Volkes, Europas und der Welt öffnet.
Die Regierung betrachtet es als ihre Pflicht, Kultur und Kunst zu schützen und zu fördern. Sie erkennt die Notwendigkeit der Subventionierung von Kultur und Kunst an. Für die Unterstützung kultureller Aufgaben von überregionaler Bedeutung regen wir einen zentralen Kulturfonds durch eine gesamtdeutsche Kulturstiftung an.
Die Regierung wird die Voraussetzungen zur Dezentralisierung und Föderalisierung von Kultur und Kulturpolitik schaffen und den Aufbau der Kulturhoheit der Länder vorbereiten.
Die Regierung wird dafür Sorge tragen, Kultur- und Kunstschaffende in ein differenziertes Netz sozialer Maßnahmen einzubinden. Wir werden den urheberrechtlichen Schutz der Kunstwerke garantieren, das Versicherungssystem für Kulturschaffende aufrechterhalten und auf eine kunstfreundliche Steuergesetzgebung hinwirken.
Wohl nirgends war in der Vergangenheit der Widerspruch zwischen Anspruch und Wirklichkeit so kraß wie in unserer Medienlandschaft. Die neue Regierung erklärt: Presse, Rundfunk und Fernsehen sind frei. Eine demokratische Ordnung setzt unabhängige Medien und den Wettbewerb der Meinungen voraus.
Die Abkehr von dem früheren Informations- und Meinungsmonopol der SED und die Zuwendung zu einer pluralistischen Medienstruktur dürfen jedoch weder dem Selbstlauf überlassen noch der Gefahr neuerlicher Monopolbildungen ausgesetzt werden.
Mit der Einrichtung eines Ministeriums für Medienpolitik will die Regierung helfen, unterschiedliche Bemühungen zusammenzuführen und den Weg in eine freie und vielfältige Medienlandschaft zu bahnen. Die Ausarbeitung eines Mediengesetzes ist unter Berücksichtigung späterer Länderkompetenzen bald abzuschließen. Bis zu seiner Verabschiedung schlagen wir der Volkskammer vor, das Mandat des Medienkontrollrates zu erneuern.
Angesichts des Konkurrenzdrucks bundesdeutscher Printmedien scheint es geboten, schnellstmöglich kartellrechtliche Bestimmungen zu erlassen. Ebenso dringend ist eine Gebührenregelung für Rundfunk und Fernsehen.
Frau Präsidentin, verehrte Abgeordnete, mir persönlich liegt die Rechtsstaatlichkeit besonders am Herzen. Das bisherige Rechtswesen diente im wesentlichen der Absicherung der bestehenden Machtstruktur und sorgte dafür, daß jegliche oppositionelle Regung kriminalisiert und im Keim erstickt wurde. Mit welcher Unerbittlichkeit und Härte dabei vorgegangen wurde, das haben Tausende Bürger am eigenen Leib erfahren.
Die Rehabilitierung von Bürgern, die aus politischen Gründen strafrechtlich

verfolgt und arbeitsrechtlich benachteiligt wurden oder andere Nachteile zu Unrecht erlitten, wird ein wesentliches Anliegen neuer Rechtspolitik sein.
Die Regierung wird dafür Sorge tragen, daß das Justizwesen nach rechtsstaatlichen Grundsätzen umgestaltet und das Prinzip der Gewaltenteilung durchgesetzt wird.
Insbesondere halten wir folgende Maßnahmen für erforderlich:

1. Bildung eines Verfassungsgerichts,
2. schrittweise Schaffung gesonderter Verwaltungs-, Arbeits- und Sozialgerichte, zunächst im Rahmen ordentlicher Gerichtsbarkeit,
3. Umgestaltung der Vertragsgerichte in ordentliche Gerichte,
4. Eingliederung der Militärgerichte sowie der Militärstaatsanwaltschaften in das zivile Justizwesen,
5. Stärkung der Rechtsanwaltschaft.

Hinsichtlich der Gewährleistung des Personen- und Datenschutzes werden wir uns am entsprechenden Recht der Bundesrepublik orientieren. Dem Parlament unterbreiten wir den Vorschlag, einen Datenschutzbeauftragten einzusetzen.
In Zukunft wird es in unserem Land keine Geheimpolizei mehr geben. Eine Verfassungsschutzbehörde – auch dies ist eine Lehre der Vergangenheit – darf keine polizeilichen bzw. strafrechtlichen Befugnisse erhalten.
Die Angehörigen der Deutschen Volkspolizei müssen alles in ihren Kräften stehende tun, gemeinsam mit den Bürgern ihren Dienst am Gemeinwohl, für die Freiheit und Würde der Bürger zu leisten. Loyalität zur Regierung, Gesetzestreue, Orientierung an den Grund- und Menschenrechten und bürgernahe Arbeitsweise sind Kernpunkte der demokratischen Erneuerung. Die Volkspolizei ist eine zivile Ordnungskraft. Sie darf nur auf der Grundlage von Gesetzen zum Wohl des Gemeinwesens tätig werden. Sie unterliegt öffentlicher und parlamentarischer Kontrolle.
Die Angehörigen der Organe des Ministeriums für Innere Angelegenheiten, die ihren Dienst für die Öffentlichkeit vornehmlich in der Öffentlichkeit versehen, müssen durch ihr Auftreten und Einschreiten die demokratische Erneuerung und Rechtsstaatlichkeit glaubhaft verkörpern.
Mit Einführung der Länder wird die Polizeihoheit im wesentlichen bei den Ländern liegen. Das bietet für die Effizienz und Akzeptanz der Polizei neue, günstigere Bedingungen. Je enger die Polizei mit dem Gemeinwesen verbunden ist, desto besser kann sie ihre soziale Funktion mit wirklicher Bürgernähe im Interesse des Gemeinwohls wahrnehmen.
Demokratie bedarf neben der Rechtsstaatlichkeit einer weiteren Bedingung: Dezentralisierung der Macht. Bisher ging alle Macht von Berlin aus. In Berlin wurde entschieden. Ausgehend davon, daß nach der Wahl demokratisch legitimierter Volksvertretungen auf der Ebene der Kreise, Städte und Gemeinden

am 6. Mai 1990 die Bezirkstage die einzigen Vertretungskörperschaften sein werden, die nicht aus freien, gleichen und geheimen Wahlen hervorgegangen sind und deren Zusammensetzung damit nicht der tatsächlichen politischen Kräftekonstellation im jeweiligen Territorium entspricht, sollte das Präsidium der Volkskammer den Bezirkstagen empfehlen, ihre Legislaturperiode nach den Kommunalwahlen zu beenden.
Im Interesse der Regierbarkeit des Landes werden wir darauf hinwirken, daß die Räte der Bezirke bis zur Länderbildung nur noch als Verwaltungsorgane, als Bindeglied im Sinne einer Auftragsverwaltung tätig bleiben.
Wir werden die Macht dezentralisieren. 1991 soll es wieder Länder geben. Die Wahlen dazu sollen im Spätherbst dieses Jahres stattfinden.
Die Länderstruktur ist eine Grundbedingung für die deutsche Einheit, eine Grundbedingung für Demokratie und eine Bedingung für eine erfolgreiche Umstrukturierung unserer Wirtschaft.
Wirtschafts- und Steuerreform müssen der Länderreform vorausgehen, denn neben historischen und kulturellen Gesichtspunkten ist die Eigenfinanzierung der Länder unter Beachtung des Finanzausgleichs ein Grundpfeiler des Föderalismus. Zur Herausbildung der kommunalen Selbstverwaltung werden gegenwärtig eine Kommunalverfassung und ein Länder-Einführungsgesetz erarbeitet.
Was in den Ländern vor sich geht, einschließlich der Wahl der Landeshauptstadt, bestimmt dann jedes Land selbst. Wir haben in der DDR eine Vielzahl offener Gebietsfragen, die zum Teil von der Länderbildung geregelt werden müssen. Die Menschen in den betroffenen Gebieten müssen gehört werden. Fast 2000 Briefe mit geschichtlichen Abhandlungen und Unterschriftensammlungen ganzer Kreise sind zu berücksichtigen.
Ich komme zum letzten Schwerpunkt meiner Regierungserklärung.
Unsere Zukunft liegt in der Einheit Deutschlands in einem ungeteilten friedlichen Europa. Wir sind in der Regierung für 16 Millionen verantwortlich, und das wird das Handeln dieser Regierung bestimmen. Alle Deutschen haben eine gemeinsame Geschichte, die am Ende des 2. Weltkrieges durch die Teilung Europas nur scheinbar unterbrochen wurde. Beide deutsche Regierungen sind sich einig darin, daß das Ziel der Verhandlungen nicht eine geschäftliche Partnerschaft sein kann, sondern eine wirkliche Gemeinschaft. Das wird den Geist der Verhandlungen bestimmen. Die Einigung muß aus dem Wunsch der Menschen und nicht aus den Interessen von Regierungen entstehen.
Deutschland liegt in der Mitte Europas, aber es darf sich nie wieder zum Machtzentrum Europas erheben wollen. Wir wollen nicht zwischen den Stühlen der Völker Europas sitzen, sondern ein Pfeiler sein für eine Brücke der Verständigung. Deutschland muß ein Faktor des Friedens sein. Die Vereinigung Deutsch-

lands soll die Stabilität in Europa festigen und die Schaffung einer gesamteuropäischen Ordnung des Friedens, der Demokratie und der Zusammenarbeit fördern.

In die deutsche Einheit wollen wir unsere Erfahrungen der Bedeutung eines inneren Friedens in der Gesellschaft einbringen. Wir wissen, daß wir dafür zuerst mit unserer Geschichte ins Reine kommen müssen. Es darf nicht mehr einen Teil geben, der an allem schuld war, und den anderen, der sich seine Unschuld vor der Geschichte angeblich bewahrt hat. Auch wir haben uns zu der gemeinsamen Verantwortung für die Verbrechen der nationalsozialistischen Diktatur bekannt.

Die Einheit Deutschlands soll die Gemeinschaft der Europäer stärken. Die wesentliche Voraussetzung dafür ist die Garantie der Grenzen in Europa. Dafür ist auch grundlegend, daß sich unsere Nachbarn ihrer Grenzen mit Deutschland sicher sind.

Die völkerrechtlich verbindliche Anerkennung der polnischen Westgrenze, wie sie im Görlitzer Vertrag der DDR mit Polen und im Warschauer Vertrag der Bundesrepublik mit Polen beschrieben ist, ist unverzichtbar.

Mit Vollzug der Vereinigung der beiden deutschen Staaten soll die künftige deutsche Verfassung u. a. den Artikel 23 des Grundgesetzes nicht mehr enthalten. Deutschland hat keine Gebietsansprüche gegenüber anderen Staaten und wird sie auch in Zukunft nicht erheben.

Die Einigung ist möglich geworden im Zusammenhang mit der weltweiten Entspannung und dem Ende des Ost-West-Konfliktes. Die Teilung war Ausdruck dieses Konfliktes. Die Entspannung steht im Zeichen der Menschenrechte und der Abrüstung. In dieser Phase der Entspannungspolitik sind Verteidigungspolitik und Abrüstungspolitik untrennbar miteinander verbunden. Auch in diesem Punkt besinnen wir uns auf die Wurzeln der demokratischen Erneuerung in unserem Land. Ein wesentliches Fundament dieser Erneuerung ist die Friedensbewegung.

Es ist Aufgabe der Regierung der DDR, eine Politik zu verfolgen, die den Prozeß der Ablösung der Militärbündnisse mittels bündnisübergreifender Strukturen als Beginn eines gesamteuropäischen Sicherheitssystems fördert. Ein europäisches Sicherheitssystem mit immer weniger militärischen Funktionen ist dabei unser Verhandlungsziel. Die Erweiterung des Sicherheitsbegriffs auf die Bereiche der Wirtschaft, Umwelt, Kultur, Wissenschaft und Technologie halten wir für ein Gebot der Stunde.

Auf dem heutigen Gebiet der DDR wird sich für eine Übergangszeit neben den sowjetischen Streitkräften eine stark reduzierte und strikt defensiv ausgerichtete NVA befinden, deren Aufgabe der Schutz dieses Gebietes ist. Loyalität gegenüber der Warschauer Vertragsorganisation wird sich für uns unter anderem

darin zeigen, daß wir die Sicherheitsinteressen der Sowjetunion und die der anderen Warschauer Vertragsstaaten in den Verhandlungen stets berücksichtigen.
Die Regierung der DDR strebt eine drastische Reduzierung aller deutschen Streitkräfte an. Die DDR verzichtet auf Herstellung, Weitergabe, Besitz und Stationisierung von ABC-Waffen und strebt Entsprechendes im geeinten Deutschland an. Sie tritt außerdem ein für ein globales Verbot chemischer Waffen noch in diesem Jahr.
Der nukleare Abrüstungsprozeß muß fortgcsetzt werden. Wir erhoffen uns noch in diesem Jahr einen positiven Abschluß der START-Verhandlungen über eine 50%ige Verringerung der strategischen Nuklearwaffen zwischen der Sowjetunion und den Vereinigten Staaten.
Mit einer Ordnung des Friedens und der Sicherheit in Europa können Voraussetzungen geschaffen werden für die Ablösung der Rechte der Alliierten des 2. Weltkrieges für Berlin und Deutschland als Ganzes. Die Regierung der DDR setzt sich dafür ein, daß diese Ablösung im Rahmen der ZWEI-PLUS-VIER-Gespräche erfolgt. Auch sie gehören in den Gesamtrahmen des KSZE-Prozesses zur Schaffung einer gesamteuropäischen Friedensordnung.
Die KSZE hat für uns eine besondere Bedeutung. Insbesondere tritt die Regierung der DDR dafür ein, daß eine KSZE-Sicherheitsagentur zur Verifikation der Abrüstungs- und Umstrukturierungsvereinbarung geschaffen wird. Sie ist auch für ein KSZE-Organ zur Streitschlichtung und für die Bildung eines ständigen gemeinsamen Rates der Außen- und Verteidigungsminister.
Die Regierung der DDR will beim Abrüstungsprozeß eine Vorreiterrolle einnehmen. Wir werden sofort Maßnahmen einleiten, um die Kriegswaffenproduktion und den Export von Waffen zunächst einzuschränken und in einem überschaubaren Zeitraum ganz einzustellen. Die Rüstungsexporte in Kriegsgebiete haben generell zu unterbleiben. Wir werden eine Umstrukturierung der Volksarmee und einen schrittweisen Abbau der militärischen Verpflichtungen der DDR einleiten. Die politische Zusammenarbeit im Rahmen des Warschauer Vertrages dagegen soll intensiviert werden. Dazu wird die Regierung in allernächster Zeit den Kontakt zu den Regierungen der Warschauer Vertragsstaaten aufnehmen.
Die DDR will ihre besondere Verbindung zu den Völkern Osteuropas auf wirtschaftlichem, politischen und kulturellen Gebiet entwickeln und vertiefen. Die Verbindungen zur EG werden dabei eine wichtige Rolle spielen. Die Regierung der DDR würde eine baldige stufenweise Erweiterung der EG begrüßen.
Die Schaffung der Einheit Deutschlands ist verbunden mit der Durchsetzung von Menschenrechten. Der neue Patriotismus soll daher Ausdruck dafür sein, daß wir für Grund- und Menschenrechte eintreten. Deshalb werden wir der eu-

ropäischen Menschenrechtskonvention beitreten. Wir werden auch um die Teilnahme der DDR an den Beratungen des Europarates ersuchen.
Bis zur Vereinigung Deutschlands wird die DDR-Regierung über die Ausdehnung der EG auf die heutige DDR verhandeln. Dabei wird es unser Ziel sein, die Festlegung von Fristen bis zur vollen Übernahme der Vertragsverpflichtungen und -rechte zu erreichen. Dies ist besonders wichtig für unsere Landwirtschaft, für das Steuersystem und im Bereich der sozialen und ökologischen Normen.
Für die bestehenden Außenhandelsverpflichtungen der DDR, insbesondere mit der Sowjetunion, müssen Lösungen zur Garantie der Vertragstreue der DDR gefunden werden, die vor allem zu einer Stabilisierung und Stärkung der Verhältnisse in Mittel- und Osteuropa beitragen. Ich möchte dies hier noch einmal ausdrücklich betonen: Unsere Außenhandelsverpflichtungen mit der Sowjetunion werden strikt eingehalten und im Sinne der Vertragstreue in ein geeintes Deutschland einfließen.
Ein vereintes Europa muß Friedens- und Verstärkungsprozesse in der Welt fördern. Ein geeintes Mittel dafür sind die Beratungen im Rahmen der Europäischen Politischen Zusammenarbeit. Wir werden den Antrag stellen, an diesen Beratungen teilzunehmen.
Wir wollen zu einem Friedensprozeß im Nahen Osten beitragen, der das Selbstbestimmungsrecht aller dort lebenden Völker achtet.
Die Beendigung des Ost-West-Konfliktes macht sichtbare Fortschritte. Dies verpflichtet uns, dem Nord-Süd-Konflikt unsere volle Aufmerksamkeit zu widmen. Sicher haben wir Probleme, aber sie sind klein im Vergleich zu den Sorgen und Nöten der Menschen in den Entwicklungsländern. Wir fühlen uns solidarisch mit den Menschen in der Dritten Welt und hoffen auf ein partnerschaftliches Miteinander. Gerade nach den hinter uns liegenden Ereignissen ist es für uns von besonderer Bedeutung, die Botschaft von sozialer Gerechtigkeit und Demokratie auch in den Ländern zu unterstützen, mit denen wir schon bisher zusammengearbeitet haben. Daher haben für uns wirtschaftliche, medizinische und soziale Projekte Vorrang.
Die wirtschaftliche Zusammenarbeit der DDR wird sich überall auf der Welt in einer zunehmenden Kooperation mit ähnlichen Projekten und Stellen der Bundesrepublik Deutschland entwickeln. Parallel zum Vereinigungsprozeß der beiden Staaten in Deutschland wird es zu einer Verschmelzung des deutschdeutschen Engagements in den Ländern der Dritten Welt kommen. Unser Ziel muß langfristig eine gerechte Wirtschaftsordnung sein, die allen Menschen eine wirtschaftliche Zukunft und eine soziale Perspektive gibt.
Das Programm dieser Regierung der demokratischen Mitte ist anspruchsvoll. Wir wissen, daß wir einen mühsamen Weg vor uns haben. Keine Regierung kann Wunder vollbringen, aber wir werden das Mögliche mit aller Kraft anstre-

ben. Wenn wir das uns Mögliche erkennen und mit Nüchternheit und Umsicht Schritt für Schritt verwirklichen, dann können wir die Grundlagen für eine bessere Zukunft der Menschen in unserem Land legen. Wir bauen dabei auf die Unterstützung, den Mut und die Tatkraft aller Bürger.

Erklärungen Außenminister Hans-Dietrich Genschers zur Eröffnung des Treffens der Außenminister der beiden deutschen Staaten und der Außenminister der Vier Mächte in Bonn am 5. Mai 1990 (Zwei-plus-Vier-Konferenz)

Eröffnungserklärung

Fast auf den Tag vor 45 Jahren wurde in Europa ein Krieg beendet, der ungezählte Opfer forderte und unermeßliches Leid verursachte. Wir ehren die Opfer des Krieges und der Gewaltherrschaft, wenn wir – wie im ersten Satz der Schlußakte von Helsinki – erneut und gemeinsam unserem Willen Ausdruck geben, »in Europa zum Frieden, zur Sicherheit, zur Gerechtigkeit und zur Zusammenarbeit« beizutragen.

In diesem Geiste beginnen wir heute unsere Gespräche. Wir wollen Voraussetzungen für ein neues Kapitel, für eine friedliche und glückliche Periode der deutschen und der europäischen Geschichte schaffen.

Die Schrecken des Zweiten Weltkrieges und des Holocausts sind unvergessen. Nach dem Krieg starben Menschen bei Vertreibung und Flucht. Andere verloren ihr Leben und ihre Freiheit, weil sie nach Freiheit riefen. Ein eiserner Vorhang trennte Europa, er trennte das deutsche Volk.

Wir wissen, welche Gefühle und Erinnerungen sich bei den Völkern mit dem verbinden, was ihnen im deutschen Namen angetan wurde. Bundespräsident Richard von Weizsäcker hat am 8. Mai 1985 für alle Deutschen gesprochen.

Seit dem Ende des Krieges ist es trotz aller Spannungen und Konfrontationen gelungen, den Frieden zu wahren. 45 Jahre ohne Krieg, das ist für unseren Kontinent eine neue Erfahrung.

Alle Völker sollen das vereinte Deutschland als Beitrag zu einem besseren Europa empfinden können. Das ist der Wille aller Deutschen, die mit der Vereinigung der beiden deutschen Staaten keine Gebietsansprüche gegenüber einem ihrer Nachbarn verbinden. Mit der Teilnahme Polens bei der Behandlung der Grenzfrage wird der Weg aufgezeigt werden für die völkerrechtliche Anerkennung der polnischen Westgrenze durch das vereinigte Deutschland.

Weitsichtige Staatsmänner und mutige Völker haben uns die Chance eröffnet, die letzten Hypotheken der Kriegs- und Nachkriegsphase zu beseitigen und die

Architektur eines gemeinsamen europäischen Hauses, die Struktur einer europäischen Friedensordnung zu schaffen.
Ich denke, unser Gefühl, an einer historischen Wende mitzuwirken, täuscht uns nicht. Europa – und die Welt – werden nicht mehr geprägt durch die Konfrontation zwischen Ost und West.
Der Wandel, der Europa verändert, ist das Ergebnis kluger Politik und friedlicher Revolutionen. Europa findet nicht durch Machtansprüche, sondern im Zeichen von Menschenrechten und Grundfreiheiten zu sich selbst und damit zu seiner Einheit zurück.
Der Mensch mit seiner Würde und mit seinen Rechten, die Sorge für das Überleben der Menschheit stehen im Mittelpunkt der Politik aller Staaten, deren Vertreter an diesem Tisch versammelt sind.
Das ist der Auftrag der Geschichte an unsere Generation. Wir sind jetzt aufgerufen, Europa zu gestalten. Wir tragen eine große Verantwortung für unsere Kinder und unsere Enkel.
Mit dem europäischen Prozeß ist die Herstellung der deutschen Einheit untrennbar verbunden. Der Präsident der CSFR, Vaclav Havel, hat dies im Januar vor dem Sejm in Warschau so ausgedrückt:
Schwer vorstellbar ist ein vereintes Europa mit einem geteilten Deutschland.
Ebenfalls schwer vorstellbar ist ein vereintes Deutschland in einem geteilten Europa.
Wir haben am 13. Februar 1990 in Ottawa vereinbart, daß sich die Außenminister der Bundesrepublik Deutschland und der Deutschen Demokratischen Republik mit den Außenministern Frankreichs, des Vereinigten Königreichs, der Sowjetunion und der Vereinigten Staaten treffen, um die äußeren Aspekte der Herstellung der deutschen Einheit, einschließlich der Fragen der Sicherheit der Nachbarstaaten zu besprechen.
Wir haben schwierige Fragen zu lösen. Aber wenn wir alle bereit sind, nicht nur unsere eigenen Interessen einzubringen, sondern auch die Interessen unserer Partner zu respektieren, dann werden wir Lösungen finden.
Unsere Verantwortung für die Zukunft Europas erfordert Entschlossenheit und Augenmaß.
Verehrte Kollegen, ich heiße Sie und Ihre Delegationen herzlich willkommen.
Als Vorsitzender dieser ersten Ministerrunde möchte ich unsere Gespräche hiermit förmlich eröffnen.

Eingangserklärung

Für die Bundesrepublik Deutschland möchte ich einige grundsätzliche Bemerkungen machen.

Die deutsche Vereinigung, die die Menschen in den beiden deutschen Staaten und ihre demokratisch legitimierten Regierungen und Parlamente wollen, wird das Ergebnis einer Politik der Verantwortung sein.
Das vereinte Deutschland entsteht in Wahrnehmung des im Völkerrecht und in den Prinzipien der Schlußakte von Helsinki verankerten Selbstbestimmungsrechts.
Selbstbestimmung bedeutet auch, daß die Deutschen selbst die Wahl treffen, in welcher Staatsform, zu welchem Zeitpunkt, mit welchem Tempo und zu welchen Bedingungen sie ihre Einheit verwirklichen wollen. So hat es Präsident Gorbatschow am 10. Februar 1990 in Moskau festgestellt, und ich denke, daß dies das Verständnis aller an diesem Tisch ist.
Die Modalitäten und der Zeitplan, nach denen die deutsche Einheit entstehen wird, zeichnen sich ab.
Die Bundesrepublik Deutschland und die Deutsche Demokratische Republik sind gleichberechtigte Teilnehmer am Vereinigungsprozeß. Wir gehen aus von den noch bestehenden Rechten und Verantwortlichkeiten der Vier Mächte für Deutschland als Ganzes und für Berlin, die wir ordnungsgemäß ablösen wollen. Das ist der Kernbereich unserer Gespräche an diesem Tisch.
Die Stellung, die die Bundesrepublik Deutschland für das vereinigte Deutschland anstrebt, ist durch das Grundgesetz vorgegeben. Dessen Präambel bringt den Wunsch des deutschen Volkes zum Ausdruck, als gleichberechtigtes Glied in einem vereinigten Europa dem Frieden der Welt zu dienen.
Deutschlands Lage im Herzen Europas verbindet unser Schicksal untrennbar mit dem Schicksal Europas. 40 Jahre haben wir die Spaltung Europas als bittere Trennung der Deutschen ertragen.
Die aus der Chance unserer friedlichen Vereinigung entstehende Kraft wollen wir einbringen für das eine Europa – ganz und frei. Wir wollen nicht ein deutsches Europa, sondern ein europäisches Deutschland schaffen.
Beide deutschen Staaten sehen in der nationalen Einheit nicht nur ein Ziel deutscher Politik, sondern einen Beitrag zu einem neuen Europa. Deswegen verknüpfen wir unseren Weg zur Einheit und unsere Politik nach der Einheit aufs engste mit dem europäischen Prozeß.
Die deutsche Vereinigung schafft nicht neue Probleme für Europa, sondern sie wird zu neuer und dauerhafter Stabilität beitragen. Diese Erkenntnis aus europäischer Geschichte umzusetzen in eine Politik für Deutschland und für ein sich vereinigendes Europa, verstehen wir als die europäische Berufung Deutschlands am Ende dieses Jahrhunderts.
Über 40 Jahre hat sich in der Bundesrepublik Deutschland Demokratie verwurzelt und bewährt. Die Menschen in der DDR haben in einer friedlichen Freiheitsrevolution ihre Demokratie selbst erstritten.

Das vereinigte Deutschland wird eine freiheitliche, rechtsstaatliche Demokratie sein. Ein solcher Staat gibt niemandem Anlaß zur Sorge oder gar zur Furcht.
Wir sind eingebettet in die Europäische Gemeinschaft. Sie ist für alle ihre Mitglieder der Garant innerer und äußerer Stabilität und in ihrem Willen zur politischen Union ein Stabilitätsanker für ganz Europa.
Wir sind Mitglieder des Atlantischen Bündnisses. Wir bleiben auch in Zukunft seinem Ziel verpflichtet, eine dauerhafte und gerechte Friedensordnung in Europa zu schaffen.
Die Einigung Deutschlands vollzieht sich im Rahmen des KSZE-Prozesses. Die Schlußakte von Helsinki hat dazu beigetragen, den Weg zur Einigung zu ebnen. So wie wir für die Chance der Einheit die KSZE-Prinzipien für uns in Anspruch nehmen, so fühlen wir uns durch die Prinzipien der Schlußakte als Maßstab für die inneren und äußeren Aspekte der Herstellung der Einheit gebunden.
Wir wissen, daß die Einheit Deutschlands unsere Nachbarn und alle Europäer betrifft. Deshalb wollen wir, daß das Ergebnis der Zwei plus Vier-Gespräche dem für diesen Herbst geplanten Sondergipfel der KSZE-Staaten präsentiert werden kann.
Das VIII. Prinzip der Helsinki-Schlußakte hat das Selbstbestimmungsrecht und die Gleichberechtigung der Völker miteinander verbunden. Selbstbestimmung und Gleichberechtigung sind unverzichtbare Grundlagen dauerhaften Friedens; sie verhindern Revanchismus und Revisionismus.
Die Bundesrepublik Deutschland hat bewiesen, daß sie bereit ist, im Interesse einer friedlichen und dauerhaften Ordnung in Europa auf Hoheitsrechte zu verzichten, so wie es unser Grundgesetz (Art. 24 Abs. 2) ausdrücklich vorsieht.
Dies wird auch für das vereinigte Deutschland gelten. Wichtig ist, daß Gleiches gleich behandelt wird und weder Diskriminierung noch Singularisierung stattfinden.
Der Prinzipienkatalog der Schlußakte von Helsinki kann auch für schwierige Fragen einen Weg weisen. Die Schlußakte betont ausdrücklich, daß alle Prinzipien von grundlegender Bedeutung sind. In diesem Rahmen erinnere ich an das Prinzip der souveränen Gleichheit, das allen Teilnehmerstaaten das Recht einräumt, »Vertragspartei eines Bündnisses zu sein oder nicht zu sein«.
Weil wir die friedens- und sicherheitsbildende Wirkung des westlichen Bündnisses, das sich auf die Veränderungen in Europa einstellt, kennen, wäre ein bindungsloses vereinigtes Deutschland kein Gewinn für Europa.
Die KSZE- und die multilateralen Abrüstungsforen bilden den Rahmen für neue, friedenssichernde Strukturen in Europa. Die beiden deutschen Staaten sind überzeugt, daß dieser Rahmen ausbaufähig und ausbaubedürftig ist.
Dafür wollen sich die Deutschen gemeinsam einsetzen, auch bevor sie in einem Staat vereinigt sind. In diesem Rahmen soll das deutsche Volk zusammen mit

den anderen Völkern, die sich am KSZE-Prozeß beteiligen, seinen Platz finden und seine Möglichkeiten zur Entfaltung bringen.
Dieser Rahmen bietet neue Antworten auf die Fragen der Sicherheit in Europa. Die Abrüstung wird dabei eine zentrale Rolle erfüllen.
Die Herstellung der Einheit Deutschlands verändert nicht nur europäische Strukturen, sie berührt auch die bilateralen Interessen zahlreicher Partner der Bundesrepublik Deutschland und der Deutschen Demokratischen Republik.
Wir wollen die Einheit Deutschlands nicht zum Schaden oder Nachteil anderer Staaten schaffen. Wir sind überzeugt, daß ein vereinigtes Deutschland die Möglichkeiten intensiver, gegenseitig vorteilhafter Zusammenarbeit nicht schwächen, sondern wesentlich verbessern wird.
Das gilt in besonderem Maße für das Verhältnis des vereinigten Deutschlands zur Sowjetunion, das auch für das vereinte Deutschland zentrale Bedeutung haben wird.
Wir sind uns bewußt, daß wir auf eine Reihe schwieriger Fragen Antworten finden müssen. Aber wir möchten die Gespräche ohne Verzögerung führen.
Wir dürfen nicht zulassen, daß die Ereignisse unseren Gesprächen davonlaufen. Und wir müssen den Erwartungen der Menschen in beiden Teilen Deutschlands gerecht werden.

Abschlußerklärung

Die sechs Außenminister haben sich auf die Tagesordnung der Zwei-plus-Vier-Gespräche geeinigt.
Erster Punkt: Grenzfragen.
Zweiter Punkt: Politisch-militärische Fragen unter Berücksichtigung von Ansätzen geeigneter Sicherheitsstrukturen in Europa.
Dritter Punkt: Berlin-Probleme.
Vierter Punkt: Abschließende völkerrechtliche Regelung und Ablösung der Vier-Mächte-Rechte und -Verantwortlichkeiten.
Die Außenminister hatten ihre grundsätzlichen Positionen zu den äußeren Aspekten der Herstellung der deutschen Einheit dargelegt. Mit Befriedigung konnte ich Übereinstimmung in folgenden Punkten feststellen:
Der Wille der Deutschen, ihre Vereinigung ordnungsgemäß und ohne Verzögerung zu vollziehen, wurde von allen Teilnehmern anerkannt. Die Einheit Deutschlands soll zu einem Gewinn für alle Staaten werden. Ziel der Gespräche ist es, eine abschließende völkerrechtliche Regelung, die Ablösung der Vier-Mächte-Rechte und -Verantwortlichkeiten zu erreichen.
Es bestand eine bemerkenswerte Übereinstimmung in der Einschätzung der Bedeutung des KSZE-Prozesses und der Notwendigkeit, ihn auszubauen und zu vertiefen.

Es ist vorgesehen, daß die nächsten Außenministertreffen im Juni in Berlin, im Juli in Paris und Anfang September in Moskau stattfinden werden. Die Termine für die nächsten beiden Treffen werden in den nächsten Tagen auf diplomatischem Wege vereinbart werden.
Es wurde vereinbart, den polnischen Außenminister zu dem dritten Außenministertreffen im Juli in Paris einzuladen, wenn Fragen erörtert werden, die die Grenzen betreffen. Dabei steht es dem polnischen Außenminister frei, zu allen Fragen zu sprechen, die mit den Grenzfragen verbunden sind.
Ein entsprechendes Einladungsschreiben werde ich als Vorsitzender dieser Konferenz dem polnischen Außenminister noch heute zuleiten. Der Politische Direktor wird zu dem letzten Beamtentreffen vor dem Pariser Treffen eingeladen werden.
Die Politischen Direktoren (der Außenministerien) sind beauftragt worden, die bis zum nächsten Ministertreffen zu regelnden Fragen der vereinbarten Tagesordnungspunkte auf der Grundlage der Erörterung der Minister weiter vorzubereiten. Dabei können die Experten hinzugezogen und auch Untergruppen gebildet werden. Die Politischen Direktoren sollen sich regelmäßig treffen und, wenn es erforderlich ist, auch Tagungen über mehrere Tage hinweg abhalten.
Ich kann feststellen, daß die Gespräche in einer sachlichen, konstruktiven und vertrauensvollen Atmosphäre stattgefunden haben und daß sie gekennzeichnet waren von dem Willen zur Verständigung.

Erklärung von Bundeskanzler Helmut Kohl anläßlich der Unterzeichnung des Staatsvertrages am 18. Mai 1990 in Bonn

Dies ist eine historische Stunde im Leben der deutschen Nation.

Wir sind zusammengekommen, um nach 45 Jahren der schmerzlichen Teilung ein Vertragswerk zu unterzeichnen, mit dem wir den ersten bedeutsamen Schritt zur Wiederherstellung der staatlichen Einheit Deutschlands vollenden.

Es ist eine glückliche Stunde, in der sich Hoffnung und Sehnsucht der Menschen in Deutschland erfüllen. Nach Jahrzehnten beginnt ein Traum Wirklichkeit zu werden: der Traum von der Einheit Deutschlands und Europas.

Die Menschen in der DDR haben in einer friedlichen Revolution im letzten Herbst mit der Kraft ihrer Freiheitsliebe die Ketten des Unrechtsregimes gesprengt. Wir sind mit ihnen stolz und glücklich über das Gelingen dieser Revolution und schulden den Hunderttausenden Dank, die durch ihren Mut in großer Bedrängnis diese Veränderungen durchgesetzt haben.

Mit dieser Revolution ging eine Phase in der deutschen Geschichte zu Ende, die vielen Menschen Leid, Elend und Verzweiflung gebracht, manchen das Leben gekostet hat.

Es ging eine Zeit zu Ende, in der Menschen mitten in Deutschland in den Lagern des Stalinismus, in Gefängnissen und Zuchthäusern gequält und umgebracht wurden – oder bei dem Versuch, Mauer und Stacheldraht zu überwinden, ihr Leben verloren.

Sie wollten, wie die Opfer des 17. Juni 1953, in Freiheit ein menschenwürdiges Leben führen. Sie kämpften für die Wahrheit und wollten frei sein von der Lüge, von der Unterdrückung durch ein Regime, das ihnen von außen aufgezwungen war. Sie haben ihr Leben gegeben für unser kostbares Gut, für die Freiheit.

Wir dürfen ihr Schicksal nie vergessen, verdrängen oder verharmlosen. Die Verbrechen, die – auch nach dem Zweiten Weltkrieg – in Deutschland an Deutschen begangen wurden, sind für uns alle eine Mahnung und dürfen sich nie mehr wiederholen.

Die Unterzeichnung des Staatsvertrages ist ein denkwürdiges Ereignis für alle Deutschen und Europäer. Was wir hier erleben, ist die Geburtsstunde des freien und einigen Deutschland: vor den Augen der Welt bekunden die Vertreter der frei gewählten Regierungen beider Teile Deutschlands ihren Willen, als ein Volk, als eine Nation gemeinsam ihre Zukunft in einem freiheitlichen und demokratischen Staat zu gestalten.

Mit diesem historischen Tag der Unterzeichnung des Vertrages über die Wirtschafts-, Währungs- und Sozialunion beginnt auch ein neuer Abschnitt der europäischen Geschichte. Wir stellen uns damit gleichzeitig einer großen Gestaltungsaufgabe. Ihr Gelingen ist weit über die Grenzen Deutschlands hinaus von größter Bedeutung für die Zukunft ganz Europas.

Wir haben uns mit dem Übergang von der sozialistischen Kommandowirtschaft zur Sozialen Marktwirtschaft in der DDR wahrlich keine leichte Aufgabe gestellt. Wir betreten in vieler Hinsicht Neuland und mußten als gleichberechtigte Partner nach Lösungen suchen für eine Fülle von neuen Problemen, ja einer bisher beispiellosen Herausforderung begegnen.

Ich möchte den beiden Verhandlungsdelegationen und ihren Leitern, Herrn Staatssekretär Günther Krause und Herrn Hans Tietmeyer, Mitglied des Direktoriums der Deutschen Bundesbank, sowie allen anderen Beteiligten ganz herzlich für die engagierte Arbeit danken, die sie in den letzten Wochen unermüdlich geleistet haben. Ohne ihre hervorragende Sachkunde, ihren großen persönlichen Einsatz und ihr vom Geist wahrer Partnerschaft getragenes Zusammenwirken hätte dieses Vertragswerk nicht entstehen können. Wir alle können mit dem Ergebnis zufrieden sein.

Der Staatsvertrag über die Währungs-, Wirtschafts- und Sozialunion bedeutet einen ersten entscheidenden Schritt auf dem Weg zur Einheit. Für die Menschen in Deutschland wird damit – in wichtigen Bereichen ihres täglichen Lebens – die Einheit erlebbare Wirklichkeit.

Unseren Landsleuten in der DDR eröffnet sich – nach einer sicherlich nicht einfachen Zeit des Übergangs – die Chance auf eine rasche, durchgreifende Besserung ihrer Lebensbedingungen. Auch in diesem Sinne ist der heutige Tag für sie ein Tag der Hoffnung und der Freude.

Mit der Unterzeichnung des Staatsvertrages verbindet sich gleichzeitig noch eine andere Botschaft: Es ist ein starkes Zeichen der Solidarität unter den Deutschen: Die Geschicke der Deutschen in der Bundesrepublik und in der DDR werden dadurch unauflöslich miteinander verwoben. Von nun ab ist klar: Wir gehen in eine gemeinsame Zukunft, in einem vereinten und freien Deutschland.

Nationale Solidarität wird auch in Zukunft gefordert sein. Ich bin sicher, daß Bund und Länder mit ihrer Einigung über den Fonds zur Finanzierung der deutschen Vereinigung eine gute Lösung gefunden haben.

Ich bin mir bewußt, daß der Weg schwierig sein wird – aber das Ziel lohnt die Anstrengungen. Die Einheit und Freiheit Deutschlands zu vollenden – das ist ein großartiges Werk, an dem alle mitarbeiten müssen. Ich weiß, daß sich in diesen Tagen hüben wie drüben viele Menschen fragen, was dieser beispiellose Vorgang für sie ganz persönlich bedeutet – für ihren Arbeitsplatz, ihre soziale Sicherheit, für ihre Familien. Ich habe Verständnis für solche Sorgen. Doch meine Landsleute in der Bundesrepublik möchte ich fragen: Wann je waren wir wirtschaftlich besser gewappnet für diese nationale Gemeinschaftsaufgabe der deutschen Einheit als heute?

Und meinen Landsleuten in der DDR rufe ich zu: Die Einführung der Sozialen Marktwirtschaft bietet Ihnen alle Chancen, ja die Gewähr dafür, daß Mecklenburg/Vorpommern und Sachsen-Anhalt, daß Brandenburg, Sachsen und Thüringen bald wieder blühende Landschaften in Deutschland sein werden, in denen es sich für jeden zu leben und zu arbeiten lohnt.

Wir Deutschen müssen jetzt zusammenstehen und mit Zuversicht eine gemeinsame Zukunft gestalten. Ich bitte deshalb die Menschen in der Bundesrepublik, auch weiterhin Solidarität mit unseren Landsleuten in der DDR zu zeigen. Bleiben wir uns stets bewußt, daß den Menschen in der DDR vierzig Jahre lang gewaltsam verwehrt wurde, so zu leben, wie die Deutschen in der Bundesrepublik.

Auch an die Menschen in der DDR habe ich eine Bitte: Denken Sie daran, daß der Wohlstand in der Bundesrepublik hart erarbeitet werden mußte. Millionen von Menschen haben über viele Jahre hinweg durch ihren Fleiß und ihre Leistungsbereitschaft dazu beigetragen. Nichts wurde ihnen geschenkt.

Auch in der DDR geht es jetzt nicht um Geschenke, es geht um Hilfe zur Selbsthilfe. Dabei dürfen wir einander nicht überfordern. Und es darf auf dem Weg zur Einheit auch niemand auf der Strecke bleiben. Die Menschen in Ost und West können sich darauf verlassen. Niemandem werden unbillige Härten zugemutet.

Zur Vereinigung Deutschlands gehört auch, daß die Menschen in gegenseitigem Verständnis zusammenfinden. Dabei hat jeder etwas einzubringen: Die Deutschen in der Bundesrepublik außer ihrer harten Währung und ihrer erfolgreichen Wirtschaftsordnung eben auch noch anderes: vor allem eine bewährte freiheitliche Verfassung und die Ideale einer Demokratie, mit der wir vierzig Jahre Erfahrungen sammeln durften.

Die DDR wiederum bringt den Fleiß, die Ideen und die Hoffnungen ihrer Menschen ein, nicht zuletzt auch das Selbstbewußtsein jener, die sich in einer friedlichen Revolution mutig gegen eine Diktatur durchgesetzt haben. Und vielleicht können unsere Landsleute aus der DDR mit ihrem unverstellten Sinn für den Wert der Freiheit auch dem einen oder anderen bei uns den Blick dafür schärfen, welch kostbares Gut das ist: eine deutsche Demokratie in einem einigen Vaterland.

Deutschland wächst weiter zusammen. Die staatliche Einheit ist näher gerückt – und es gilt jetzt, sie bald zu vollenden. Damit erfüllen wir die Sehnsucht der Menschen in Deutschland. Sie haben nie aufgehört, an die Einheit zu glauben – und sie waren sich stets bewußt, daß Einheit mehr bedeutet, als sich im Wort von der »Kulturnation« widerspiegelt. In diesen fünfundvierzig Jahren blieb der Wunsch nach staatlicher Einheit in den Herzen der Deutschen verankert. Jetzt kann er Wirklichkeit werden.
Am Ende dieses Jahrhunderts, das so viel Leid über die Menschen gebracht hat, bietet sich uns Deutschen eine einzigartige Chance – die Chance, »in freier Selbstbestimmung die Einheit und Freiheit Deutschlands zu vollenden« und »in einem vereinten Europa dem Frieden der Welt zu dienen«. So lautet der Auftrag des Grundgesetzes. Das erwarten auch unsere Nachbarn von uns. Wir wollen deutsche Europäer sein und europäische Deutsche.
Nutzen wir diese Chance, stellen wir uns unserer Pflicht. Ich rufe die Deutschen in Ost und West dazu auf: Schaffen wir das vereinte Deutschland in einem vereinten Europa. Gehen wir gemeinsam in eine glücklichere Zukunft – für alle Deutschen. Der heutige Tag ist ein Markstein auf diesem Weg.

Erklärung des Ministerpräsidenten der DDR Lothar de Maizière anläßlich der Unterzeichnung des Staatsvertrages am 18. Mai 1990 in Bonn

Dies ist heute für uns ein wichtiger Tag. Es beginnt die tatsächliche Verwirklichung der Einheit Deutschlands. Die Währungs-, Wirtschafts und Sozialunion macht den Einigungsprozeß unumkehrbar. Was wir heute tun, ist ein entscheidender Schritt auf unser Ziel hin: in Freiheit die Einheit Deutschlands in einer europäischen Friedensordnung zu vollenden.

Der Staatsvertrag ist ein Vertrag zwischen den beiden Regierungen in Deutschland. Seiner Substanz nach zeigt er, daß beide Regierungen gewillt sind, den Prozeß der Einigung nicht von oben zu gestalten. Das Zusammenwachsen des geteilten Deutschland beginnt vielmehr bei den Menschen und ihren Lebensverhältnissen. Für uns waren bei den Gesprächen und Verhandlungen der letzten Wochen die Interessen der Menschen in beiden deutschen Staaten der Maßstab des Handelns.

Der Geist, in dem dieser Vertrag zustande kam, entspricht den Zielen und Wünschen der Menschen in der DDR nach Freiheit, nach Wohlstand und nach sozialer Gerechtigkeit. Hier haben nicht fremde Staaten miteinander verhandelt, sondern Landsleute und Freunde, die sich nicht länger entfremden lassen wollen.

Seit der Regierungserklärung vor einem Monat wurde mit Hochdruck Tag und Nacht an diesem Vertrag gearbeitet. Mein Dank gilt den Hunderten von Mitarbeitern, die diese Arbeit geleistet haben. Der Vertrag ist ein großes Werk. Stellvertretend möchte ich den beiden Delegationsleitern, Herrn Tietmeyer und Herrn Dr. Krause, diesen Dank persönlich aussprechen. Gleichzeitig bedanke ich mich bei allen ihren Mitarbeitern.

Dieser Vertrag ist ein Kompromiß. Aber er ist nicht das Ergebnis eines Feilschens um Vorteile, sondern ein gutes und ausgewogenes Gesamtwerk. Er ist ein solides Kursbuch zur Einführung einer ökologisch orientierten Sozialen Marktwirtschaft.

Ich wende mich in dieser Stunde zunächst an die Bürgerinnen und Bürger in der DDR.

Die Einführung der D-Mark, die Einführung der dynamischen Rente und einer Arbeitslosenversicherung sowie die Hilfen für den Staatshaushalt der DDR sind eine großzügige politische Geste der Bundesrepublik Deutschland. Niemand soll vergessen, was die Mark der DDR heute auf einem freien Markt wirklich wert wäre. Und niemand soll sich über die tiefe Krise der DDR-Wirtschaft Illusionen machen. Wir konnten und können nicht so weitermachen wie bisher.
Nicht alle Blütenträume, die manche mit dem Staatsvertrag verbunden haben, konnten in Erfüllung gehen. Aber niemandem wird es schlechtergehen als bisher. Im Gegenteil. Welches Land bekommt eine solch gute Startposition wie wir mit diesem Vertrag?
Jetzt sind wir in der DDR am Zuge, das Beste daraus zu machen. Ausgehend von einem realistischen Bild der Lage müssen wir mit einem neuen Gründergeist, mit Engagement, mit Zuversicht und mit dem Vertrauen in die eigene Kraft an die Arbeit gehen. Dabei werden wir die soziale Gerechtigkeit nie aus den Augen verlieren. In unserem sozialen Engagement lassen wir uns so schnell von niemandem übertreffen.
Den Bürgerinnen und Bürgern in der Bundesrepublik Deutschland möchte ich sagen:
Meine Regierung trägt Verantwortung zuerst für die Deutschen in der DDR und deren Interessen. Das entspricht dem Wählerauftrag in unserer neugewonnenen Demokratie.
Zugleich aber stehen wir mit der Bundesregierung in einer gemeinsamen Verantwortung für eine ungeteilte Zukunft. Die Stabilität der D-Mark und die Wahrung eines gesamtwirtschaftlichen Gleichgewichts in der Bundesrepublik und in der DDR, also in dem neuen gemeinamen Wirtschaftsraum, sind auch unser Ziel in der DDR. Ich sage zu, daß wir nach Kräften dafür sorgen werden, daß die Mittel aus der Bundesrepublik Deutschland bei uns gut angelegt werden.
Ihre Hilfe aus dem Westen verstehen wir als Hilfe zur Selbsthilfe. Auf Dauer sollen wir nichts geschenkt haben. Wir wollen uns unsere Zukunft selbst erarbeiten.
Angesichts der Größe des Vorhabens einer Währungs-, Wirtschafts- und Sozialunion ist es natürlich, daß es in beiden Staaten in Deutschland Diskussionen gibt. Ich finde nur erstaunlich, daß es in Deutschland mancherorts mehr Sorgen gibt als Hoffnungen. Bei uns werden zu viele vor dem unbestrittenen Berg von Problemen, den wir vor uns haben, kleinmütig.
Vielleicht sollten wir Deutschen auch in dieser Frage nicht zu sehr auf uns selbst bezogen sein, sondern nach Europa schauen. Ich bin davon überzeugt, daß im Ergebnis des Einigungsprozesses kein Deutscher ärmer wird, sondern daß es uns allen gemeinsam bessergehen wird. Und dies nicht zu Lasten Europas, son-

dern zum Nutzen einer gesamteuropäischen Entwicklung in Frieden, Freiheit, Wohlstand und sozialer Gerechtigkeit.

Die Einheit Deutschlands sollte daher nicht in einem neidischen Gegeneinander, sondern in einem fruchtbaren Miteinander wachsen. Wir und Ihr, Hüben und Drüben, Wessis und Ossis, diese und ähnliche Vokabeln sollten bald aus dem Sprachgebrauch verschwinden.

Die Regierung der DDR wird diesen Vertrag nun der frei gewählten Volkskammer vorlegen. Ich unterstreiche dabei unseren festen Willen, daß der Zeitplan mit dem Inkrafttreten der Währungs-, Wirtschafts- und Sozialunion zum 2. Juli 1990 eingehalten wird.

Das Ergebnis der Verhandlungen zum Staatsvertrag ist mutig, einmalig und hoffnungsstiftend.

Es ist mutig, weil in nur vier Wochen nach 40 Jahren sozialistischer Planwirtschaft dieser Vertrag ausgehandelt wurde, der alle Deutschen in der DDR unmittelbar in ihrer Existenz und für ihre Zukunft betrifft.

Es ist einmalig, weil es diese Art der Umstellung einer Kommandowirtschaft auf eine Soziale Marktwirtschaft an einem Stichtag noch niemals gegeben hat.

Und es ist hoffnungsstiftend. Wir werden es schaffen, weil beide Seiten zum Erfolg verpflichtet, ja geradezu verurteilt sind.

Wir stehen vor einer wirklich großen und einmaligen Chance. Die Geschichte bietet ihre guten Chancen in der Regel nicht mehrfach an. Wir wollen die Chance zu Freiheit, Frieden und sozialer Gerechtigkeit im Dienste Europas entschlossen nutzen, um unseren Kindern eine bessere Welt zu bauen.

Erklärung der Bundesregierung

zum Vertrag vom 18. Mai 1990 über die Schaffung einer Währungs-, Wirtschafts- und Sozialunion zwischen der Bundesrepublik Deutschland und der Deutschen Demokratischen Republik, zu den äußeren Aspekten der deutschen Einheit und zu den deutsch-polnischen Beziehungen
– abgegeben von Bundeskanzler Dr. Helmut Kohl vor dem Deutschen Bundestag, am 21. Juni 1990 in Bonn –

Herr Präsident, meine sehr verehrten Damen und Herren

Selten in seiner Geschichte stand der Deutsche Bundestag vor so bedeutsamen Entscheidungen wie heute.

I. Nach über 40 Jahren schmerzlicher Trennung stehen wir jetzt vor der Erfüllung der Hoffnung der Menschen in Deutschland auf die Einheit und die Freiheit aller Deutschen. Mit der Verabschiedung des Staatsvertrages über die Währungs-, Wirtschafts- und Sozialunion und der Entschließung zur Grenze des künftigen vereinigten Deutschland mit Polen geht es um entscheidende Schritte auf dem Weg, die staatliche Einheit Deutschlands wiederherzustellen.

Meine Damen und Herren, liebe Kolleginnen und Kollegen, es kommt jetzt darauf an, daß wir dieser historischen Chance gewachsen sind, daß wir sie verantwortungsbewußt, klug und in Würde zu nutzen wissen. Wir können die Bedeutung dieser Stunde nur ermessen, wenn wir alle uns vergegenwärtigen, was die Lebenserfahrung unserer Landsleute in der DDR in den letzten 40 Jahren war. Sie haben ein System überwunden, das vielen Menschen großes Leid, Elend und Verzweiflung gebracht und manche das Leben gekostet hat.

Gerade in diesen Tagen hat sich wieder gezeigt, wie verwerflich dieses System war: Es hat mit Terroristen zusammengearbeitet, die hier bei uns in der Bundesrepublik Deutschland Menschen gemordet haben.

Mauer und Stacheldraht sind die schrecklichen Symbole einer Zeit, in der Deutsche nicht zu Deutschen kommen durften. Wir trauern heute besonders um jene, die in den Lagern des Stalinismus, in Gefängnissen und Zuchthäusern eingesperrt, gedemütigt, gequält und nicht selten ermordet wurden.

Sie alle wollten – wie vor allem die Opfer des 17. Juni – in Freiheit ein menschenwürdiges Leben führen. Sie kämpften für die Wahrheit und gegen die

Lüge, gegen ein Regime, das ihnen von außen aufgezwungen war. Wir dürfen ihr schweres Schicksal niemals vergessen. Solches darf sich in Deutschland nicht wiederholen.

Gerade an einem Tag wie heute muß uns allen bewußt sein, daß wir ihnen verpflichtet sind. Gerade an einem Tag wie heute muß es auch allen bewußt sein, daß das Leitwort des Jahres 1945 – »Nie wieder Krieg, nie wieder Diktatur« – für uns Deutsche nicht nur eine nationale Dimension hat, sondern weit darüber hinausweist.

Es hat in den vergangenen 40 Jahren in nahezu allen Fraktionen des Deutschen Bundestages Männer und Frauen gegeben, die sich – vom ersten Zusammentreten des Bundestages an – leidenschaftlich und mit ganzer Kraft für das Ziel der Freiheit und Einheit aller Deutschen eingesetzt haben.

Stellvertretend für viele, die glücklich wären, könnten sie diese Stunde heute erleben, möchte ich den früheren SPD-Vorsitzenden Kurt Schumacher zitieren. In der Debatte über die erste Regierungserklärung von Konrad Adenauer im September 1949 sagte er:

Wir wünschen, daß bei aller Verschiedenheit der Auffassungen sozialer, politischer und kultureller Natur die Angelegenheit der deutschen Einheit überall in Deutschland die Angelegenheit der gleichen Herzenswärme und der gleichen politischen Entschiedenheit wird.

Dieser Geist der Gemeinsamkeit sollte heute alle Abgeordneten des Hohen Hauses leiten, wo sich uns jetzt die Chance bietet, den Auftrag unseres Grundgesetzes zu erfüllen.

Natürlich, meine Kolleginnen und Kollegen, kann heute niemand sagen, wie spätere Generationen einmal über uns urteilen werden. Doch die heutigen Entscheidungen des Deutschen Bundestages sind von grundlegender Bedeutung für die Zukunft unserer Nation.

Ich persönlich bin davon überzeugt, daß jeder einzelne von uns danach beurteilt werden wird, ob er in dieser entscheidenden Stunde kleinmütig versagt hat.

Die Bundesregierung will jetzt die Voraussetzungen dafür schaffen, daß bald alle Deutschen gemeinam in Frieden, Freiheit und Wohlstand leben können. Wir stehen damit vor einer der größten Gestaltungsaufgaben der Nachkriegsgeschichte.

Der Staatsvertrag über die Währungs-, Wirtschafts- und Sozialunion bedeutet einen entscheidenden Schritt auf dem Weg zur Einheit. Für die Menschen in Deutschland wird damit – in wichtigen Bereichen ihres täglichen Lebens – die Einheit erlebbare Wirklichkeit.

Unseren Landsleuten in der DDR eröffnet sich damit die Chance auf eine rasche, durchgreifende Besserung ihrer Lebensbedingungen. Sie richten ihre

Hoffnungen auf diesen Staatsvertrag, und sie erwarten von uns, daß diese Hoffnungen nicht enttäuscht werden.
Der Staatsvertrag ist Ausdruck der Solidarität unter den Deutschen: Die Deutschen in der Bundesrepublik und in der DDR sind jetzt wieder – und fortan – unauflöslich miteinander verbunden.
Der Staatsvertrag dokumentiert den Willen aller Deutschen, in eine gemeinsame Zukunft zu gehen: in einem vereinten, in einem freien Deutschland.
Ich rufe alle Abgeordneten des Deutschen Bundestages auf, diesem Staatsvertrag zuzustimmen. Er weist den Weg zur Einheit, und wer diese Wegweisung nicht akzeptiert, der will den Weg zur Einheit nicht.
Für die Menschen in der DDR ist es wichtig zu wissen, daß die Botschaft der Solidarität auch hier bei uns von einer großen Mehrheit getragen wird. Wer den Staatsvertrag ablehnt, stößt unsere Landsleute zurück. Er stellt in einer entscheidenden Stunde der deutschen Geschichte die Fähigkeit zum Miteinander, zur nationalen Solidarität in Frage.
Meine Damen und Herren, ich bin mir bewußt, daß der Weg, den wir jetzt einschlagen, schwierig sein wird. Das wissen auch die Menschen in der DDR. Aber sie sagen uns allen auch unmißverständlich: Der Staatsvertrag muß kommen.
Nur die rasche Verwirklichung der Währungs-, Wirtschafts- und Sozialunion bietet die Chance, daß Mecklenburg/Vorpommern, Sachsen-Anhalt, Brandenburg, Sachsen und Thüringen bald wieder blühende Landschaften sein werden, in denen es sich zu leben und zu arbeiten lohnt.
Wer jetzt behauptet, man hätte sich doch mehr Zeit lassen können, der verkennt die Realitäten in Deutschland, und er verdrängt die Erfahrungen der letzten Monate. Es sind die Menschen in der DDR, die das Tempo der Entwicklung bestimmt haben und im übrigen weiter bestimmen werden.
Hunderttausende von Übersiedlern sind in die Bundesrepublik gekommen, weil sie in der DDR keine Zukunftsperspektive mehr sahen – Menschen, die für den Aufbau in der DDR dringend gebraucht werden. Erst die Aussicht auf die Währungs-, Wirtschafts- und Sozialunion hat viele unserer Landsleute wieder Hoffnung schöpfen lassen.
Ein Hinauszögern des Staatsvertrages – mit welchen Argumenten auch immer – hätte den Zusammenbruch der DDR bedeutet. Die Übersiedlerzahlen wären erneut sprunghaft angestiegen – wie wir alle wisen, mit verheerenden Folgen. Wer wollte dafür die Verantwortung übernehmen?
Die Deutschen (...) wollen den Staatsvertrag, weil sie die Einheit wollen – und weil sie wissen, daß der jetzt eingeschlagene Wege der richtige ist.
Natürlich fragen sich viele bei uns wie in der DDR, was dieser beispiellose Vorgang für sie ganz persönlich bedeutet – für ihren Arbeitsplatz, für ihre soziale Sicherheit, für ihre Familien. Ich denke, wir alle nehmen diese Sorgen ernst.

Für das große Ziel der Einheit unseres Vaterlandes werden auch wir in der Bundesrepublik Opfer bringen müssen. Ein Volk, das dazu nicht bereit wäre, hätte seine moralische Kraft längst verloren.

Aber ich bin sicher: Wir werden diese große Aufgabe in gemeinsamer Anstrengung zum Wohle der ganzen Nation bewältigen.

Es wird harte Arbeit, auch Opfer, erfordern, bis wir Einheit und Freiheit, Wohlstand und sozialen Ausgleich für alle Deutschen verwirklichen können. Viele unserer Landsleute in der DDR werden sich auf neue und ungewohnte Lebensbedingungen einstellen müssen – und auch auf eine gewiß nicht einfache Zeit des Übergangs. Aber niemandem werden dabei unbillige Härten zugemutet.

Den Deutschen in der DDR kann ich sagen, was auch Ministerpräsident de Maizière betont hat: Es wird niemandem schlechter gehen als zuvor – dafür vielen besser.

Für die Deutschen in der Bundesrepublik gilt: Keiner wird wegen der Vereinigung Deutschlands auf etwas verzichten müssen. Es geht darum, einen Teil dessen, was wir in den kommenden Jahren zusätzlich erwirtschaften, unseren Landsleuten in der DDR als Hilfe zur Selbsthilfe zur Verfügung zu stellen. Für mich ist dies ein selbstverständliches Gebot nationaler Solidarität.

Es ist zugleich eine Investititon in unsere gemeinsame Zukunft. Es ist eine Investition, die sich bald bezahlt machen wird. Denn der wirtschaftliche Aufbruch in der DDR wird allen zugute kommen – den Deutschen in Ost und West und unseren Partnern in Europa und weltweit.

Wann je waren wir wirtschaftlich besser gewappnet für die Gemeinschaftsaufgabe der deutschen Einheit als heute? Die Wirtschaft in der Bundesrepublik floriert. Der wirtschaftliche Aufschwung geht jetzt in sein achtes Jahr. Das Ende ist glücklicherweise nicht abzusehen. Wann je hat es das zuvor gegeben?

Wir haben alle Möglichkeiten, die nationale Herausforderung der Deutschen zu bewältigen, wenn wir solidarisch zusammenstehen und wenn wir die Chancen nutzen, die sich uns jetzt bieten.

Wir werden es schaffen – wenn wir uns auf die Fähigkeiten besinnen, mit denen wir vor über 40 Jahren aus den Trümmern unserer zerstörten Städte und Landschaften die Bundesrepublik Deutschland aufgebaut haben. Damals haben die Menschen mit ihrem Mut und mit ihrer zähen Entschlossenheit, mit Fleiß und mit Einfallsreichtum und nicht zuletzt mit dem Bewußtsein für die gemeinsame Aufgabe eine stabile Demokratie errichtet.

Sie haben Frieden und Freiheit, Wohlstand und ein hohes Maß an sozialer Gerechtigkeit für einen Teil Deutschlands verwirklicht. Wir wollen, daß dies jetzt endlich auch für das ganze Deutschland Wirklichkeit wird. Der Staatsvertrag, über den wir heute abstimmen, ist dafür Voraussetzung.

II. Herr Präsident, meine Damen und Herren, die Herstellung der deutschen Einheit wird international nur akzeptiert werden, wenn die Gespräche über deren äußere Aspekte Erfolg haben, das heißt die Gespräche zwischen der Bundesrepublik Deutschland und der DDR einerseits sowie den Vier Mächten, USA, Frankreich, Großbritannien und der Sowjetunion andererseits.
Morgen wird in Ost-Berlin das zweite Treffen im Rahmen der sogenannten Zwei-plus-Vier-Gespräche auf Außenministerebene stattfinden. Weitere Treffen sind für Mitte Juli in Paris und für Anfang September in Moskau angesetzt.
Nach unseren Unterredungen mit allen Partnern in diesem Gesprächskreis bin ich zuversichtlich, daß es gelingen wird, die auf der Tagesordnung stehenden Fragen rechtzeitig und zufriedenstellend zu lösen.
Dazu gehört insbesondere die Ablösung der Vier-Mächte-Rechte und -Verantwortlichkeiten für Berlin und Deutschland als Ganzes. Gemeinsam mit unseren Partnern wollen wir dem für November geplanten Sondergipfel der KSZE-Staaten das Ergebnis der Zwei-plus-Vier-Gespräche präsentieren. Ziel dieser Gespräche muß die volle Souveränität für das wiedervereinigte Deutschland sein.
Deutschland, in der Mitte Europas gelegen, hat mehr Nachbarn als jeder andere europäische Staat. Wir wissen, daß das geeinte Deutschland im politischen und wirtschaftlichen Gefüge des Europas von morgen ein besonderes Gewicht haben wird.
Wir sind uns deshalb von Anfang an bewußt gewesen, daß die Einheit Deutschlands alle unsere Nachbarn fundamental berührt und sie natürlich auch bewegt, ja oft auch besorgt macht. Fast alle haben unter den Gewalttaten des NS-Regimes schwer zu leiden gehabt. Wir müssen die Fragen verstehen, die so mancher sich – und uns – heute stellt. Wir sollten darauf Rücksicht nehmen, und wir wollen dies tun.
Wir Deutsche sind ein Volk. Wir dürfen von allen Nachbarn, Partnern und Freunden erwarten, daß sie unseren Wunsch – die Einheit unseres Vaterlandes in Freiheit zu vollenden – unterstützen. Wir akzeptieren unsererseits, daß die deutsche Frage und ihre Lösung nicht allein uns Deutschen gehören.
Wir wollen am Ende eines Jahrhunderts, das Europa so viel Krieg, Leid und Not gebracht hat, mit allen unseren Nachbarn zu dauerhafter Verständigung und Versöhnung kommen. (...)
Deutsche Einheit und Einheit Europas bedingen einander. Das Voranschreiten des europäischen Einigungswerks schafft den Rahmen, in dem sich die Einheit Deutschlands in Freiheit vollenden kann. Die Vereinigung unseres Vaterlandes wird der politischen Einigung Europas einen entscheidenden Impuls geben. Dies gilt auch für das große Ziel eines Europa, das als Ganzes wieder zu einer kulturellen, ökonomischen und politischen Einheit zurückfinden muß.

Ein Deutschland, das sich in Freiheit vereinigt, wird niemals eine Bedrohung, dafür um so mehr ein Gewinn für Europa und alle unsere Partner sein. Von deutschem Boden werden Frieden und Freiheit ausgehen! Gerade auch in unserem Verhältnis zu unseren Nachbarn im Osten – vor allem zu Polen und zur Sowjetunion – wollen wir dies deutlich machen.

Zusammen mit dem polnischen Volk müssen wir uns – im wachen Bewußtsein für die Belastungen der Vergangenheit – der großen Aufgabe stellen, für die junge Generation unserer beiden Völker eine Zukunft in Frieden und gemeinsamer Freiheit zu gestalten.

Das polnische Volk soll wissen: Ein freies und vereintes Deutschland will Polen ein guter Nachbar, ein zuverlässiger Partner auf dem »Weg nach Europa« sein.

Dazu gehört, daß Grenzen nicht in Zweifel gezogen und nicht verschoben werden. Nur wenn sie unumstritten sind, verlieren sie ihren trennenden Charakter. Wir wollen Grenzen einen neuen, einen zukunftsweisenden Charakter verleihen – nicht den der Trennung, sondern den der offenen Wege und der Begegnung in Freiheit.

Der Deutsche Bundestag richtet heute – gemeinsam mit der Volkskammer der DDR – eine unmißverständliche Botschaft an Polen: Die Grenze Polens zu Deutschland, so wie sie heute verläuft, ist endgültig.

Sie wird durch Gebietsansprüche von uns Deutschen weder heute noch in Zukunft in Frage gestellt. Dies wird nach der Vereinigung Deutschlands in einem Vertrag mit der Republik Polen völkerrechtlich verbindlich bekräftigt werden.

Für das künftig geeinte Deutschland kann erst eine gesamtdeutsche Regierung eine für die Zukunft völkerrechtlich verbindliche Unterschrift leisten. Erst ein gesamtdeutsches Parlament kann einen solchen Vertrag ratifizieren. Klar ist: Am Willen des deutschen Volkes – bekundet durch den Deutschen Bundestag und die Volkskammer der DDR – kann nicht gezweifelt werden.

Herr Präsident, meine Damen und Herren, wir vergessen nicht, welches Leid und Unrecht von Deutschen anderen Menschen und Völkern zugefügt wurde. In meiner Regierungserklärung zum 50. Jahrestag des Kriegsbeginns habe ich gesagt: »Hitler hat den Krieg gewollt, geplant und entfesselt. Daran gibt es nichts zu deuteln.« Dem polnischen Volk hatte er den totalen Versklavungs- und Ausrottungskrieg erklärt. Unter deutscher Okkupation sollte die polnische Nation ausgelöscht werden.

Das NS-Regime hat den Krieg zu verantworten, wie seine Folgen, und damit auch – gemeinsam mit Stalin – unseren Verlust Ostdeutschlands. So mußten die Menschen, die dort lebten, ohne eigene Schuld für die Verbrechen anderer einen hohen Preis entrichten.

Es leben viele in unserem Land, die die Erklärung, die wir heute abgeben, tief berührt und schmerzt. Sie sind ihrer Vorfahren Heimat mit dem Herzen fest verbunden. An einem Tag wie heute können sie nichts anderes als Trauer empfinden. Kein Mensch hat das Recht, ihren Gefühlen seine Achtung zu versagen. Wir haben Respekt vor ihnen und ihren Gefühlen, und wir können sie gut verstehen. Wir müssen aber ebenso offen aussprechen: Wer die historische Chance nutzen will, die Einheit Deutschlands in Freiheit zu vollenden, der muß auf die Frage der polnischen Westgrenze eine klare Antwort geben.
Dies erwarten nicht nur die Polen von uns. Dies erwarten ebenso alle unsere Nachbarn und Partner in Europa und vor allem auch die Vier Mächte, also die Vereinigten Staaten von Amerika, Frankreich, Großbritannien und die Sowjetunion.
Niemand soll sich täuschen: Wir stehen heute vor einer ganz klaren Entscheidung. Entweder wir bestätigen die bestehende Grenze, oder wir verspielen heute und für jetzt unsere Chance zur deutschen Einheit.
Die Entscheidung, die wir als frei gewählte Abgeordnete heute hier treffen müssen, ist richtig und notwendig. Denn es geht um die Einheit und Freiheit Deutschlands, und zugleich geht es um ein Werk des Friedens und der Versöhnung.
Ich weiß, daß es im Blick auf die 700jährige Geschichte der Deutschen in den Gebieten jenseits von Oder und Neiße auch einigen Kollegen im Deutschen Bundestag nicht leicht fällt, dieser Entschließung zuzustimmen. Bei aller Freude darüber, daß mit der Verabschiedung des Staatsvertrages die Einheit der Deutschen in gemeinsamer Freiheit in greifbare Nähe rückt, ist dies für niemanden eine leichte Stunde. Freude, Ernst und Trauer liegen eng beieinander.
Wir blicken zurück auf eine lange gemeinsame Geschichte, in der die Städte und Dörfer Schlesiens, des östlichen Brandenburg, Pommerns, West- und Ostpreußens und anderer Landschaften für Deutsche Heimat waren. Sie haben dieser europäischen Kulturlandschaft ihr unverwechselbares, ihr historisches Gepräge gegeben.
Ich denke daran, daß dieses Land in Glück und Unglück, in Freude und Leid Lebensmittelpunkt von vielen Generationen von Deutschen war. Millionen von Deutschen haben dort ihre Wurzeln. Noch immer leben dort deutsche Familien Seite an Seite mit ihren polnischen Nachbarn.
Im Bewußtsein und in den Gefühlen vieler Deutscher sind die Landschaften östlich von Oder und Neiße, wo sie für ihr Leben prägende Eindrücke erfahren haben, als Heimat lebendig. Dieses ganz ursprüngliche Gefühl der persönlichen Verbundenheit verdient jedermanns Achtung, ja, Sympathie.
Die 700jährige Geschichte und Kultur des deutschen Ostens ist und bleibt Bestandteil des geschichtlichen Erbes der deutschen Nation. Uns Deutschen liegt

viel daran – ich will mich auch persönlich dafür einsetzen –, dieses Kulturerbe zu bewahren und zu pflegen.

Dieses Erbe bleibt lebendig, es ist unverlierbarer und unvergänglicher Bestandteil unserer Geschichte wie auch des kulturellen Reichtums Europas. Noch in vielen Jahren und Generationen werden sich Menschen an den Gedichten Eichendorffs erfreuen, und was Immanuel Kant zum »ewigen Frieden« geschrieben hat – über einen Föderalismus freier Staaten, über die Herrschaft des Rechts –, bleibt ein Wegweiser in das Europa der Zukunft.

Wahrheit ist – und das darf an einem Tag wie heute nicht verschwiegen werden –: Die Vertreibung der Deutschen aus ihrer angestammten Heimat war ein großes Unrecht. Es gab dafür keine Rechtfertigung, weder moralisch noch rechtlich. Wir können auch Jahrzehnte danach nicht erklären, die Vertreibung sei rechtmäßig gewesen.

Ich weiß, daß die Erfahrung von Flucht und Vertreibung auch nach Jahrzehnten noch schmerzt. Der Tod von Familienangehörigen und Freunden, das Zurücklassen von Hab und Gut, von Haus und Hof sind ein schweres Schicksal. Die Betroffenen werden ihren Schmerz aber noch stärker empfinden, wenn das ihnen angetane Unrecht verschwiegen wird.

Deshalb sind wir dankbar für die Worte, die Persönlichkeiten wie der jetzige polnische Ministerpräsident Tadeusz Mazowiecki, wie der Schriftsteller Andrzej Szczypiorski, der dieses Jahr mit dem Kunst- und Kulturpreis der deutschen Katholiken ausgezeichnet wurde, und andere in der gemeinsamen Erklärung deutscher und polnischer Katholiken zum 1. September 1989 gefunden haben. Sie schrieben:

Das Leid von Millionen Deutschen, die aus ihrer Heimat vertrieben wurden, dabei Tote zu beklagen hatten und ihr Hab und Gut verloren, weckt bei Polen und Deutschen Trauer und Mitgefühl.

Sie setzten damit ein sichtbares Zeichen der Versöhnung zwischen dem deutschen und dem polnischen Volk.

Gerade auch die deutschen Heimatvertriebenen haben in ihrer Stuttgarter Charta von 1950 schon früh ein großartiges Bekenntnis zur Versöhnung mit unseren östlichen Nachbarn und zur Schaffung eines geeinten Europa abgelegt. Sie erklärten damals:

Die Vertriebenen werden jedes Beginnen mit allen Kräften unterstützen, das auf die Schaffung eines geeinten Europas gerichtet ist, in dem die Völker ohne Furcht und Zwang leben können... Wir Heimatvertriebenen verzichten auf Rache und Vergeltung. Dieser Entschluß ist uns ernst und heilig im Gedenken an das unendliche Leid, welches im besonderen das letzte Jahrzehnt über die Menschheit gebracht hat.

Nicht Rache, nicht Vergeltung: mit diesen Worten haben sie ihre eindeutige

Antwort auf die schrecklichen Erfahrungen der Vergangenheit gegeben. Sie haben damit vor aller Welt bekundet, daß die Saat des Hasses und der Gewalt – die Saat Hitlers und Stalins – nicht fortlaufend neues Unrecht hervorbringen darf.

Heute sind in den Gebieten jenseits von Oder und Neiße polnische Familien in zweiter und dritter Generation ansässig, diese Gebiete sind ihnen zur Heimat geworden. Wir Deutsche wollen nicht, daß Krieg und Elend, Blut und Tod immer wieder aufgerechnet werden. Wir wollen nach vorne schauen, auf die Zukunft kommender Generationen. Dies wird und kann eine Zukunft in Frieden und Freiheit sein.

Wir schauen vor allem auch auf die junge polnische Generation, die heute in Pommern, Schlesien und anderswo lebt, und wir rufen ihr zu: Wir wollen Frieden, wir wollen Verständigung, wir wollen Aussöhnung. Wir wollen ein freies und einiges Europa.

Mit der Vereinigung Deutschlands verbindet sich jetzt die Chance, eine endgültige und dauerhafte Aussöhnung mit dem polnischen Volk zu erreichen. Die Zeit dafür ist reif.

Was zwischen Deutschen und Franzosen möglich war, kann und muß jetzt endlich auch zwischen Deutschen und Polen möglich werden. In meiner Heimat, in der Pfalz, habe ich miterleben können, wie die deutsch-französische Freundschaft gewachsen ist. Diese Freundschaft wird für die deutsche Außenpolitik immer von existentieller Bedeutung bleiben.

Noch vor wenigen Jahrzehnten, in meiner eigenen Schulzeit, sollten die Kinder dort, wie überall in Deutschland und überall in Frankreich, im bösen Geist einer angeblichen Erbfeindschaft erzogen werden. Doch Haß und Feindschaft wurden überwunden, weil die Menschen es endlich so wollten. Über offene Grenzen kamen und kommen sie zusammen und lernen einander kennen. In freien Begegnungen konnten sich Verständnis und Vertrauen entfalten. Heute überqueren junge Deutsche und junge Franzosen ganz selbstverständlich den Rhein, um Freundschaft zu schließen.

Es ist mein Wunsch – und ich hoffe, es ist unser Wunsch –, daß ein solches Miteinander über die Grenzen hinweg zwischen jungen Deutschen und jungen Polen bald ebenso selbstverständlich sein wird. Deshalb rufe ich dazu auf, das deutsch-polnische Jugendabkommen, das wir bei meinem Besuch in Polen im November des vergangenen Jahres vereinbart haben, mit Leben zu erfüllen und tatkräftig für eine gemeinsame Zukunft zu nutzen.

Meine Damen und Herren, wir vergessen allzu leicht: Ein freies und vereintes Deutschland kann gegenüber Polen auch an gute, ja, an beste Traditionen anknüpfen. Die Beziehungen zwischen beiden Völkern sind in der Vergangenheit keineswegs nur von Zwietracht, von kriegerischen Konflikten und vom Leid der Menschen überschattet gewesen. Im Gegenteil: Es gab lange Perioden fruchtbaren Austauschs, ja, eines harmonischen Miteinanders. Die heilige Hedwig gehört beiden Nationen.

Wir müssen auch endlich begreifen, was der polnische Dichter und Denker Cyprian Kamil Norwid im 19. Jahrhundert festgestellt hat: »Eine Nation besteht nicht nur aus dem, was sie von anderen unterscheidet, sondern auch aus dem, was sie mit anderen verbindet.«

Auch in schlimmster Zeit hat es Deutsche gegeben, die Menschlichkeit gegenüber Polen geübt haben. Neben den vielen, die sich als Werkzeuge des Verbrechens mißbrauchen ließen, gab es auch allemal »Zehn Gerechte«, wie der Titel eines polnischen Erinnerungsbuches über die deutsche Besatzungszeit heißt.

Es waren deutsche Patrioten, die 1830 – während des polnischen Freiheitskampfes – gebannt und voller Hoffnung auf den Sieg der polnischen Sache setzten. Es war das Vorparlament der Frankfurter Paulskirche, das die Befreiung Polens zur »heiligen Pflicht des deutschen Volkes« erklärte. Und es waren wiederum Polen, die 1848/49 unter der schwarzrotgoldenen Fahne für die Revolution kämpften.

Diese Erfahrungen, das gemeinsame Ringen von Polen und Deutschen um Freiheit, sind von den Verbrechen in unserem Jahrhundert zum Teil verschüttet worden – verloren sind sie nicht. Es gilt, sie im Gedächtnis der Völker zu neuem Leben zu erwecken.

Wir dürfen nicht zu Gefangenen eines Denkens werden, das mit den dunklen Seiten der Vergangenheit nur die halbe Wahrheit zur Kenntnis nimmt. Wahrhaftigkeit ist oberstes Gebot, wenn die Aussöhnung zwischen den Völkern gelingen soll.

Die Verständigung zwischen Deutschen und Polen darf niemanden ausschließen, sie muß auch gerade die Heimatvertriebenen einbeziehen. Denn wer könnte mehr für Verständigung und Aussöhnung tun als die deutschen Heimatvertriebenen oder als diejenigen Deutschen, die noch jenseits von Oder und Neiße ihre Heimat haben, oder als ihre polnischen Nachbarn? Gerade diese Gruppen können zu Botschaftern der Aussöhnung werden. Sie haben als Mittler zwischen den Völkern und Kulturen einen großen Auftrag.

Gemeinsam muß es uns darum gehen, in den Gebieten jenseits von Oder und Neiße ein Modell des friedlichen Zusammenlebens in Europa zu gestalten. Wir können dort Zeichen setzen, wie in einem Europa der Vielfalt die verschiedenen Völker und Kulturen einträchtig zusammenleben.

Dazu gehören die Bereitschaft zur Toleranz, die Achtung vor dem Nächsten, auch wenn er eine andere Sprache spricht, wozu er ein selbstverständliches Recht hat. Dazu gehört unverzichtbar der Schutz der Minderheitenrechte.

Mit der Unterzeichnung der Gemeinsamen Erklärung anläßlich meines Besu-

ches in Polen im November 1989 haben wir Fortschritte erzielt. Ministerpräsident Mazowiecki und ich erklärten damals:
Beide Seiten ermöglichen es Personen und Bevölkerungsgruppen, die deutscher beziehungsweise polnischer Abstammung sind oder die sich zu Sprache, Kultur oder Tradition der anderen Seite bekennen, ihre kulturelle Identität zu wahren und zu entfalten.
Es bleibt noch viel zu tun, damit die Menschen, die dort leben, ihre Kultur, ihr Brauchtum, ihre Traditionen pflegen können. Sie wollen sich in der Sprache ihrer Mutter ausdrücken können – nicht zuletzt auch im Gottesdienst. Ich meine, in einem vereinten Europa des Friedens und der Freiheit sollte dies alles selbstverständlich sein.
In unserer Gemeinsamen Erklärung hieß es auch:
Beide Seiten sind zutiefst überzeugt, daß eine Schlüsselrolle für ein vertrauensvolles Miteinander beider Völker und für eine friedliche Zukunft Europas dem Engagement der jungen Generation zukommt.
Aus dem Geist eines neuen Vertrauens wollen wir diese Zukunft gestalten. Ohne deutsch-französische Freundschaft hätte das Werk der Einigung Europas nicht begonnen werden können, ohne deutsch-polnische Partnerschaft wird es sich nicht vollenden lassen.
Ich wünsche mir, daß bei uns in Deutschland und in Polen schon bald die Voraussetzungen geschaffen werden, die Zukunft eines deutsch-polnischen Miteinanders im vereinten Europa in einem umfassenden Vertrag über gutnachbarschaftliche und freundschaftliche Beziehungen besiegeln zu können.

III. Herr Präsident, meine Damen und Herren, unser Ziel ist eine europäische Friedensordnung, in der die Menschen und Völker in gemeinsamer Freiheit zusammenleben – ein Haus der Freiheit für alle Europäer, wie es in den Worten Konrad Adenauers aus dem Jahre 1961 ausgedrückt ist. Diese europäische Friedensordnung muß sowohl die Demokratien Nordamerikas als auch die Sowjetunion einschließen.
Amerika ist auf dreifache Weise in Europa verankert: durch die Atlantische Allianz, durch eine intensiver werdende Zusammenarbeit zwischen den USA und der Europäischen Gemeinschaft sowie durch die aktive Rolle Amerikas im KSZE-Prozeß.
Eine der großen Herausforderungen in den kommenden Jahren wird darin bestehen, die Sowjetunion mehr und mehr in die Gestaltung der europäischen Zukunft einzubeziehen – politisch, in Fragen der Sicherheit, ökonomisch und kulturell.
Jahrzehnte des Ost-West-Konfliktes haben viele vergessen lassen, daß die Sowjetunion nicht nur geographisch, sondern auch durch Geschichte und Kultur

mit Europa verbunden ist. Bis in unsere Gegenwart hinein hat sie unersetzliche Beiträge zu unserem europäischen Kulturerbe geleistet.
Die Werke von Wassily Kandinsky und Dimitrij Schostakowitsch gehören allen Europäern. In den Romanen von Alexander Solschenizyn und Boris Pasternak spiegeln sich nicht nur bewegende Teile der europäischen Geschichte, sie sind auch ein Bekenntnis zur Humanität und Würde des einzelnen. Der gebürtige Russe Marc Chagall hat mit seinen großartigen Werken – ich denke an die Kirchenfenster in Mainz und Metz – Brücken der Kunst zwischen den europäischen Völkern geschlagen. Er verkörpert damit wie wenige die gemeinsame christlich-jüdische Tradition Europas.
Vor zwei Jahren beging Rußland das tausendjährige Jubiläum seiner Christianisierung. Einmal mehr wurden wir daran erinnert, daß dieses große Volk jene geistige Grundlage mit uns teilt, auf der die Idee von der unveräußerlichen Würde des einzelnen Menschen beruht.
Die historisch-kulturelle Verbundenheit mit Europa hat eine lange Tradition. Sie kann jetzt für die Zukunft endlich auch politisch wieder fruchtbar gemacht werden.
Hierfür bietet sich zum einen die Konferenz über Sicherheit und Zusammenarbeit in Europa an, die mit der weiteren Überwindung des Ost-West-Gegensatzes ein wichtiges Instrument gesamteuropäischer Zusammenarbeit werden kann. Dabei geht es um neue Formen ständiger Zusammenarbeit auf der Grundlage völliger Gleichberechtigung – unabhängig von der Größe oder Wirtschaftskraft eines Landes.
Zum anderen gilt es, noch stärker als bisher den Europarat als Instrument gesamteuropäischer Zusammenarbeit zu nutzen. Er symbolisiert wie kaum eine andere Institution die Einheit Europas im Geist der Menschenrechte.
Heute und in Zukunft müssen die deutsch-sowjetischen Beziehungen dem gemeinsamen Ziel aller Europäer dienen, in freier Selbstbestimmung ein Europa der Freiheit, des Friedens und der Gerechtigkeit zu bauen. In diesem europäischen Rahmen haben wir auch die Chance, eine neue Epoche in unseren bilateralen Beziehungen zur Sowjetunion zu gestalten.
Morgen jährt sich der Tag, an dem im Juni 1941 der deutsche Angriff auf die Sowjetunion erfolgte. Damit begann das schrecklichste und zugleich schmerzlichste Kapitel zwischen Deutschen und Russen sowie den anderen Völkern der Sowjetunion.
Wir haben die Millionen Opfer, die unsagbaren Leiden der Menschen und die Verwüstungen nicht vergessen.
Ich habe anläßlich des 45. Jahrestages des Kriegsendes Präsident Gorbatschow geschrieben:
In diesen Tagen, in denen sich auch die Völker der Sowjetunion anschicken, des

45. Jahrestages des Endes des Zweiten Weltkrieges zu gedenken, möchte ich Ihnen und Ihren Mitbürgern unsere Verbundenheit in der Trauer um die Millionen Opfer, die dieser schreckliche Krieg in Ihrem Land gefordert hat, versichern. Auch wir Deutsche schließen sie in unser Gedenken ein und bekunden den trauernden Familien unser Mitgefühl.
Wir Deutsche haben aus diesen bitteren Jahren der Geschichte gelernt und die Folgerungen gezogen. Gerade in dieser für uns Deutsche wichtigen Zeit, in der wir – nicht zuletzt auch dank der von uns in Moskau erreichten Verständigung – auf dem Wege zur staatlichen Einheit fortschreiten, möchte ich wiederholen: Von deutschem Boden soll nur noch Frieden ausgehen!
Letzte Woche hat mir Präsident Gorbatschow geantwortet. Er schreibt:
In den vor uns liegenden Jahrzehnten wird das politische Klima in Europa in vieler Hinsicht von den Entscheidungen abhängen, die wir treffen werden. Ich gehe von unserer beiderseitigen Bereitschaft aus, so zu handeln, daß wir unseren Völkern den Weg ins kommende Jahrhundert auf einer qualitativ neuen Grundlage erleichtern.
In unserem Verhältnis zur Sowjetunion ist in besonderem Maße historisches Verantwortungsbewußtsein, aber auch politische Gestaltungskraft gefordert. Wir Deutsche stehen deshalb zu unserem Wort, die berechtigten Sicherheitsinteressen aller europäischen Länder, gerade auch der Sowjetunion, zu achten. Dabei bleibt es für mich bei den Leitsätzen, die ich nach meiner Begegnung mit Präsident Gorbatschow im Februar dieses Jahres von dieser Stelle aus vorgetragen habe:
Die Geschichte dieses Jahrhunderts... zeigt: Nichts ist der Stabilität Europas abträglicher als ein zwischen zwei Welten, zwischen West und Ost, schwankendes Deutschland.
Und umgekehrt gilt: Deutschland im festen Bündnis mit freiheitlichen Demokratien und in zunehmender politischer und wirtschaftlicher Integration in der Europäischen Gemeinschaft ist der unerläßliche Stabilitätsfaktor, den Europa gerade auch in seiner Mitte braucht.
Meine Damen und Herren, die Überwindung der Teilung Deutschlands und die Mitgliedschaft eines vereinten Deutschlands in der NATO liegen auch im Interesse der Sowjetunion. Beides erhöht die Stabilität und die Sicherheit in ganz Europa.
Uns eröffnet sich jetzt die Chance, eine neue Phase der europäischen Geschichte einzuleiten, eine Phase, in der die Konfrontation durch Kooperation abgelöst wird, in der die europäischen Völker Sicherheit nur noch im Miteinander finden werden. Das bedeutet auch für die Sowjetunion den Durchbruch zu einer neuen Qualität der Sicherheit, die auch sie durch hochgerüstete Armeen niemals allein gewinnen wird.

Für die Lösung der jetzt anstehenden Fragen im Rahmen der Zwei-plus-Vier-Gespräche wird in den nächsten Monaten auch der Erfolg vielfältiger Verhandlungen entscheidend sein, in denen die gesamteuropäische Sicherheitsarchitektur vorbereitet wird.

Erstens geht es um die Umgestaltung der Bündnisse selbst. Der Warschauer Pakt hat kürzlich eine Kommission berufen, die bis zum Herbst Vorschläge für seine Umwandlung in einen Vertrag souveräner, gleichberechtigter Staaten erarbeiten soll, der auf demokratischen Prinzipien beruht. Wir begrüßen diesen Schlußstrich unter die Vergangenheit und hoffen auf Ergebnisse, die den tiefgreifenden Veränderungen Rechnung tragen.

Unser Atlantisches Bündnis wird bereits auf dem Gipfeltreffen Anfang Juli in London entsprechend den Vorschlägen von Präsident Bush seine Entscheidungen treffen. Wir werden die zukünftige Rolle, die Strategie und die militärische Struktur der Atlantischen Allianz neu bestimmen.

Auch wir ziehen damit die Schlußfolgerungen aus den grundlegenden politischen und militärischen Veränderungen, die sich in fast allen Warschauer-Pakt-Staaten vollziehen. Wir wollen damit den politischen Charakter des Atlantischen Bündnisses verstärken und sein militärisches Gewicht den neuen Verhältnissen anpassen.

Darüber hinaus stellt sich uns die politische Schlüsselaufgabe, in einer gemeinsamen Willenserklärung der Verbündeten das Verhältnis zu den Staaten des Warschauer Pakts zukunftsgewandt zu gestalten und einem gesamteuropäischen Gewaltverzicht den Weg zu bereiten.

Deshalb habe ich vorgeschlagen, daß die Mitglieder beider Bündnissysteme im KSZE-Rahmen einen Nichtangriffspakt erwägen sollten, und ein solcher Vertrag sollte dann allen anderen KSZE-Teilnehmern zum Beitritt offenstehen.

Abrüstung und Rüstungskontrolle sind das zweite Feld, auf dem wir – parallel zu unserem Weg zur deutschen Einheit – auch Fortschritte und Erfolge setzen müssen. Dies gilt insbesondere für die Wiener Verhandlungen über konventionelle Streitkräfte in Europa.

Noch in diesem Jahr und rechtzeitig zum KSZE-Sondergipfel im November soll und muß ein erstes Abkommen in Wien fertiggestellt werden. Ich habe es deshalb sehr begrüßt, daß sich Präsident Bush und Präsident Gorbatschow bei ihrem Gipfeltreffen in Washington hierauf verständigt haben. Im Verlauf der Wiener Verhandlungen soll nach allgemeinem Verständnis auch über die künftigen Streitkräfte eines geeinten Deutschlands und ebenso der anderen Teilnehmerstaaten verhandelt werden.

Aber Sicherheit in Europa kann unter den Bedingungen des ausgehenden 20. Jahrhunderts nicht mehr nur in militärischen Gleichgewichtsrechnungen, in Waffenzahlen und in Personalstärken definiert werden. Wirtschaftliche Kooperation ist die dritte Säule der gesamteuropäischen Sicherheitsarchitektur, denn eine immer weiter fortschreitende Verflechtung Europas durch Handel und durch wirtschaftliche Kooperation bildet Vertrauen und stärkt damit die Stabilität.

Deshalb ist es auch ein unerläßlicher Beitrag zur europäischen Sicherheit, wenn wir heute als Bundesrepublik Deutschland und morgen als geeintes Deutschland unseren östlichen und südöstlichen Nachbarn umfassende Zusammenarbeit in Wirtschaft, Wissenschaft und Technik anbieten.

Wir müssen insbesondere bereit sein, ihnen, wenn sie dies wünschen, auf ihrem Reformweg hin zu politischem Pluralismus, zu Rechtsstaat und zu Marktwirtschaft mit Rat und Tat beizustehen und Hilfe zur Selbsthilfe zu geben.

Angesichts der Größe und der Bedeutung dieser Aufgabe (...) (brauchen) wir das Zusammenwirken möglichst aller westlichen Partner.

Ich habe deshalb alle unsere Partner gebeten, diese Fragen auf dem Europäischen Rat in der nächsten Woche in Dublin und auf dem Weltwirtschaftsgipfel im Juli in Houston zu besprechen. Von dort sollte nicht nur ein Signal zur politischen, sondern auch zur wirtschaftlichen Zusammenarbeit ausgehen. Wir Deutsche sind zu einem entsprechenden Beitrag bereit.

Wir sind auch bereit, die politischen Beziehungen zur Sowjetunion nach der Vereinigung Deutschlands auf eine weiterführende vertragliche Grundlage zu stellen.

Nicht zuletzt geht es darum, daß wir für die zukünftige Sicherheitsarchitektur Gesamteuropas feste Fundamente legen. Sie sollen nicht als Ersatz, sondern als Ergänzung zu bewährten Institutionen, wie beispielsweise der NATO, dienen. Wir wollen gesamteuropäische Institutionen im Rahmen der KSZE schaffen. Hierzu sind von allen Seiten weiterführende Vorschläge eingebracht worden. Es ist jetzt an der Zeit, sie zu bündeln und zu Ergebnissen zu bringen.

Herr Präsident, meine Damen und Herren, wir befinden uns auf einem guten Weg, um jetzt die vor uns liegenden Aufgaben gemeinsam mit allen unseren Partnern in West und Ost zu lösen. Ich bin gemeinsam mit allen anderen zuversichtlich, daß wir dies auch zeitgerecht schaffen können. Präsident Gorbatschow hat mir das in diesen Tagen noch einmal ausdrücklich bestätigt.

Die Bundesregierung und ich selbst werden keine Zeit versäumen; wir wollen jede Chance zum Erfolg nutzen.

Mit der Überwindung der Teilung Deutschlands und Europas verbinden sich die Hoffnungen von vielen Menschen und Völkern. An der Schwelle zum 21. Jahrhundert enthält die Tagesordnung viele Themen, die wir nur in einer umfassenden Anstrengung aller freien Völker angehen können. Gemeinsam müssen wir für eine Welt arbeiten, in der das Leben in allen seinen Formen geachtet wird.

Die damit verbundenen Aufgaben sind nur noch in enger internationaler Zusammenarbeit zu lösen. Dazu gehört unverzichtbar die Partnerschaft zwischen Europa und den Vereinigten Staaten. Dazu gehört der Beitrag aller Staaten in Europa, auch der Sowjetunion.

Die Einheit Deutschlands und Europas rückt näher. Wenn Sie, meine Damen und Herren Abgeordneten des Deutschen Bundestages, heute dem Staatsvertrag über die Währungs-, Wirtschafts- und Sozialunion mit der DDR sowie der vorliegenden Entschließung über den endgültigen Verlauf der Grenze zwischen dem vereinten Deutschland und der Republik Polen zustimmen, haben wir wieder eine wichtige Etappe auf dem Weg dorthin zurückgelegt.

Vergessen wir niemals: Die Chance, die sich uns in diesen Monaten eröffnet, nimmt uns zugleich in beispielloser Weise in die Pflicht.

Ich rufe Sie, ich rufe uns alle und alle Deutschen dazu auf, daß wir uns dieser historischen Pflicht stellen.

Entschließung des Deutschen Bundestages zur deutsch-polnischen Grenze am 21. Juni 1990 in Bonn

– auf Antrag aller Fraktionen –

Der Bundestag wolle beschließen:

Der Deutsche Bundestag

- im Bewußtsein seiner Verantwortung vor der deutschen und europäischen Geschichte.
- fest entschlossen, dazu beizutragen, die Einheit und Freiheit Deutschlands in freier Selbstbestimmung zu vollenden, damit Deutschland als gleichberechtigtes Glied in der einem vereinten Europa des Rechts und der Menschenrechte, dem Frieden und der Freiheit der Welt dienen wird,
- in dem Bestreben, durch die deutsche Einheit einen Beitrag zum Aufbau einer Europäischen Friedensordnung zu leisten, in der Grenzen nicht mehr trennen und die allen europäischen Völkern ein vertrauensvolles Zusammenleben und umfassende Zusammenarbeit zum Wohle aller sowie dauerhaften Frieden, Freiheit und Stabilität gewährleistet,
- im Bewußtsein, daß dem polnischen Volk durch Verbrechen, die von Deutschen und im deutschen Namen begangen worden sind, schreckliches Leid zugefügt worden ist,
- im Bewußtsein, daß Millionen von Deutschen, die aus ihrer angestammten Heimat vertrieben wurden, großes Unrecht geschehen ist,
- in dem Wunsche, daß im Gedenken an die tragischen und schmerzlichen Seiten der Geschichte auch ein vereintes Deutschland und die Republik Polen die Politik der Verständigung und Versöhnung zwischen Deutschen und Polen konsequent fortsetzen, ihre Beziehungen im Blick auf die Zukunft gestalten und damit ein Beispiel für gute Nachbarschaft geben,
- in der Überzeugung, daß dem Engagement der jungen Generation bei der Aussöhnung beider Völker besondere Bedeutung zukommt,
- in der Erwartung, daß die frei gewählte Volkskammer der DDR gleichzeitig eine gleichlautende Entschließung abgibt,

gibt seinem Willen Ausdruck, daß der Verlauf der Grenze zwischen dem ver-

einten Deutschland und der Republik Polen durch einen völkerrechtlichen Vertrag endgültig wie folgt bekräftigt wird:
Der Verlauf der Grenze zwischen dem vereinten Deutschland und der Republik Polen bestimmt sich nach dem »Abkommen zwischen der Deutschen Demokratischen Republik und der Republik Polen über die Markierung der festgelegten und bestehenden deutsch-polnischen Staatsgrenze« vom 6. Juli 1950 und den zu seiner Durchführung und Ergänzung geschlossenen Vereinbarungen (Vertrag zwischen der Deutschen Demokratischen Republik und der Volksrepublik Polen über die Abgrenzung der Seegebiete in der Oderbucht vom 22. Mai 1989; Akt über die Ausführung der Markierung der Staatsgrenze zwischen Deutschland und Polen vom 27. Januar 1951) sowie dem »Vertrag zwischen der Bundesrepublik Deutschland und der Volksrepublik Polen über die Grundlagen der Normalisierung ihrer gegenseitigen Beziehungen« vom 7. Dezember 1970.
Beide Seiten bekräftigen die Unverletzlichkeit der zwischen ihnen bestehenden Grenze jetzt und in der Zukunft und verpflichten sich gegenseitig zur uneingeschränkten Achtung ihrer Souveränität und territorialen Integrität.
Beide Seiten erklären, daß sie gegeneinander keinerlei Gebietsansprüche haben und solche auch in Zukunft nicht erheben werden.
Die Bundesregierung wird aufgefordert, diese Entschließung der Republik Polen förmlich als Ausdruck auch ihres Willens mitzuteilen.

Die Fernsehansprache von Bundeskanzler Helmut Kohl zum Inkrafttreten der Wirtschafts-, Währungs- und Sozialunion vom 1. Juli 1990

Liebe Landsleute, vor wenigen Wochen wurde der Staatsvertrag über die Währungs-, Wirtschafts- und Sozialunion zwischen der Bundesrepublik Deutschland und der Deutschen Demokratischen Republik unterzeichnet – hier im Palais Schaumburg, dem Amtssitz früherer Kanzler der Bundesrepublik Deutschland. Seit heute ist er in Kraft.

Dies ist der entscheidende Schritt auf dem Weg zur Einheit unseres Vaterlandes, ein großer Tag in der Geschichte der deutschen Nation. Jetzt wird für die Menschen in Deutschland in wichtigen Bereichen ihres täglichen Lebens die Einheit erlebbare Wirklichkeit.

Der Staatsvertrag ist Ausdruck der Solidarität unter den Deutschen: Die Deutschen in der Bundesrepublik und in der DDR sind jetzt wieder unauflöslich miteinander verbunden. Sie sind es zunächst durch eine gemeinsame Ordnung der Sozialen Marktwirtschaft. Sie werden es bald auch wieder in einem freien und vereinten Staat sein.

Die Deutschen können jetzt auch wieder ungehindert zueinander kommen. Seit heute herrscht an der Grenze freie Fahrt. Wir freuen uns darüber. Über 40 Jahre haben wir Deutschen darauf gewartet. Wir denken heute aber auch besonders an jene, die an Mauer und Stacheldraht ihr Leben verloren. Der Staatsvertrag dokumentiert den Willen aller Deutschen, in eine gemeinsame Zukunft zu gehen: in einem vereinten und freien Deutschland.

Es wird harte Arbeit erfordern, bis wir Einheit und Freiheit, Wohlstand und sozialen Ausgleich für alle Deutschen verwirklicht haben. Viele unserer Landsleute in der DDR werden sich auf neue und ungewohnte Lebensbedingungen einstellen müssen – und auch auf eine gewiß nicht einfache Zeit des Übergangs. Aber niemandem werden dabei unbillige Härten zugemutet. Den Deutschen in der DDR kann ich sagen, was auch Ministerpräsident de Maizière betont hat: Es wird niemandem schlechter gehen als zuvor – dafür vielen besser.

Natürlich fragen sich viele, was dieser beispiellose Vorgang für sie ganz persönlich bedeutet – für ihren Arbeitsplatz, ihre soziale Sicherheit, für ihre Familien. Ich nehme diese Sorgen sehr ernst. Ich bitte die Landsleute in der DDR: Ergreifen Sie die Chance, lassen Sie sich nicht durch die Schwierigkeiten des Übergangs beirren. Wenn Sie mit Zuversicht nach vorn blicken und alle mit anpakken, werden Sie und wir es gemeinsam schaffen.

Für das große Ziel der Einheit unseres Vaterlandes werden auch wir in der Bundesrepublik Opfer bringen müssen. Ein Volk, das dazu nicht bereit wäre, hätte seine moralische Kraft längst verloren. Die Deutschen in der Bundesrepublik rufe ich dazu auf, unseren Landsleuten in der DDR weiterhin zur Seite zu stehen.

Für die Menschen in der Bundesrepublik gilt: Keiner wird wegen der Vereinigung Deutschlands auf etwas verzichten müssen. Es geht allenfalls darum, Teile dessen, was wir in den kommenden Jahren zusätzlich erwirtschaften, unseren Landsleuten in der DDR zur Verfügung zu stellen – als Hilfe zur Selbsthilfe.

Die Ansprache von DDR-Ministerpräsident Lothar de Maizière im Deutschen Fernsehfunk zum Inkrafttreten der Wirtschafts-, Währungs- und Sozialunion vom 1. Juli 1990

»Liebe Mitbürgerinnen und Mitbürger! Ich wende mich heute, am Vorabend des Inkrafttretens des Staatsvertrages zwischen der Bundesrepublik Deutschland und der Deutschen Demokratischen Republik, direkt an Sie, weil wir alle gemeinsam morgen, am 1. Juli, einen großen, einen entscheidenden Schritt in Richtung Einheit gehen. Die Währungs-, Wirtschafts- und Sozialunion schafft ganz wesentliche Voraussetzungen für die Verwirklichung der deutschen Einheit. Sie ist die Brücke für die Vereinigung beider deutscher Staaten.

Manchem geht das alles zu schnell. Ich kann dieses Gefühl gut verstehen. Denn noch vor wenigen Monaten waren die Vorzeichen in unserem Land ganz anderer Art. Der Westen war weit und für die meisten gar nicht erreichbar. Heute sind wir zusammengerückt. Wir sind ein Volk. Im Lande herrschte ein System, dem gegenüber viele von uns eine Haltung eingenommen hatten, die auch bei eigener Selbstkritik vertretbar erschien. Man hatte gelernt, sich mittreiben zu lassen, ohne sich in das System zu verstricken.

Die Monate Oktober und November 1989 brachten dann den großen Umbruch. Es war das Erwachen wie nach einem Alptraum. Immer wieder hört man, immer wieder sagt man selbst: Wer hätte das vor einem Jahr gedacht. Wer hätte geglaubt, daß in einem Jahr die Mauer fällt und alles ganz anders sein würde. Man kann es eigentlich auch heute immer noch nicht recht glauben, daß das SED-Regime, das wie ein Bollwerk gegen die Freiheit stand, so schnell zusammenbrechen würde, wobei unsere Waffen nicht Gewehre, sondern brennende Kerzen waren.

Inzwischen ist mehr als ein halbes Jahr vergangen, und ich glaube daher sagen zu können, daß der Prozeß der Einheit wirklich nicht zu schnell geht. Wir haben nichts überstürzt, und wir werden auch künftig Schritt für Schritt vorangehen. Aber die Schritte müssen sichtbar und spürbar sein. Denn der Prozeß der Einheit läßt sich nicht in die Länge ziehen. Ich bin der festen Überzeugung, daß wir dem Lande am besten dienen, wenn wir die Einheit nicht nur gut, sondern auch schnell vollziehen.

Was wir jetzt besonders brauchen, sind Selbstvertrauen und Zuversicht, Gründergeist habe ich es kürzlich einmal genannt, was heißen soll: Laßt uns mutig anfangen. Wir sollten nicht in erster Linie und vor allem Probleme sehen, sondern die Chance. Wir dürfen jetzt nicht die Hände in den Schoß legen und warten, was da kommt. Es kommt wenig in Bewegung, wenn wir nicht selbst zupakken. Es geht aber auch nicht, daß Einzelinteressen mit Streiks durchgesetzt werden. Wir müssen das Ganze im Auge behalten.

Es gibt auf allen Gebieten viel, sehr, sehr viel zu tun. Es gibt Arbeit in Hülle und Fülle, und es wird auch viele neue Arbeitsplätze geben. Natürlich wird mancher dazulernen oder einen anderen Beruf ergreifen müssen. Aber das geht in einer modernen Industriegesellschaft vielen so. Man lernt nicht mehr einen Beruf fürs ganze Leben, sondern man muß mit den Entwicklungen mitgehen. Auch ich selbst übe inzwischen meinen dritten Beruf aus. Die Arbeitsplätze der Zukunft, das belegen die Entwicklungen in allen Industrieländern, setzen Flexibilität voraus. Und das haben wir doch in der DDR gelernt. Die SED hat uns einen riesigen Berg von Problemen hinterlassen. Die Bilanz ist erschütternd. Wir haben auf fast allen Gebieten schwierigste Zustände geerbt. Und die Probleme, die wir bewältigen müssen, sind nicht die Probleme von heute, sondern die Folgen des alten Systems. Die Art und Weise, in der viele Regionen unseres Landes buchstäblich geschädigt worden sind, ist unbeschreiblich. Bitterfeld ist nur ein Stichwort für die vorsätzliche Zerstörung unserer Umwelt und die ständige Gefährdung der Gesundheit vieler Mitbürger. Doch auch diese Probleme werden wir lösen. Daß die Bundesrepublik bereit ist, uns gerade auch auf diesem Gebiet besonders schnell und entscheidend zu helfen, sollte uns allen weiteren Mut machen.

Die Investitionsbereitschaft von Unternehmen aus dem Westen ist groß. Bei meinen Gesprächen mit den Vereinigten Staaten, Frankreich und Großbritannien haben mir Unternehmer konkrete Projekte vorgestellt, die mit Investitionen in der DDR Arbeitsplätze sichern und neue Arbeitsplätze schaffen. Meine Gespräche in Brüssel haben mich die europäische Solidarität spüren lassen. Und bei meinen Gesprächen in Moskau ging es auch darum, unsere traditionellen Handels- und Wirtschaftsbeziehungen auch im Interesse unserer Arbeitsplätze zu sichern und auszubauen.

Mit der neuen Währung werden uns neue Chancen angeboten. Nutzen wir sie, aber lassen wir uns von ihnen nicht treiben. Ich kann schon verstehen, daß viele nach jahrzehntelangen Entbehrungen möglichst schnell alles nachholen wollen, was ihnen vorenthalten wurde. Aber das geht nicht. Bedenken Sie bitte, daß die Zeiten des Mangels vorüber sind. Es wird vieles einfacher werden. Ich empfinde es als eine große Erleichterung für alle, vor allem aber für die berufstätigen und die alleinerziehenden Mütter, daß sie künftig nicht mehr wertvolle

Freizeit, die eigentlich ihren Kindern gehört, mit Schlangestehen verschwenden müssen.
Ich danke der Bundesregierung, und ich danke dem Bundestag und der Volkskammer. Ich danke auch besonders der Opposition in unserem Lande, deren Argumente ich keineswegs überhört habe. Sie waren wichtige Hilfen bei der ständigen Überprüfung des eigenen Weges.
Sachliche Kritik ist immer hilfreich. Und ich danke auch ausdrücklich denen, die den Staatsvertrag im einzelnen ausgehandelt haben. Es war ein gewaltiges Stück Arbeit. Ich möchte auch ausdrücklich allen Banken- und Sparkassenangestellten danken, die in diesen Wochen Übermenschliches leisten. Ihrem unermüdlichen, manchmal auch nervenaufreibenden Einsatz ist es zu danken, wenn in diesen Tagen alles seinen geordneten Lauf nimmt. Und wer in diesen Tagen zulange in den Schlangen vor den Geldinstituten stehen mußte, möge ein Nachsehen haben. Es ist hoffentlich das letzte Mal, daß wir lange anstehen mußten.
Liebe Mitbürgerinnen und Mitbürger! Der 1. Juli 1990 ist ein wichtiges Datum in unserer Nachkriegsgeschichte. Wir vollziehen morgen einen entscheidenden Schritt in die materielle Freiheit. Dabei wird es Probleme und Sorgen geben. Ich verkenne das keineswegs. Aber es wird von nun an auch bei uns aufwärtsgehen. Wir haben mit Hilfe der Bundesrepublik Deutschland Chancen, die kein anderes Land in Osteuropa hat. Nutzen wir sie. Der Blick zurück ist ein Blick im Zorn. Der Blick nach vorn ist ein Blick mit Zuversicht und Hoffnung.

Hans-Jochen Vogel zum Inkrafttreten der Wirtschafts-, Währungs- und Sozialunion vom 1. Juli 1990

Die Sozialdemokratische Partei Deutschlands bekennt sich in beiden Teilen unseres Landes zur deutschen Einheit. Wir wollen sie jetzt in Freiheit vollenden. Die Einheit der Deutschen ist für uns kein Selbstzweck. Kein Wert, der anderen Werten – etwa dem Frieden oder der Freiheit – übergeordnet ist und deshalb keiner weiteren Rechtfertigung bedarf.
Wir wollen die Einheit um der Menschen willen. Wir wollen sie, weil sie das friedliche Zusammenleben nicht nur der Deutschen, sondern auch unserer Nachbarn, ja aller Europäer, erleichtert und ihrem Wohlergehen dient – weil ein geeintes Deutschland in einem geeinten Europa mehr zur Bewältigung der großen Menschheitsaufgaben beitragen kann. Auf dieser Grundlage streiten wir über die deutsche Einigung. Aber wir streiten nicht über das »Ob«, wir streiten über das »Wie«. Nicht über das Ziel, sondern über den besten Weg.
Das gilt auch für den Staatsvertrag (...) Auch hier geht es um das »Wie«. Es ist vernünftig, mit der Verwirklichung der Einheit auf den Gebieten zu beginnen, die für das tägliche Leben der Menschen wesentlich sind. Also auf dem Gebiet der Wirtschaft, der sozialen Sicherheit und der Umwelt. Auch auf dem Gebiet der Währung.
Der Übergang von der Kommandowirtschaft zu einer sozial und ökologisch verpflichteten Marktwirtschaft ist nicht ohne tiefgreifende Umstellungsprozesse und nicht ohne Risiken möglich. Aber wir haben deutlich gewarnt vor dem abrupten, unflankierten Übergang von einem System in das andere. Ob es richtig ist, die Schleusen von einem Tag auf den anderen mit einem Ruck zu öffnen. Ob die Schutz- und Anpassungsmaßnahmen ausreichend sind. Ob es als Folge des gewählten Weges nicht zu tiefen sozialen Brüchen und Erschütterungen in der DDR kommen wird. Ob nicht mehr Betriebe zusammenbrechen und mehr Menschen arbeitlos werden als ohnehin unvermeidlich; deshalb haben wir im engsten Einvernehmen mit den Sozialdemokraten in der DDR sogleich nach Bekanntwerden des ersten Entwurfes zum Staatsvertrag alles unternommen, damit diese Risiken vermindert werden. Diesem Zusammenwirken ist zu danken, daß aus den zunächst von der Bundesregierung lediglich vorgesehenen sozialrechtlichen Einzelregelungen, die nur ergänzend zur Währungsunion hinzutreten sollten, eine Sozialunion geworden ist, die diesen Namen verdient.

Die Lohnzuschläge bei niedrigen Einkommen, der Vertrauensschutz für die Mindestrente, die Pflicht zur Aufstellung von Sozialplänen bei Massenentlassungen, das Inkrafttreten des gesamten Kündigungsschutzrechtes – das alles fehlte im Entwurf der Bundesregierung; es ist erst nachträglich eingefügt worden. Wir haben noch weitere Verbesserungen verlangt:

Erstens: Es muß verhindert werden, daß überlebens- und konkurrenzfähige Betriebe zusammenbrechen, weil ihnen in der kritischen Anfangsphase nicht geholfen wird. Jeder Betrieb, der gerettet wird, bedeutet weniger Arbeitslose und mehr Hoffnung für die Menschen in der DDR und im übrigen für uns weniger Kosten.

Zweitens: Die katastrophalen Umweltverhältnisse in der DDR müssen energisch verbessert werden. Das hilft den Menschen in beiden Teilen Deutschlands. Deshalb muß die Umweltunion den gleichen Rang erhalten wie die anderen Unionen. Sie darf nicht nur ein Anhängsel sein.

Drittens: Die Milliardenvermögen der SED, der Ost-CDU, der anderen Blockparteien und der sogenannten Massenorganisationen müssen für Zwecke der Allgemeinheit herangezogen werden. Es darf nicht sein, daß die Bürgerinnen und Bürger der Bundesrepublik deshalb höhere Leistungen erbringen, weil Herr Gysi weiterhin 10000 Parteiangestellte beschäftigen oder die Schalck-Golodkowski-Firmen in Liechtenstein, Portugal oder auch in der Bundesrepublik nicht herausrücken will. Oder die Ost-CDU ein Vermögen behält, das ihr Generalsekretär auf mehrere hundert Millionen schätzt.

Viertens: Außerdem muß den Spekulanten das Handwerk gelegt werden. Den Umtauschspekulanten, ebenso wie den Bodenspekulanten, die sich schon in der DDR tummeln.

Auf allen vier Gebieten hat es Bewegung gegeben. Die Parteivermögen sind beschlagnahmt. Die Umweltbestimmungen sind ergänzt und verbessert. Vier Blöcke des Kernkraftwerks Greifswald sind stillgelegt, der fünfte wird alsbald folgen. Und für die Erhaltung überlebensfähiger Betriebe und die Vermeidung von Arbeitslosigkeit ist ebenfalls Zusätzliches geschehen. So durch Maßnahmen, die DDR-Produkte in bestimmten Branchen für eine Übergangszeit steuerlich zu begünstigen. Und durch eine Kurzarbeiterregelung, die als Überbrükkungsmaßnahme auch die Einrichtung von Beschäftigungsgesellschaften möglich macht. Das allein kann die Risiken mindern.

Auch der Text des Vertragswerkes wurde selbst in letzter Minute noch geändert. Ausdrücklich wurde mit der DDR vereinbart, daß sich die Durchführung der Wirtschaftsunion unter anderem zu orientieren hat an der Sozialpflichtigkeit des Eigentums, am sozialen Wohn- und Mietwesen, am Verbraucherschutz, am Ausbau der Infrastruktur, am Vorrang einer aktiven Arbeitsmarktpolitik vor der bloßen Arbeitslosenunterstützung.

Nicht alle unsere Forderungen sind erfüllt worden. So wäre es besser gewesen, wenn für die Schulden überlebensfähiger Betriebe eine umfassendere Regelung getroffen worden wäre, etwa durch Übernahme weiterer Teile der Schulden auf das Treuhandvermögen.
Unzulänglich sind auch die Interessen der Frauen in der DDR gewahrt. Sie werden überall als erste gekündigt und auch dort alleingelassen, wo es möglich gewesen wäre zu helfen. Und ob den Spekulanten wirklich wirksam begegnet worden ist, wird sich zeigen.
Diese und andere Defizite hat die Bundesregierung zu verantworten. Für die zu kritisierenden Fehlentscheidungen, die gegen unseren ausdrücklichen Widerspruch durchgesetzt worden sind, können wir nicht mithaften. Aber ein Scheitern des Vertrages hätte nach allem, was bereits an Fakten geschaffen worden war, in der DDR einen Schock ausgelöst und aller Voraussicht nach unkontrollierbare Entwicklungen in Gang gesetzt. Das wollten wir nicht. Deshalb und in Anbetracht der von uns erreichten Verbesserungen haben die Sozialdemokraten im Bundestag mit breiter Mehrheit mit »Ja« gestimmt.
Jetzt richtet sich der Blick in die Zukunft. Sie wird zeigen, ob die Warnungen berechtigt waren und die Befürchtungen eintreffen oder nicht. Wir hoffen, daß es nicht der Fall ist. Wenn sich die Lage allerdings dramatisch entwickelt, dann werden die Menschen in der DDR darunter leiden. Und sie werden fragen: Was geschieht jetzt?
Wir werden dieser Frage nicht ausweichen. Schon weil sonst ein neuer Übersiedlerstrom droht. Und wir werden dann all das nachholen müssen, was heute verweigert worden ist. Nicht um Schaden zu verhüten, sondern um den eingetretenen Schaden zu reparieren. Und das wird dann um ein Vielfaches teurer werden als ausreichende Vorsorge heute.
Es wäre deshalb gut, der weitere Weg zur deutschen Einheit könnte stärker als bisher im Miteinander der verantwortlichen Kräfte zurückgelegt werden als im Gegeneinander. Für den Abschnitt des Prozesses der deutschen Einigung, der jetzt vor uns liegt, brauchen wir Solidarität, die von Herzen kommt, ebenso wie nüchterne Besonnenheit. Wir brauchen aber gerade in der Bundesrepublik auch mehr geistiges Engagement als bisher. Denn die Bundesrepublik muß sich jetzt auch darüber klar werden, was die Einheit ihr – und nicht nur der DDR – an Wandlungen und Verwandlungen abverlangt. Wir dürfen uns nicht nur als eine erweiterte Bundesrepublik verstehen, wir müssen uns eine europäische Identität geben. Eine Identität, die uns im Herzen Europas als eine Kraft des Friedens, der Verständigung und des Ausgleichs wirken läßt.

Bundeskanzler Dr. Helmut Kohl vor der Bundespressekonferenz zu seiner Reise in die Sowjetunion in Bonn, 17. Juli 1990

Herr Vorsitzender, meine Damen und Herren!
Ich möchte heute unmittelbar nach dem Abschluß einer Serie wichtiger Gipfelbegegnungen – ich nenne den Europäischen Rat in Dublin, den NATO-Gipfel in London, den Weltwirtschaftsgipfel in Houston sowie mein Treffen mit dem sowjetischen Präsidenten Gorbatschow – eine Bilanz ziehen der ersten sechs Monate dieses Jahres und, soweit dies möglich ist, die Perspektiven der weiteren Arbeit bis zum Ende dieses Jahres aus der Sicht der Bundesregierung erläutern.

I. Die Entwicklung der vergangenen sechs Monate und die Ergebnisse der Gipfelbewegungen geben mir die Zuversicht, daß wir in diesem Jahr eine neue Seite der deutschen und auch der europäischen Geschichte aufschlagen können:
- durch die Herstellung der staatlichen Einheit Deutschlands,
- durch erhebliche Fortschritte in der europäischen Integration,
- durch die Erarbeitung der tragenden Elemente einer dauerhaften und gerechten europäischen Friedensordnung und damit eines neuen Verhältnisses partnerschaftlicher Zusammenarbeit in Frieden und Freiheit zum Wohle aller Bürger.

Dank intensiver und vertrauensvoller Gespräche und Konsultationen auf allen Ebenen, die auch in ihrer Dichte und Häufigkeit beispiellos waren, können wir heute von einem Durchbruch auf dem Wege zur Regelung der äußeren Aspekte der deutschen Einheit sprechen und zudem die Konturen einer künftigen europäischen Architektur klar erkennen.
Hierzu hat entscheidend beigetragen, daß wir Deutsche unseren Weg zur Einheit immer auch im klaren Bewußtsein unserer nationalen und europäischen Pflichten gehen werden und so gesehen haben.
Wir haben von Anfang an darauf geachtet, daß der Prozeß zur Einheit in einem stabilen europäischen Rahmen eingebettet wird. Deutsche Einheit und europäische Einheit sind unauflöslich miteinander verbunden. Deutsche Politik kann nicht gegen, sondern vernünftigerweise nur mit unseren Partnern und Nachbarn vorstellbar und auch erfolgversprechend sein.
Daher von Anfang an engste Abstimmung im Rahmen der EG und der NATO.

Daher auch die immer wieder von mir vorgetragene klare Absage an einen nationalen Alleingang oder an einen deutschen Sonderweg!
Daher von Anfang an das uneingeschränkte Ja zum festen Bündnis mit den freiheitlichen Demokratien Europas und Nordamerikas und zur zunehmenden Integration in der Europäischen Gemeinschaft.
Diese Ausrichtung wird auch in Zukunft Leitlinie meiner Politik sein.
Ich glaube, wir haben guten Grund – ich selbst vor allem – dankbar zu sein:

- denen, die geholfen haben; das sind vor allem die Menschen in unserem Vaterland, vor allem unsere Landsleute in der DDR;
- den drei Verbündeten, die besondere Verantwortung tragen für Berlin und Deutschland als Ganzes, insbesondere unseren amerikanischen Freunden und hier allen voran Präsident Bush;
- der EG-Kommission und deren Präsidenten Jacques Delors;
- der Weitsicht und dem Realitätssinn von Präsident Gorbatschow;
- mit einem Wort: unseren Verbündeten und Nachbarn in West und Ost, die von Anfang an Verständnis und dann auch Vertrauen bewiesen haben.

II. Vor sechs Monaten habe ich Ihnen von dieser Stelle aus die Grundlagen der Politik der von mir geführten Bundesregierung in diesem historischen Prozeß erläutert. Alle diese Grundlagen sind unverändert gültig und sie haben auch ihren Niederschlag in den Ergebnissen der Gipfeltreffen gefunden.
Erstens: Es liegt im Interesse von ganz Europa, daß sich die Europäische Gemeinschaft als Modell des Zusammenschlusses freier Völker, als Kern der künftigen europäischen Friedensordnung entschlossen fortentwickelt. Nur so ist sie in der Lage, ganz Europa den notwendigen Halt zu verleihen.
Zweitens: Wir brauchen weitere substantielle Fortschritte in Abrüstung und Rüstungskontrolle.
Der NATO-Gipfel in London – das war deutlich in den Gesprächen mit Präsident Gorbatschow – hat hierfür klare, weitreichende Signale verabschiedet, die vor allem auch in Moskau verstanden wurden.
Das westliche Bündnis gestaltet sich um, ändert seine Strategie und Struktur und nimmt zu den Staaten des Warschauer Paktes Beziehungen der Freundschaft und Zusammenarbeit auf. Eine gemeinsame Gewaltverzichtserklärung wird dies besiegeln.
Drittens: Unsere Politik muß darauf gerichtet sein, daß sich die in der Sowjetunion und in den Ländern Mittel- und Südosteuropas eingeleiteten Reformen in stabilen Bahnen entwickeln und zum Erfolg geführt werden können.
Bereits im letzten Jahr sind wichtige Schritte zur Unterstützung der Reformen in Polen und Ungarn angelaufen, in diesem Jahr ist die Hilfe für weitere Länder hinzugekommen. Wesentlich ist gleichermaßen die Einigkeit unter den westli-

chen Partnern, daß es auch notwendig ist, die Sowjetunion in diese Maßnahmen einzubeziehen.

III. Wenn wir heute auf Grund der Gipfeltreffen der letzen vier Wochen von einem Durchbruch sprechen können und mehr und mehr die Konturen des künftigen Europa vor uns sehen, wissen wir auch, daß noch ein schwieriger, ein arbeitsreicher Weg vor uns liegt.

1. Deutschlandpolitik Seit zwei Wochen sind die Deutschen in der Bundesrepublik Deutschland und in der DDR wieder ohne trennende Grenzen unauflöslich miteinander verbunden: Das Inkrafttreten der Währungs-, Wirtschafts- und Sozialunion war ein entscheidender Schritt auf dem Weg zur Einheit. Dieser Schritt ist auch überall in der Welt so verstanden worden.
Die Währungsumstellung in der DDR ist nicht zuletzt dank der vorzüglichen Vorarbeit aller beteiligten Stellen reibungslos, ja besser als von vielen Zweiflern erwartet, verlaufen. In der DDR ist eine Fülle von Gesetzen in Kraft getreten, die die rechtlichen Voraussetzungen für die Einführung der Sozialen Marktwirtschaft schaffen sollen.
Jeder weiß, daß die völlige Umgestaltung der Lebensverhältnisse in der DDR besonders in der Anfangszeit zum Teil erhebliche Schwierigkeiten mit sich bringt. Es wird viel Arbeit erfordern, bis wir Wohlstand und sozialen Ausgleich für alle Deutschen verwirklicht haben. Niemandem werden aber gerade in dieser Übergangszeit unbillige Härten zugemutet. Und wir haben alle Chancen, in einer relativ kurzen Zeit unser Ziel zu erreichen.

2. Ergebnisse der Gespräche mit Präsident Gorbatschow Ich bin, wie Sie wissen – viele von Ihnen waren ja mit dabei – gestern von meiner zweiten Reise in die Sowjetunion in diesem Jahr zurückgekehrt. Bei meinem ersten Besuch im Februar konnte ich berichten, daß wir Deutsche seitens der sowjetischen Führung »grünes Licht« für unseren Weg zur Einheit haben, daß wir auch über ihre Form, Frist und Bedingungen selbst entscheiden können.
Heute kann ich die für alle Deutschen gute Nachricht mitbringen, daß nunmehr auch über alle äußeren Aspekte zwischen uns und der Sowjetunion Einigkeit erzielt ist.
Wir wollen zukunftsgewandte Verträge, umfassende Zusammenarbeit, Vertrauen und nicht zuletzt die breite Begegnung unserer Völker, insbesondere der jungen Generation.
Wir wollen damit zugleich unseren Beitrag leisten für eine dauerhafte und friedliche Entwicklung in Europa.
Dies alles wird Leitmotiv – und darin bin ich mit Präsident Gorbatschow einig –

eines umfassenden Kooperationsvertrages des vereinten Deutschland mit der Sowjetunion sein, der so bald wie möglich nach der Vereinigung abgeschlossen sein wird.
Dieser Vertrag wird geschlossen auf der festen Grundlage und im beiderseitigen klaren Verständnis, daß mit der deutsch-sowjetischen Zusammenarbeit als auch mit der festen Verankerung im Westen ein unerläßlicher Beitrag der Stabilität in der Mitte Europas und darüber hinaus geleistet wird.
Auf der Grundlage dieser – wie auch Präsident Gorbatschow sagte – gemeinsamen Philosophie haben wir die praktischen Probleme, die auf dem Weg zur deutschen Einheit noch vor uns liegen, gelöst.
Ich will noch einmal die wichtigsten Punkte hier aufführen.

Erstens: Die Einigung Deutschlands umfaßt die Bundesrepublik Deutschland, die DDR und ganz Berlin.

Zweitens: Mit der Herstellung der Einheit Deutschlands werden die Vier-Mächte-Rechte und -Verantwortlichkeiten in bezug auf Deutschland als Ganzes und Berlin beendet. Das vereinte Deutschland erhält zum Zeitpunkt seiner Vereinigung seine volle und uneingeschränkte Souveränität.

Drittens: Das geeinte Deutschland kann in Ausübung seiner vollen und uneingeschränkten Souveränität frei und selbst entscheiden, ob und welchem Bündnis es angehören will. Dies entspricht dem Geist und dem Text der KSZE-Schlußakte.
Ich habe als Auffassung der Bundesregierung erklärt, daß das geeinte Deutschland Mitglied des Atlantischen Bündnisses sein möchte, und ich weiß, daß dies auch dem Wunsch der DDR entspricht. Herr Ministerpräsident de Maizière hat das gestern in seinem Kommentar deutlich gemacht. Wir haben uns auch heute früh noch einmal in unserem Gespräch in diesem Sinne klar ausgesprochen.

Viertens: Das geeinte Deutschland schließt mit der Sowjetunion einen zweiseitigen Vertrag zur Abwicklung des Truppenabzugs aus der DDR, der, wie die sowjetische Führung erklärt hat, innerhalb von drei bis vier Jahren beendet sein soll.
Was ich hier so einfach vortrage, »drei bis vier Jahre«, meine Damen und Herren, heißt, daß die sowjetischen Truppen spätestens 1994 deutsches Gebiet verlassen. Und ich will noch einmal darauf hinweisen: Das bedeutet, daß 50 Jahre nach dem Tag, an dem sowjetische Truppen zum ersten Mal das damalige deutsche Reichsgebiet im Kampf im Zweiten Weltkrieg betreten haben, die letzten sowjetischen Soldaten aus Deutschland abziehen werden.

Ferner soll für diesen Zeitraum ein Überleitungsvertrag über die Auswirkungen der Einführung der D-Mark abgeschlossen werden.

Fünftens: Während der Dauer der Anwesenheit sowjetischer Truppen auf dem Territorium der heutigen DDR werden keine Strukturen der NATO auf dieses Gebiet ausgedehnt.
Artikel 5 und 6 des NATO-Vertrages finden sofort mit der Vereinigung auf das gesamte Gebiet des vereinten Deutschland Anwendung.

Sechstens: Nicht integrierte Verbände der Bundeswehr, das heißt Verbände der territorialen Verteidigung, können ab sofort nach der Vereinigung Deutschlands auf dem Gebiet der heutigen DDR und in Berlin stationiert werden.

Siebtens: Für die Dauer der Anwesenheit sowjetischer Truppen auf dem Gebiet der heutigen DDR sollen nach unseren Vorstellungen die Truppen der drei Westmächte in Berlin verbleiben. Die Bundesregierung wird die drei Westmächte darum ersuchen und ihnen einen entsprechenden Vertrag vorschlagen. Für den Aufenthalt der westlichen Streitkräfte muß eine Rechtsgrundlage durch Vertrag zwischen der Regierung des vereinten Deutschlands und den Drei Mächten geschaffen werden. Wir gehen davon aus, daß selbstverständlich die Zahl und die Ausrüstung dieser Truppen nicht stärker sein soll als heute.

Achtens: Nach Abzug der sowjetischen Truppen aus dem Gebiet der heutigen DDR und aus Berlin können in diesem Teil Deutschlands auch der NATO angegliederte Truppen stationiert werden, allerdings ohne für Atomwaffen verwendbares Abschußgerät. Ausländische Truppen und Atomwaffen sollen nicht dorthin verlegt werden.

Neuntens: Die Bundesregierung erklärt sich bereit, noch in den laufenden Wiener Verhandlungen eine Verpflichtungserklärung abzugeben, die Streitkräfte eines geeinten Deutschlands innerhalb von drei bis vier Jahren auf eine Personalstärke von 370000 Mann zu reduzieren. Diese Reduzierung soll mit Inkrafttreten des ersten Wiener Abkommens beginnen. Dies bedeutet: Legt man die bisherige Sollstärke von Bundeswehr und Nationaler Volksarmee zugrunde, so werden die Streitkräfte des künftigen geeinten Deutschlands um 45 Prozent vermindert.

Zehntens: Das geeinte Deutschland wird auf Herstellung, Besitz und Verfügung der ABC-Waffen verzichten und Mitglied des Nichtverbreitungsvertrages bleiben.

Ich gehe (...) davon aus, daß die drei Westmächte ebenso wie die Regierung der DDR, mit der ich in der Persönlichkeit des Ministerpräsidenten heute bereits gesprochen habe, auch diese Einigungsvorstellung unterstützen werden.
Meine Damen und Herren, ein weiterer Schwerpunkt meiner Gespräche mit Präsident Gorbatschow, aber auch der Gespräche von Bundesfinanzminister Waigel mit seinen sowjetischen Partnern war eine zukunftsgewandte wirtschaftlich-finanzielle Zusammenarbeit.
Auf Grund der drei westlichen Gipfel von Dublin, London und Houston konnte ich der sowjetischen Führung und vor allem Präsident Gorbatschow verdeutlichen, daß der Westen auf den Erfolg der Perestroika setzt und ihn nach besten Kräften fördern will. Dies ist nach dem Ergebnis meiner vielen Gespräche der Wunsch und das Anliegen unserer westlichen Freunde und Partner.
Noch Ende dieser Woche wird der Präsident der EG-Kommission, Jacques Delors, nach Moskau reisen und auf der Grundlage des vom Europäischen Rat in Dublin erteilten Mandates das Gespräch aufnehmen.
Präsident Gorbatschow hat mir noch mitgeteilt, daß er noch vor seinem Urlaub mit dem amtierenden Präsidenten der Gemeinschaft, mit dem Ministerpräsidenten Italiens, Giulio Andreotti, das Gespräch in dieser Frage sucht.
Die Hauptarbeit – und dabei gab es zwischen uns beiden volle Übereinstimmung – ist jedoch in der Sowjetunion selbst zu leisten. Präsident Gorbatschow bereitet mit seinen Mitarbeitern ein umfassendes marktwirtschaftliches Reformprogramm vor, das er im September dem Obersten Sowjet vorlegen will und das nach seinem Willen alsbald in Kraft gesetzt wird. Dies – und darin waren wir uns einig – ist die entscheidende Voraussetzung für eine wirkliche und wirksame westliche Abstützung dieser Politik.
Meine Damen und Herren, dieser kurze Überblick über einige wesentliche Themen und Fragestellungen der nächsten Monate zeigt, daß wir bereits mitten in grundlegenden Weichenstellungen für unsere gemeinsame europäische Zukunft stehen.
Ich will aus diesem Grunde auch darauf hinweisen, daß allein die Terminübersicht bis zum Dezember deutlich macht, in welcher Fahrt das Ganze vonstatten geht:

- Mein Treffen mit dem amtierenden Präsidenten des Europäischen Rates, Ministerpräsident Andreotti, am 10. September steht in dieser Reihe.
- Ich nenne die deutsch-französischen Gipfelkonsultationen am 17. und 18. September in München.
- Das Sondertreffen des Europäischen Rates am 3. November 1990 in Rom.
- Das KSZE-Gipfeltreffen vom 19. bis 21. November 1990 in Paris – das ist für uns besonders wichtig, weil ja bei dieser Gelegenheit das Abschlußdokument »Zwei-plus-Vier« präsentiert werden soll.

– Ich nenne dann den Europäischen Rat vom 13. bis 15. Dezember 1990 in Rom – das ist ein ganz wichtiges Datum, weil ja bei dieser Gelegenheit die beiden Regierungskonferenzen eröffnet werden sollen: die Regierungskonferenz über die Vollendung der Wirtschafts- und Währungsunion in der Europäischen Gemeinschaft und die Regierungskonferenz – ich will sie einmal so nennen – zur weiteren Entwicklung der politischen Einheit in Europa.

Ich hoffe, daß wir dieses Jahr so gut zu Ende führen können und daß das, was im ersten halben Jahr begonnen wurde, dann auch fortgeführt werden kann. Ich selbst und die von mir geführte Bundesregierung wird alles daran setzen, dazu ihren Beitrag zu leisten.

Wie Sie entdeckt haben, habe ich ein anderes, ganz wichtiges Datum hier nicht erwähnt: die Bundestagswahl, die gesamtdeutschen Wahlen im Dezember. Ich gehe davon aus, daß es wohl der erste Dezembersonntag sein wird nach den jetzt in der Diskussion befindlichen Daten. Sie haben sicherlich Verständnis dafür, daß ich zum Schluß zum Ausdruck bringe, daß ich die Absicht habe, diese Wahl zu gewinnen.

Erklärung der Bundesregierung zum Vertrag über die abschließende Regelung in bezug auf Deutschland – abgegeben vom Bundesminister des Auswärtigen Hans-Dietrich Genscher am 20. September 1990 vor dem deutschen Bundestag in Bonn –

Frau Präsidentin,
meine sehr verehrten Damen, meine Herren!
Am 12. September ist in Moskau der Vertrag über die abschließende Regelung in bezug auf Deutschland unterzeichnet worden. Zusammen mit dem Einigungsvertrag, den wir heute abschließend beraten, eröffnet er uns Deutschen den Weg zur Vereinigung in Freiheit.
Die Unterzeichnung dieses abschließenden Dokumentes bildet den Schlußpunkt der europäischen Nachkriegsgeschichte. Uns Deutschen eröffnet sich eine neue Chance, Europa erhält die Möglichkeit eines umfassenden Neuanfangs.
Der Vertrag weist in eine bessere europäische Zukunft. (...)
Mit diesem Vertrag beendigen die Vier Mächte ihre Rechte und Verantwortlichkeiten in bezug auf Berlin und auf Deutschland als Ganzes. Das vereinigte Deutschland wird mit dem Inkrafttreten des Vertrags die volle Souveränität über seine inneren und äußeren Angelegenheiten erhalten. Das schließt das Recht ein, Bündnissen mit allen sich daraus ergebenden Rechten und Pflichten anzugehören.
Unser Ziel, das vereinigte Deutschland nicht mit offenen außenpolitischen Fragen zu belasten, ist erreicht worden.
Es ist beabsichtigt, am 1. Oktober 1990 in New York ein weiteres Dokument zu unterzeichnen, in dem die Rechte und Verantwortlichkeiten der Vier Mächte vom Tage der Vereinigung bis zum Inkrafttreten des Vertrages suspendiert werden.
Der Vertrag über die abschließende Regelung trägt noch die Unterschriften der Vertreter der beiden deutschen Staaten. Seine Ratifizierung aber wird die Aufgabe des ersten gesamtdeutschen Parlaments sein, das nach dem 3. Oktober 1990 zusammentritt.

Wir werden die Ergebnisse der Zwei-plus-Vier-Gespräche am 1. und 2. Oktober zunächst der Außenministerkonferenz der KSZE-Staaten in New York und im Herbst feierlich dem KSZE-Gipfel in Paris vorlegen. Die Teilnehmerstaaten des KSZE-Prozesses erkennen schon heute: Die Herstellung der staatlichen Einheit Deutschlands schafft keine neuen Probleme für Europa. Im Gegenteil, die deutsche Einheit stärkt die Hoffnung auf eine bessere Zukunft unseres Kontinents.

In dem Vertrag über die abschließende Regelung in bezug auf Deutschland bekennen wir Deutschen uns zur Friedensverantwortung (...)

In feierlicher Form bekräftigen wir, daß von deutschem Boden nur Frieden ausgehen wird. Wir stellen fest, daß Handlungen, die geeignet sind, und in der Absicht vorgenommen werden, das friedliche Zusammenleben der Völker zu stören, insbesondere die Führung eines Angriffskriegs vorzubereiten, verfassungswidrig und strafbar sind.

Wir bekunden vor aller Welt, daß wir keine unserer Waffen jemals einsetzen werden, es sei denn in Übereinstimmung mit unserer Verfassung und mit der Charta der Vereinten Nationen.

Die Politik des vereinten Deutschland wird eine Politik des guten Beispiels sein. In diesem Geist bekräftigen wir den Verzicht auf Herstellung und Besitz von und auf Verfügungsgewalt über atomare, biologische und chemische Waffen. Wir bekennen uns erneut zu den Rechten und Verpflichtungen aus dem Vertrag über die Nichtverbreitung von Kernwaffen.

Unsere Entscheidung, die Streitkräfte des vereinten Deutschlands innerhalb von drei bis vier Jahren auf 370000 Mann zu reduzieren, ist ein bedeutsamer deutscher Beitrag zur Reduzierung der konventionellen Streitkräfte in Europa. Wir hoffen, daß dieses Beispiel Nachahmung finden wird.

Am 3. Oktober wird das deutsche Volk wieder in einem demokratischen Staat leben – zum erstenmal nach 57 Jahren. Die Aussicht auf diesen Tag erfüllt uns mit Freude und Dankbarkeit. Sie ist Anlaß zur Besinnung.

Nach dem 30. Januar 1933, an dem die Nacht des Faschismus über Deutschland hereinbrach, verloren wir zuerst unsere Freiheit und unseren inneren Frieden. Wir verloren den äußeren Frieden, und wir verloren unsere staatliche Einheit. Viele Deutsche verloren Leben, Gesundheit, Hab und Gut und die Heimat. Wir alle verloren die Achtung und die Freundschaft der anderen Völker. Alles das begann am 30. Januar 1933.

Wir gedenken im Bewußtsein der Zustimmung der Vier Mächte zu unserer staatlichen Einheit des unendlichen Leids, das im deutschen Namen über die Völker gebracht worden ist. Wir gedenken aller Opfer des Krieges und der Gewaltherrschaft. Wir vereinen uns in dem Willen, daß das alles nie wieder geschehen darf.

In besonderer Weise gelten unsere Gedanken dabei dem jüdischen Volk. Auch das vereinte Deutschland wird sich seiner besonderen Verantwortung gegenüber dem jüdischen Volk bewußt sein.
Wenn wir heute die Unterzeichnung des Vertrags über die abschließende Regelung würdigen, empfinden wir, daß uns die Völkergemeinschaft mit ihrem Vertrauen auf dem Weg in die staatliche Einheit begleitet.
Der Aufbau einer freiheitlichen Staats- und Gesellschaftsordnung in der Bundesrepublik Deutschland und die Politik des Friedens und der Verantwortung unseres Staates haben uns das Vertrauen der Völker zurückerworben.
Die friedliche Freiheitsrevolution in der DDR hat die Völker der Welt überzeugt, daß die Deutschen die Chance der Freiheit für Freiheit und für Frieden nutzen.
Die Welt hat erkannt: Wir Deutschen setzen auf die friedenstiftende Kraft von Menschenrecht und Menschenwürde, von Freiheit und Demokratie.
Es ist ein weiter Weg, der uns aus den Trümmern des Zweiten Weltkriegs hierher geführt hat. Es entstand die freiheitlichste und sozialste Staats- und Gesellschaftsordnung unserer Geschichte.
Die außenpolitischen Meilensteine dieses Weges sind die Mitgliedschaften im Europarat, im westlichen Bündnis und in der Europäischen Gemeinschaft. Mit diesen Schritten kehrten wir in die Gemeinschaft der Demokratien zurück. In den Verträgen von Moskau und Warschau, in dem Vertrag mit der CSSR und dem Grundlagenvertrag mit der DDR wurde die Grundlage für ein neues Verhältnis mit unseren östlichen Nachbarn gelegt und das Verhältnis der beiden deutschen Staaten für die Zeit der staatlichen Trennung geregelt.
Die Namen Konrad Adenauer, Willy Brandt und Walter Scheel stehen für die Grundentscheidungen der deutschen Nachkriegsaußenpolitik.
Die Vertragspolitik der Bundesrepublik Deutschland machte auch den Weg frei für die Schlußakte von Helsinki. Aufbauend auf dem Moskauer Vertrag schuf die deutsch-sowjetische Erklärung vom 13. Juli 1989 eine neue Qualität der deutsch-sowjetischen Beziehungen. Sie ist ein wichtiger Zwischenschritt zu dem umfassenden Vertrag, der am 13. September 1990 in Moskau paraphiert wurde.
Die deutsche Vereinigung eröffnet für uns Deutsche die historische Chance, gemeinsam unseren Beitrag für ein friedliches, freiheitliches und vereintes Europa zu leisten.
Mit dem europäischen Weg der Deutschen zu ihrer staatlichen Einheit vollendet sich, was in der Präambel unseres Grundgesetzes verankert wurde. Es wird verwirklicht, was Frankreich, die Vereinigten Staaten von Amerika und das Vereinigte Königreich von Großbritannien und Nordirland im Deutschlandvertrag von 1954 zugesagt haben.

Es erfüllt sich, was wir mit dem Brief zur Deutschen Einheit beim Abschluß des Moskauer Vertrages als Ziel unserer europäischen Friedenspolitik bekräftigt haben.
Wir werden unsere volle Souveränität in europäischer Friedensverantwortung wahrnehmen. Das souveräne, demokratische und freiheitliche Deutschland wird der Einheit, der Stabilität und dem Fortschritt Gesamteuropas verpflichtet sein.
Wir wollen auch dazu beitragen, daß Europa seiner Verantwortung bei der Gestaltung einer neuen Weltordnung gerecht werden kann.
Das vereinigte Deutschland wird größeres Gewicht haben. Wir wissen, daß sich die Völker Europas die Frage stellen, wie wir Deutschen dieses größere Gewicht nutzen werden.
Es kann darauf nur eine Antwort geben: Mit diesem größeren Gewicht streben wir nicht nach mehr Macht, wohl aber sind wir uns der größeren Verantwortung bewußt, die daraus erwächst.
Die Politik des vereinten Deutschland wird von der Friedenspflicht und den Grundwerten unseres Grundgesetzes bestimmt.
Mit Hochachtung und Dankbarkeit gedenken wir der Weitsicht und Klugheit der Frauen und Männer, die unser Grundgesetz geschaffen haben.
Auch mit den Erfahrungen von vier Jahrzehnten deutscher Nachkriegspolitik könnte unser Auftrag heute nicht eindrucksvoller formuliert werden als der Verfassungsauftrag in der Präambel unseres Grundgesetzes, nämlich die Einheit Deutschlands zu vollenden, Europa zu vereinigen und dem Frieden der Welt zu dienen. Das bestimmt die europäische Berufung und die Friedensverantwortung der Deutschen.
Das Schicksal Deutschlands ist eingebettet in das Schicksal Europas, und zwar stets bewußt: Die deutsche Spaltung kann nur durch Überwindung der Trennung Europas beendet werden. Deshalb sind wir für die Einheit der europäischen Demokratien eingetreten. Deshalb haben wir unsere Verantwortung im westlichen Bündnis übernommen.
Unermüdlich haben wir für die Überwindung des West-Ost-Gegensatzes gearbeitet. Wir haben dem KSZE-Prozeß immer wieder neue Impulse gegeben. Wir haben jede Abrüstungschance genutzt, und wir haben für ein neues Verhältnis der Mitglieder der beiden Bündnisse zueinander gearbeitet.
Alle diese Bemühungen bis hin zur grundlegenden Verbesserung unserer Beziehungen zur Sowjetunion haben schließlich die Rahmenbedingungen geschaffen, unter denen die Zwei-plus-Vier-Gespräche, die am 13. Februar 1990 in Ottawa beschlossen wurden, in wenigen Monaten beendet werden konnten.
Den Weg europäischer Verantwortungspolitik werden wir fortsetzen. Wir wol-

len den Ausbau der Europäischen Gemeinschaft zur Europäischen Union, die die Politische Union genauso umfaßt wie die Wirtschafts- und Währungsunion. Je schneller wir die europäische Union vollenden, desto mehr fördern wir die Einheit Gesamteuropas. Die Europäische Gemeinschaft ist ein Grundelement des zukünftigen einen Europa.

Auch die Deutschen in den neuen Bundesländern werden vom 3. Oktober 1990 an der Europäischen Gemeinschaft angehören.

Wir haben Anlaß, den Institutionen der Europäischen Gemeinschaften Dank zu sagen, an der Spitze dem Präsidenten der Kommission, Jacques Delors, dafür, daß sie mit großem Engagement die dafür erforderlichen Entscheidungen vorbereitet und möglich gemacht haben.

Konstitutiv für die Zukunft der Europäischen Gemeinschaft ist die einzigartige Verbindung zwischen Deutschland und Frankreich. Mit dem 3. Oktober 1990 werden alle Deutschen auch in diese Verbindung einbezogen sein.

Wir bekennen uns zu einer immer engeren deutsch-französischen Zusammenarbeit als Grundlage deutscher Außenpolitik. Bundeskanzler Kohl und Präsident Mitterand haben am 18. September 1990 in München gemeinsam erklärt:

Die Vollendung der deutschen Einheit, die wir gemeinsam begrüßen, gibt unserer Zusammenarbeit, die sich von Anfang an zum Ziel gesetzt hat, zusammen das europäische Einigungswerk in allen Bereichen voranzubringen, eine neue Tragweite und einen breiteren Horizont.

Größere Verantwortung bedeutet, unsere besondere Verantwortung für die Entwicklung in Mittel- und Osteuropa anzunehmen. Nachdem die Mauern der ideologischen Gegensätze, die Mauern aus Stein, gefallen sind, wollen wir nicht, daß Europa durch eine Mauer unterschiedlicher wirtschaftlicher Entwicklung und sozialer Unterschiede neu geteilt wird.

Wir werden über die Einheit der Deutschen die Einheit des ganzen Europa nicht vergessen. Wir wollen ein solidarisches und partnerschaftliches Europa, das die Zukunftserwartungen aller europäischer Völker erfüllt.

Nur wenn alle europäischen Staaten den Weg nach Europa beschreiten, werden wir den Rückfall in neuen Nationalismus verhindern können. Die neue Kultur des Zusammenlebens der Völker in der Europäischen Gemeinschaft soll den Geist der Einigung Gesamteuropas bestimmen. Die europäische Friedensordnung (...) bleibt unser Ziel.

Unser Beitrag für das eine Europa ist eine Investition auch in unsere europäische Zukunft. Tragfähige politische, ökonomische, soziale und ökologische Rahmenbedingungen für die Veränderungsprozesse in den Staaten Mittel- und Osteuropas sind die große Aufgabe einer europäischen Stabilitätspolitik, in der die militärischen Faktoren eine immer geringere Rolle spielen.

Unser ökonomisches und politisches Gewicht und unsere Lage im Herzen Europas weisen uns hier eine besondere Verantwortung zu. Dabei ist uns stets bewußt, daß die Sowjetunion zu Europa gehört und daß ohne sie das eine Europa nicht entstehen kann.

Diesem großen Ziel dient der in Moskau paraphierte »Vertrag über gute Nachbarschaft, Partnerschaft und Zusammenarbeit«. Dieser Vertrag schafft nicht nur eine neue, zukunftsgerichete Grundlage für das deutsch-sowjetische Verhältnis, er entspricht zugleich der zentralen Bedeutung dieser Beziehung für ganz Europa.

Diese Bedeutung wurde bei der Begegnung des Bundeskanzlers mit Präsident Gorbatschow im Juli 1990 im Kaukasus erneut deutlich. Wir wollen, daß in das neue Verhältnis auch die Menschen in unseren beiden Staaten einbezogen werden. Das gilt auch für die sowjetischen Soldaten, die in den nächsten drei bis vier Jahren das Gebiet der heutigen DDR verlassen werden.

Beide Staaten gehen daran, für ganz Europa Neues zu schaffen. Das richtet sich nicht gegen andere, und das nimmt niemandem etwas. Es gibt aber Europa zusätzliche Stabilität.

Dieser richtungsweisende Vertrag zeigt, daß es beide Staaten mit der Absicht ernst meinen, die Zukunft gemeinsam zu gestalten. Wir wollen einander in jeder Hinsicht Vertrauen gönnen. Der Vertrag schafft dafür die Grundlage.

Vor uns liegen die Chancen einer umfassenden, breiten und zukunftsorientierten Kooperation. Diese Kooperation wird nicht nur eine deutsch-sowjetische Angelegenheit sein, aber durch eine enge Zusammenarbeit mit Deutschland, das Mitglied der Europäischen Gemeinschaft ist, das im westlichen Bündnis fest verankert ist und zu den Motoren des KSZE-Prozesses gehört, verbindet die Sowjetunion ihre Zukunft mit dem Schicksal Europas.

Unsere größere Verantwortung für die Zukunft Europas erkennen wir auch für unser Verhältnis zu Polen.

Die Unverletzlichkeit der Grenzen ist ein Kernelement der Friedensordnung in Europa. Der Vertrag vom 12. September 1990 bestätigt den endgültigen Charakter der Grenzen des geeinten Deutschland. Das vereinte Deutschland hat keinerlei Gebietsansprüche gegen andere Staaten und wird solche auch in Zukunft nicht erheben.

Das vereinte Deutschland wird die bestehende deutsch-polnische Grenze in einem völkerrechtlich verbindlichen Vertrag bestätigen. Das wird innerhalb der kürzestmöglichen Zeit nach der Herstellung der deutschen Einheit geschehen.

Für Millionen Deutsche, die ihre Heimat unter schmerzlichen Bedingungen aufgeben mußten, bedeutet diese Entscheidung einen besonderen und persönlichen Beitrag zum Frieden in Europa.

Schon mit dem Warschauer Vertrag haben wir den Teufelskreis von Unrecht

und Gegenunrecht für immer durchbrochen und damit den Weg für die Aussöhnung mit dem polnischen Volk geebnet. Unser Verhältnis zu Polen drückt in besonderer Weise unsere europäische Berufung aus.
Es ist deshalb unsere Absicht, in einem zusätzlichen umfassenden deutsch-polnischen Vertrag die Grundlagen für ein neues Kapitel guter deutsch-polnischer Nachbarschaft aufzuschlagen.
Größere Verantwortung werden wir auch bei der Vertiefung und der Institutionalisierung des KSZE-Prozesses erfüllen (...)
Vor fünfzehn Jahren haben sich die 35 Unterzeichnerstaaten mit der Schlußakte von Helsinki auf die Freiheit, auf Demokratie und auf die Achtung der Menschenrechte verpflichtet. Die Entwicklung seitdem hat der kühnen Entscheidung von 1975 recht gegeben.
Die Gipfelkonferenz am 19. November in Paris wird den KSZE-Prozeß auf eine neue Stufe heben und die ersten gemeinsamen Institutionen des neuen, des einen Europa schaffen. Mit regelmäßigen Tagungen der Staats- und Regierungschefs und der Außenminister, mit einem Konfliktverhütungszentrum und einem Sekretariat werden erste solide Fundamente für eine dauerhafte kooperative Friedensordnung in ganz Europa entstehen.
Aus der »Konferenz für Sicherheit und Zusammenarbeit in Europa« entwickelt sich mit unserer aktiven Mitwirkung Schritt für Schritt eine »Struktur europäischer Zusammenarbeit, Sicherheit und Stabilität«.
Das Ende der Ost-West-Konfrontation und ein neues Verhältnis zwischen den Mitgliedsstaaten der beiden Bündnissysteme machen den Weg für neue kooperative Strukturen in Europa frei, auch für kooperative Sicherheitsstrukturen, in denen unser Bündnis, dem auch das vereinigte Deutschland angehören wird, eine wichtige Rolle für die europäische Stabilität zu erfüllen hat.
Die Soldaten unserer Bundeswehr behalten in dieser kooperativen Sicherheitspolitik unter veränderten Umständen ihren Auftrag der Friedenssicherung. Es wird die eine Bundeswehr sein, in der Soldaten in ganz Deutschland ihren Friedensdienst in Freiheit und Demokratie erfüllen.
Das eine deutsche Volk hat eine Armee, auch wenn der sicherheitspolitische Status in den neuen Bundesländern vorerst unterschiedlich ist. Das bedeutet auch, daß Soldaten der Bundeswehr nach dem 3. Oktober 1990 neben Soldaten der Roten Armee stationiert sein werden. Wir wollen, daß sich daraus neues Vertrauen und gute Partnerschaft ergeben.
Mit einem im KSZE-Rahmen institutionalisierten kooperativen europäischen Sicherheitssystem werden wesentliche Bausteine einer neuen europäischen Friedensordnung vom Atlantik bis zum Ural geschaffen. Dafür müssen die Abrüstungsverhandlungen die davongeeilte politische Entwicklung wieder einholen. Wir werden diesen Verhandlungen neue Impulse geben.

Größere Verantwortung bedeutet für uns auch eine Stärke des transatlantischen Verhältnisses. Der Atlantik soll nicht breiter werden, wenn die Europäische Gemeinschaft auf dem Wege zur Europäischen Union immer mehr an Identität gewinnt. Im Gegenteil, die beiden Kontinente müssen noch mehr zusammenrücken.
Eine transatlantische Erklärung zwischen der Europäischen Gemeinschaft und den nordamerikanischen Demokratien wird dieser Verbindung eine neue Qualität geben. Die Initiative zu dieser Erklärung geht von uns aus. Wir sehen sie in der Perspektive deutscher und europäischer Einheit.
Das westliche Bündnis, das mit seiner Londoner Erklärung vom 6. Juni 1990 seine Zukunft und seine Verantwortung neu bestimmt, verbindet die USA und Kanada mit den neu entstehenden Strukturen kooperativer Sicherheit in Europa. Die untrennbare Verbindung der USA und Kanadas mit dem europäischen Schicksal und ihre Teilnahme an dem KSZE-Prozeß kommen in der Abhaltung der KSZE-Außenministerkonferenz am 1. und 2. Oktober 1990 auf amerikanischem Boden sichtbar zum Ausdruck.
Mit der Überwindung des Ost-West-Konflikts wird der Blick frei für die Chancen einer neuen Weltordnung. Die Teilung Europas und der West-Ost-Konflikt haben über Jahrzehnte unsere Kräfte gebunden. Wir wollen sie nun gemeinsam für Europa und für die Welt einsetzen.
Das geeinte Deutschland wird weltoffen sein und auch darin seiner größeren Verantwortung gerecht werden. Je freiheitlicher und je toleranter, je gerechter und je sozialer unsere Staats- und unsere Gesellschaftsordnung sein werden, um so mehr werden wir uns das Vertrauen der Völker erwerben und um so mehr werden wir den Grundwerten unserer Verfassung und dem Geist der friedlichen Erhebung in der DDR gerecht.
Freiheitlichkeit, Toleranz, Gerechtigkeit und soziale Verantwortung, Solidarität und Brüderlichkeit werden sich gerade jetzt bei der menschlichen Vereinigung der Deutschen bewähren müssen.
Die Politik des guten Beispiels verpflichtet uns, die globalen Herausforderungen anzunehmen. Es geht um die Bewahrung der natürlichen Lebensgrundlagen. Es geht darum, die Überwindung von Hunger und Armut in der Dritten Welt als die weltweite soziale Aufgabe am Ende dieses Jahrhunderts zu begreifen.
Es geht um die Bewältigung der Probleme der Konversion von Rüstungs- und Friedenswirtschaften. Die eine Welt, in der wir leben, verlangt nach neuen Strukturen der Kooperation und der Friedenssicherung – regional und global.
Alle diese Aufgaben wird das vereinte Deutschland als besondere Herausforderung verstehen.
Die Grundwerte unserer Verfassung bestimmen nicht nur unsere innerstaatli-

che Ordnung; sie bestimmen auch unser Zusammenleben mit den anderen Völkern und unser weltweites Handeln. Die Achtung vor der unantastbaren Würde des Menschen ist Maßstab unserer Politik, nach innen und nach außen.
Bei den Zwei-plus-Vier-Gesprächen haben alle mit dem Ziel gehandelt, dem gemeinsamen Erfolg größeres Gewicht zu geben, als dem Streben nach einseitigen Vorteilen. Dieses Beispiel gibt uns Hoffnung auf eine neue Kultur des internationalen Zusammenlebens.
Wir wollen, daß das vereinte Deutschland durch seine Politik dazu beiträgt.
Wir Deutschen danken an der Schwelle zur deutschen Einheit unseren Freunden und Verbündeten im Westen, die uns die Rückkehr in die Gemeinschaft der freien Völker geebnet haben. Sie sind in guten und in schlechten Jahren für Berlin und für uns Deutsche eingestanden. Die Luftbrücke nach Berlin wird unvergessen bleiben.
Wir danken Präsident Bush, Präsident Mitterrand, Premierministerin Thatcher, ohne deren Beistand und ohne deren Verständnis für das Anliegen unseres Volkes diese Erklärung heute hier nicht hätte abgegeben werden können.
Wir danken Präsident Gorbatschow. Er hat mit seiner mutigen Politik Europa eine neue Zukunft und Deutschland die Chance zur Einheit in Freiheit eröffnet. Auch das wird die Zukunft des deutsch-sowjetischen Verhältnisses bestimmen.
Wir danken auch den Völkern Mittel- und Osteuropas. Daß das ungarische Volk als erstes den Eisernen Vorhang durchschnitt, wird bei uns unvergessen bleiben.
Ich danke meinen Kollegen, den Außenministern der USA, der Sowjetunion, Frankreichs und des Vereinigten Königreichs.
Frau Präsidentin, meine sehr geehrten Damen, meine Herren, die Welt blickt auf Deutschland. Die Welt soll wissen: Wir kennen unsere Verantwortung, und wir werden sie erfüllen.
Wir Deutschen wollen nichts anderes, als in Freiheit, in Demokratie und in Frieden mit allen Völkern Europas und der Welt leben.

Fernsehansprache von Ministerpräsident Lothar de Maizière am 2. Oktober 1990, dem Vorabend des Tages zur Deutschen Einheit

Es ist ungewöhnlich, daß sich ein Staat freiwillig aus der Geschichte verabschiedet. Ebenso ungewöhnlich und widernatürlich war aber auch die Teilung unseres Landes.
In wenigen Stunden tritt die Deutsche Demokratische Republik der Bundesrepublik Deutschland bei. Wir Deutschen erreichen die Einheit in Freiheit.
Ich glaube, wir alle haben Grund, uns zu freuen und dankbar zu sein. Wir lassen ein System hinter uns, das sich demokratisch nannte, ohne es zu sein. Seine Kainszeichen waren die Unfreiheit des Geistes und das verordnete Denken, Mauer und Stacheldraht, der Ruin der Wirtschaft und die Zerstörung der Umwelt, die ideologisch kalkulierte Gängelung und das geschürte Mißtrauen.
An die Stelle dieser Tyrannei sind Rechtsstaatlichkeit, Demokratie und Menschenwürde getreten.
Unser Weg in die Freiheit war nicht gefahrlos und war nicht unumstritten. Wir danken denjenigen, die unbeirrt ihren Weg gingen und ihren demokratischen Willen furchtlos zum Ausdruck brachten. Da sie sich von der Angst befreit hatten, konnten sie auch die Freiheit erzwingen.
Wir wissen, daß wir diesen Weg nicht ohne das neue Denken in der Sowjetunion und ohne die Unterstützung unserer Nachbarn im Osten hätten gehen können.
Wir danken den heutigen Tag auch dem Verständnis der Vier Mächte und ihrer Verständigungsbereitschaft, die für die Deutsche Einheit Voraussetzung war.
Wir sind jetzt Bürger eines gemeinsamen deutschen Staates, und mit der Länderbildung, die sich in wenigen Tagen vollzieht, werden wir gleichzeitig wieder Bürger von Thüringen und Sachsen, von Brandenburg, Sachsen-Anhalt und Mecklenburg-Vorpommern sein.
Wir können uns wieder auf die Kräfte besinnen, die aus der Geschichte und den Traditionen dieser Länder herrühren. Das Diktat des Zentralismus mit seinen ortsfernen Entscheidungen und die Auszehrung des übrigen Landes finden endlich ihr Ende. Und, so will es der Einigungsvertrag, das geeinte Berlin wird Hauptstadt Deutschlands sein.
Mit der Einheit in Freiheit wird Wirklichkeit, was viele kaum mehr für möglich hielten. Die 40jährige Teilung unseres Landes ist überwunden, und das ganze Europa kann wieder zusammenfinden.

Die Geschichte der letzten vier Jahrzehnte ist trotz aller Widersprüche und Belastungen ein Teil unserer persönlichen Biographie, ein Stück unseres gewachsenen Ichs. Sie hat uns geprägt, und sie hat fast allen große Anstrengungen abgefordert. Dies schuf auch ein Gefühl von Identität und bei denen, die bewußt hierblieben, eine Gemeinsamkeit, die zurückzulassen manchem schwerfallen wird. Wir wollen die Einheit, auch wenn nicht alle diesen Übergang heute mit leichtem Herzen erleben.
Ich weiß, daß nicht alle sorgenfrei in die Zukunft blicken. Die neue Währung, die Neuordnung der Wirtschaft und die Einführung der neuen politischen Strukturen bringen naturgemäß viele Schwierigkeiten mit sich.
Aber wir haben den großen Vorzug, einen starken Partner an unserer Seite zu wissen. Mit seiner Hilfe wird sich die Umstrukturierung der Wirtschaft schneller und günstiger vollziehen als in unseren Nachbarländern. Der Einigungsvertrag bietet uns für die Zukunft eine sichere Grundlage.
Wir treten den Weg unter hoffnungsvollen Vorzeichen an. Ich bin sicher, daß wir die großen Aufgaben, die vor uns liegen, gemeinsam bewältigen werden. Dies hängt vom tatkräftigen Einsatz eines jeden einzelnen ab.
Die Deutsche Einheit ist mit dem Beitritt nicht abgeschlossen. Sie ist und bleibt eine Gemeinschaftsaufgabe aller Deutschen. Sie ist nicht nur eine materielle Frage, sondern eine Frage des praktizierten Gemeinsinns. Die Einheit will nicht nur bezahlt, sondern auch mit den Herzen gewollt sein.
Zur Überwindung der Teilung gehört auch die Korrektur von Pauschalurteilen, auf beiden Seiten. Sie haben ihren Grund in der Unkenntnis voneinander und oftmals in mangelndem Einfühlungsvermögen. Wir wissen sehr wohl, was die Vergangenheit uns angetan hat. Wir wollen sie hinter uns lassen. Wir wollen die Vergangenheit nicht verdrängen, und wir haben sie ehrlich und verantwortungsvoll aufzuarbeiten. Aber sie darf nicht auch noch unsere Zukunft teilen.
Wir stehen am Beginn einer neuen Zeit. Wir haben allen Grund, mit Freude und Zuversicht in die Deutsche Einheit zu gehen. Unsere Probleme sind vergleichsweise gering, wenn man sich die Lebensumstände unserer Nachbarn in Osteuropa und die Ereignisse in der übrigen Welt vergegenwärtigt.
Knapp sechs Monate war ich Ministerpräsident der DDR. Dies war nicht immer einfach. Es waren Aufgaben zu lösen ohne Vorbild. Der Zuspruch, den ich erfahren durfte, und die Unterstützung, die mir von vielen Seiten zuteil wurde, haben vieles erleichtert. Ich möchte mich ausdrücklich auch für die Kritik bedanken, die ich erhielt.
Wir sind gemeinsam einen schwierigen Weg gegangen. Wir haben diese Wegstrecke geordnet und gesittet hinter uns gebracht. Nur durch den guten Willen aller ließ sich der friedliche Weg vom Herbst ’89 fortsetzen.
In der Geschichte sind wir Deutschen so manchen Irrweg gegangen. Dies ge-

schah oft in bewußter Konfrontation mit unseren Nachbarn. Es ist ein Glücksfall der Geschichte, daß wir heute die Einheit Deutschlands friedlich und im guten Einvernehmen mit unseren Partnern und Nachbarn vollenden können. Wir wollen Freiheit und Einheit zum Wohle aller nutzen.

Fernsehansprache von Bundeskanzler Helmut Kohl am 2. Oktober 1990, dem Vorabend des Tages zur Deutschen Einheit

Liebe Landsleute!
In wenigen Stunden wird ein Traum Wirklichkeit. Nach über vierzig bitteren Jahren der Teilung ist Deutschland, unser Vaterland, wieder vereint. Für mich ist dieser Augenblick einer der glücklichsten in meinem Leben; und aus vielen Briefen und Gesprächen weiß ich, welche große Freude auch die allermeisten von Ihnen empfinden.
An einem solchen Tag richten wir unseren Blick nach vorn. Doch bei aller Freude wollen wir zunächst an jene denken, die unter der Teilung Deutschlands besonders zu leiden hatten. Familien wurden grausam auseinandergerissen. In den Haftanstalten waren politische Gefangene eingekerkert. Menschen starben an der Mauer.
Das alles gehört glücklicherweise der Vergangenheit an. Es soll sich niemals wiederholen. Deshalb dürfen wir es auch nicht vergessen. Wir schulden die Erinnerung den Opfern. Und wir schulden sie unseren Kindern und Enkeln. Solche Erfahrungen sollen ihnen für immer erspart bleiben.
Aus dem gleichen Grunde vergessen wir auch nicht, wem wir die Einheit unseres Vaterlandes zu verdanken haben. Aus eigener Kraft allein hätten wir es nicht geschafft. Viele haben dazu beigetragen. Wann je hatte ein Volk die Chance, Jahrzehnte der schmerzlichen Trennung auf so friedliche Weise zu überwinden? In vollem Einvernehmen mit unseren Nachbarn stellen wir die Einheit Deutschlands in Freiheit wieder her.
Wir danken unseren Partnern, wir danken unseren Freunden. Wir danken insbesondere den Vereinigten Staaten von Amerika, allen voran Präsident George Bush. Wir danken unseren Freunden in Frankreich und in Großbritannien. Sie haben in schwierigen Zeiten stets zu uns gehalten. Sie haben jahrzehntelang die Freiheit des Westteils von Berlin geschützt. Sie haben unser Ziel unterstützt, die Einheit in Freiheit wiederzuerlangen. Ihnen bleiben wir auch künftig in Freundschaft verbunden.
Dank schulden wir auch den Reformbewegungen in Mittel-, Ost- und Südosteuropa. Vor gut einem Jahr ließ Ungarn die Flüchtlinge ausreisen. Damals wurde der erste Stein aus der Mauer geschlagen. Die Freiheitsbewegungen in Polen und in der Tschechoslowakei haben den Menschen in der DDR Mut gemacht, für ihr Recht auf Selbstbestimmung einzutreten. Jetzt gehen wir daran, eine

dauerhafte Aussöhnung zwischen dem deutschen und dem polnischen Volk zu verwirklichen.

Wir danken Präsident Gorbatschow. Er hat das Recht der Völker auf den eigenen Weg anerkannt. Ohne diese Entscheidung hätten wir den Tag der Deutschen Einheit nicht so bald erlebt.

Daß dieser Tag schon jetzt kommt, ist besonders jenen Deutschen zu verdanken, die mit der Kraft ihrer Freiheitsliebe die SED-Diktatur überwanden. Ihre Friedfertigkeit und ihre Besonnenheit bleiben beispielhaft.

Wir Deutschen haben aus der Geschichte gelernt. Wir sind ein friedens-, wir sind ein freiheitsliebendes Volk, und nie werden wir unsere Demokratie den Feinden des Friedens und der Freiheit schutzlos ausliefern. Für uns gehören Vaterlandsliebe, Freiheitsliebe und der Geist guter Nachbarschaft immer zusammen. Wir wollen zuverlässige Partner, wir wollen gute Freunde sein. Dabei gibt es für uns auf der Welt nur einen Platz: an der Seite der freien Völker.

Gute Nachbarn wollen wir auch im Innern sein. Aufgeschlossenheit für den Nächsten, Achtung vor dem Andersdenkenden und Verbundenheit mit unseren ausländischen Mitbürgern gehören auch dazu. Unsere freiheitliche Demokratie muß von Vielfalt, von Toleranz, von Solidarität geprägt sein.

Solidarität müssen wir vor allem als Deutsche jetzt untereinander beweisen. Vor uns liegt – jeder weiß dies – eine schwierige Wegstrecke. Wir wollen diesen Weg gemeinsam gehen. Wenn wir zusammenhalten und auch zu Opfern bereit sind, haben wir alle Chancen auf einen gemeinsamen Erfolg.

Die wirtschaftlichen Voraussetzungen in der Bundesrepublik sind heute ausgezeichnet. Noch nie waren wir besser vorbereitet als jetzt, die wirtschaftlichen Aufgaben der Wiedervereinigung zu meistern. Hinzu kommen Fleiß und Leistungsbereitschaft bei den Menschen in der bisherigen DDR. Durch unsere gemeinsamen Anstrengungen, durch die Politik der Sozialen Marktwirtschaft werden schon in wenigen Jahren aus Brandenburg, aus Mecklenburg-Vorpommern, aus Sachsen, aus Sachsen-Anhalt und aus Thüringen blühende Landschaften geworden sein.

Die wirtschaftlichen Probleme, dessen bin ich gewiß, werden wir lösen können: gewiß nicht über Nacht, aber doch in einer überschaubaren Zeit. Noch wichtiger ist jedoch, daß wir Verständnis füreinander haben, daß wir aufeinander zugehen. Wir müssen ein Denken überwinden, das Deutschland immer noch in ein »Hüben« und in ein »Drüben« aufteilt.

Über vierzig Jahre SED-Diktatur haben gerade auch in den Herzen der Menschen tiefe Wunden geschlagen. Der Rechtsstaat hat die Aufgabe, Gerechtigkeit und inneren Frieden zu schaffen. Hier stehen wir alle vor einer schwierigen Bewährungsprobe. Schweres Unrecht muß gesühnt werden, doch wir brauchen auch die Kraft zur inneren Aussöhnung.

Ich bitte alle Deutschen: Erweisen wir uns der gemeinsamen Freiheit würdig. Der 3. Oktober ist ein Tag der Freude, des Dankes und der Hoffnung. Die junge Generation in Deutschland hat jetzt – wie kaum eine andere Generation vor ihr – alle Chancen auf ein ganzes Leben in Frieden und Freiheit. Wir wissen, daß unsere Freude von vielen Menschen in der Welt geteilt wird. Sie sollen wissen, was uns in diesem Augenblick bewegt: Deutschland ist unser Vaterland, das vereinte Europa unsere Zukunft.
Gott segne unser deutsches Vaterland!

Rede der früheren Präsidentin der Volkskammer, Dr. Sabine Bergmann-Pohl, beim Staatsakt zum Tag der Deutschen Einheit, Berlin, 3. Oktober 1990

Sehr geehrter Herr Bundespräsident,
sehr geehrte Frau Bundestagspräsidentin,
sehr geehrter Herr Bundeskanzler,
sehr geehrter Herr Bundesratspräsident,
verehrte Festversammlung!

Dies ist der Tag der Erfüllung für jene Deutschen, die lange im Schatten der Diktatur, der Teilung und der moralischen Entfremdung zu leben hatten. Die Geographie des Zweiten Weltkrieges und danach die Teilungen des Kalten Krieges hatten uns das schlechte Los zugeteilt. Jetzt schließt sich eine Wunde.

Die Freiheit, die wir uns erkämpft haben, gibt uns wieder Würde und Selbstachtung. Aber die Vergangenheit bleibt aufgehoben in unserer Erinnerung. Es wird Zeit brauchen, bis Unterdrückung, Kollaboration, Mitmachen und Anpassung unsere Existenz aus dem Griff der Diktatur entlassen.

Heute aber ist die Zeit zu fragen, woher wir kommen und wohin wir gehen, was wir mitbringen und was wir erwarten.

Nicht nationalistischer Überschwang hat die Menschen bewegt, die die Revolutionen des Sommers und des Herbstes 1989 im östlichen Mitteleuropa machten. Sie forderten ihr (...) Recht, sie selbst zu sein, das Recht (...) auf freie Entfaltung der Persönlichkeit.

Die friedliche Revolution im östlichen Teil unseres Vaterlandes aber stand nicht allein. Im Westen fand sie Voraussetzungen in europäischer Einigung und Atlantischer Sicherheit, in der Politik der Entspannung und im Beharren auf den Menschenrechten, im Osten ist ihr vorgearbeitet worden durch den polnischen Freiheitskampf, durch den moralischen Mut der Ungarn und durch die Perestroika, die die Sowjetunion zu einer verantwortungsvollen Führungsmacht umgestaltet und weiter umgestalten wird.

Was sich heute vollendet, die Deutsche Einheit in Frieden und Freiheit, hatten viele schon zu erhoffen aufgegeben. Sie ist für die Deutschen ein Geschenk der Geschichte. Die Christen unter uns werden darin die Gnade Gottes erkennen.

Diese Einheit in der Freiheit aber steht nicht gegen die Interessen der Nachbarn. Sie fügt sich ein in das große Europa.

Wir empfinden dies mit Dankbarkeit, und wir versprechen, ebenso Europäer zu sein wie Deutsche. Unsere schmerzliche Erfahrung, unsere geschichtliche Lage, unsere politische Hoffnung vereinigen sich in dieser europäischen Zuversicht.
Der materielle Reichtum, der uns fehlte, war weniger wichtig als die Vorenthaltung der Freiheit und der Gerechtigkeit.
Die Erfahrungen, die wir in uns tragen, und die Erinnerungen, die uns heimsuchen, sind nicht einfach abzustreifen, aber sie müssen schöpferisch überwunden werden, und nichts wird dabei stärker helfen als die lebendige Erfahrung der Freiheit, das Vertrauen auf Gerechtigkeit und das Recht, im freien Europa zu Hause zu sein.
Zeit sowie Einfühlungsvermögen und auch Mut zu unpopulären Entscheidungen werden für das Zusammenwachsen der beiden Teile Deutschland erforderlich.
Achten wir aufeinander, nehmen wir Rücksicht auf Mentalität und Empfindlichkeit des anderen! Stehen wir zusammen, um mit vereinten Kräften das einige, friedlich und demokratische, soziale Gerechtigkeit für jeden seiner Bürger bietende Deutschland aufzubauen!
Was bringen wir aus der DDR mit? Neben aller Bitternis die Erfahrung, daß der Mensch vom Brot allein nicht lebt, Dankbarkeit für Wärme, Menschlichkeit, Familie, Nachbarschaft, die sich in schweren Zeiten bewährten. Vor allem aber Stolz auf eine sanfte Revolution, die uns die Demokratie erwarb. Wir werden diese Erfahrungen in das künftige Deutschland tragen.
Wir bringen aber auch anderes mit: nicht zuletzt die schwierige Erfahrung, daß man nicht vierzig Jahre, sechzig Jahre unter Diktaturen lebt, ohne Schaden an Leib und Seele zu nehmen. Die Freiheit ist deshalb auch ein kostbares Gut, weil sie vor solchen Erfahrungen schützt.
Was wir zu lernen haben werden ist, von der neu gewonnenen Freiheit verantwortungsvoll Gebrauch zu machen, den Sinn unserer eigenen Arbeit neu anzunehmen, die Lebensform einer freien Gesellschaft zu verwirklichen.
Was wir erwarten, ist nicht das Land, wo Milch und Honig fließen, aber ein Land, in dem wir unsere Kräfte entfalten können, ein Land der Gerechtigkeit, ein Land auch des solidarischen Teilens, ein Land, das in seiner eigenen Kultur ruht und zugleich aus freien Stücken teilhat am größeren Europa. Ein Land nicht auf der Flucht vor seiner älteren oder neueren Geschichte, sondern ein Land, das sich dieser Geschichte stellt und daraus Folgerungen zieht mit Herz und Verstand.
Wir haben heute allen Grund, den ersten Tag der Deutschen Einheit zu feiern; wir haben aber auch allen Grund, die Irrwege der deutschen Geschichte zu erkennen. Auschwitz bleibt für uns eine immerwährende Mahnung.

Gestern gehörten wir zu dem Teil Europas, dem die Freiheit vorenthalten wurde und wo Lüge und Gewalt regierten. Heute gehören wir zu einem neuen Europa ohne Grenzen, und Einheit und Freiheit der Deutschen liegen in der Mitte dieses neuen Europa.
Am Ende dieses Jahrhunderts aber wird man uns nicht fragen nach Wachstumsraten und Bruttosozialprodukt, sondern ob wir Deutschen den Kriegen und Krisen unseres Jahrhunderts am Ende einen Lebensentwurf der Freiheit und des dauerhaften Friedens abgewonnen haben.
Dieser Tag bedeutet Abschied und Aufbruch – Abschied von einer belasteten und belastenden Vergangenheit, Aufbruch zu einem Deutschland, das mit sich selbst versöhnt ist und das mit seinen Nachbarn die Versöhnung sucht.
Es ist der glücklichste Tag der Deutschen!

Ansprache des Bundespräsidenten Richard von Weizsäcker beim Staatsakt zum Tag der Deutschen Einheit, Berlin, 3. Oktober 1990

In der Präambel unserer Verfassung, wie sie vom heutigen Tage an für alle Deutschen gilt, ist das Entscheidende gesagt, was uns am heutigen Tag bewegt:
In freier Selbstbestimmung vollenden wir die Einheit und Freiheit Deutschlands. Wir wollen in einem vereinten Europa dem Frieden der Welt dienen. Für unsere Aufgaben sind wir uns der Verantwortung vor Gott und den Menschen bewußt.
Aus ganzem Herzen empfinden wir Dankbarkeit und Freude – und zugleich unsere große und ernste Verpflichtung. Die Geschichte in Europa und in Deutschland bietet uns jetzt eine Chance, wie es sie bisher nicht gab. Wir erleben eine der sehr seltenen historischen Phasen, in denen wirklich etwas zum Guten verändert werden kann. Lassen Sie uns keinen Augenblick vergessen, was dies für uns bedeutet.
Es gibt drinnen und draußen drückende Sorgen; das übersehen wir nicht. Vorbehalte unserer Nachbarn nehmen wir ernst. Auch spüren wir, wie schwierig es sein wird, den Erwartungen gerecht zu werden, die uns aus allen Himmelsrichtungen erreichen. Aber wir wollen und werden uns nicht von Ängsten und Zweifeln leiten lassen, sondern von Zuversicht. Entscheidend ist der feste Wille, unsere Aufgaben mit Klarheit zu erkennen und gemeinsam in Angriff zu nehmen. Dieser Wille gibt uns Kraft, die Alltagssorgen ins rechte Verhältnis zu bringen mit unserer Herkunft und Zukunft in Europa.
Zum ersten Mal bilden wir Deutschen keinen Streitpunkt auf der europäischen Tagesordnung. Unsere Einheit wurde niemandem aufgezwungen, sondern friedlich vereinbart. Sie ist Teil eines gesamteuropäischen geschichtlichen Prozesses, der die Freiheit der Völker und eine neue Friedensordnung unseres Kontinents zum Ziel hat. Diesem Ziel wollen wir Deutschen dienen. Ihm ist unsere Einheit gewidmet. Wir haben jetzt einen Staat, den wir selbst nicht mehr als provisorisch ansehen und dessen Identität und Integrität von unseren Nachbarn nicht mehr bestritten wird. Am heutigen Tag findet die vereinte deutsche Nation ihren anerkannten Platz in Europa.
Was dies heißt, erkennen wir an der Bedeutung von Grenzen. Kein europäi-

sches Land hat so viele Nachbarn wie wir. Durch Jahrhunderte ist wegen der Grenzen Gewalt angewendet und unendlich viel Blut vergossen worden. Jetzt leben alle unsere Nachbarn und wir selbst in gesicherten Grenzen. Sie sind nicht nur durch den Verzicht auf die Anwendung von Gewalt geschützt, sondern durch die tiefe Einsicht in ihre veränderte Funktion. Unsäglich hart war der erzwungene Heimatverlust. Der Streit um Grenzen aber verliert jeden Sinn. Um so zündender ist das Verlangen, ihnen ihren trennenden Charakter zu nehmen. Alle Grenzen Deutschlands sollen Brücken zu den Nachbarn werden. Das ist unser Wille.

Die Gedanken der Französischen Revolution haben zusammen mit der Verfassungsentwicklung in Amerika und in Großbritannien die Grundlage der westlichen Demokratie geschaffen. Ein Konzept rechtsstaatlicher humaner Freiheit hat sich gebildet, das immer mehr zum Maßstab wurde. Es ist nicht auf Anhieb überall anwendbar. Wo immer sich aber der Drang nach politischer Freiheit, nach Leistungsfähigkeit und menschenwürdiger Sozialstaatlichkeit bahnbricht – bis hinein in das Herz von Peking –, bilden Werte und Regeln westlicher Demokratien das Modell, an dem sich jeder mißt.

Wir Deutschen hatten frühzeitig an der demokratischen Entwicklung Anteil. Und doch folgten wir ihr in der politischen Praxis nur halbherzig. Rechtsstaatlichkeit war bei uns aus eigenen Traditionen erwachsen. In den preußischen Reformen der napoleonischen Zeit wurde die kommunale Selbstverwaltung zur Quelle demokratischer Gesinnung. Im Zeichen der Paulskirche suchte das Volk Einigkeit und Recht und Freiheit. Es wollte durchaus die Einheit, die schließlich 1871 geschaffen wurde, aber es war an den Entscheidungen nicht beteiligt. Immer wieder gab es die romantische Suche nach einem dritten Weg für die innere Ordnung Deutschlands und für seinen Platz in Europa. Aber es waren Illusionen. Auch die Weimarer Republik schaffte es nicht, eine lebensfähige Demokratie durchzusetzen.

Mit der Gründung der Bundesrepublik Deutschland verband sich zunächst die ernste Sorge, vom Westen her die Teilung Deutschlands zu verfestigen. Dennoch führte der Weg nicht wieder in eine Sackgasse. Zunächst durfte ihn nur ein Teil der Deutschen beschreiten, heute jedoch können wir zusammen einen neuen Anfang machen. Die Vereinigung Deutschlands ist etwas anders als eine bloße Erweiterung der Bundesrepublik. Der Tag ist gekommen, an dem zum ersten Mal in der Geschichte das ganze Deutschland seinen dauerhaften Platz im Kreis der westlichen Demokratien findet.

Dies ist für uns selbst wie für alle unsere Nachbarn ein Vorgang von fundamentaler Bedeutung. Er wird die Mitte Europas verändern. Wir werden maßgeblich daran beteiligt sein, im gemeinsamen Handeln mit unseren westlichen Partnern und in unseren Werten und Zielen fest mit ihnen verwachsen. Inmitten unserer

europäischen Nachbarschaften hatte uns das Schicksal in den letzten vierzig Jahren geteilt. Es hat die einen begünstigt und die anderen belastet. Aber es war und bleibt unser gemeinsames deutsches Schicksal. Dazu gehört die Geschichte und die Verantwortung für ihre Folgen. Die SED hatte eine Teilung zu verordnen versucht. Sie hatte gemeint, es genüge, sich als sozialistische Zukunftsgesellschaft zu proklamieren, um sich von der Last der Geschichte zu befreien. Aber in der DDR hat man es ganz anders erlebt und empfunden. Die Menschen mußten dort die weitaus schwereren Kriegsfolgelasten tragen als ihre Landsleute im Westen. Und sie haben immer gefühlt, daß die verantwortliche Erinnerung an die Vergangenheit eine unentbehrliche Kraft der Befreiung für die Zukunft ist. Kaum war der erzwungene Sprachgebrauch verschwunden, stellten sie sich offen den Fragen der Geschichte. Mit großer Achtung hat die Welt registriert, wie aufrichtig die freien Kräfte und zumal die Jugend in der DDR es als ihre Aufgabe ansahen gutzumachen, was das alte Regime der geschichtlichen Mitverantwortung schuldig geblieben war. Der Besuch der Präsidentinnen beider frei gewählter deutscher Parlamente vor ein paar Monaten in Israel zum Gedenken an den Holocaust hat dort einen tiefen Eindruck hinterlassen. Er symbolisiert die Gemeinsamkeit der Deutschen gerade auch in ihrer geschichtlichen Verantwortung. Die nationalsozialistische Gewaltherrschaft und der von ihr ausgegangene Krieg hat den Menschen in fast ganz Europa und bei uns zu Hause unermeßlich schweres Unrecht und Leid zugefügt. Wir bleiben der Opfer immer eingedenk. Und wir sind dankbar für die wachsenden Zeichen der Aussöhnung zwischen den Menschen und Völkern.
Die Hoffnung auf Freiheit und auf Überwindung der Teilung in Europa, in Deutschland und zumal in Berlin war in der Nachkriegszeit nie untergegangen. Und doch hat kein Mensch die Vorstellungskraft besessen, den Gang der Ereignisse vorauszusehen. So erleben wir den heutigen Tag als Beschenkte. Die Geschichte hat es dieses Mal gut mit uns Deutschen gemeint. Um so mehr haben wir Grund zur gewissenhaften Selbstbesinnung.
Nach dem Ende des Zweiten Weltkrieges wurde die Teilung Deutschlands der zentrale Ausdruck der Teilung Europas. Sie entsprach nicht dem einvernehmlichen Willen der Sieger, vielmehr war sie die Folge ihres Streites. Der verschärfte Ost-West-Gegensatz verfestigte sie. Doch reden wir uns damit nicht heraus. Niemand bei uns wird vergessen, daß es ohne den von Deutschland unter Hitler begonnenen Krieg nie zur Teilung gekommen wäre.
Im Zeichen des Kalten Krieges und unter dem Schutz des atomaren Patt entfaltete sich nun über vierzig Jahre hinweg der Wettbewerb der gesellschaftlichen Systeme zwischen Ost und West. Diese Phase geht jetzt ihrem Ende entgegen. Die sowjetische Führung unter Präsident Gorbatschow hat erkannt, daß Reformen in Richtung auf Demokratie und Marktwirtschaft unausweichlich gewor-

den sind. Diese Reformen wären aber ohne Freiheit zur Erfolglosigkeit verdammt… Noch ist ein Erfolg des Reformkurses, wie ihn die sowjetische Führung ansteuert, vielfach bedroht. Aber sie hat sich schon jetzt ein historisches Verdienst erworben. Und viele Menschen, darunter wir Deutschen, haben dafür Grund zur Dankbarkeit.

Unser Dank gilt den Bürgerbewegungen und Völkern in Ungarn, in Polen und in der Tschechoslowakei. Die Menschen in Warschau, Budapest und Prag haben Beispiele gegeben. Sie haben den Weg zur inneren Freiheit in der DDR als Bestandteil eines gemeinsamen geschichtlichen Prozesses aufgefaßt und ermutigt. Unvergessen ist auch ihre Hilfe für die Flüchtlinge und damit ihr direkter Beitrag zur Überwindung von Mauer und Stacheldraht. Das vereinte Deutschland wird mit ihnen in Zukunft eine offene und enge Nachbarschaft suchen.

Für Freiheit und Menschenrecht einzutreten, ist das zentrale Bekenntnis unserer westlichen Verbündeten und Freunde, vor allem der Amerikaner, der Franzosen und der Briten. Ihr Schutz, ihre Tatkraft und Zusammenarbeit haben uns entscheidend geholfen. Sie haben Vertrauen in uns gesetzt. Dafür danken wir ihnen heute von Herzen.

Wie bedeutungsvoll das Verständnis der Partner für die Vereinigung der Deutschen war, hat sich in der eindeutigen und konstruktiven Einstellung der Europäischen Gemeinschaften gezeigt. Es ist mir eine Freude, unter uns den Präsidenten der Europäischen Kommission, Jacques Delors, und seine Kollegen zu begrüßen und ihnen unsere Achtung und Dankbarkeit für ihre Weitsicht zu bekunden.

Zu danken haben wir heute vor allem jenen Deutschen, die in der DDR den Mut aufbrachten, sich gegen Unterdrückung und Willkür zu erheben. Seit über zehn Jahren hatten Zusammenkünfte und Friedensgebete in den Kirchen die Gedanken der friedlichen Revolution vorbereitet, vertieft und verbreitet. Die Macht der Staatssicherheit blieb aber allgegenwärtig. Der Einsatz der Waffen drohte unmittelbar bis tief in den Herbst 1989 hinein. Nachgeben und zurückweichen wären nur allzu verständlich gewesen. Doch die Hoffnungen in den Herzen der Menschen ließen sich nicht mehr unterdrücken.

Wir sind das Volk, mit diesen vier einfachen und großen Worten wurde ein ganzes System erschüttert und zu Fall gebracht. In ihnen verkörpert sich der Wille der Menschen, das Gemeinwesen, die res publica, selbst in die Hand zu nehmen. So wurde die friedliche Revolution in Deutschland wahrhaft republikanisch. Daß sie nach beinahe sechzig Jahren bitterer Unterdrückung erfolgte, macht sie nur um so erstaunlicher und glaubwürdiger. Demokraten hatten sich zusammengefunden, mit dem Ziel der Freiheit und der Solidarität, beides in einem ein Auftrag für uns alle.

Zu danken ist heute aber auch den Bürgerinnen und Bürgern im Westen. Ohne das Vertrauen der Völker in uns Deutsche hätten wir uns nicht vereinigen können. Es ist mit dem Leben der Bundesrepublik in vierzig Jahren gewachsen. Unsere Bevölkerung hat sich in der freiheitlichen Demokratie und im europäischen Bewußtsein verwurzelt. Die Deutschen sind berechenbare, zuverlässige und geachtete Partner geworden. Das hat die innere Zustimmung unserer Nachbarn und der ganzen Welt zu unserer Einheit ganz entscheidend gefördert.

Nun sind aus den vier Worten viele Tausende geworden. In einer schier unglaublichen Leistung sind Vereinbarungen und Verträge zustande gebracht worden, die uns heute die Einheit nach innen und außen besiegeln lassen. Die Materie war oft schwer durchschaubar. An Konflikten fehlte es nicht. Der Zeitdruck wurde immer wieder enorm. Tag und Nacht wurde gearbeitet.

In Zukunft wird noch mehr als eine Unklarheit aufzuhellen, mehr als ein Streit zu schlichten sein. Alles in allem aber kann man über das vollbrachte Werk nur staunen. Ich möchte der verantwortlichen politischen Führung in beiden bisherigen deutschen Staaten, den gesetzgebenden Körperschaften und nicht zuletzt den vielen ganz vortrefflichen Mitarbeitern in den Ämtern für ihre Arbeit danken. Ihre Hingabe an die Sache war beispielhaft. Die geleistete Arbeit trägt ihren Lohn in sich selbst.

Die Form der Einheit ist gefunden. Nun gilt es, sie mit Inhalt und Leben zu erfüllen. Parlamente, Regierungen und Parteien müssen dabei helfen. Zu vollziehen aber ist die Einheit nur durch das souveräne Volk, durch die Köpfe und Herzen der Menschen selbst. (...) Es wäre weder aufrichtig noch hilfreich, wollten wir in dieser Stunde verschweigen, wieviel uns noch voneinander trennt.

Die äußeren Zwangsmittel der Teilung hatten ihr Ziel, uns zu entfremden, nicht erreicht. Widermenschlich, wie Mauer und Stacheldraht waren, hatten sie den Willen zusammenzukommen nur um so tiefer erfahren lassen. Wir empfinden es vor allem in Berlin, dieser Stadt von zentraler Bedeutung in Vergangenheit und Zukunft. Die Mauer täglich sehen und spüren, ließ uns nicht aufhören, an die andere Seite zu glauben, auf sie zu hoffen. Jetzt ist die Mauer weg, und das ist das Entscheidende.

Doch nun, da wir die Freiheit haben, gilt es, in ihr zu bestehen. Deutlicher als früher erkennen wir heute die Folgen der unterschiedlichen Entwicklungen. Die Kluft im Materiellen springt als erstes ins Auge. Auch wenn die Menschen in der DDR mit der Mangelwirtschaft alltäglich in ihrem Leben konfrontiert waren, das Beste daraus gemacht und hart gearbeitet haben, trat das Ausmaß der Probleme und damit der Distanz zum Westen doch erst in den letzten Monaten ganz klar hervor. Wenn es gelingen soll, das Gefälle bald zu überwinden, dann bedarf es dafür nicht nur der Hilfe, sondern vor allem auch der Achtung untereinander.

Für die Deutschen in der ehemaligen DDR ist die Vereinigung ein täglicher, sie ganz unmittelbar und persönlich berührender existentieller Prozeß der Umstellung. Das bringt oft übermenschliche Anforderungen mit sich. Eine Frau schrieb mir, sie seien tief dankbar für die Freiheit und hätten doch nicht gewußt, wie sehr die Veränderung an die Nerven gehe, wenn sie geradezu einen Abschied von sich selbst verlange. Sie wollten ja nichts sehnlicher, als ihr Regime loswerden. Aber damit zugleich fast alle Elemente des eigenen Lebens von heute auf morgen durch etwas Neues, Unbekanntes ersetzen zu sollen, übersteigt das menschliche Maß.

Bei den Menschen im Westen war die Freude über den Fall der Mauer unendlich groß. Daß aber die Vereinigung etwas mit ihrem persönlichen Leben zu tun haben soll, ist vielen nicht klar oder sogar höchst unwillkommen. So darf es nicht bleiben. Wir müssen uns zunächst einmal gegenseitig besser verstehen lernen. Erst wenn wir wirklich erkennen, daß beide Seiten kostbare Erfahrungen und wichtige Eigenschaften erworben haben, die es wert sind, in der Einheit erhalten zu bleiben, sind wir auf gutem Wege.

Zunächst zum Westen. Hier ist eine Entwicklung besonders hervorzuheben. Die Menschen haben im Laufe der Jahre Zuneigung zu ihrem Gemeinwesen entwickelt, frei von gekünstelten Gefühlen und nationalistischem Pathos. Gewiß, in der vierzigjährigen Geschichte der Bundesrepublik gab es manche tiefgehenden Konflikte zwischen Generationen, sozialen Gruppen und politischen Richtungen. Oft wurden sie mit Schärfe ausgetragen, aber ohne den Hang zum Destruktiven, der die Weimarer Republik allzusehr belastete. Die Jugendrevolte am Ende der sechziger Jahre trug allen Verwundungen zum Trotz zu einer Vertiefung des demokratischen Engagements in der Gesellschaft bei. Mit der Erfahrung, Konflikte regeln zu können, wuchs ein gemeinsamer Bund an Vertrauen zur Verfassung heran...

Einige im Westen entdecken erst jetzt so richtig die Vorzüge ihres eigenen Staates. Mancher, der in der Vergangenheit zu den schärfsten Kritikern der inneren Verhältnisse der Bundesrepublik zählte, spricht nun sorgenvoll davon, daß im vereinten Deutschland die Liberalität, der Föderalismus und die Bindung an Europa leiden könnten. Ich teile solche Sorgen nicht. Aber es ist doch erfreulich, wenn zumal junge Menschen sich mit ihrem Gemeinwesen im Westen identifizieren und in diesem Zusammenhang empfinden, daß die Bonner Republik sich einen guten Ruf erworben hat. Sie sind menschlich in eine internationale und liberale Zivilisationsgemeinschaft hineingewachsen. Sie möchten die gewonnene Weltoffenheit nicht verlieren. Warum sollten sie auch?

Nun zur DDR. Von ihr aus gesehen begegnen sich nun in der Stunde der Vereinigung Notstände auf der einen und Wohlstand auf der anderen Seite. Es wäre aber ebenso unsinnig wie unmenschlich, würden wir uns einbilden, daß wir zwischen Ost und West als mißlungene und gelungene Existenzen aufeinandertreffen oder gar als Böse und Gute. Es sind die Systeme, die sich in ihrem Erfolg unterscheiden, nicht die Menschen...

Jedes Leben hat seinen Sinn und seine eigene Würde. Kein Lebensabschnitt ist umsonst, zumal nicht einer in der Not. Die Deutschen in der DDR haben unter schwierigsten Bedingungen menschlich Wesentliches bewirkt, von dem wir nur hoffen können, daß es zur Substanz des vereinten Deutschland gehören wird. Dies zu übersehen, hieße dem abgetretenen System ein letztes Mal gründlich auf den Leim zu gehen. Sein Vorsatz war es, durch absolute Regeln in Staat und Gesellschaft die Gedanken und Ziele der Menschen zu bestimmen, ja einen neuen, den sozialistischen Einheitsmenschen heranzubilden. Wäre es gelungen, so müßte dieser Mensch in der Tat nunmehr zusammen mit seinem System abtreten. Der Kommunismus ist aber an der Vergeblichkeit dieses Versuches gescheitert. Durchgesetzt hat sich gegen die Anmaßung des Systems die geistige Freiheit des Menschen: die Person gegen das Kollektiv. Die Ansätze für die Befreiung haben sich unter der Diktatur herausgebildet. Es ist gerade die politische Unfreiheit, die den Blick dafür schärft, wo die Grenzen legitimer Politik liegen, und daß es eine Freiheit des Menschen außerhalb der öffentlichen Angelegenheiten gibt. Unfreiheit lehrt Freiheit. Leben in der DDR machte darin erfahren.

Zwar versorgte der Staat seine Bürger im Sinne seines Systems. Aber den Menschen in seiner Not und Würde erkannte er nicht. So konnte man oft nur überleben, wenn man sich gegenseitig im stillen half. Not begründete Gemeinschaft. Solidarität blieb kein abstraktes Wort von Grundsatzprogrammen, sondern wurde ganz persönliche Wirklichkeit. Es gehörten Mut und Entsagung dazu, in kirchlichen Gemeinden und diakonischen Einrichtungen mitzuarbeiten. Aber es hat Segen gebracht. Es hat innere Kraft gegeben. Und dort wurden die vom Staat vernachlässigten schwerbehinderten Mitmenschen betreut. So wurde Ehrfurcht vor dem Leben praktiziert.

Das Regime hatte zwar besonders hartnäckig versucht, sich die Kunst und Kultur dienstbar zu machen. Heute wird heftig über Verhalten von Künstlern und Qualität ihrer Werke gestritten. Verdrängt wird dabei nichts, und das ist gut. Doch ist ein nachträglicher ethischer Rigorismus nur überzeugend und hilfreich, wenn er der Selbstbeurteilung dient. Kunst hat in der DDR vielfach nicht als politische Demonstration gewirkt, wohl aber als eine Kraft, das Leben zu verändern und zu vertiefen. Das Regime hat geistige Dürre erzeugt. Kunst hat oft der Seele Nahrung gegeben. Sie hat zu ihrem Teil mitgeholfen, worum es vor allem in den kirchlichen Gemeinden ging, nämlich den Raum der inneren Freiheit zu erweitern. Aus ihm erwuchs allmählich die Befreiung von der erzwungenen Lüge, diesem schlimmsten Gift der vergangenen Jahrzehnte, das

das Vertrauen im Staat, in der Gesellschaft, zwischen Nachbarn und am Ende zu sich selbst untergraben hatte. So wurde die Freiheit zur Wahrheit das kostbarste Gut, das die Menschen durch ihren Aufstand mit eigener Courage errungen haben.

Uns im Westen blieben solche Bewährungsproben erspart. Wir können nur unsere Achtung bezeugen und sie im Prozeß der Vereinigung beweisen.

Seit dem Herbst 1989 wurde die menschliche Substanz der DDR unter unglaublich schwierigen äußeren Bedingungen auf neue Weise sichtbar, in den Bürgerbewegungen, am Runden Tisch und bei der kommunalen Neugeburt.

In der Volkskammer übernahmen Menschen vorbereitungslos Verantwortungen, die größer nicht sein konnten. Man hat sie gelegentlich als Laienspieler bezeichnet. Soll das etwa ein Tadel sein? Sie haben über Fraktionsgrenzen hinweg mit Hingabe an den schwierigsten Problemlösungen gearbeitet, ohne ein Ritual von Konfrontationen zwischen Parteien zu pflegen. Sie haben immer wieder notwendige Kompromisse gesucht und gefunden. Sie haben mehr als einmal gezeigt, wie wertvoll es ist, »vom anderen nicht ständig das Schlimmste zu erwarten oder gar zu erhoffen, damit das eigene Weltbild stimmt« (R. Schröder). Wenn Laien den Berufspolitikern so das Wasser reichen, ist es kein schlechtes Omen für die Demokratie.

Nun sind wir mitten in der Arbeit. Ein besonders schweres und bedrückendes Kapital ist die Erblast des Mißtrauens, die uns der Staatssicherheitsdienst hinterlassen hat. Die Kraft des Systems ist gebrochen. Aber noch lebt das Trauma.

Die Verarbeitung kann nicht von außen erfolgen. In dieser Frage gibt es keine externe salomonische Autorität. Wer den Vergiftungen ausgesetzt war, kann am ehesten zur Entgiftung beitragen...

...Seelische Wunden werden nur langsam heilen. Der Abbau des Mißtrauens braucht seine Zeit. Er ist lebensnotwendig. Durch den Versuch einer totalen Verfolgung würde er mißlingen; dadurch kämen wir nur selbst in die Nähe gefährlicher Moralisten. Ziel ist eine Gerechtigkeit, der es nicht um Vergeltung geht, sondern um Aussöhnung und inneren Frieden.

Vordringlich sind jetzt die Sorgen um die wirtschaftliche und soziale Existenz. Das alte System ist nicht zuletzt an seiner ökonomischen Krise gescheitert. Um so wichtiger ist es, daß die Menschen in der ehemaligen DDR ihre errungene Freiheit nicht als neuen Notstand erleben.

Sie haben sich für die im Westen bewährte soziale Marktwirtschaft entschieden. Die Währungsunion ebnete den Weg zur Freizügigkeit der Menschen und zur wirtschaftlichen Initiative. Rechtliche Voraussetzungen für Wettbewerb und soziale Sicherheit wurden vorangetrieben.

Doch ein Ordnungssystem allein erzeugt nicht wirtschaftliche Leistung. Sie ist das Werk der Menschen. Soziale Marktwirtschaft vollzieht sich nicht in Gesetzbüchern, sondern im Denken und Handeln der Menschen. Dazu gehört die Erfahrung, daß es Freiheit ohne Zumutungen nicht gibt, daß der Aufschwung nicht über Nacht kommt. Die Betroffenen wissen es am allerbesten. Der Einschnitt ist für viele tief und hart: umlernen, umstellen, umziehen, suchen, neu anfangen. Aber die Erfahrung lehrt, daß sich die eigene Initiative lohnt.

Nicht weniger entscheidend ist unsere Zusammenarbeit im vereinten Land. Wir müssen jetzt solidarisch handeln (...) Für den wirtschaftlichen Aufbau in den neuen Bundesländern tragen wir nunmehr zusammen die Verantwortung und sind gemeinsam am Erfolg interessiert. Denn was nicht gelingt, wird auf Dauer die Deutschen im Westen ebenso belasten wie die Deutschen im Osten. Unser Verfassungsauftrag lautet, allen Deutschen vergleichbare Lebensverhältnisse und Entfaltungschancen zu gewährleisten. Hierzu zählt auch eine offene und faire Einstellung gegenüber unseren ausländischen Mitbürgern.

Oft hört man heute, niemandem solle etwas genommen werden, es kommt nur auf die Verteilung der Zuwächse an. Das ist schön gesagt in der Marketingsprache zeitgemäßer politischer Kommunikation. Bei nüchterner Betrachtung würde jedoch auch dies nichts anderes bedeuten als die Vertagung des Teilens auf die Zukunft. Das kann dann für viele menschliche Schicksale zu spät sein.

Nach einem chinesischen Sprichwort verwandeln sich Berge in Gold, wenn Brüder zusammenarbeiten. Es muß nicht Gold sein, und es geht auch nicht ohne Schwestern. Aber kein Weg führt an der Erkenntnis vorbei: Sich zu vereinen, heißt teilen lernen. Mit hochrentierlichen Anleihen allein wird sich die deutsche Einheit nicht finanzieren lassen. Öffentlich und privat gilt es umzudisponieren, um mitzuhelfen, einzusparen, um zu geben. Viele gute Beispiele zeigen, daß es geht, so bei Krankenhäusern, Schulen und Universitäten, bei Betrieben und Verbänden, Vereinen und Familien. Auch Städtepartnerschaften können sich zu sehr soliden Ecksteinen unserer Lebensgemeinschaft entwickeln.

Keine noch so kluge Theorie, keine noch so ausgefeilte Kalkulation ersetzt die grundlegende Erfahrung der Menschen aller Kulturen und Religionen, daß der Mensch sich dem anderen erst dann wirklich zuwendet, wenn er mit ihm teilt. Wirklich vereint werden wir erst sein, wenn wir zu dieser Zuwendung bereit sind. Wir können es. Und viele, ich glaube die meisten, wollen es auch.

Der Nationalstaat ist nicht am Ende. Wer aber glaubt, die Zukunft allein mit ihm meistern zu können, der lebt in einer vergangenen Zeit. Die wichtigsten Aufgaben kann heute keine Nation mehr allein lösen. Die modernen Systeme denken und funktionieren nicht national. Dies gilt für die Sicherheit und die Ökologie, für die Wirtschaft und die Energie, für den Verkehr und die Telekommunikation, für Forschung und Wissenschaft. Souveränität bedeutet in unserer Zeit Mitwirkung in der Gemeinschaft der Staaten.

Die Europäische Gemeinschaft hat dazu ein überzeugendes Modell geschaffen. Sie hat nationalstaatliche Befugnisse, die für eine friedliche Nachbarschaft von entscheidender Bedeutung sind, übernational zusammengefaßt. Im Systemwettbewerb zwischen West und Ost sind von ihr die maßgeblichen Impulse für Reformen im Osten ausgegangen. Der Kalte Krieg ist überwunden. Freiheit und Demokratie haben sich bald in allen Staaten durchgesetzt. Nicht durch Zwang von Vormächten, sondern aus freien Stücken können sie nun ihre Beziehungen so verdichten und institutionell absichern, daß daraus erstmals eine gemeinsame Lebens- und Friedensordnung werden kann. Für die Völker Europas beginnt damit ein grundlegend neues Kapitel in ihrer Geschichte. Sein Ziel ist eine gesamteuropäische Einigung. Es ist ein gewaltiges Ziel. Wir können es erreichen, aber auch verfehlen. Wir stehen vor der klaren Alternative, Europa zu einigen oder gemäß leidvollen historischen Beispielen wieder in nationalistische Gegensätze zurückzufallen.
Vorrangig sind jetzt greifbare Perspektiven für die wirtschaftliche und soziale Entwicklung der Länder Mittel-, Ost- und Südosteuropas. Die neu erworbene Freiheit muß sich verwurzeln können. Deshalb darf sie nicht in Not verkommen. Die Europäische Gemeinschaft kann dabei entscheidend helfen. Vor allem von ihr wird es abhängen, wie es in ganz Europa vorangeht.
Uns Deutschen kommt dabei eine Schlüsselrolle zu. Wir erheben unsere Stimme für eine konstruktive und gemeinsame Ostpolitik des ganzen Westens. Wenn jetzt alle Deutschen wieder unmittelbare Nachbarn der Polen geworden sind, dieses für uns so wichtigen Volkes, dann ist es unsere Aufgabe, darauf zu dringen, daß es zwischen der Gemeinschaft und Polen nicht in fernerer Zukunft, sondern in allernächster Zeit zu einer Assoziierung kommt. Ähnliches gilt für die Tschechoslowakei und für die Ungarn. Die Sowjetunion, um ein weiteres Beispiel von zentraler Bedeutung zu nennen, bedarf auf ihrem unvergleichlich schwierigen Weg einer engen europäischen Zusammenarbeit. Sie will die alte Distanz zu Europa überwinden. Sie hat erkannt, daß die Einigung Deutschlands dafür kein Hindernis, sondern geradezu eine Voraussetzung ist.
Das ist die wichtigste Botschaft der wahrhaft bedeutenden Zwei-plus-Vier-Konferenz. Und wir alle wissen, daß die zukünftige Stabilität in Europa von einem maßgeblichen Beitrag Moskaus abhängt. Die Westgrenze der Sowjetunion darf nicht zur Ostgrenze Europas werden.
Wenn wir Deutschen solche Signale setzen, dann geschieht dies in der fernen Verbindung mit dem Westen, die unser Leben in der Bundesrepublik geprägt, unsere Energien mobilisiert und frische Kräfte hervorgebracht hat. Wir werden unsere atlantische und europäische Partnerschaft um keinen Preis aufs Spiel setzen. So lautet unser ureigenstes Interesse, das unsere Landsleute in den neuen Bundesländern teilen. Sie wissen, welche Bedeutung die Freundschaft

vor allem mit Frankreich auch in Zukunft haben wird und freuen sich nun ihrerseits auf die direkte Nachbarschaft.
Wir werden nur weiterkommen, wenn wir mit unseren westlichen Partnern gemeinsam vorgehen, vor allem in der Gemeinschaft und durch sie. Alles, was die Mitgliedsländer für ganz Europa durch die Gemeinschaft tun, stärkt die Gemeinschaft und ihre Glieder. Wir Deutschen werden unseren Interessen am besten dienen und Sorgen unserer Partner am ehesten zerstreuen, wenn wir uns in der Stärkung der Gemeinschaft von niemandem übertreffen lassen und wenn wir ohne jede Verzögerung auf dem Weg zur Wirtschafts- und Währungsunion und zur politischen Union weitergehen, so wie wir es zugesagt haben.
Je zügiger wir Europäer unsere eigenen Konflikte lösen, um so besser können wir auch unsere globalen Verpflichtungen erfüllen. Im Zeichen des Kalten Krieges haben Europäer immer wieder Spannungen und Waffen in die südliche Hemisphäre exportiert. Nun gilt es, den KSZE-Prozeß zu fördern, die Rüstungen zu vermindern und die Hilfe für den Süden mit Nachdruck zu steigern. Schwerter zu Pflugscharen, dieses große Bibelwort aus der Zeit der friedlichen Revolution heißt heute nicht, auf vernünftige, hinlängliche Verteidigungsfähigkeit zu verzichten; es heißt, den Hunger in der Welt zu stillen und ihrer Not zu wehren. Die vielen jungen Stimmen aus allen Teilen des vereinten Deutschlands sind dafür eine Ermutigung.
Unsere Mitverantwortung unter den Völkern gilt besonders der Umwelt. Nicht alles, was Menschen technisch und ökonomisch fertigbringen, dürfen sie der Natur zumuten. Es geht um mehr als um die Bewohnbarkeit der Erde für den Menschen, um mehr als nur um seine eigene Lebensgrundlage. Menschen können zerstören, was sie nicht geschaffen haben und worüber sie nicht verfügen dürfen: die Schöpfung. Diese Freiheit haben sie sich genommen. In der Verantwortung der Freiheit wird sich zeigen, ob sie ethisch und damit am Ende auch biologisch überlebensfähig sind. Die Aufgabe ist im wahrsten Sinne global. Sie stellt sich weltweit für jeden Staat, für Länder, für Gemeinden und für den Einzelnen.
Das Grundgesetz gilt nun für alle Deutschen. Im Einigungsvertrag haben wir vereinbart, daß wir uns mit den Bestimmungen über Staatsziele befassen wollen. Es geht um Verfassungsaufträge, die nicht unter dem Vorbehalt einschränkender Gesetze stehen sollen, sondern den Gesetzgeber wie uns alle verpflichten. Gibt es zur Ergänzung unserer Ziele ein Dringlicheres als den Schutz der Natur in ihrer Rechtlosigkeit? Haben wir eine größere Aufgabe, als die Schöpfung zu bewahren und damit die Nachwelt zu schützen? Ich kenne keine.
Wir begründen heute unseren gemeinsamen Staat. Wie gut uns die Einheit menschlich gelingt, das entscheiden kein Vertrag der Regierungen, keine Verfassung und keine Beschlüsse des Gesetzgebers. Es richtet sich nach dem Ver-

halten eines jeden von uns, nach unserer eigenen Offenheit und Zuwendung untereinander...
Ich bin gewiß, daß es uns gelingt, alte und neue Gräben zu überwinden. Wir können den gewachsenen Verfassungspatriotismus der einen mit der erlebten menschlichen Solidarität der anderen zu einem kräftigen Ganzen zusammenfügen. Wir haben den gemeinsamen Willen, die großen Aufgaben zu erfüllen, die unsere Nachbarn von uns erwarten. Wir wissen, wieviel schwerer es andere Völker auf der Erde zur Zeit haben. Je überzeugender wir es im vereinten Deutschland schaffen, unserer Verantwortung für den Frieden in Europa und in der Welt gerecht zu werden, desto besser wird es auch für unsere Zukunft zu Hause sein. Die Geschichte gibt uns die Chance. Wir wollen sie wahrnehmen, mit Zuversicht und mit Vertrauen.

Helmut Kohls Botschaft an die Regierungen der Welt zum Tag der Deutschen Einheit

Mit dem heutigen Tag ist das deutsche Volk in Frieden und Freiheit wiedervereint, 45 Jahre nach dem Ende des Zweiten Weltkriegs, der von deutschem Boden ausging und unendliches Leid in Europa und in der Welt verursacht hat, endet die schmerzliche Trennung der Deutschen.
In Ausübung ihres Rechts auf freie Selbstbestimmung, im Einvernehmen mit ihren Nachbarn und auf der Grundlage des Vertrages über die abschließende Regelung in bezug auf Deutschland haben sich heute die Deutschen in einem Staat der Bundesrepublik Deutschland – mit voller Souveränität in seinen inneren und äußeren Angelegenheiten vereint.
Im Namen des deutschen Volkes möchte ich allen danken, die sich für das Recht der Deutschen auf Selbstbestimmung eingesetzt und unseren Weg zur Einheit erleichtert haben. Im Bewußtsein der Kontinuität deutscher Geschichte wissen wir dies besonders zu würdigen.

I. Unser Land will mit seiner wiedergewonnenen nationalen Einheit dem Frieden in der Welt dienen und die Einigung Europas voranbringen: Das ist der Auftrag des Grundgesetzes, unserer bewährten Verfassung, die auch für das vereinte Deutschland gilt.
Zugleich stehen wir zu den moralischen und rechtlichen Verpflichtungen, die sich aus der deutschen Geschichte ergeben.
Wir wissen, daß wir mit der Vereinigung auch größere Verantwortung in der Völkergemeinschaft insgesamt übernehmen. Unsere Außenpolitik bleibt deshalb ausgerichtet auf weltweite Partnerschaft, enge Zusammenarbeit und friedlichen Interessenausgleich.
Von deutschem Boden wird in Zukunft nur Frieden ausgehen. Wir sind uns bewußt, daß die Unverletzlichkeit der Grenzen und die Achtung der territorialen Integrität und der Souveränität aller Staaten in Europa eine grundlegende Bedingung für den Frieden ist. Deshalb haben wir den endgültigen Charakter der Grenzen des vereinten Deutschlands bestätigt, darunter der Grenze mit der Republik Polen. Wir werden in Zukunft keinerlei Gebietsansprüche gegen irgend jemand erheben.
Wir werden im Zuge der Herstellung der deutschen Einheit die völkerrechtlichen Verträge der Deutschen Demokratischen Republik unter den Gesichts-

punkten des Vertrauensschutzes, der Interessenlage der beteiligten Staaten und der vertraglichen Verpflichtungen der Bundesrepublik Deutschland sowie nach den Prinzipien einer freiheitlichen, demokratischen und rechtsstaatlichen Grundordnung und unter Beachtung der Zuständigkeit der Europäischen Gemeinschaft mit den Vertragspartnern erörtern, um ihre Fortgeltung, Anpassung oder ihr Erlöschen zu regeln bzw. festzustellen.

II. Die Einigung Deutschlands ist untrennbar verbunden mit der Europas. Mit der gleichen Beharrlichkeit, mit der wir unsere Einheit angestrebt haben, werden wir uns weiterhin entschlossen für die Europäische Einigung einsetzen. Wichtige Schritte liegen unmittelbar vor uns. Mit unseren Partnern in der Europäischen Gemeinschaft wollen wir bis 1992 den Binnenmarkt vollenden. Wir schreiten entschlossen auf die Wirtschafts- und Währungsunion zu. Das geeinte Deutschland wird tatkräftig mithelfen, die Politische Union zu bauen.
Die Europäische Gemeinschaft wird offen sein für enge Zusammenarbeit mit den anderen Staaten Europas. Insbesondere wollen wir dazu beitragen, für die Länder Mittel-, Ost- und Südosteuropas, die ihre Freiheit errungen und sich auf den Weg politischer, wirtschaftlicher und gesellschaftlicher Reformen begeben haben, engere Bindung mit der Europäischen Gemeinschaft zu entwickeln.
Wir sind der Überzeugung, daß die Europäer ihre Unabhängigkeit und die Menschen- und Freiheitsrechte ihrer Bürger gemeinsam am besten wahren und stärken können. Ein wichtiges Forum unserer Zusammenarbeit wird deshalb der Europarat sein und bleiben.
Wir bekennen uns zum Prozeß der Sicherheit und Zusammenarbeit in Europa als Hoffnung der Völker Europas und als Wegweiser zu seiner zukünftigen Einheit. Wir treten deshalb nachdrücklich für seine Intensivierung und Institutionalisierung ein.

III. Die Wertegemeinschaft der freiheitlichen westlichen Demokratien und das Nordatlantische Verteidigungsbündnis haben in schwierigen Jahrzehnten auf unserem Kontinent Frieden und Freiheit bewahrt. Der Platz des vereinten Deutschland wird deshalb auch in Zukunft in diesem Bündnis sein.
Zugleich wollen wir gemeinsam mit unseren Verbündeten diese erfolgreiche Allianz entsprechend den Fortschritten im West-Ost-Verhältnis und den sich wandelnden Anforderungen der Zeit fortentwickeln und als Grundpfeiler einer neuen übergreifenden Sicherheitsarchitektur in Europa erhalten.
Wir setzen uns ein für eine Grundsatzerklärung der Mitglieder der beiden Bündnisse in Europa, mit der sie ihre Verpflichtung zum Gewaltverzicht bekräftigen und eine neue Partnerschaft beim Aufbau einer dauerhaften und ge-

rechten europäischen Friedenskonferenz begründen. Abrüstung und Rüstungskontrolle bleiben zentrale Elemente unserer Sicherheitspolitik.
Im Zusammenhang mit der Herstellung der deutschen Einheit haben wir unseren Verzicht auf Herstellung und Besitz von und auf Verfügungsgewalt über atomare, biologische und chemische Waffen bekräftigt. Das vereinte Deutschland bleibt dem Nichtverbreitungsvertrag verpflichtet.
Mit unserer Bereitschaft, die Streitkräfte des vereinten Deutschland auf 370000 Soldaten zu vermindern, leisten wir zugleich einen Beitrag zum Erfolg der Verhandlungen über die Reduzierung konventioneller Streitkräfte in Europa.
Wir gehen davon aus, daß in Folgeverhandlungen auch die anderen Verhandlungsteilnehmer ihren Beitrag zur Festigung von Sicherheit und Stabilität in Europa, einschließlich Maßnahmen zur Begrenzung der Personalstärken, leisten werden.
Auch weltweit werden wir uns für Abrüstungsvereinbarungen einsetzen, die zu einer Erhöhung von Stabilität und Sicherheit beitragen. Das Prinzip, wonach sich der Umfang der Streitkräfte ausschließlich an den Bedürfnissen der Selbstverteidigung ausrichten soll, muß weltweit Geltung erlangen.
Ein Abkommen über die Reduzierung der strategischen Nuklearwaffen der USA und der Sowjetunion, Verhandlungen über die Verminderung der amerikanischen und sowjetischen nuklearen Kurzstreckenraketen und nicht zuletzt das weltweite Verbot chemischer Waffen haben an Dringlichkeit nichts eingebüßt.

IV. Die Länder Afrikas, Asiens und Amerikas können auch künftig auf die Solidarität des geeinten Deutschland zählen. Was wir in die deutsche Einheit investieren, geht nicht zu ihren Lasten.
Im Gegenteil: Die Überwindung der Konfrontation in Europa macht geistige Kräfte und materielle Ressourcen frei für die zentralen Friedensaufgaben unserer Zeit: Für den Kampf gegen Armut und Unterentwicklung und für den Erhalt unserer natürlichen Umwelt.
Terrorismus und Drogenmißbrauch sind Herausforderungen an alle Staaten der Welt und verlangen gemeinsames Handeln. Wir werden unseren Teil der Verantwortung tragen.

V. Die Überwindung der Ost-West-Konfrontation hat auch neue Wege eröffnet, die hohen Ziele der Charta der Vereinten Nationen umfassend zu verwirklichen. Zugleich haben die Ereignisse der letzten Wochen gezeigt, wie gefährdet der Friede in der Welt bleibt, wenn die Prinzipien der Charta der Vereinten Nationen mißachtet werden.

Die Bundesrepublik Deutschland will dazu beitragen, daß die Vereinten Nationen ihre unverzichtbare Rolle beim Aufbau einer friedlichen Welt und bei der Lösung der globalen Herausforderungen ausfüllen können.
Nach Wiedererlangen der deutschen Einheit in voller Souveränität ist die Bundesrepublik Deutschland bereit, sich künftig an Maßnahmen der Vereinten Nationen zur Wahrung und zur Wiederherstellung des Friedens auch durch den Einsatz ihrer Streitkräfte zu beteiligen. Wir werden hierfür die erforderlichen innerstaatlichen Voraussetzungen schaffen.

VI. Am Beginn des letzten Jahrzehnts unseres Jahrhunderts sehen wir neue Möglichkeiten für eine Welt, die ihre Probleme durch Ausgleich und Verständigung löst und den Prinzipien des Völkerrechts verpflichtet bleibt. Unser Land steht in einer Reihe mit allen, die sich dem Frieden, der Achtung der Menschen- und Freiheitsrechte und dem Wohlergehen der Menschen verpflichtet fühlen.
Nachdem die Bürde der Teilung von uns Deutschen genommen ist, sind wir bereit, mit neuer Kraft und in vertrauensvoller Zusammenarbeit mit allen Ländern und Völkern, die diese hohen Ziele teilen, eine gemeinsame friedliche Zukunft zu gestalten.

In der Nacht vom 3. auf den 4. Oktober 1990 vor dem Reichstagsgebäude: (von links) Oskar Lafontaine, Willy Brandt, Hans-Dietrich Genscher, Helmut Kohl, Richard von Weizsäcker und Lothar de Maizière.

© Klemm